매산집

이 책은 2018 · 2019년도 정부(교육부)의 재원으로 한국고전번역원의 지원을 받아
수행된 '권역별거점연구소협동번역사업'의 결과물임.

This work was supported by Institute for the Translation of Korean Classics-Grant funded by the Korean Government.

한국고전번역원 한국문집번역총서/성신여자대학교 고전연구소·(사)해동경사연구소

매산집 14

梅山集

홍직필 지음 연석환 옮김

洪直弼

일러두기

1. 이 책의 번역 대본은 한국고전번역원에서 간행한 한국문집총간 295·296집에 실린 《매산집(梅山集)》으로 하였다. 번역 대본의 원문 텍스트와 원문 이미지는 한국고전종합DB(http://db.itkc.or.kr)에서 확인할 수 있다.
2. 내용이 간단한 역주는 간주(間註)로, 긴 역주는 각주(脚註)로 처리하였다.
3. 한자는 필요한 경우 이해를 돕기 위하여 넣었으며, 운문(韻文)은 원문을 병기하였다.
4. 맞춤법과 띄어쓰기는 한글 맞춤법과 표준어 규정을 따랐다.
5. 이 책에서 사용한 부호는 다음과 같다.
   ( ) : 번역문과 음이 같은 한자를 묶는다.
   〔 〕: 번역문과 뜻은 같으나 음이 다른 한자를 묶는다.
   " " : 대화 등의 인용문을 묶는다.
   ' ' : " " 안의 재인용 또는 강조 문구를 묶는다.
   「 」: ' ' 안의 재인용을 묶는다.
   『 』: 「 」 안의 재인용을 묶는다.
   《 》: 책명 및 각주의 전거(典據)를 묶는다.
   〈 〉: 책의 편명 및 운문·산문의 제목을 묶는다.

차례

매산집 제38권

묘지명墓誌銘

매산집 제39권

묘지명墓誌銘

매산집 제40권

묘지명墓誌銘

매산집

제38권

묘지명
墓誌銘

형조 참판 정공 묘지명 병서○을미년[1]

刑曹參判鄭公墓誌銘 幷序○乙未

고(故) 시랑(侍郎) 정공(鄭公)이 별세한 지 3년 되던 해에 맏아들인 해상(海尙)이 공의 행장을 가지고 와서 눈물을 흘리며 나에게 말하기를 "선인(先人)이 묘소에 묻힌 지 두 해가 지났는데, 생전의 말씀과 행실이 장차 사라지게 되었습니다. 만약 묘지명을 지어주어 영원한 후세에 전하게 해주신다면, 제가 행여 이것을 가지고 구천에 돌아가 선인을 뵐 수 있을 것입니다. 또한 선인의 영혼이 지각이 있으시다면 '어른의 글을 얻는 것이 나의 뜻이었다.'라고 하실 것입니다." 하였다.

내가 탄식하며 말하기를 "내가 어찌 차마 나의 친구에게 명문을 지어주겠는가. 그러나 내가 명문을 짓지 않는다면 누가 명문을 짓겠는가." 라고 하였다. 마침내 다음과 같이 쓰노라.

공은 휘가 의(漪)이고 자가 청부(淸夫)이며 본관이 연일(延日)이다. 계통이 신라에서 간의대부(諫議大夫)를 지낸 휘 종은(宗殷)으로부터 시작되어 벼슬한 분이 대대로 이어졌다. 좌의정 문청공(文淸公) 휘 철(澈)에 이르러 명망과 덕행이 사림(士林)에서 으뜸이었으니, 공의 9대조이다. 증조는 찬성(贊成)에 추증된 휘 유(楺)인데 태학생으로 사론(士論)을 주장하고 상소를 올려서 성상에 대한 무함을 변론하여[2]

1 을미년 : 1835년(헌종1)으로, 매산의 나이 60세 되던 해이다.

2 성상에……변론하여 : 정유(鄭楺), 민형수(閔亨洙) 등이 연명으로 상소하여 신축

훌륭한 선비들의 추중(推重)을 받았다. 조고는 평양 서윤(平壤庶尹)으로 영의정에 추증된 휘 인환(麟煥)이고, 선고는 흥은 부위(興恩副尉) 휘 재화(在和)이니, 장헌세자(莊獻世子)의 따님인 청선군주(淸璿郡主)에게 장가들어 임금이 하사해준 경행방(慶幸坊)의 집에서 공을 낳았다. 공의 처음 휘는 진명(鎭命)이고 자는 성여(性汝)였는데, 정조(正祖)가 지금의 이름을 하사하였고 순조(純祖)가 또 자를 하사하고 자설(字說)을 내려주었으니,[3] 특별한 은혜였다.

갑인년(1794)에 명으로 돈녕부 직장에 제수되었으나 취임하지 않았는데, 신유년(1801)에 다시 제수되었다. 임술년(1802)에 장원서 별제(掌苑署別提)로 승진하였다가 의금부 도사(義禁府都事)로 자리를 옮기고 장악원 주부(掌樂院主簿)로 바뀌었으며, 사헌부 감찰(司憲府監察)을 역임하였다. 갑자년(1804)에 선공감 주부(繕工監主簿)에 제수되었고, 을축년(1805)에 현륭원 영(顯隆園令)으로 승진하였다가 종친부 전부(宗親府典簿)로 바뀌었다.

병인년(1806)에 과천 현감(果川縣監)으로 나갔고, 무진년(1808)에 홍산 현감(鴻山縣監)으로 바뀌었다. 기사년(1809)에 의빈부 도사(儀賓府都事)로 옮겼다가 상의원 첨정(尙衣院僉正)으로 승진하였다. 경오년(1810)에 고성 군수(高城郡守)에 제수되었는데, 부임하기 전에 고양 군수(高陽郡守)로 바뀌었으며, 신미년(1811)에 서흥 부사(瑞興

년(1721, 경종1)에 영조를 세제로 책봉할 때 그 일에 의심을 품고 분노했던 이광좌(李光佐), 유봉휘(柳鳳輝), 조태억(趙泰億) 등의 치죄를 청하였는데, 이때 소두(疏頭)가 정유였기 때문에 이렇게 말한 것이다. 《承政院日記 英祖 1年 6月 11日》

3 순조(純祖)가……내려주었으니 : 순조가 신유년(1801)에 지은 〈정군의청부자서(鄭君漪淸夫字序)〉를 가리킨다. 《純齋稿 卷3》

府使)로 승진하였다. 갑술년(1814)에 특별히 수원부 판관(水原府判官)에 제수되었고, 병자년(1816)에 청주 목사(淸州牧使)로 승진하였으나, 얼마 후에 벼슬을 그만두었다.

신사년(1821)에 인천 부사(仁川府使)로 있으면서 건릉(健陵)의 난수(灤水)의 일[4]을 집행하니, 조정에서 공로를 표창하여 통정대부로 승진하였다. 임오년(1822)에 특별히 동부승지(同副承旨)에 제수되었다가 뒤에 누차 제수되어 서열이 좌부승지에 이르렀다. 계미년(1823)에 효희전(孝禧殿) 제향관(祭享官)의 공로로 가선대부로 승진하여 한성부 우윤을 지내고, 한성부 좌윤, 동지의금부사(同知義禁府事), 도총부 부총관(都摠府副摠管)으로 옮겼는데, 뒤에 여러 번 이 관직에 제수되었다. 갑신년(1824)에 형조 참판에 제수되고, 또 경우궁(景祐宮) 제향관의 공로로 가의대부로 승진하였다.

병술년(1826)에 동지돈녕부사(同知敦寧府事)로 있다가 회양 도호부사(淮陽都護府使)로 나갔다. 기축년(1829)에 또 여주 목사(驪州牧使)로 나갔다가 2년 뒤에 벼슬을 그만두고 시골로 돌아가니, 이로부터 더 이상 벼슬하지 않았다.

4 건릉(健陵)의 난수(灤水)의 일 : 건릉은 정조의 능호인바, 처음에 정한 정조의 능이 길한 땅이 아니므로 이에 다시 점쳐서 지금의 건릉 자리로 이장하고 효의왕후와 합장한 것을 이른다. 난수는 중국 회하(淮河)의 지류인 과수(渦水)의 끝에 있는 강 이름으로, 주 문왕(周文王)이 아버지 왕계(王季)를 난수 가에 장사 지냈는데, 난수에 의해 무덤이 깎여나가 관이 드러나자, 문왕이 "선군(先君)께서 여러 신하와 백성들을 한번 보고 싶어 하시므로 하늘이 난수로 하여금 관을 드러나게 한 것이다."라고 하고, 관을 꺼내어 3일 동안 조정에 가져다 놓았다가 다시 이장한 고사가 있다. 이후로 '난수의 일'은 이장하는 일을 가리키게 되었다. 《呂氏春秋 卷21 開春》

임진년(1832) 9월 3일에 원천(園泉)의 본집에서 고종명(考終命)하니, 생일인 신축년(1781) 정월 14일로부터 따지면 51세가 된다. 부고가 알려지자 임금이 부의(賻儀)와 치제(致祭)를 준례에 따라 하사하였다. 3개월이 지난 무자(戊子)에 양주(楊州) 능곡(陵谷) 감좌(坎坐)의 언덕에 장례하였다. 공의 부인은 연안 김씨(延安金氏)로 학생 휘 재상(載象)의 따님이니, 희정공(僖靖公) 상신(相紳)의 증손녀이다. 1남 1녀를 두었으나, 모두 기르지 못하였다. 양자 해상(海尙)은 전(前) 별제(別提)이며, 어린 두 딸이 있다.

공은 타고난 자질이 매우 뛰어나서 한 살 때 말을 흉내 내고, 두 살 때 시문(詩文)을 외웠다. 세 살 때 큰아버지에게 글하는 방법을 배웠는데, 묵묵히 기억하고 한 자도 틀리지 않았다. 의정공(議政公)이 공에게 부채와 패옥을 주고 별세하였는데, 공은 이것을 공경히 상자에 보관해서 오래도록 감모(感慕)하는 마음을 간직하였다. 일곱 살 때 대궐에 들어가서 사석(私席)에서 임금을 뵐 적에 나아가고 물러남이 법도에 맞았고, 거미가 어탑(御榻)에 가까이 다가오는 것을 보고는 몸으로 휘저으며 말하기를 "하찮은 벌레가 감히 임금께 접근하느냐." 하니, 상이 기특하게 여겨 "충성(忠誠)을 타고났구나."라고 칭찬하였다.

아홉 살 때에 눈 속에서 양이 풀을 씹고 있고 그 곁에 깃대를 꽂은 사람이 있는 그림을 보고서 손가락으로 가리키며 말하기를 "이것은 북해(北海) 가에 있는 한(漢)나라의 중랑장(中郞將) 소무(蘇武)입니다."라고 하니,[5] 좌중이 모두 놀라고 탄복하였다. 사당을 수리할 적에

5 눈 속에서……하니 : 정의(鄭漪)가 한 무제(漢武帝) 때 중랑장(中郞將)으로 흉노(匈奴)에 사신으로 갔다가 사람이 살지 않는 북해(北海) 가에 안치되어 숫양을 치며

청(廳) 아래의 돌함〔石函〕을 보고서 "이것은 위급할 때 신주를 보존하기 위해 만든 것이다."라고 하였으니, 기민하고 총명함이 이와 같이 일찍 성취되었다.

공은 효성을 타고났다. 경술년(1790)에 부친상을 당했을 적에 성인(成人)과 같이 몸이 수척하였고, 무오년(1798)에 승중(承重)한 조모의 상에 복상(服喪)하였고, 신유년(1801)에 또다시 모친상을 당하였는데, 슬픈 마음과 예문(禮文)이 모두 극진하였다. 일찍이 어버이를 모시고 밥을 먹을 적에 수저로 밥을 뜨는 횟수를 살펴 근심하고 기뻐하였으며, 항상 일찍 부모님을 여읜 것을 슬퍼하면서 일생을 마쳤다.

세부(世父 백부(伯父))를 섬길 적에 뜻을 순히 따르고 함께 살면서 봉양하였으며, 초상과 제사에 정성을 지극히 하지 않음이 없었다. 두 누이에게 우애롭고 공손히 하여 늙어서도 더욱 돈독하였으며, 여러 생질(甥姪)을 자기 자식처럼 사랑하여 위급하고 곤궁함을 구휼해주기를 미치지 못할 듯이 하니, 곤궁한 친척과 친구들이 공에게 의지하기를 나그네가 자기 집으로 돌아가듯이 하였다.

집에서 거처할 적에 관(冠)·혼(婚)·상(喪)·제(祭)의 사례(四禮)를 높이고 내외(內外)의 구분을 엄격히 하였으며 평소 집안 식구에게 살림살이를 묻지 않았고, 또한 사물을 마음에 두어 경영하지 않았

살았던 소무(蘇武)의 그림을 보고 알아맞힌 것이다. 소무는 흉노에 사신으로 갔을 때 흉노의 선우(單于)에 의해 억류되어 큰 구덩이 속에 갇혀 눈을 삼키고 가죽을 씹어 먹고 지내다가 다시 북해로 옮겨져서 숫양을 치며 지냈는데, 그곳에서 부절(符節)을 잡고 한나라에 대한 충절을 지키며 19년을 살다가, 소제(昭帝) 때 흉노와 화친하게 되자 비로소 한나라로 돌아왔다. 소무는 한나라를 대표하는 충신 중 한 사람이다.《漢書 卷54 蘇武列傳》

다. 몸에는 비단 옷을 입지 않았고 입으로는 두 가지 진미를 먹지 않아서 부마(駙馬)[6] 집안의 기미가 전혀 없었는데, 억지로 그렇게 한 것이 아니었다. 사양하고 받는 것을 엄격히 하여 선물을 가지고 방문하는 자가 있으면 그때마다 물리치고 말하기를 "주는 자는 은혜를 상하고, 받는 자는 청렴을 손상한다."라고 하였다.

관청에 있는 것을 집안과 같이 생각하여 직무에 지극정성을 다하였고, 강자(强者)를 누르고 사사로움을 막았으나 명예를 숭상하지 않았으며, 신실한 마음으로 정직하게 행해서 거취(去就)를 구차히 하지 않았다. 이 때문에 일찍이 한 벼슬에서 3년의 임기를 마칠 때까지 머무른 적이 없었다. 봉급에서 남는 것을 집에 들이지 않고 말하기를 "우리 집의 사패(賜牌)한 부세(賦稅)는 손님과 제사를 받드는 비용을 공급하기에 충분하니, 어찌 이것을 쓰겠는가."라고 하고는 매번 직접 채찍으로 말을 몰아 돌아오니, 청렴하고 개결(介潔)하여 세속 사람들보다 빼어남이 모두 이와 같았다.

궁궐을 출입할 적에는 조심하고 공경하여 항상 온실수(溫室樹)의 경계[7]를 보존하였다. 타고난 자품이 욕심이 적고 마음이 화락(和樂)하

6 부마(駙馬) : 원문은 '금련(禁臠)'은 대궐의 돼지고기로, 임금이 아끼고 소중히 여기는 물건을 말하는데, 여기서는 임금의 사위를 빗댄 것이다. 《晉書 卷15 謝混傳》《世說新語 排調》

7 온실수(溫室樹)의 경계 : 관직에 있으면서 언행에 신중함을 가리키는 말로, 한나라 성제(成帝) 때 박사(博士)였던 공광(孔光)은 인품이 주밀하고 근실하여 조정의 일을 전혀 외부에 말하지 않았는데, 한번은 어떤 사람이 중서성(中書省)의 온실(溫室)에 심어져있는 나무가 무엇이냐고 묻자, 침묵하고 응답하지 않다가 다른 말을 하였던 데에서 온 말이다. 《漢書 卷81 孔光傳》

고 명랑하였으며, 얼굴이 관옥(冠玉)과 같고 덕스러운 풍채가 사람들을 훈도하였다.

신묘한 총기가 있어서 서사(書史)를 두루 섭렵하였는데 몇 번만 읽으면 종신토록 잊지 않았다. 시를 지을 적에 내용이 깨끗하고 뛰어나 외울 만하였으며 필법이 정묘(精妙)하니, 15세가 되기 전에 이미 그러했으나 이것을 사람들에게 조금도 보이지 않았다. 국조(國朝)의 전고(典故)를 자세히 익혀서 매번 국가에 일이 있어 의심스러움과 논란이 분분하면 번번이 자세하고 간절하게 논변하여 알려주니, 여러 동료들이 겸허하게 경청하였다.

고을살이를 하면서 어려운 정무(政務)로 송사하는 백성을 재차 만나게 되면 이미 거주 지역과 신역(身役)의 이름을 소상히 알아서, 이름과 실제를 자세히 조사하지 않았는데도 아전과 백성들이 감히 속이지 못하였다.

평소 시조(市朝)를 좋아하지 아니하여 관직이 없을 때에는 번번이 홀로 병사(丙舍 묘소에 있는 재실(齋室))에 가서 송추(松楸)[8]를 바라보고 의지해서 육아(蓼莪)의 사모하는 마음[9]을 붙였다.

일찍이 원주(原州)와 여주(驪州) 사이의 산수를 좋아하여 토지와 집을 찾고 물어서 육일옹(六一翁)이 영수(潁水)로 돌아간 고사[10]를 따

8 송추(松楸) : 소나무와 가래나무로, 선영(先塋)에 많이 심는 나무여서 부모의 산소가 있는 고향 또는 선산(先山)을 가리킨다.

9 육아(蓼莪)의 사모하는 마음 : 돌아가신 부모에 대한 그리움이나 슬픔을 뜻하는 것으로, 《시경》 〈소아(小雅) 육아〉에서 온 말인데, 이 시는 부모가 돌아가셔서 하늘처럼 끝없는 은덕을 갚을 길이 없기에 부모를 몹시 그리워하여 부른 노래이다.

10 육일옹(六一翁)이……고사 : 육일옹은 송나라 구양수(歐陽脩)를 높여 칭한 것으

르려고 했었는데, 병으로 이루지 못하였다. 이어서 낙산(駱山) 기슭에 세 들어 살았는데, 초가집이 조그마해서 쓸쓸함이 숲속의 초가집과 같았고 때로는 촌로들과 더불어 자리를 다투니, 사람들이 옛날의 시랑(侍郎 참판(參判))인지 알지 못하였다.

평소 일상생활이 진솔하여 남들과 격식을 차리지 않았으나, 자신의 지조를 매우 확고하게 지켰다. 외직에 있을 때에는 포저(苞苴 선물 꾸러미)를 단절하고 내직에 있을 때에는 명함과 편지를 단속하니, 다리를 꼿꼿이 세우고 지조를 지킨 것이 급직(汲直)이 절하지 않은 것과 범리(范理)가 예를 갖추지 않은 것[11]보다 뒤지지 않았다. 그리고 늙어서는

로, 구양수가 한때 수령으로 있었던 영주(潁州)를 매우 사랑하여 〈사영시(思潁詩)〉를 지었고, 마침내 영수(潁水) 가로 물러나 호를 육일거사(六一居士)로 바꾸고 은거하였으므로 한 말이다. 《文忠集 卷44 思潁詩後序 六一居士傳》

11 급직(汲直)이……않은 것 : 급직은 급암(汲黯)으로, 한(漢)나라 무제(武帝) 때의 명신이며 직간(直諫)을 잘하였기 때문에 이렇게 칭한 것이고, 범리(范理)는 명(明)나라 때 현신(賢臣) 가운데 한 사람이다. '급직이 절하지 않은 것'은, 대장군(大將軍) 위청(衛靑)이 막부(幕府)를 열었을 적에 급암이 읍만 하고 절을 하지 않자, 어떤 사람이 그 이유를 물으니 "대장군에게 읍하는 손님이 있다면 그것이 오히려 대장군을 중하게 해 주는 것이 되지 않겠는가.〔夫以大將軍有揖客, 反不重耶?〕"라고 하였는데, 위청이 그 말을 듣고는 더욱 그를 어질게 여긴 고사를 가리킨다. 《史記 卷120 汲黯列傳》 '범리가 예를 갖추지 않은 것'은 《선진유풍(先進遺風)》 권상(上)에 보이는 다음의 고사를 가리킨다. "문정공(文定公) 양부(楊溥)가 집정하였을 때 그의 아들이 고향에서 경저(京邸)로 올라온 적이 있었다. 공이 오는 길에 어떤 수령이 어질다고 소문이 났는지 물으니, 그 아들이 '강릉현(江陵縣)으로 나왔는데, 그곳 수령이 매우 어질지 못했습니다. 저에 대한 대접이 매우 허술하였는데 수령은 바로 천태(天台) 사람 범리였습니다.'라고 대답하였다. 공은 속으로 기억하고서 얼마 후에 범리를 추천하여 덕안부(德安府) 태수로 승진시켰다. 범리가 덕안부에서 선정을 크게 베풀어 주민들의 칭송이 자자하자, 공이 재차 발탁하여 귀주 좌포정사(貴州左布政使)로 삼았다. 혹자가 범리에게 편지를

더욱 때에 따라 덕을 기르며 자신을 숨겨서 한 걸음도 법도에 어긋나지 않았으니, 이것은 공이 말년에 우뚝이 수립한 것이다.

공은 바로 우리 고모의 사위로 혼례를 우리 집에서 거행하였다. 이 때문에 대대로 친한 정이 백발이 되어서도 변치 않아서 항상 동봉(東峯)의 천석(泉石)에서 함께 지내기를 기약하였었다. 공이 미산(薇山)의 분암(墳菴)에서 와서 질탕하게 술을 마시고 시를 읊을 적에 풍류가 넘쳐났다. 그대로 화산(華山)을 나누어 주어 함께 이웃하여 살면서 방(龐)·서(徐)의 옛 뜻을 따르려고 했었는데[12] 공이 조금도 기다려주지 않고 별세하였다. 매번 바람 앞에 술잔을 잡고서 고상한 심정과 고원한 운치를 상상해 보면 숲과 골짝에도 남은 슬픔이 있다. 다음과 같이 명문을 짓는다.

훌륭하다 정공이여	嗟嗟鄭公
국왕의 사위이니	王國之甥

올려 사례해야 한다고 권하였는데, 범리가 '재상께서는 조정을 위하여 인재를 등용하였고 나에게 사사로운 은혜를 베푼 것이 아니니, 무엇 때문에 사례한단 말인가.〔宰相爲朝廷用人, 非私理也, 何謝?〕'라고 하고는 끝내 편지 한 통도 올리지 않았다. 훗날 문정공이 졸하자, 마침내 제사하고 곡을 하여 자기를 알아준 것에 사례하였다."

12 화산(華山)을……했었는데 : 매산이 정의(鄭漪)와 함께 이웃하여 살면서 여생을 보내고자 하였다는 말이다. '화산을 나누어 함께 이웃하여 산 것'은 북송(北宋) 진종(眞宗) 때의 명신인 장영(張詠, 946~1015)이 젊었을 때 화산에 은거하고 있던 진단(陳摶)을 찾아가 만나보고 화산에 은거하고 싶어 하자, 진단이 "다른 사람은 몰라도 공(公)이라면 화산의 절반을 나누어주겠다."라고 한 고사를 원용한 것이다.《夢溪筆談 卷20》'방(龐)·서(徐)'는 후한(後漢) 말기의 고사(高士)로, 방덕공(龐德公)과 서서(徐庶)를 가리키는데, 이들은 양양(襄陽)에 은거하면서 사마휘(司馬徽), 최주평(崔州平) 등과 친하게 지냈다.

은황이 넘쳐나고[13]	銀潢滉漾
패옥 소리 쟁쟁히 울렸네	玉佩鏘鏗
붉은 말을 타고 아홉 고을을 맡았고	紫馬九郡
검은 머리에 이경을 지냈으나[14]	黑頭貳卿
공이 즐거워한 것은	緊公所樂
현달함과 영화에 있지 않았네	不在顯榮
부유하면서도 능히 검소하고	富而能儉
귀하면서도 교만하지 않으니	貴而不驕
공손함이 덕의 터전이 되어서	恭爲德基
훌륭한 명성이 크게 드러났네	令聞孔昭
채소와 죽순의 맛을 좋아하여	有味蔬筍
숲속에서 즐겁게 사니	婆娑林皐
담박한 마음을 가지고서	棲心澹泊

13 은황(銀潢)이 넘쳐나고 : 은황은 본디 은하수를 뜻하는데, 여기서는 왕족을 뜻하는 말로 쓰였는바, 정조의 생질인 정의가 태어남으로써 왕족에 훌륭한 인물이 더 많아졌음을 비유한 것으로, 《구당서(舊唐書)》의 "팽왕 이근(李僅) 등은 황실의 후예로서 아름다운 덕이 크게 드러났네.〔彭王僅等, 銀潢毓慶, 璿萼分輝.〕"라는 데에서 온 말이다. 《舊唐書 卷116 肅宗代宗諸子列傳 彭王僅》

14 붉은……지냈으나 : 과천 현감(果川縣監)을 시작으로 해서 마지막에 여주 목사(驪州牧使)까지 총 아홉 개의 고을의 수령이 되었고, 44세로 형조 참판이 되었기 때문에 이렇게 말한 것이다. 원문의 '자마(紫馬)'는 자류마(紫騮馬)로 갈기는 검고 몸은 붉은 말인데, 좋은 말을 가리키는 뜻으로 쓰이고, '흑두(黑頭)'는 검은 머리란 뜻으로 젊은 나이를 말하며, '이경(貳卿)'은 아경(亞卿)과 같은 말로 보통 육조(六曹)의 참판을 이르는데, 고대에 상서(尙書)를 정경(正卿)이라고 하고 이를 보좌하는 시랑(侍郞)을 아경이라 칭한 데서 유래하였다.

세상을 멀리하여 소요하였네	遠世超搖
이대로 생을 마칠 듯이 여겨	若將終身
거닐면서 반초[15]를 노래하였는데	行歌反招
어찌 세속에서 길이 떠나고자 했겠는가	豈欲長往
스스로 마음에 편하고자 하였을 뿐이네	秖可自怡
울긋불긋한 꽃들과 파릇한 풀들이	繁紅嫩綠
뜰에 가득하였고	屛諸庭墀
그윽한 대숲과 가을 국화가	幽篁寒菊
좌우에 함께 따라 있었네	左右相隨
흔연히 서로 의탁하니	欣然相托
세한[16]을 마음에 기약하였네	歲寒心期
말년에 몸을 감추니	晩晦於身
그 지킴이 위대하였네	其大爲守
어찌 세상 사람들처럼	詎若世人
위엄에 두려워하고 이익에 병들겠는가	威怵利疚
검은 먼지가 세속을 어둡게 하는데	緇塵昧俗

15 반초(反招) : 진(晉)나라 때 왕강거(王康琚)가 은자에 대해 읊은 시 〈반초은(反招隱)〉을 가리키는바, 그 시에 "소은은 산림 속에 숨고 대은은 조시에 숨으니, 백이는 수양산으로 도망갔고 노자는 주하사 벼슬에 숨었네.〔小隱隱陵藪, 大隱隱朝市, 伯夷竄首陽, 老聃伏柱史.〕"라고 하였다. 《文選 卷22》

16 세한(歲寒) : 곤궁할 적에도 지조와 의리를 지키는 것을 이른다. 공자가 일찍이 "날씨가 추워진 뒤에야 소나무와 측백나무가 뒤늦게 시듦을 알 수 있다.〔歲寒然後, 知松柏之後彫也.〕" 하였는바, 이는 혼란한 세상이나 곤궁한 때를 당하여야 군자의 변치 않는 절개를 볼 수 있음을 비유한 것이다. 《論語 子罕》

이분만 홀로 소매를 떨쳤네　獨我拂袖
거의 선조에게 욕됨이 없었으니　庶幾無忝
문청공의 후손이었네　爲文淸後
저 양주의 서쪽에　維楊州西
화악이 우뚝한데　華岳巑岏
공의 무덤이 이 가운데 있으니　公藏居中
봉분이 편안하네　睾如之安
옥수를 황천에 묻음에[17]　玉樹黃壤
없어지지 않고 남는 것은 신이네　不朽者神
덕을 아는 자는 누구인가　知德者誰
바로 나의 고인이었네　惟我故人
감히 아첨하는 말을 올려서　靡敢獻諛
공의 참됨을 더럽히지 않았네　用累公眞

17 옥수(玉樹)를 황천에 묻음에 : 옥수는 고귀한 가문이나 신분의 사람을 일컫는 말로 정의를 비유한 것인바, 죽어서 황천의 무덤에 묻힌 것을 이른다. 《세설신어》〈상서(傷逝)〉에 "유문강(庾文康)이 죽자 하양주(何揚州)가 장례에 임하여 말하기를 '옥수를 흙 속에 묻으니, 어찌 나로 하여금 그리운 정을 끊을 수 있으랴.' 하였다."라고 한 데서 유래하였다.

증 이조 참판 창파 정공 묘지명 병서○을미년[18]

贈吏曹參判蒼坡鄭公墓誌銘 幷序○乙未

사람은 모두 한 번 죽는데 죽을 때 바르게 죽는 것이 어렵다. 그러므로 "죽는 것이 어려운 것이 아니라, 죽음에 대처하는 것이 어렵다."[19]라고 하였다. 군신간의 의리는 천지 사이에서 피할 수 없는 것이니, 마땅히 죽어야 할 때에 죽는 것이 어찌 천신(薦紳)과 위포(韋布)[20]의 차이가 있겠는가. 《예기》에 "자기 몸을 죽여서 군주에게 유익함이 있으면 죽는다."고 하였고,[21] 《맹자》에 "이 때문에 화(禍)를 피할 수 있는데도 하지 않음이 있는 것이다."라고 하였다.[22]

18 을미년 : 1835년(헌종1)으로, 매산이 나이 60세 되던 해이다.

19 죽는 것이……어렵다 : 이 내용은 《사기》 〈염파인상여열전론(廉頗藺相如列傳論)〉에 보인다.

20 천신(薦紳)과 위포(韋布) : 천신은 지위가 높은 사대부를 가리키고, 위포는 벼슬이 없는 선비나 평민을 가리킨다.

21 예기에……하였고 : 이 내용은 《예기》 〈문왕세자(文王世子)〉에 "중니(仲尼)가 말하였다. '옛날에 주공(周公)이 섭정하여 조계(阼階)를 밟아 다스리실 적에 세자를 가르치는 법을 백금(伯禽)에게 들어 보인 것은, 성왕(成王)을 선(善)하게 하려고 해서였다. 내가 들으니, 「남의 신하된 자는 자기 몸을 죽여서라도 인군(人君)에게 유익함이 있으면 그것을 한다.」 하였으니, 하물며 자기 몸을 굽혀서 그 인군을 선하게 함에 있어서랴. 주공이 충분히 이것을 하실 만하다.'"라고 보인다. 백금은 주공의 아들인바, 어린 성왕이 잘못을 저지르면 주공은 차마 성왕을 꾸짖지 못하고 대신 백금을 종아리 쳐서 가르쳤으므로 말한 것이다. 중니는 공자의 자이다.

22 맹자에……하였다 : 이 내용은 《맹자》 〈고자 상(告子上)〉 10장에 보이는데, 주자는 이에 대해 "반드시 선(善)한 성(性)을 지키려는 양심(良心)이 있기 때문에 능히

순조(純祖) 신미년(1811)에 토구(土寇)가 관서(關西)의 변방에서 난을 일으켰는데,[23] 처사 정로(鄭魯) 공이 적에게 잡혀 지조를 굽히지 않다가 죽었다. 당초에 공의 맏아들인 정시(鄭蓍)가 가산 군수(嘉山郡守)로 있을 적에, 공이 둘째아들인 정질(鄭耋)을 데리고 가산 관아에 가서 봉양을 받았는데, 이때에 이르러 한 가문이 모두 충성을 바쳐 죽었다.

이 일이 알려지자 상이 놀라고 슬퍼하여 변씨(卞氏) 양 대(代)[24]와 서원(西原)의 세 충신(忠臣)[25] 및 안진경(顔眞卿)[26], 송상현(宋象賢)[27]

삶을 버리고 의(義)를 취하기를 이와 같이 하는 것이다."라고 주하였다.

23 토구(土寇)가……일으켰는데 : 홍경래(洪景來)의 난을 가리킨다. 홍경래는 평안북도 평민 출신으로 향시를 통과하고 대과에 응시하였으나 낙방하였다. 당시 서울에서는 시골 선비에 대한 차별이 심해 관직 진출이 어려웠는데, 특히 서북 출신은 조선초부터 고려의 유민으로 구분되어 천한 신분으로 여겨져 더욱 등용되지 못했다. 이에 홍경래는 동료들을 규합하여 1811년 12월에 봉기하였다.

24 변씨(卞氏) 양 대(代) : 진(晉)나라의 변곤(卞壼)과 그 두 아들 변진(卞眕), 변우(卞盱)를 가리킨다. 진나라 성제(成帝) 때 소준(蘇峻)이 반란을 일으켜 청계(靑溪)를 공격하자, 변곤이 육군(六軍)을 거느리고 소준의 군대를 맞아 싸웠으나 고전 끝에 전사하였고, 두 아들도 아버지의 죽음을 보고 적에게 달려들었다가 동시에 해를 당하였다. 변진의 어머니 배씨(裴氏)가 두 아들의 시신을 쓰다듬으며 곡하기를, "아버지는 충신이 되었고 너희들은 효자가 되었으니, 무엇을 한(恨)하랴." 하였는데, 징사(徵士) 적탕(翟湯)이 듣고서 "아버지는 임금을 위해 죽고 자식은 아버지를 위해 죽었으니, 충효의 도가 한 가문에 모였도다."라고 탄식하였다. 《晉書 卷70 卞壼列傳》

25 서원(西原)의 세 충신(忠臣) : 서원은 청주(淸州)의 옛 지명이며, 세 충신은 이인좌(李麟佐)의 난에 청주성을 지키다가 순절한 충청 병사 이봉상(李鳳祥, 1676~1728), 영장(營將) 남연년(南延年, 1653~1728), 비장(裨將) 홍림(洪霖, 1685~1728)을 가리킨다. 이 세 사람을 기리기 위해 1731년(영조7)에 청주 읍성 북문 밖에 삼충사(三忠祠)를 건립하여 제향하였으며, 1736년에 '표충사(表忠祠)'로 사액하였다.

에 견주어 특별히 공을 사헌부 집의에 추증하였는데, 뒤에 대신(大臣)의 말을 받아들여 가선대부(嘉善大夫) 이조참판 겸 동지의금부사 오위도총부도총관(吏曹參判兼同知義禁府事五衛都摠府副摠管)으로 더 추증하였다. 정시(鄭蓍)에게는 병조 판서를 추증하고 '충렬(忠烈)'이라는 시호를 하사하였으며, 양 대(代)가 살던 마을에 아울러 정려하기를 '충신지문(忠臣之門)'이라 하였다. 정질(鄭耋)은 아버지를 보호하다가 창상(創傷)을 입고서 목숨이 끊어졌다가 소생(蘇生)하였는데, 삼년상을 마친 뒤에 거두어 등용하니, 원근에서 소문을 들은 자들이 감탄하여 눈물을 흘리지 않는 자가 없었다.

26 안진경(顔眞卿) : 709~785. 당나라 현종(玄宗) 때 충신이며 명필로, 임금이 평소에 알지 못했던 인물인데, 안녹산(安祿山)의 난 때 나라를 위해 충절을 지켰는바, 정로(鄭魯) 삼부자를 여기에 빗댄 것이다. 안녹산이 반란을 일으키자 하북(河北)의 모든 성이 함락되었는데, 오직 안진경이 태수로 있던 평원군(平原郡)만 성을 굳게 지켜 함락되지 않았다. 처음에 하북의 모든 성이 함락되었다는 소식을 들은 현종이 탄식하며, "하북 24개 고을에 충신이 한 사람도 없단 말인가." 하였는데, 안진경이 보낸 사자가 이르자 현종이 크게 기뻐하면서 "짐이 안진경이 어떤 사람인지 알지 못했는데 하는 일이 마침내 이와 같구나.〔朕不識眞卿何如人, 所爲乃若此.〕"라고 하며 기뻐하였다. 《新唐書 卷153 顔眞卿列傳》

27 송상현(宋象賢) : 임진왜란 때에 동래 부사(東萊府使)로 있으면서 왜군에 끝까지 항전하다가 전사한 인물이다. 송상현은 자가 덕구(德求), 호가 천곡(泉谷), 본관이 여산(礪山), 시호가 충렬(忠烈)이다. 1570년(선조3) 15세의 나이로 승보시(陞補試)에 장원하고 1591년 동래 부사가 되었는데, 당시 왜적의 침입이 예상되던 때였으므로 방비에 힘썼다. 이듬해 4월 13일 조선을 침략한 일본군이 15일 동래성을 에워싸고 공격하였는데, 송상현은 군대를 이끌고 결사적으로 항전하다가 전사하였고 성도 함락되었다. 이때 왜장도 그의 용맹에 감동하여 죽음을 아깝게 여겼다고 한다. 뒤에 이조 판서, 좌찬성에 추증되었으며, 부산 충렬사(忠烈祠), 개성 숭절사(崇節祠), 청주 신항 서원(莘巷書院), 고부 정충사(旌忠祠), 청원 충렬묘(忠烈廟) 등에 제향되었다.

아! 저 미천한 무리들은 곧 환부(萑苻)[28]의 경계일 뿐인데도, 나라가 태평한 세월이 오래되어 백성들이 병란(兵亂)을 알지 못하였다. 그래서 도적이 갑자기 나와 멧돼지처럼 돌진하자, 도(道)의 절반이 열흘도 채 되기 전에 그림자처럼 따라서 함락되어 여덟 개 군의 수령들이 항복하거나 도망하였다. 그리하여 서울이 크게 진동하고 팔도가 놀라 동요하니, 참으로 위태로웠다.

공은 큰아들에게 관할 지역에서 죽으라고 면려하였고, 이윽고 또 의(義)를 지키고 목숨을 버려 왕의 신하로서 구차히 살려고 하는 자들의 마음을 부끄럽게 만들고 난적(亂賊)이 한창 일어나는 기운을 꺾어서 반년이 되기도 전에 소멸시켰으니, 이것은 바로 공의 한 가문이 함께 죽은 힘으로 이룩한 것이다.

어떤 사람은 공에게 지켜야 할 관직이 없는 것을 가지고 "의를 지켜 조용히 죽을 이유가 없다."고 말하기도 하나, 옳지 않다. 공자(孔子)는 동자(童子)인 왕기(王踦)를 상(殤)의 예로 장례하지 말도록 하였으며,[29] 회옹(晦翁)은 산승(山僧)과 호위병을 표창하였으니,[30] 이것이 어

28 환부(萑苻) : 갈대숲으로, 춘추 시대 정(鄭)나라의 도적들이 출몰했던 늪지대인바, 도둑의 소굴이라는 뜻으로 쓰인다. 《春秋左氏傳 昭公20年》

29 공자(孔子)는……하였으며 : 왕기(汪踦)는 춘추 시대 노(魯)나라의 동자(童子)로, 나라를 위해 싸우다가 죽자 공자가 순국한 성인(成人)과 같은 예로 장례하는 것이 옳다고 하였는바, 정로(鄭魯)가 가산에서 의를 지키다 죽었으니 비록 벼슬하지 않은 처지이나 동자 왕기의 고사와 같이 처리될 훌륭한 일이었음을 말한 것이다. 《예기》 〈단궁 하(檀弓下)〉에 "노나라와 제(齊)나라가 낭(郎)에서 싸울 적에 공숙우인(公叔禺人)이 이웃 마을의 동자인 왕기와 함께 싸움터에 달려가서 싸우다가 모두 죽었다. 노나라 사람들이 동자 왕기를 상(殤)의 예(禮)로 장례하지 않고자 해서 중니(仲尼)에게 물었는데, 중니가 말씀하기를 '능히 창과 방패를 잡고서 사직(社稷)을 보호하였으니,

찌 얼핏 보면 죽을 만하고 자세히 보면 죽지 말아야 할 경우에 죽어서 용맹을 손상하는 경우이겠는가.[31] 공의 죽음과 같은 경우는 마땅히 해, 달과 광채를 다툴 만큼 훌륭하다.

공의 손자인 주석(胄錫)이 공의 유사(遺事)를 가지고 와서 나에게 묘지명을 지어줄 것을 부탁하였다. 나는 같은 세상을 살면서 공과 일면식도 없었으나, 삼가 일찍이 말채찍을 잡고 싶을 정도로 사모하는 마음[32]이 있었으므로 마침내 다음과 같이 서술한다.

공은 자가 공면(公勉)이고 호가 창파(蒼坡)이다. 본관은 청주(淸州)로, 대대로 경산(京山 성주(星州))에 거주하였다. 어렸을 적에 호방하게

비록 상의 예로 장례하지 않더라도 옳지 않겠는가.' 하였다.〔能執干戈, 以衛社稷, 雖欲勿殤也, 不亦可乎?〕"라고 보인다. 상(殤)은 성년이 되지 못하고 일찍 죽은 사람의 상(喪)으로, 나이에 따라 상·중·하 세 등급으로 나누어 상복을 줄여서 입고 장례 의식도 강등된다.

30 회옹(晦翁)은……표창하였으니 : 회옹은 주희(朱熹)의 호가 회암(晦菴)이므로 높여서 칭한 것이며, 산승(山僧)은 오대산(五臺山)의 승려 진보(眞寶)이고 호위병은 이업(李鄴)의 호위병인 당기(唐琦)로, 모두 송나라 때 금(金)나라에 굴복하지 않고 절의를 지키다가 죽은 인물들인바, 이 내용은 《주자대전(朱子大全)》 권98 〈봉사직비각주공행장(奉使直秘閣朱公行狀)〉과 권83 〈발주봉사주장(跋朱奉使奏狀)〉에 보인다. 진보와 당기는 《송사(宋史)》의 〈충의열전(忠義列傳)〉에도 실려 있다.

31 이것이……경우이겠는가 : 정로(鄭魯)의 죽음은 얼핏 보기에는 죽을 만하지 않으나 자세히 보면 죽을 만한 경우여서 용맹을 손상하는 죽음과는 다르다는 말인바, 이 내용은 《맹자》 〈이루 하(離婁下)〉의 "얼핏 보면 죽을 만하고 자세히 보면 죽지 말아야 할 경우에 죽으면 용맹을 손상한다."는 말을 원용한 것이다.

32 말채찍을……마음 : 마부가 되어 말채찍을 잡고 기꺼이 그의 수레라도 끌고 싶을 정도로 상대방의 덕을 흠모한다는 말이다. 《사기》 권62 〈관안열전 찬(管晏列傳贊)〉에 "가령 안자(晏子)가 지금 이 세상에 살아 있다면 내 비록 그를 위해 말채찍을 잡는다 하더라도 기쁜 마음으로 받들어 모시겠다."라는 사마천의 말에서 유래하였다.

지냈는데, 장자(長者)를 따라 책을 가지고 깨끗한 사찰에 들어갔다가 이어서 평소의 행실을 고치고 학문에 뜻을 두었다. 장성하자, 박사업(博士業 과거공부)을 전공하여 여러 차례 과거를 보았는데 합격하지 못하자, 탄식하기를 "궁(窮)함과 통(通)함은 천명(天命)에 달린 것이니, 어찌 어린 아이들과 득실을 다툴 수 있겠는가."라고 하고는 마침내 과거공부를 그만두고 마음을 전일하게 하여 독서하였다. 방을 깨끗하게 청소하고 안석과 책상, 서적의 위치를 반드시 정돈하고서는, "이것도 학문(學問)하는 한 가지 일이다."라고 하였다.

항상 문을 닫고 고요히 앉아 조용하여 사람이 없는 듯하니, 사람들은 공이 즐거워하는 바를 알지 못하였다. 집은 네 벽만 세워져 있어서[33] 비바람을 가리지도 못하였고, 왕왕 여러 번 끼니를 굶는데도 여유로웠다. 송구봉(宋龜峯)의 〈족부족(足不足)〉 시[34]를 들어 보고 말하기를 "나로 하여금 가슴속이 쾌활해지고 지기(志氣)가 드높아져 언론이 우

33 네 벽만……있어서 : 몹시 가난함을 비유한 말로, 한나라 사마상여(司馬相如)가 임공(臨邛)의 부호(富戶)인 탁왕손(卓王孫)의 딸 탁문군(卓文君)과 좋아하여, 밤에 함께 도망 나와 성도(成都)로 돌아갔는데, 사마상여의 집에는 물건 하나 없고 사면에 벽뿐이었다〔徒四壁立〕는 고사를 원용한 것이다. 《史記 卷117 司馬相如列傳》

34 송구봉(宋龜峯)의 족부족(足不足) 시 : 구봉은 송익필(宋翼弼, 1534~1599)의 호이고, 〈족부족〉 시는 안빈낙도(安貧樂道)의 삶을 사는 군자는 늘 부족함이 없다는 내용을 40구로 읊은 7언 고시(古詩)로, 《구봉집》 제1권에 실려 있다. 송익필의 자는 운장(雲長), 본관은 여산(礪山), 시호는 문경(文敬)이다. 이이(李珥)·성혼(成渾)과 함께 성리학을 논변하였고, 예학(禮學)에 밝아 김장생(金長生)에게 큰 영향을 주었다. 말년에 이이가 죽은 뒤에 당화(黨禍)가 더욱 심해지자 서인(西人)의 배후로 찍혀 동인(東人)들의 미움을 받았는데, 끝까지 뜻을 굽히지 않다가 멸문의 화를 당하여 죽을 때까지 떠돌이 생활을 하였고 충청도 신평(新平)에서 별세하였다.

뚝해서 위로 천고(千古)로 올라가 벗 삼게 한다."라고 하였다.

일찍이 말하기를 "대장부는 마땅히 나라를 위해서 죽어야 하니, 마문연(馬文淵)과 같이 말가죽으로 시체를 싸서 돌아가는 사람은 참으로 기이한 남자이다."[35]라고 하였다. 항상 "사군자(士君子)가 입신(立身)에 한 번 실패함은 만사가 기왓장처럼 깨지는 것과 같다."는 말을 읊조렸고, 또 "진정(眞正)한 큰 영웅은 전긍임리(戰兢臨履)하는 곳에서 만들어진다."[36]는 한 구절을 자리 오른쪽에 써 붙였으며, 임진왜란에 순국한 분이 있자, 악무목(岳武穆)의 〈만강홍(滿江紅)〉이라는 사(詞)[37]에

35 대장부는……남자이다 : 마문연(馬文淵)은 후한(後漢)의 장군 마원(馬援)으로, 문연은 그의 자이다. 이 내용은 마원이 "남아는 마땅히 전장에 나가 싸우다가 죽어서 말가죽으로 시체를 싸서 돌아와야지, 어찌 아녀자의 손에 죽을쏘냐."라고 한 말을 원용한 것이다. 《後漢書 卷54 馬援列傳》

36 진정(眞正)한……만들어진다 : 이 내용은 주자가 진동보(陳同甫)에게 보낸 편지에 "진정한 큰 영웅은……도리어 전전긍긍하여 깊은 못에 임한 듯 살얼음을 밟은 듯이 하는 곳에서 만들어진다.〔眞正大英雄人……却是從戰戰兢兢、臨深履薄處, 做將出來.〕"라고 한 말을 원용한 것이다. 《朱子大全 卷36》

37 악무목(岳武穆)의 〈만강홍(滿江紅)〉이라는 사(詞) : 무목은 중국 남송(南宋)의 명장인 악비(岳飛, 1103~1141)의 시호이고, 〈만강홍〉은 사패(詞牌)의 이름인데, 악비의 〈만강홍〉은 중원(中原)이 금(金)나라에 함락된 것을 비분강개하여 회복하고자 하는 심정을 읊은 작품으로, 《악무목유문(岳武穆遺文)》에 "몹시 화가 나 머리카락이 쭈뼛하여 관을 뚫을 정도인데, 난간에 기대니 처량하게 내리던 비가 개네. 눈을 들어 높이 하늘을 조망하며 길게 휘파람 부니, 웅장한 회포가 격렬하네. 나이 서른에 진토에서 공명을 이루었고, 달과 구름 속에서 팔천 리의 길을 다녔네. 등한시하지 말라 소년의 머리가 하얗게 센 것은 속절없는 슬픔이 절절해서임을. 정강의 치욕을 아직도 설욕하지 못하였으니, 신하의 한스러운 마음이 어느 때에 없어지겠는가. 병거에 멍에를 메우고 하란산을 답파하여 무너트리리. 웅장한 뜻은 기꺼이 만리후 될 운명 잊었으니 몸속의 피를 씻어내고 싶다고 웃으며 말하네. 처음으로 옛 산하를 수습하여 천자의 궁궐에

화답하여 조의를 표하였다.

일찍이 송문정공(宋文正公)의 〈사초구차(辭貂裘箚)〉[38]를 읽고서 격절하여 말하기를 "대로(大老 송시열을 가리킴)의 평소 의리가 모두 여기에 있으니, 이른바 '영웅들로 하여금 길이 눈물이 옷깃을 가득 적시게 한다.'[39]는 것이다."라고 하였다.

또 김충헌공(金忠獻公)이 사사(賜死)의 명을 받았을 때 지은 시[40]를

조회하고 싶네.〔怒髮衝冠, 憑闌處瀟瀟雨歇. 擡望眼仰天長嘯, 壯懷激烈. 三十功名塵與土, 八千里路雲和月. 莫等閒白了少年頭, 空悲切. 靖康恥, 猶未雪. 臣子恨, 何時滅. 駕長車, 踏破賀蘭山缺. 壯志肯忘飛食肉, 笑談欲灑盈腔血. 待從頭收拾舊山河, 朝天闕.〕"라고 실려 있다. 사패는 사(詞)의 격식을 칭한 것인바, 총 아흔 세 글자를 한 쌍으로 만든 장단구(長短句)인데, 전반부 한 편은 네 개의 측성 운을 쓴 여덟 구로, 후반부 한 편은 다섯 개의 측성 운을 쓴 열 구로 된 송나라 유영(柳永, 984~1053)의 〈만강홍〉을 정체(正體)로 삼는다. 정체와 운자를 다르게 하여 짓는 변체(變體)의 〈만강홍〉도 있다.

38 송문정공(宋文正公)의 사초구차(辭貂裘箚) : 문정은 송시열(宋時烈)의 시호인바, 〈사초구차〉는 그가 이조 판서로 있던 1658년(효종9) 12월에 얇은 홑옷을 입고 지내는 것을 안타깝게 여긴 효종이 값비싼 초구(貂裘) 한 벌을 하사하자, 군신상하(君臣上下)가 검소함을 솔선하여 사치풍조를 개혁하고 백성들의 고통을 최우선으로 해결하여 세도(世道)를 바로잡아야 한다는 말로 초구를 사양한 차자(箚子)이다. 《宋子大全 卷8》

39 영웅들로……한다 : 이 내용은 두보(杜甫)가 성도(成都)에 있는 제갈량(諸葛亮)의 사당을 참배하고 지은 시인 〈촉상(蜀相)〉에 "출사표 올리고 승첩을 못 거둔 채 몸이 먼저 죽음이여, 영웅들의 옷소매에 길이 눈물을 적시게 하네.〔出師未捷身先死, 長使英雄淚滿襟.〕"라고 보인다. 《杜少陵詩集 卷9》

40 김충헌공(金忠獻公)이……시 : 충헌은 김창집(金昌集, 1648~1722)의 시호이며 아래에 보이는 몽와(夢窩)는 그의 호로, '사사(賜死)의 명을 받았을 때 지은 시'는 신임사화(辛壬士禍) 때 노론(老論) 4대신의 한 사람으로 성주에서 사사될 때 지은 〈절필(絶筆)〉을 가리키는바, 이 시에 "임금 사랑하기를 아버지와 같이 하였으니 태양은 붉은

읊조리고 말하기를 "여기에서 몽와(夢窩)가 평소 지킨 바가 이와 같음을 볼 수 있으니, 침착하게 죽음에 나아갔다고 이를 만하다."라고 하였다.

가산(嘉山) 관아에서 봉양을 받을 적에 거듭된 흉년을 당하였는데, 공이 아드님인 충렬공(忠烈公)으로 하여금 봉급을 털어 굶주린 자들을 구제하여 조처하게 함에 방도가 있었다. 토적(土賊) 홍경래(洪景來) 등이 모반(謀反)한 지가 이미 오래되어 백성들이 날로 소요를 일으키니, 충렬공이 진무(鎭撫)할 방법이 없음을 걱정하였다. 공은 말하기를 "설령 변고가 있더라도 임금을 위해서 국가의 일에 죽는 것이 신하의 직분이니, 나를 괘념하지 말라."고 하였다.

어느 날 저녁에 토적의 기세가 매우 맹렬하였는데, 충렬공이 눈물을 흘리며 고하기를 "변고가 이미 이 지경에 이르렀습니다. 의리에 처하라는 가르침은 이미 들었으나, 아버님과 아우 질(耋)은 목숨을 바쳐서 지켜야할 관직이 없으니, 빨리 피하십시오. 빨리 피하십시오."라고 하자, 공이 큰 소리로 말하기를 "어찌 관직의 유무(有無)를 따지느냐. 또 너에게 죽으라고 하였는데, 내가 어찌 차마 홀로 살겠느냐. 여러 말 하지 말라."고 하였다.

적이 충렬공을 협박하여 항복시키려 하자, 공이 큰소리로 "아들아, 아들아! 친척과 고구(故舊) 때문에 구차히 살지 말라."라고 하니, 충렬공이 끝내 굴하지 않다가 죽었다. 공이 질(耋)의 손을 잡고 "삼부자가

나의 마음을 알리라. 선현이 지은 이 구절 그 비절함이 고금에 똑같네.〔愛君如愛父, 天日照丹衷. 先賢此句語, 悲絶古今同.〕"라고 하였다. 《夢窩集 卷4》 이 시의 1, 2구는 기묘사화(己卯士禍) 때 조광조가 사사의 명을 받고 지은 시의 구절을 옮긴 것이다.

모두 적의 칼끝에 죽는 것은 천고(千古)에 없던 장대한 일이나, 효를 제대로 마치지 못하였으니, 이것이 매우 애통할 뿐이다."라고 하였다.

적은 공이 아들로 하여금 순절(殉節)하게 한 것을 미워하여 크게 소리쳐 말하기를 "너도 항복하지 않을 것이냐?"라고 하니, 공이 꾸짖기를 "역적아, 역적아! 속히 나를 죽여라! 속히 나를 죽여라!" 하고 입에서 꾸짖는 말이 그치지 않았다. 질(耋)이 팔을 날개처럼 펼쳐 공을 가리고 곡하면서 말하기를 "나를 죽이고 아버지를 살려줘라."라고 하였는데, 적이 들어주지 않고 칼로 마구 찌르니, 공은 끝내 해를 당하였다. 질(耋)은 기절하였는데, 적은 모두 죽었다고 여기고 시신을 내놓으니, 바로 12월 18일로, 생년인 신미년(1751)으로부터 환갑이 되는 해였다.

임신년(1812) 정월 8일에 질(耋)이 관을 받들고 안주(安州)로 나오니, 안주 목사 조종영(趙鍾永) 공이 명을 받들어 상례를 도와서 수의(襚衣), 부의(賻儀)와 관곽(棺槨)이 모두 갖추어졌다. 다시 염습(斂襲)할 적에 얼굴 모습이 살아있을 때처럼 늠름하였다. 3월 병신(丙申)일에 충렬공과 함께 성주(星州) 무계(茂溪)의 술좌(戌坐)에 장례하여 소목(昭穆)의 서열과 같이 하였다.[41]

공의 시조 휘 극경(克卿)은 고려의 중랑장(中郎將)이다. 대사헌 문목공(文穆公) 휘 구(逑)에 이르러 세상의 큰 선비가 되었는데, 공의 부자(父子)가 성취한 것은 선조에게 전수받은 바가 있다고 하여 특별

41 소목(昭穆)의……하였다 : 소목은 종묘나 사당에 신주를 모시는 차서(次序)로, 시조를 중앙에 모시고 짝수의 대는 '소'라 하여 왼쪽에 모시고 홀수의 대는 '목'이라 하여 오른쪽에 모시는바, 여기서는 아버지와 아들의 무덤을 좌우로 나란히 조성하였음을 말한 것이다.

히 명하여 치제(致祭)하라고 하였는바, 이분이 공의 7대조가 된다. 조부 휘 달제(達濟)는 유학(儒學)에 조예가 깊었다. 고(考) 휘 동섭(東燮)은 덕을 숨기고 벼슬하지 않았다. 비(妣) 두 분은 순천 박씨(順天朴氏) 봉징(鳳徵)의 따님과 의성 김씨(義城金氏) 여창(汝昶)의 따님인데, 공은 박씨의 소생이다.

배위인 정부인(貞夫人) 함양 박씨(咸陽朴氏)는 통덕랑 사우(思禹)의 따님으로, 효도하고 순종하여 부모의 뜻을 어김이 없었다. 네 아들을 낳았는데, 장남은 바로 충렬공 시(蓍)이고, 차남은 기(耆)이며, 그 다음은 전(前) 참봉으로 종신토록 스스로 지조를 지켜 능히 가학(家學)을 이은 질(耋)이고, 그 다음은 저(著)이다.

충렬공의 한 딸은 안광달(安光達)에게 시집갔고, 사자(嗣子)는 현재 과천 현감(果川縣監)인 석주(胄錫)이다. 기(耆)의 양자는 기석(冀錫)이다. 질(耋)의 아들은 무석(茂錫)과 신석(莘錫)이고, 사위는 신석기(申錫基)와 이민후(李敏厚)이다. 저(著)의 아들은 강석(岡錫)과 기석(冀錫)인데 모두 출계(出系)하였고, 나머지는 어리다. 현감의 아들은 기영(基永)이고 사위 안광달의 아들은 필수(必壽)이다.

공은 천성이 효성스러워 여덟 살에 모친상을 당하였는데 곡하고 가슴을 치는 것을 성인(成人)처럼 하였고, 부친상과 승중상(承重喪)을 거듭 당하였는데 너무 슬퍼하여 생명이 거의 온전하지 못한 지경에 이르렀으며, 집안의 재력을 다하여 상례를 치렀고 예제를 지켜 예를 다하였다. 계비(繼妣)를 섬길 적에 사랑과 공경을 모두 지극히 하여 자식의 본분을 다한 50년 동안 기뻐하지 않는 얼굴빛을 보인 적이 없었다.

날마다 반드시 새벽에 가묘(家廟)를 배알하였고, 성의(誠意)를 다하여 제사를 받들어 비록 흉년에 양식이 부족하여도 제수를 갖추지 못한 적이 없었다. 재계하는 날에는 반드시 머리를 빗질하고 몸을 깨끗이 씻고 손톱을 잘랐으며 방안에 물을 뿌리고 비로 쓸고서 제사상을 진설(陳設)하였는데 자식과 조카들이 자기 대신 제사하는 것을 허락하지 않았다. 의관(衣冠)을 정돈하고 앉아서 제사 지낼 때를 기다렸는데, 노쇠하다고 해서 조금도 게을리하지 않았다.

공의 회갑에 충렬공이 서울에서 돌아와 뵙고 장차 축수(祝壽)의 잔을 들려고 하였는데, 공이 서글피 말하기를 "부모님이 나를 낳으시느라 수고하신 날에는 마땅히 갑절 비통해야 하는데, 어찌 차마 술잔을 차려 즐거워할 수 있겠느냐. 더구나 나는 남다른 지극한 슬픔이 있으니, 더 말할 것이 있겠느냐."라고 하고 물리쳐 받지 않았다.

공은 이어 말하기를 "원컨대 오늘부터 다시 어린 아이의 순수한 마음을 보존하고 변화하는 공부를 더하여 거백옥(蘧伯玉)과 같이 하고자 한다."[42]라고 하니, 평소 집안에서의 행실이 이와 같았다. 중니(仲尼 공자)가 말하기를 "효는 군주를 섬기는 것이다."라고 하였는데,[43] 충성을 기다려 효를 이루었으니, 본심을 통해 지극 정성을 다한 것이 어찌

42 변화하는……한다 : 춘추 시대 위(衛)나라 대부 거백옥(蘧伯玉)이 늙어서도 허물을 고치고 덕(德)에 나아가는 공부를 게을리하지 않았던 것을 말하는바, 《장자》〈칙양(則陽)〉에 "거백옥은 60세가 되자, 60년에 변화되었다.〔蘧伯玉, 行年六十而六十化.〕"라고 보인다.

43 중니(仲尼)가……하였는데 : 중니는 공자의 자이다. 인용한 내용은 《대학장구》 전(傳) 9장에 보이며, 《예기》〈방기(坊記)〉에는 "효로써 군주를 섬긴다.〔孝以事君〕"는 공자의 말이 보인다. 《대학》은 공자의 제자 증자(曾子)가 지은 것으로 알려져 있는데, 여기에서 매산이 두 가지를 합하여 공자의 말이라고 한 것으로 보인다.

근본한 바가 없이 그러하였겠는가.

공은 항상 자식과 조카들에게 훈계하기를 "조고(祖考)이신 소암공(素庵公)께서 을해년에 군흉(群兇)들이 날뛸 때[44]를 당하여 개연히 탄식하기를 '역란(逆亂)의 발생에는 유래가 있으니, 기사년을 뿌리로 하여 신임옥사(辛壬獄事)가 있었고, 무신년이 이어져 오늘의 역란이 있게 되었다.[45] 당론(黨論)의 옳고 그름은 그 기미가 매우 은미하나, 한 번 변하여 어진 자와 사특한 자가 나누어지고, 두 번 변하여 충성스러운 자와 반역하는 자가 드러나니, 이날에 이르러 윤리가 무너졌다. 사군자(士君子)가 입신(立身)하여 이론을 견지함에 어찌 구차히 할 수 있겠는가. 오직 옳은 것을 따를 뿐이다. 내가 누구에게 귀의하겠느냐. 오직 우옹(尤翁 송시열)일 뿐이다.'라고 하고서 마침내 우옹의 사당에 배알하고 두 아들을 미호(渼湖) 김 선생(金先生)에게 보내어 수업을 받게 하셨으니, 김 선생은 몽와의 손자이다.

44 을해년에……때 : 을해년(1755)에 있었던 사건을 가리키는바, 소론 일파가 노론을 제거하기 위해 나라를 비방하는 글을 써서 나주의 객사 벽에 붙이고 노론 쪽의 행위로 꾸몄으나 주동자가 소론의 일원인 윤지(尹志)라는 것이 드러나 소론이 오히려 화를 입었다. 이 사건은 '을해옥사', '윤지의 난', '나주벽서의 변' 등으로 불린다.

45 기사년을……되었다 : '기사년'은 숙종 15년(1689)에 일어난 기사환국(己巳換局)을 가리킨 것으로, 이때 우암 송시열 등 서인들이 대거 숙청당하였으며, '신임옥사(辛壬獄事)'는 경종1년(1721)인 신축년과 다음 해인 임인년에 걸쳐 일어난 옥사로, 이때 노론 사대신인 김창집(金昌集) 등이 사사되었다. '무신년'은 영조 4년(1728)에 소론의 이인좌(李麟佐) 등이 영남과 호남의 남인들과 연합하여 반란을 일으킨 사건을 가리킨다. 이 묘지명의 주인공인 정로는 한강(寒岡) 정구(鄭逑)의 후손으로, 당연히 남인계가 되어야 할 것이나, 여러 기록으로 볼 때 선조 중에 우암 송시열의 학통을 이은 분이 있어 노론이 되었던 것으로 보인다. 그리하여 남인과 소론이 노론을 배척한 사건을 모두 난역(亂逆)이라고 비판하며 유래가 있다고 말한 것이다.

이때에 노론을 헐뜯는 말들이 사방에서 일어났는데, 조고이신 소암공이 확고하게 동요하지 않고 말씀하기를 '천지간에 두려워할 만한 것은 의리(義理)이니, 만일 의리에 죄를 얻지 않는다면 천 명의 군사를 내가 어찌 두려워하겠는가.'라고 하셨다. 우리 조고께서 의리를 엄격하게 지킨 것이 후손에게 좋은 계책을 물려주시어 크게 빛났는데, '의리가 두려워할 만한 것이다.〔義理可畏.〕'는 말씀은 자손들을 위한 네 글자의 부절(符節)이니, 받아 써도 다하지 않는다."라고 하였다.

아! 이러한 선조가 있었으니, 마땅히 이러한 자손이 있는 것이다. 공의 부자가 수립한 것은 바로 전수받은 것이 있어서 된 것이니, 어쩌면 그리도 훌륭한가.

영남 한 도 전체가 오현(五賢)의 교화를 입었으나,[46] 불행히도 난신적자에게 잘못 걸려들어서 무신년에 반란하여 거병(擧兵)함에 이르러 극에 다다랐다. 소암공이 역(逆)과 순(順)의 본말을 깊이 탐구하였기 때문에 말하고 행한 일이 명백하고 통쾌하였다. 그리하여 후손들에게 훌륭한 가르침을 물려주고 명분과 의리를 붙들어서 교화를 백대(百代)의 후대에 수립하였다. 이것은 '천리(天理)의 당연함이니, 내가 이와 같이 하지 않을 수 없다.'[47]는 것이다. 그렇다면 공이 충성을 지키다

46 영남……입었으나 : 오현(五賢)은 영남 출신의 대유(大儒)들로, 문묘(文廟)에 종사(從祀)된 한훤당(寒暄堂) 김굉필(金宏弼), 일두(一蠹) 정여창(鄭汝昌), 정암(靜菴) 조광조(趙光祖), 회재(晦齋) 이언적(李彦迪), 퇴계(退溪) 이황(李滉) 다섯 분을 가리킨다. 조광조는 영남 출신이 아니므로 대신 포은(圃隱) 정몽주(鄭夢周)를 넣기도 한다.

47 천리(天理)의……없다 : 이 내용은 《주자대전》 권46 〈답여도일(答呂道一)〉의 "군자가 학문을 닦는 데에 부지런히 마음을 쏟는 이유는, 끝내 남들과 다르기 위해서 부지

죽은 것이 어찌 열사(烈士)가 명예를 위해 순국하는 것과 같을 뿐이겠는가. 아! 거룩하구나. 다음과 같이 명문을 짓는다.

우뚝한 저 경산이여	節彼京山
바른 기운이 열렬하네	正氣烈烈
대대로 이 아름다움을 이루어	世濟厥美
걸출한 인물이 독실히 탄생하였네	篤生賢傑
그 사람이 누구인가	其人伊何
바로 창파공이시네	維蒼坡公
우뚝함이 못에 잠겨있는 용이었으니	矯矯潛淵
사람 속의 용과 같았네[48]	猶人中龍
효와 공경을 따라서 행동하니	由孝悌行

런히 하는 것이 아니므로 또한 끝내 남들과 다를 것이 없다 하여 해이하지 않으며, 명예가 있기 때문에 힘쓰는 것이 아니므로 또한 명예가 없다 하여 그만두지 않으며, 이득이 있다 하여 하는 것이 아니므로 또한 이득이 없다 하여 그만두지도 않는다. 이는 마음을 쓰는 것이 한결같이 사사로이 목적한 바가 조금도 없고, 오직 천리에 당연한 것이므로 내가 스스로 이렇게 하지 않을 수 없는 것이다.〔是其設心蓋儻然一無所爲者, 獨以天理當然, 而吾不得不然耳.〕"라는 내용을 인용한 것이다.

48 우뚝함이……같았네 : '사람 속의 용'은 탁월하고 출중한 인물을 비유하는 말인바, 정로가 벼슬하지 않은 포의(布衣)의 선비로 있으면서 학업과 자기 수양에 부단한 노력을 기울여 세상의 귀감이 되는 인물이 된 것을 칭찬한 말이다. 진(晉)나라 송섬(宋纖)은 은거하여 벼슬하지 않았는데, 태수 마급(馬岌)이 방문했다가 만나지 못하고 탄식하기를 "이름은 들을 수 있는데 몸은 볼 수가 없고, 덕은 우러러 사모할 수 있는데 형체는 볼 수가 없다. 나는 이제 선생이 인중룡〔人中之龍〕임을 알겠구나."라고 한 데에서 온 말이다. 《晉書 卷94 隱逸列傳 宋纖》

근본이 확립되어 도가 생겼네　本立道生
부모님을 그리워하는 마음이　望雲之思
집에서 분명하게 드러났네　有室瞻明
자나 깨나 현인을 생각하여　寤寐思賢
몸을 바쳐 순국하려고 하였네　以身殉國
머리가 잘려 죽은 것은　拚得頭顱
바로 공이 평소 가졌던 마음이니　卽公素蓄
하루아침에 갑자기 취하여　非是襲取
강개하여 죽은 것이 아니네　慷慨殺身
만일 충절을 지킬 수 있다면　苟可蹈節
굳이 조정의 신하일 필요 있겠는가　何必垂紳
공이 한 목숨 바쳐 죽은 것은　繄公一死
천균의 구정[49]과 같이 중하였네　九鼎千勻
휘황한 임금의 조서로　煌煌紫誥
엄숙한 정려문이 내려졌네　肅肅丹門
비록 영광스럽기는 하나　雖則榮輝
공의 마음은 거기에 있지 않았네　非我思存
위한 바 없이 하여　無所爲爲
자신의 인을 이루었네　以成吾仁

49 천균(千勻)의 구정(九鼎) : 천균의 '균(勻)'은 '균(鈞)'과 통용하는 글자로, 30근을 1균이라 하는바, 예로부터 무거운 무게 또는 그 물건을 천균으로 비유하였으며, 구정은 하우씨(夏禹氏)가 구주(九州)의 쇠붙이를 모아 주조(鑄造)한 솥으로, 본래는 제왕 혹은 왕조의 정통성을 상징하는 보배로 여겨지는데, 여기서는 단순히 대단히 귀중한 물건을 의미한다.

큰 아들이 목숨을 버린 것이 胤子捐軀
바로 눈앞에서 있었네 卽在眼前
차라리 의리를 위해 죽을지언정 寧爲玉碎
구차히 사는 것을 용납하겠는가 詎容瓦全
신하로서 충성하고 자식으로서 효도하여 臣忠子孝
하늘이 명한 나의 천성을 다하였네 盡我性天
어떻게 이룰 수 있었는가 何以致之
조고의 가르침을 실천한 것이네 祖訓是述
충성과 반역을 깊이 탐구하여 洞究忠逆
스스로 명분과 절의를 이루었네 自成名節
모두 학문할 줄을 알았기에 摠由知學
이치를 분명하게 볼 수 있었네 見理分明
모든 군자들은 凡百君子
이것을 법도로 삼을지어다 是則是程
무계의 언덕에 茂溪之阡
부자가 함께 묻혔으니 子父同塋
그 빛이 혁혁하고 奕奕其光
그 영령이 찬란하네 濯濯其靈
몸은 비록 죽었으나 其身雖死
이름은 죽지 않았네 不死者名
천추만세의 후대에 千秋萬歲
인륜의 강상이 기울지 않으리니 人極不傾
내가 이로써 명을 지어서 我庸作銘
구차히 사는 자들을 부끄럽게 하노라 用愧偸生

가산 군수 증 병조 판서 충렬 정공 묘지명 병서

嘉山郡守贈兵曹判書忠烈鄭公墓誌銘 幷序

순조(純祖)가 재위한 지 11년째 되던 신미년(1811) 겨울에 토구(土寇) 홍경래(洪景來) 등이 서쪽 벽촌(僻村)에서 변란을 일으켜 먼저 가산(嘉山)을 함락하니, 가산 군수 정시(鄭蓍) 공이 그의 아버지인 처사 정로(鄭魯) 공과 함께 순절하였다. 이 일이 알려지자 특별히 가선대부(嘉善大夫) 병조참판 겸 동지의금부사 오위도총부부총관(兵曹參判兼同知義禁府事五衛都摠府副摠管)을 추증하고, 이어서 아들을 녹용(錄用)하고 치제(致祭)하라고 명하였으며, 관곽(棺槨), 부의(賻儀), 수의(襚衣)의 물자를 지급하고 연로(沿路)에서 상사(喪事)를 도왔으며, 장례 도구를 넉넉히 도와주고 처자식들을 후하게 구휼하였다.

관찰사가 재차 아뢰자, 하교하기를 "지난번에 풍교(風教)를 세우는 뜻으로 표창하여 추증하였으나, 아직도 충절을 세운 자세한 사실을 알지 못하여 날마다 잊을 수가 없었는데, 지금 장계(狀啓)한 글을 보니, 늠름한 충렬(忠烈)이 그 사람을 보는 듯하다. 거듭 슬프고 애통하구나. 아! 어떤 사람인지 알지 못한 것이 안고경(顔杲卿)[50]과 어찌 다르

50 안고경(顔杲卿) : 692~756. 당나라의 문신으로, 안녹산의 난리 때 상산군(常山郡)을 지키다가 순절하였다. 안고경은 악전고투 끝에 포로로 붙잡혔는데, 갖은 악형을 받으면서도 끝까지 굴복하지 않고서 혀가 끊어질 때까지 준열하게 꾸짖다가 죽음을 당하였다. 그러나 '임금이 어떤 사람인지 알지 못했다.'는 것은 안진경(顔眞卿)의 고사인데, 안진경은 안고경과 종형제 간으로 역시 안녹산의 난에 절의를 세운 사람이기 때문에 매산이 착각한 것으로 보인다. 안진경에 대한 자세한 내용은 25쪽 주26 참조.

겠는가. 덤덤히 죽음에 나아간 것이 우리나라의 송상현(宋象賢)[51]과 어찌 다르겠는가. 더구나 아버지와 아들 형제가 한 집안에서 화를 당한 것이 변씨(卞氏)의 양대(兩代)[52] 보다 못하지 않으니, 어쩌면 그리도 열렬한가."라고 하였다.

자헌대부(資憲大夫) 병조판서 겸 지의금부사 오위도총부도총관(兵曹判書兼知義禁府事五衛都摠府都摠管)을 더 추증하고, 처사공에게는 사헌부 집의(司憲府執義)를 추증하고 작설(綽楔)[53]의 은전을 아울러 베풀었으며, 아우 질(耋)은 칼에 찔렸으나 죽지 않았다 하여 복을 마친 뒤에 조용(調用)하도록 명하였다.

임신년(1812)에 또다시 대신(臺臣) 박승현(朴升鉉)의 말로 인하여 시장(諡狀)을 기다리지 않고 '충렬(忠烈)'이라는 시호를 추증하였다. 이해 6월에 영의정 김재찬(金載瓚) 공이 공의 부자가 성취한 원유(原由)를 들어서 문목공(文穆公)에게 치제하기를 청하였는데, 문목공 휘 구(逑)는 공의 8대조이다. 김공이 이어서 집의공의 일을 자세히 아뢰기를 "부자가 모두 높고 우뚝한 절의(節義)를 세운 경우는 옛날에도

51 송상현(宋象賢) : 동래 부사로 있으면서 임진왜란 때 왜군에 끝까지 항전하다가 전사한 인물이다. 자세한 내용은 25쪽 주27 참조.

52 변씨(卞氏)의 양대(兩代) : 진(晉)나라의 변곤(卞壼)과 그 두 아들 변진(卞昣), 변우(卞盱)를 가리키는바, 진나라 성제(成帝) 때 소준(蘇峻)이 반란을 일으켜 청계(青溪)를 공격하자 변곤이 육군(六軍)을 거느리고 소준의 군대를 맞아 싸웠으나 고전 끝에 전사하였고, 그 두 아들도 아버지의 죽음을 보고 적에게 달려들었다가 동시에 해를 당하였다. 자세한 내용은 24쪽 주24 참조.

53 작설(綽楔) : 문 위에 세워 효자나 충신, 열녀를 정표(旌表)하는 뜻을 나타내는 나무인바, 정려(旌閭)의 뜻으로 쓰인다.

드무니, 청컨대 아경(亞卿)을 더 추증하소서."라고 하고, 또 공의 종조제(從祖弟) 숙(塾)의 아들 주석(胄錫)을 후사(後嗣)로 삼아 제사를 주관하게 할 것을 청하니, 상이 모두 윤허하였다.

이듬해 계유년에 정주(定州)의 성 남쪽에 단을 쌓아서, 토적을 격파한 날에 공과 동시에 싸우다가 죽은 제경욱(諸景彧), 백경한(白慶翰), 한호운(韓浩運), 허항(許沆), 임지환(林之煥), 김대택(金大宅)을 제사 지내도록 명하니, 이들이 이른바 '칠의사(七義士)'이다.

정주 사람들이 오봉산 아래에 사당을 세우고, 공과 육의사(六義士)를 제사하자, '표절사(表節祠)'라고 사액(賜額)하였다. 가산 사람들이 또 사당을 세워서 공의 부자를 아울러 배향하였고, 성주(星州)의 선비들도 공의 부자를 제사하였으니, 아! 조정에서 표창하고 구휼함과 사림(士林)이 높여서 보답함이 이렇게 지극하였다.

공의 부자는 하늘이 세상을 위하여 태어나게 하였으나, 살아생전에 훌륭한 일을 하지 못하였다. 그러므로 죽어서 백 대의 사람들을 면려하여 우리 동방의 군신·부자의 윤리가 있는 자들로 하여금 모두 순국하는 것이 충성이 되고 구차하게 사는 삶이 치욕이 됨을 알게 하였으니, 그 공이 어찌 위대하지 않겠는가.

공은 자가 덕원(德圓)이고 자호가 백우(伯友)이며 본관이 청주(淸州)이다. 고조 휘 복흠(復欽)은 미호(渼湖 김원행(金元行)) 김 선생(金先生)이 지은 묘표가 있다. 증조 휘 달제(達濟)는 학문이 깊고 식견이 높아서 한 지방의 모범이 되었다. 조고 휘 동섭(東燮)은 선대의 아름다움을 잘 계승하였다. 선고 휘 노(魯)는 이조 참판에 추증되었는데, 참판공이 함양 박씨(咸陽朴氏) 통덕랑 사우(思禹)의 따님에게 장가들어, 영조 44년 무자년(1768) 5월 11일에 선산(善山)의 외가에서 공을 낳았다.

정조 기미년(1799)에 무과에 급제하고, 갑자년(1804)에 무겸선전관(武兼宣傳官)에 제수되었고, 훈련원의 주부(主簿)와 판관(判官)으로 승진하였다가 도총부 경력(都摠府經歷)으로 옮겼다.

신미년(1811)에 가산 군수에 제수되자, 참판공을 모시고 관아에 가서 뜻과 물건을 겸하여 봉양하였다.[54] 당시 관서(關西)에 거듭 기근이 들어서 유적(流賊)들이 사방에서 생겼는데, 참판공이 항상 말하기를 "너는 왕의 신하이니, 설령 도적의 변고가 발생하면 마땅히 직책에서 죽어야 할 것이요, 늙은 애비를 괘념하지 말라."라고 하자, "명을 따르겠습니다."라고 대답하였다.

어느 날 밤에 군(郡) 안이 소란하자, 관아에서 부역하는 자들이 모두 도적에 대응하여 병장기를 들고 나가 맞이하였다. 수리(首吏 이방아전(吏房衙前))가 항복하여 살기를 도모하라고 권하자, 공이 큰 소리로 꾸짖기를 "나는 적에게 죽는 것이 마땅한데, 너는 어찌 감히 이런 말을 내느냐."라고 하고는, 이어서 아우 질(耋)과 걸어서 군의 마을들을 구석구석 순행하면서 눈물을 흘리고 백성들을 어루만지며 "내가 듣건대 '백성은 태수를 부모로 삼는다.'고 하였다. 부모가 살아있는데 너희들이 장차 어디로 가겠느냐. 내가 살면 너희도 살고 내가 죽으면 너희도 죽어서 죽고 사는 것을 함께 할 것이니, 놀라 동요하지 말라."라고 하니, 이에 곡하던 자들은 울음을 그치고 도망가던 자들은 돌아왔다.

그러나 창졸간에 상황이 급박해서 침입을 방어할 준비를 하지 못하

54 뜻과……봉양하였다 : 어버이의 뜻을 잘 받들어 즐겁게 해드리는 것과 의복·음식 등의 물건을 갖추어 봉양하는 것을 아울러 말한 것이다.

였다. 공은 돌아가 정당(政堂 동헌)에 앉아 의관을 정제하고 변고를 기다릴 적에 눈물을 흘리며 참판공에게 아뢰기를 "목숨을 바쳐 순국하라는 가르침은 삼가 잘 들었습니다. 대인(大人)께서는 지켜야 할 관직이 없으니, 청컨대 질(耋)과 함께 피하십시오."라고 하니, 참판공이 질책하기를 "이러한 때에 어찌 관직의 유무(有無)를 따지느냐."라고 하였다. 말과 얼굴빛이 하도 엄하여 끝내 감히 더 이상 청하지 못하고 내구(內舅 외숙(外叔)) 박인양(朴寅陽)을 돌아보고 말하기를 "저는 오늘 죽으니, 외숙은 먼저 피하여 저의 뼈를 거두십시오."라고 하였다.

얼마 지나지 않아 북소리와 피리 소리가 천지를 진동하자, 적도(賊徒)들이 난입(闌入)하여 큰소리로 말하기를 "군수는 속히 정당(政堂)에서 내려와라!"라고 하였는데, 공은 꼿꼿이 앉아 동요하지 않고 꾸짖기를 "너희들이 비록 배은망덕한 효경(梟獍)[55]이지만 또한 우리나라의 백성인데, 어찌 감히 군대를 일으켜 관청을 범한단 말이냐."라고 하였다.

적이 손에 칼을 들고 위협하기를 "빨리 항복하는 글을 올리고 또 군수의 인장(印章)과 병부(兵符)를 바쳐라. 지체하면 죽을 것이다."라고 하니, 공의 부자가 한목소리로 크게 꾸짖기를 "인장과 병부는 임금께 받은 것이니, 나의 목숨이 다하기 전에 어찌 적에게 주겠느냐. 빨리 나를 죽여라! 빨리 나를 죽여라!"라고 하였다.

적이 칼날을 들이대고 협박하였으나, 공은 더욱 엄하게 꾸짖었다. 적이 공을 끌고 문병(門屛)을 나가자, 참판공이 급히 소리치기를 "구차하게 살지 말라."라고 하였다.

55 효경(梟獍) : 어미를 잡아먹는 올빼미 종류의 새인 효조(梟鳥)와 아비를 잡아먹는 짐승인 파경(破獍)을 가리키는 말로, 악인(惡人)을 비유한다. 《漢書 卷25 郊祀志 註》

토적이 큰 소리로 무릎을 꿇으라고 하자, 공이 성난 목소리로 말하기를 "내 무릎을 어찌 적에게 굽히겠느냐. 내 무릎은 잘릴 수는 있어도 굽힐 수는 없다."라고 하였다. 토적이 아무리 위협해도 되지 않자 칼로 무릎을 쳤는데, 공은 한 쪽 다리로 서서 끝까지 무릎을 굽히지 않았다. 또다시 한 쪽 다리를 치니, 바로 땅에 쓰러졌으나 꾸짖는 말이 입에서 끊이지 않았다.

적이 또 병부(兵符)를 바치라고 고함쳤다. 공은 인장은 벽에 감추고 병부는 손에 쥐고 있었는데, 토적이 칼로 손을 쳐서 병부가 떨어졌다. 공이 오른손으로 급히 병부를 잡으며 말하기를 "내 머리는 벨 수 있어도 병부는 줄 수 없다."라고 하다가 마침내 살해되니, 바로 12월 18일이었다.

참판공도 적에게 잡혔는데, 성난 목소리로 꾸짖고 굽히지 않다가 또 살해되었다. 질(耋)이 몸으로 가려 대신 죽여 달라고 청하다가 여덟 곳에 창상(創傷)을 입고 기절하자, 적이 죽은 것으로 알고 관아 문 밖으로 끌어내었다. 관아의 노복(奴僕)인 원채(元采)가 몰래 짊어지고 달아나 의기(義妓) 연홍(蓮紅)의 처소에 숨겨두었는데, 그녀가 지극정성으로 간호한 덕분에 죽지 않게 되었다.

또 타는 말이 매우 준일(駿逸)하였는데, 적에게 약탈을 당하였다. 송림(松林)의 전투[56]에서 토적이 막 북쪽으로 패주(敗走)할 적에 말이 포효하며 달려 관군으로 돌아와서는 날뛰어 적장(賊將)을 떨어트려서

56 송림(松林)의 전투 : 송림은 평안도 가산 일대에 있던 지명으로, 1811년 12월 29일 관군이 평안도 박천(博川)과 송림에서 홍경래의 반군과 접전하여 승리한 전투를 가리킨다.

아군에게 살해되게 하니, 사람들이 '의마(義馬)'라고 하였다.

이듬해 정월 8일에 아우 질(耋)이 영구(靈柩)를 받들고 안주(安州)를 나와 다시 염습(斂襲)하였는데, 별세한 지 28일이 되었는데도 얼굴빛이 살아있는 듯하였다. 연로(沿路)의 장리(長吏) 및 서민(庶民)들이 모두 달려와서 상(喪)을 도왔고, 혹은 제문을 지어 제사하는 사람도 있었다. 영구가 도성을 지날 적에 마치 친척의 죽음을 슬퍼하듯이 온 성에서 사람들이 나와 조문하였다. 본도로 들어오자, 원근(遠近)과 친소(親疏)의 사람들이 모두 도 경계(境界)까지 나가 맞이하여 곡을 하니, 슬픈 소리가 땅을 진동하였다.

3월 24일에 성주(星州) 무계(茂溪) 좌술(坐戌)의 산에 장례하였다. 참판공과 묘역이 같고 시일도 같았는데, 회장(會葬)하는 자가 천 명에 가까웠고 온 도의 향교와 서원들도 모두 치전(致奠)을 하였으니, 여기에서 공의 충의(忠義)가 사람을 감동시킨 것을 증험할 수 있다.

공은 효성이 지극하여 부모를 모실 적에 뜻을 미리 헤아리고 받들어 따랐으며, 아침저녁으로 문안할 때면 반드시 관대(冠帶)를 하고 문 밖에서 절하였다. 벼슬을 하여 서울에 있을 적에 밥 먹을 때마다 반드시 부모를 생각하며 "숙수(菽水)의 봉양[57]도 자주 거르면서 나만 홀로 다섯 말의 봉록을 누리는 것은 오직 지방 수령[58]이 되어 어버이를 봉양

57 숙수(菽水)의 봉양 : '숙수'는 콩죽과 물이라는 뜻으로, 가난하지만 어버이를 극진하게 봉양함을 비유한 말인바, 공자의 제자 자로(子路)가 집안이 가난해서 효도를 제대로 하지 못한다고 탄식을 하자, 공자가 "콩죽을 끓여 먹고 물을 마시더라도 기쁘게 해 드리는 일을 극진히 행한다면, 그것이 바로 효이다.〔啜菽飮水, 盡其歡, 斯之謂孝.〕" 라고 위로했던 고사에서 온 것이다. 《禮記 檀弓下》

58 지방 수령 : 원문은 '일휘(一麾)'로, 진(晉)나라 때 완함(阮咸)이 순욱(荀勗)의 배

하기 위해서이다."라고 하였는데, 수령이 되어 고을을 맡게 되자 온성(城)으로 봉양하였다.

참판공의 회갑이 되었을 때 한 고을의 역량을 다하여 복식(服食)을 성대하게 갖추어 잔치를 열고 경사를 널리 알려서 반드시 효심에 만족하게 한 뒤에 그만두었다. 자친(慈親)을 봉양하지 못한 것을 한스럽게 여겨 "어찌 차마 관아 부엌의 푸짐한 음식을 누리겠는가."라고 하고 이어서 좋은 음식을 줄여서 올리게 하였다.

평소에 여러 아우들과 한 침상에서 거처하여 일찍이 자신의 처자식을 사사로이 챙기지 않았다. 부인의 옷과 치마가 매우 해어졌는데, 공은 탄식하기를 "여러 제수(弟嫂)들이 모두 옷이 없어도 내가 두루 챙겨주지 못하는데, 어찌 나의 처를 사사로이 챙기겠는가."라고 하였다.

서울에서 10년 동안 유학하면서 한 걸음도 어긋난 행보가 없었으며, 혹 공에게 사사로이 청탁을 권유하는 사람이 있으면 공은 그때마다 "곤궁하고 현달함은 때가 있으니, 이것은 힘으로 될 수 없는 것이다. 어두운 밤중에 애걸하는 것을 나는 차마 할 수 없다."라고 하였다. 한 관직을 얻으면 마치 죽을 때까지 계속할 것처럼 편안히 생각하여 자기 분수로 여겼으니, 이것이 이른바 '학문에 근본이 있는 자가 이와 같다.'[59]는 것이다.

척을 받아 시평 태수(始平太守)로 나간 일을 두고, 남조(南朝) 송(宋)의 안연지(顔延之)가 〈오군영(五君詠)〉 시를 지어 완함에 대해 "누차 천거 받았어도 내직에 들어가지 못하고, 깃대 하나 잡고 지방관으로 나갔네.〔屢薦不入官, 一麾乃出守.〕"라고 한 데서 온 말이다. 《文選 卷21 詠史》

59 학문에……같다 : 이 내용은 《맹자》 〈이루 하(離婁下)〉에 서자(徐子)가 맹자에게 공자가 자주 물을 칭찬하고 감탄한 것에 대해 묻자, "근원 있는 샘물이 콸콸 솟아 나와서

공은 성품이 후중하고 말과 웃음이 적고 기쁨과 화를 얼굴에 드러내지 않았으며, 키가 크고 체력이 좋았다. 참판공이 "이 아들은 기국(器局)이 있으나 문예(文藝)가 부족하다. 무예(武藝)로 공을 세우면 이 또한 불후(不朽)할 것이니, 내가 《주역》 점을 쳐보겠다."라고 하고는 시초(蓍草)를 세어서 이괘(履卦)의 육삼(六三) 효를 얻었다. 육삼의 효사(爻辭)에 "범의 꼬리를 밟아 사람을 물어서 흉하고 무인이 대군이 되었다."라고 하니, 참판공이 "처음에는 흉하고 뒤에는 길하다."라고 하고 마침내 아들로 하여금 무예에 종사하게 하였다.

공은 무예가 보통사람보다 크게 뛰어났으나, 관직에 있을 적에는 되도록 유가(儒家)의 교화를 일으키려고 노력해서 선비들을 공부시킬 적에 번번이 서로 읍하는 예를 행하여 예의와 겸양을 가르쳤다. 숙질(叔姪) 간에 환자곡(還上穀)을 다투어 송사한 자가 있었는데, 공은 밥을 먹다가 밥상을 물리고 "이것은 나의 잘못이다."라고 하고는 관청의 쌀을 내어 갚게 하고 말하기를 "이렇게 하면 송사가 없겠는가?"라고 하니, 송사하던 자들이 감복하였다.

공은 고을에서 바치는 비단을 물리치고 관전(官田)의 세(稅)를 줄였으며 봉급을 털어 진휼곡을 보충하니, 백성들이 이에 힘입어 살아났다. 이와 같은 것은 비록 대절(大節)보다 못한 것이지만 또한 기록할 만하다.

밤낮을 쉬지 않고 흘러 구덩이를 채운 뒤에야 나아가서 사해에 이르니, 학문에 근본이 있는 사람도 이와 같으므로 이것을 취하신 것이다.〔有本者如是, 是之取爾.〕"라고 대답한 말을 인용한 것으로, 평소 본분에 충실하여 근본이 축적되어 있는 사람은 과한 욕심을 부리거나 헛된 명예를 좇지 않고 자신이 맡은 일을 분수로 여기고 편안히 수행함을 비유한 것이다.

배위인 일선 김씨(一善金氏)는 통덕랑 양화(養和)의 따님으로, 부인의 도리를 공경히 지켜 집안의 규범이 모두 갖추어졌다. 딸 하나가 있는데 안광달(安光達)에게 시집갔다. 사자(嗣子)인 주석(胄錫)은 지금 현감이고, 현감의 아들은 기영(基永)이다. 사위 안광달의 아들은 필수(必壽)이다.

아! 공이 순국한 충성은 팔도에서 존경하고 칭송하는 바이지만, 그 공은 아는 자가 드물다. 신미년(1811)의 변고는 황지(潢池)의 장난[60]에 불과하였는데, 자연의 재해와 백성들의 굶주림을 기회로 삼아 민심을 선동(煽動)하여 청천강(淸川江) 이북 지방이 거의 다 적에게 함락되어서 안팎으로 크게 진동하였다.

미친 토적의 칼날이 먼저 가산을 침범하였는데, 공이 군신간의 큰 분수를 밝히고 천하의 대경(大經)을 세워 온 집안이 목숨을 바쳐 시퍼런 칼날을 밟기를 마치 자기 집에 돌아가는 것처럼 편안히 여겨서, 강렬(强烈)한 기운과 빛나는 절개가 참으로 적의 넋을 빼앗기에 충분하였다. 이 때문에 반년이 되기도 전에 적이 섬멸되어 관서 한 지역이 영원히 깨끗해졌으니, 이것은 누구의 공인가? 바로 공 부자의 순국이 사람들로 하여금 풍동(風動)하여 모두 적개심을 품게 해서 이렇게 된 것이다. 선철(先哲)이 "안상산(顔常山 안고경(顔杲卿))이 역적을 꾸짖은

60 황지(潢池)의 장난 : 민란(民亂)을 가리키는 말로, 황지는 물이 고인 작은 못을 이른다. 전한(前漢) 선제(宣帝) 때에 발해(渤海) 지방에 민란이 일어나자, 공수(龔遂)를 발해 태수로 임명하여 도둑을 토벌하게 하였는데, 공수가 "이번의 반란은 굶주림과 추위에 시달리는 백성들을 관리들이 제대로 돌보지 않으므로 폐하의 백성들이 폐하의 무기를 훔쳐서 황지 가운데에서 한번 장난을 쳐 본 것일 따름입니다.〔陛下赤子盜弄陛下之兵于潢池中耳.〕"라고 말했던 데서 유래하였다. 《漢書 卷89 龔遂傳》

혀가 백만의 정예병보다 강하였으니, 당나라를 수복한 공렬이 실로 여기에서 근본한 것이다."라고 하였는데, 불초가 공 부자에 대해서 또한 이렇게 말하니, 이것은 이른바 '죽는 것이 태산보다 무겁다.'[61]는 것이다.

공의 큰 아드님은 공과 같이 지기(志氣)가 열렬하여 매번 절개를 위해 죽은 고인의 일을 말할 때마다 울고는 하였는데, 나에게 묘지명을 부탁하였다. 내가 적임자가 아니라고 누차 사양하였으나 더욱더 강력히 간청하므로 나의 이름을 여기에 의탁하는 것을 영광으로 여겨서 붓을 들어 기록한다. 그러나 또한 감히 한 마디의 군더더기도 덧붙이지 못한 것은 공은 저절로 위대한 공(功)이 없어지지 않을 것이기 때문이다. 다음과 같이 명문을 짓노라.

옛날의 유종이 있었으니	維昔宗儒
문목공이었네	曰文穆公
훌륭하고 훌륭한 창파가	憲憲蒼坡
할아버지의 유풍을 이었네	述乃祖風
공의 몸에 이르러	至于公身
무예와 궁술을 익혔네	習武試弓
점괘로 이괘의 육삼 효사가 나오니	筮得虎咥

61 죽는……무겁다 : 목숨은 태산과 같이 더없이 귀중하지만 충성을 위해 귀중한 목숨을 바치는 것이 그보다 더 고귀하다는 말로, 사마천의 〈보임안서(報任安書)〉의 "사람이라면 모두 한 번은 죽게 마련인데, 어떤 사람의 죽음은 태산보다도 무거운 반면에, 어떤 사람의 죽음은 기러기 털보다도 가볍다."라는 말을 원용한 것이다.

끝내 길함이고 흉함이 아니었네	終吉非凶
누가 생각했겠는가 위엄 있는 무인이	孰謂赳赳
예를 삼가서 몸을 다스릴 줄을	飭禮禔躬
효도와 우애를 정사로 삼아	孝友爲政
집에서부터 실천하여 나라에 이르렀네	自家而達
서쪽 고을에서 역란을 경고할 적에	西邑告警
앉아서 소요를 진정시켰네	坐鎭騷屑
아버지가 명하고 아들이 힘써서	父詔子勖
한 번 죽기로 이미 맹세하였네	一死已矢
미친 바람과 큰 불이	狂猋劫炎
가까이 다가갈 수 없었으나	不可嚮邇
그칠 데를 알아 정함이 있어서[62]	知止有定
산처럼 동요함이 없었네	不動如山
곰 발바닥과 어물을 취사함이	熊魚取舍
잠깐 사이에 달려있었네[63]	在造次間

62 그칠……있어서 : 지극한 선(善)이 무엇인지를 알기 때문에 뜻이 정해져있다는 말로, 《대학장구》 경(經) 1장에 "그칠 데를 안 뒤에 정(定)함이 있으니, 정한 뒤에 고요할 수 있고 고요한 뒤에 편안할 수 있고 편안한 뒤에 생각할 수 있고 생각한 뒤에 얻을 수 있다."라고 보인다.

63 곰……달려있었네 : 목숨과 의리를 모두 취할 수 없는 위급한 상황에서 망설임 없이 목숨을 버리고 의리를 취하였다는 말로, 《맹자》 〈고자 상(告子上)〉의 "어물도 내가 원하는 바요 곰 발바닥도 내가 원하는 바이지만, 이 두 가지를 겸하여 얻을 수 없을진댄, 어물을 버리고 곰 발바닥을 취하겠다. 삶도 내가 원하는 바요 의(義)도 내가 원하는 바이지만, 이 두 가지를 겸하여 얻을 수 없을진댄, 삶을 버리고 의를 취하겠다."라는 말을 원용한 것이다.

조갈구를 지적하여 꾸짖고[64]	指叱膘羯
칼과 갈고리 앞에서도 담소하였네	談笑刀鉅
평소의 수양이 있지 않았다면	不有素養
이와 같을 수 있었겠는가	可能如許
온 집안이 목숨을 바쳐서	闔家効命
각각 마땅한 죽음을 얻었네	各得其所
명백한 한 번의 죽음으로	明白一死
의를 취하고 인을 이루었네	取義成仁
하늘의 바른 기운이	維天正氣
공의 한 가문에 모였으니	鍾公一門
진나라에 있어서는 변곤이요	在晉卞壺
명나라에 있어서는 고양이네[65]	有明高陽

64 조갈구(臊羯狗)를 지적하여 꾸짖고 : '조갈구'는 '누린내 나는 오랑캐의 개 같은 놈'이라는 뜻으로, 적의 협박에 굴하기는커녕 오히려 큰소리로 꾸짖은 것을 비유한 말이다. 당나라 안고경(顔杲卿)이 안녹산(安祿山)에 의해 상산 태수(常山太守)가 되었는데, 안녹산은 반란을 일으킨 뒤 안고경에게 고관대작이 입는 붉은 색깔의 도포를 주었다. 그러나 안고경은 군대를 일으켜 안녹산을 토벌할 것을 꾀하여 상산에서 혈전을 벌였는데, 성이 함락되자 안녹산을 꾸짖기를 "조갈구야, 어찌 나를 빨리 죽이지 않느냐." 하며 끝까지 굴복하지 않다가 죽은 고사를 원용한 것이다. 《新唐書 卷192 忠義列傳 顔杲卿》

65 명나라에 있어서는 고양(高陽)이네 : 명나라 말기 고양 사람 손승종(孫承宗, 1563~1638)이 청나라가 쳐들어오자 고양을 수비하다가 집안사람들은 죽고 자신은 자결하였던 것을 정시(鄭蓍)의 죽음에 비유한 것이다. 손승종은 자가 치승(稚繩)이며 호가 개양(愷陽)이다. 1604년(신종32) 진사에 합격하였고, 광종(光宗)과 희종(熹宗)의 스승이 되었다. 계료 독사(薊遼督師)가 되었을 때 지략이 뛰어났으나, 위충현(魏忠賢)의 시기를 받아 사직하고 고향으로 돌아갔다. 1629년(의종2) 청나라 태종이 도성을

세상은 다르나 죽음은 같아	殊世同歸
떳떳한 인륜을 영원히 부지하였네	永扶彝常
순수한 충성은 밝은 해를 꿰뚫고	精貫白日
기상은 가을 서리처럼 엄숙하니	氣肅秋霜
응당 남은 열기가 있어	應有餘烈
바람과 천둥으로 변하여	化爲風霆
요망한 기운을 빠르게 쓸어내어	迅掃妖氛
하루가 못 되어 깨끗하고 편안하게 하였으리라	不日淸寧
성조에서는 정려문를 세우고	聖朝揭旌
고향에서는 사당을 세웠네	鄕邦建廟
정려문의 큰 글씨가 휘황찬란하여	巨牓煌煌
세교를 장려하였네	風勵世教
선비들이 일제히 사당에 달려가서	衿紳齊趨
지극히 높여서 보답하였네	用極崇報
사람들에게 충성과 효도를 가르쳐	課忠責孝
사랑하고 복종하는 마음 더하였네	彌增愛服
무계의 언덕에	茂溪之原
네 척의 무덤이 우뚝하네	有屹四尺
부자가 묘역을 함께해서	父子同兆
소목의 차례에 따라 장례하였네	葬以昭穆

포위하였을 적에 의종이 명하여 청군을 격퇴하게 하였으나, 대신들의 탄핵으로 사퇴하고서 고향으로 돌아가 있다가, 1638년에 청군이 대거 침공해오자 지역 사람들과 가족들을 거느리고 고양을 수비하였다. 《明史 卷250 孫承宗列傳》《初學集 卷47 下》

푸른 피[66]가 변치 않으니 碧血不變
흰 빛이 무지개와 같네[67] 白光如虹
나의 명문을 묘에 넣어서 我銘納隧
무궁한 후세에 밝히노라 用昭無窮

66 푸른 피 : 충신열사가 흘린 피를 뜻하는 말로, 주(周)나라 영왕(靈王) 때에 장홍(萇弘)이 절개를 굳게 지키다가 참소를 당하여 촉(蜀)으로 쫓겨나 자살하였는데, 그 피가 3년 만에 푸르게 변했다 한다. 《莊子 外物》

67 흰……같네 : 충정이 하늘까지 감응시켜 흰 무지개가 나타나 해를 가린 고사를 원용하여 정시(鄭蓍)의 충정을 표현한 것이다. 전국 시대에 자객 섭정(聶政)이 한괴(韓傀)를 죽일 때와 자객 형가(荊軻)가 연(燕)나라 태자 단(丹)의 의리를 사모하여 진시황(秦始皇)을 죽이려고 떠날 때에 모두 '흰 무지개가 태양을 가렸다.〔白虹貫日〕'는 고사가 전한다. 《戰國策 魏策4》《史記 卷83 魯仲連 鄒陽列傳》

근재 박 선생의 묘지명 병서
近齋朴先生墓誌銘 幷序

아! 이것은 우리 선사(先師)인 근재(近齋) 박 선생(朴先生)의 묘소이다. 사손(嗣孫)인 부사군(府使君 박운수(朴雲壽))이 내가 어려서부터 선생에게 배웠으므로 선생의 언행의 대체(大體)를 잘 알 것이라는 이유로 묘지명을 부탁하였는데, 얼마 후에 부사군이 갑자기 졸하자, 그의 큰 아들인 제근(齊近)이 또 매우 간절하게 거듭 부탁하였다.

선생의 도덕과 학술의 훌륭함은 식견이 몽매한 내가 살펴 헤아릴 수 있는 것이 아니나, 생각하건대 동시대에 글을 부탁할 만한 사람이 없고 나도 노쇠한 병으로 죽을 날이 가까우니, 의리상 사양하여 지체할 수 없다. 이에 감히 선생의 생애를 순차적으로 기록하여 세상이 크게 바뀌는 변고에 대비한다.

선생은 휘가 유원(胤源)이고 자가 영숙(永叔)이며 본관이 반남(潘南)이다. 원조(遠祖)인 문정공(文正公) 휘 상충(尙衷)은 문학과 절의(節義)로 이름이 세상에 드러났고, 고려 말에 평도공(平度公) 휘 은(訔)은 훈업(勳業)으로 이름이 드러났다. 조선조에서는 문강공(文康公) 휘 소(紹)에 이르러 기미를 보고 멀리 은둔하여 세상의 명유(名儒)가 되니, 세칭 '야천 선생(冶川先生)'이라고 하였다. 이분이 휘 응천(應川)을 낳으니, 사재감 정(司宰監正)을 지내고 좌찬성에 추증되었다. 삼대를 전하여 휘 세성(世城)에 이르러 좌부승지를 지내고 이조 참판에 추증되니, 이분이 선생의 고조인데, 사특함을 물리치고 정도를 부지하여 당대의 명신(名臣)이 되었다.

증조 휘 태원(泰遠)은 황주 목사(黃州牧使)를 지내고 이조 참판에 추증되었고, 조 휘 필리(弼履)는 이조 판서에 추증되었고, 고 휘 사석(師錫)은 공주 판관(公州判官)을 지내고 좌찬성에 추증되었으니, 삼대가 대대로 문학과 행실을 물려받아 선대의 아름다움을 이었다.

비(妣)는 기계 유씨(杞溪兪氏)로 정경부인에 추증되었는데, 선고는 처사로 이조 참판에 추증된 휘 수기(受基)이니, 대종백(大宗伯)을 지낸 장숙공(章肅公) 휘 명홍(命弘)의 손자이고, 농암(農巖) 김 선생(金先生) 휘 창협(昌協)이 외조부이다. 성품이 순수하고 차분하며 온화하여 부도(婦道)를 겸비하였는데, 영조 10년 갑인년(1734) 5월 5일에 선생을 낳았다.

선생은 타고난 성품이 매우 출중하였고 피부가 백옥과 같았다. 총명과 지혜가 남보다 뛰어나 겨우 말을 배울 적에 이미 문자를 이해하여 담소하는 것이 모두 글이 되었고, 좋은 노리개가 앞에 있어도 마치 안 보이는 것처럼 여겼다. 조비(祖妣) 이 부인(李夫人)이 문식(文識)이 있어 항상 말로 《소학》과 옛날 역사를 가르쳐 주었는데, 선생은 이미 대의(大義)를 이해하였다. 부인이 부지런히 길쌈을 하면 선생이 양잠(養蠶)의 노래를 불러 즐겁게 해드렸다.

조금 장성하자, 고문(古文)을 공부했는데 문장이 심원하고 고아하여 작자의 정신과 골수를 꿰뚫었다. 문단의 여러 공들이 선생의 훌륭한 명성을 듣고는 저술을 보고자 하니, 선생이 "어찌 사대부의 아들로서 문사(文詞)를 당시 재상에게 보이는 자가 있겠는가."라고 하였다.

항상 도학과 절의를 마음속으로 맹세하여 스스로 기약하였다. 당시에 다시 격앙되고 격분하여 말이 사문(斯文)의 시비(是非)와 신임(辛

壬) 연간의 충역(忠逆)[68]과 《춘추(春秋)》 대의(大義)[69]에 미치면 그 때마다 비분강개하여 눈물을 흘렸고, 〈북정론(北征論)〉[70]을 지어 뜻을 드러내보였다. 효효재(嘐嘐齋) 김용겸(金用謙)[71] 공은 감탄하여 "이 사람은 우옹(尤翁 송시열)의 글을 읽고 터득한 것이 있는 자이다."라고 하였는바, 선생은 일찍이 스스로 "학문으로 향하는 마음을 흥기시킨 것은 전적으로 이 어른의 문집인 《송자대전(宋子大全)》에 힘입은 바이다."라고 하였다.

성균관에 유학할 적에 동료들이 모두 한 자리를 양보하였는데, 선생은 "이욕(利欲)을 다투는 자리에 발을 담글 수 없다."라고 하고, 마침내

68 신임(辛壬) 연간의 충역(忠逆) : 신축년(1721, 경종1)과 임인년(1722) 두 해에 걸쳐 노론과 소론 간에 뒷날 영조가 되는 연잉군(延礽君)의 세제(世弟) 책봉과 대리청정(代理聽政)을 두고 대대적인 인명 살상을 초래한 신임사화가 일어났는데, 이때의 충(忠)과 역(逆)을 가리킨다. 남인 역관의 딸 장희빈(張禧嬪)의 소생인 경종은 남인에 동정적이던 소론의 보호를 받아왔는데, 경종이 즉위하자 과거 그의 세자 책봉을 반대했던 노론은 위기를 느껴 그의 병약함과 후사(後嗣)가 없음을 빌미로 연잉군의 세제 책봉을 추진, 이를 관철시키고 나아가 대리청정까지 추진하다가, 소론의 김일경(金一鏡) 등이 목호룡(睦虎龍)을 사주하여 노론의 사대신(四大臣)인 김창집(金昌集), 이이명(李頤命), 이건명(李健命), 조태채(趙泰采)를 역모로 무고케 함으로써 사대신 이하 노론 일파를 극형에 처하게 하였다.

69 춘추(春秋)의 대의(大義) : 오랑캐를 물리치고 주(周)나라 왕실을 높이는 존왕양이(尊王攘夷)의 정신을 가리키는바, 나아가서는 오랑캐인 청나라를 물리치고 명나라를 존숭하는 정신을 가리킨다.

70 북정론(北征論) : 우암 송시열의 북벌론(北伐論)을 계승하여 오랑캐인 청나라를 공격해야 한다는 글로 보인다.

71 효효재(嘐嘐齋) 김용겸(金用謙) : 효효재는 김용겸(1702~1789)의 호로, 자는 제대(濟大)이며 포음(圃陰) 김창즙(金昌緝)의 아들이다. 학문이 깊고 행실이 훌륭하였다.

다시는 과거에 나아가지 않았다. 항상 과명(科名)이 바르지 않으면 그때마다 과거에 응시하는 것을 정지시켰는데, 감시(監試)에 합격하고서 조흘강(照訖講)[72]을 거치지 않은 자를 정거(停擧)하라고 명하자, 사람들이 모두 미봉(彌縫)하여 구차히 면하였으나, 오직 선생만은 사실을 자수하였다. 그러다가 회시(會試)에 정거의 명을 풀자, 선생은 "조흘강을 하지 않은 것은 참으로 잘못을 답습한 것이니, 감히 벌이 풀렸다고 외람되이 과거에 나아갈 수 있겠는가."라고 하였다.

뒤에 또 시험에 응시했을 때에 거자(擧子)들이 과장(科場)을 소란하게 한다 하여 포도청의 군교(軍校)들로 하여금 복시(覆試)의 시장(試場)을 정탐하게 하였는데, 선생은 탄식하며 말하기를 "옛사람 중에는 과장의 가시울타리를 보고서 과거를 포기한 사람이 있었는데, 하물며 군교로 감시함에 있어서겠는가."라고 하고는 시권(試券)을 찢고 돌아왔다.

임진년(1772)에 공은 당시 조정의 상황이 몹시 위태로운 것을 보고는 경사(京師)에 거처하는 것을 달갑게 여기지 않아 광릉(廣陵)의 한 강가에 세내어 살면서 독서하다가 오래 지난 뒤에 돌아왔는데, 찬성공이 별세하자[73] 마침내 종신토록 다시는 세상에 나오지 않았다.

갑진년(1784)에 계방(桂坊 세자익위사(世子翊衛司))에 의망할 만한 사람을 천거하라고 명하였는데, 순암(醇庵) 오재순(吳載純)[74] 공이 선생

72 조흘강(照訖講) : 과거에 응시하는 유생에게 성균관에서 호적을 대조하는 일을 조흘이라고 하고, 이것을 끝내고 《소학(小學)》을 외게 한 것을 조흘강이라고 한다. 이 절차를 통과한 사람에게 조흘첩(照訖帖)을 주어 과거를 보게 하였다.

73 찬성공이 별세하자 : 박윤원의 부친 박사석(朴師錫)이 1774년(영조50) 10월에 별세한 일을 가리킨다. 《德隱遺稿 卷2 祖考近齋先生府君年記》

을 천거하였다. 상이 일찍이 몽촌(夢村) 김종수(金鍾秀) 공에게 선생에 대해 물었는데, 김공이 대답하기를 "경학을 연구하며 몸시 곤궁하게 사는 것이 당대의 제일류(第一流)입니다."라고 하였다.

순조가 장차 입학하려할 적에 또 선생에게 보도(輔導)를 맡길 것을 청하였고, 김이소(金履素), 김희(金憙), 윤시동(尹蓍東) 등 여러 공이 모두 전후로 계속해서 천인(薦引)하자, 상이 "옛사람이 두광국(竇廣國)을 재상으로 삼지 않은 것을 사사로운 것이라고 하였다. 그러나 어찌 난처하지 않겠는가."[75]라고 하였다. 가순궁(嘉順宮)은 선생의 아우 충헌공(忠獻公)의 따님으로,[76] 우리 순조 임금을 탄생한 분이기 때

74 순암(醇庵) 오재순(吳載純) : 순암은 노주(老洲) 오희상(吳熙常)의 아버지인 오재순(1727~1792)의 호로, 자는 문경(文卿)이다. 1772년(영조48)에 탕평정시(蕩平庭試)에 급제하고, 정조의 총애를 받으면서 오랫동안 문형(文衡)을 지내고 전조(銓曹)를 맡았다. 저술에 《주역회지(周易會旨)》, 《완역수언(玩易隨言)》, 《성학노(聖學圖)》, 《순암집》 등이 있다.

75 옛사람이……않겠는가 : 두광국(竇廣國)은 한(漢)나라 문제(文帝)의 비(妃)인 두황후(竇皇后)의 친정 아우이다. 문제가 그가 어질다는 것을 알고서 정승으로 삼으려 하였으나, "천하 사람들이 내가 두광국에게 사정(私情)을 둔다고 할까 두렵다."라고 하여 결국 그만두었으니, 외척에게 사사로이 관직을 준다는 혐의를 두려워하여 임명하지 않은 것이었다. 《通鑑節要 卷8 漢紀 文帝 後元 2年》 후세의 학자들은 문제가 두광국을 정승으로 삼지 않은 것이 오히려 공정한 것이 아닌 사사로운 뜻이었다고 비판하기도 하였는데, 정조의 후궁이자 순조의 사친(私親)인 수빈(綏嬪) 박씨(朴氏)가 박윤원의 질녀였으므로 정조가 문제와 두광국의 일을 이와 같이 인용한 것이다.

76 가순궁(嘉順宮)은……따님으로 : 가순궁은 수빈(綏嬪) 박씨(朴氏, 1770~1822)의 궁호로, 정조의 후궁이자 순조의 사친(私親)이고, 원호(園號)가 휘경(徽慶), 시호가 현목(顯穆)이다. 충헌공(忠獻公)은 박윤원의 아우인 박준원(朴準源, 1739~1807)으로, 자가 평숙(平叔), 호가 금석(錦石)이다. 1786년(정조10) 사마시에 합격하고, 그 이듬해에 셋째 딸이 수빈에 봉해지자, 건원릉 참봉(健元陵參奉)을 거쳐 사복시 주부

문이었다.

임자년(1792)에 선공감 감역(繕工監監役)에 제수되었는데 벼슬에 나아가지 않았다. 무오년(1798) 원자의 강학청(講學廳)을 설치할 적에 요속(僚屬)을 선발하였는데, 우의정 이병모(李秉模)가 선생을 천거하니, 상이 선생에게 원자를 문안하라고 명하였다. 선생이 병으로 사직하니, 하교하기를 "이것은 계방(桂坊)의 한 준례에 불과하니, 어찌 나아가기 어려운 단서가 있겠는가."라고 하였으나, 선생은 또 실제 병이 있다고 대답하였다.

당시 상이 반드시 초치하려고 하여 거듭 문책하는 유지를 내림에 그 말한 내용이 매우 엄하여서 신하로서 감히 들을 수 없는 바가 있었다. 선생은 사저에서 석고대죄(席藁待罪)하고서 죄가 내리기를 기다린 것이 한 달이 넘었는데, 성상의 노여움이 점차 격해져서 화(禍)를 장차 헤아릴 수가 없었다. 자제와 조카들이 몹시 두려워 울부짖으면서 한번 행차를 하여 가족을 살려줄 것을 원하였으나, 선생은 끝까지 명에 응하지 않았다.

상은 선생이 뜻을 굳게 지키고 있음을 듣고는 비로소 풀어서 용서하라는 하교를 내렸다. 선생은 감격해 울면서 말하기를 "신하로서 군부(君父)에게 이와 같은 은혜를 얻은 사람이 다시 몇 명이나 되겠는가."라고 하였다. 그러나 관직명이 아직 체직되지 않았다고 하여 허물을

(司僕寺主簿)·공조 좌랑·보은 현감이 되었다. 1790년에 수빈이 원자(元子)를 낳자 호산(護産)의 노고로 통정대부(通政大夫)에 올라 호조 참의에 임명되었고, 1800년에 순조가 즉위하자, 수렴청정을 하던 정순왕후(貞純王后)에 의하여 호조·형조·공조의 판서와 금위대장(禁衛大將) 등 삼영(三營)의 병권(兵權)을 잡게 되었다. 영의정에 추증되었으며, 충헌은 그의 시호이다.

이끌어 자책해서 집 밖을 나가지 않았고, 종유(從遊)하는 분들이 강학을 청하면 사양하였다. 이때에 상이 요속(僚屬)이라고 하여 하사한 것이 있었는데 선생은 또한 받지 않았으니, 곧 현직으로 자처하고자 하지 않은 것이었다. 상이 끝내 뜻을 굽힐 수 없음을 알고는 특명으로 체직을 허락하였다.

선생은 평소 몸이 야위어서 병을 잘 앓았는데, 기미년(1799) 정월에 이르러 전염병이 크게 유행할 적에 선생도 이 병에 걸려 17일 자시(子時)에 취현방(聚賢坊) 정동(貞洞)의 집에서 고종명(考終命)하였다. 이틀 전에 곁에 있는 자에게 말하기를 "이불을 걷고서 나의 손과 발을 보아라."[77]라고 하였고, "옮겨 받들라."라고 명하였으니, 정침(正寢)으로 옮겨 받들게 하고자 한 것이었다.

선생은 이전 해에 문득 강절(康節)이 66세에 지은 시[78]를 읊조리고 "강절과 같은 조예(造詣)로도 '10년을 물리게 한다면 조금이나마 일을 이룰 수 있겠다.'는 소원이 있었으니, 우리 유자(儒者)의 사업이 참으로 무궁한데, 이때에 이르러 후학을 버리셨구나."라고 하였다. 향년이 66세에 그치셨으니, 스스로 서거할 줄을 미리 아셨던 것이다.

부고가 알려지자, 조야(朝野)에서 슬퍼하고 애석해하지 않는 이가

77 이불을……보아라 : 부모가 남겨준 몸을 훼손시키지 않고서 죽는 것을 말한다. 이 내용은 《논어》 〈태백(泰伯)〉에 증자(曾子)가 병환이 위독하자 제자들을 불러 말하기를 "이불을 걷고서 내 발을 살펴보고 내 손을 살펴보아라. 《시경》에 이르기를, '두려워하고 삼가서 깊은 못에 임한 듯이 하며 얇은 얼음을 밟듯이 하라.' 하였는데, 이제야 내 몸이 손상되는 근심을 면할 수 있게 되었구나. 제자들아!"라고 한 데서 유래하였다.

78 강절(康節)이……시 : 강절은 북송의 학자인 소옹(邵雍, 1011~1077)의 시호로, 자는 요부(堯夫)인데, 해당 시는 〈노거음(老去吟)〉을 가리킨다. 《擊壤集 卷15》

없었고, 사우(士友)들은 서로 조문하면서 말하기를 "사문(斯文)의 동량(棟樑)이 꺾였다."라고 하였다. 이해 5월에 과천현(果川縣) 운만산(雲滿山) 인좌(寅坐)에 장례하였다. 47년이 지나 을사년(1845) 정월에 당시 정승이 선생의 학문과 지조를 하나하나 들어서 포증(褒贈)을 청하니, 가선대부(嘉善大夫) 사헌부대사헌 겸 성균관좨주(司憲府大司憲兼成均館祭酒)에 추증하라고 명하였다.

선생은 태어나면서부터 지극한 효성이 있어서 어버이를 섬김에 사랑과 공경을 지극히 하였고, 하찮은 일이라도 반드시 경서(經書)의 가르침을 따랐다. 거상(居喪)함에 있어서 예(禮)를 다하여 3년 동안 이를 드러내어 웃은 적이 없었다. 모친상을 당하여 심상(心喪)을 할 적에 마침 합부인(閤夫人)의 병환이 매우 위급하였는데, 당시 곁에 가족이 없었는데도 끝내 내실에 들어가서 부인을 보지 않았고, 의원이 왔을 때에도 여종으로 하여금 대신 진찰하게 하였다.

종신토록 어버이를 사랑하여 마치 어린아이가 부모를 사모하듯 하였으며, 새벽에 일어나면 가묘(家廟)에 배알하였다. 병환이 심할 적에도 절사(節祀) 때가 되면 서둘러 제철의 음식을 장만하여 사당에 올렸다. 매번 자신의 생일이 되면 술과 고기를 올리지 못하게 하였으며, 환갑 때에도 잔치하는 것을 허락하지 않았다.

기일(忌日)에 치재(致齋)할 때에는 빈객을 접견하지 않았고 제사를 받들 적에는 정성과 예(禮)가 모두 지극하였으며, 제사가 끝나면 하루 종일 눈물을 삼켰고 평소 먹는 음식을 올리지 않게 하였다. 제사를 지낼 적에 시장에서 사온 술과 나라에서 금하는 소고기[79]를 사용하지

79 나라에서 금하는 소고기 : 소가 귀하여 농사짓기에 어려움이 있으면 국가에서 수시

않으면서 말하기를, "성인(聖人)께서는 시장에서 사온 술과 포를 먹지 않으셨으니,[80] 하물며 제사에 올림에 있어서이겠는가."라고 하였다.

선생은 일찍이 말하기를 "기제(忌祭)는 바로 후현(後賢)이 의리로 일으킨 것이니, 단지 슬픈 정(情)을 펴기 위하여 마련한 것이요 이로써 추양(追養)을 다하기에는 부족하다. 예(禮)에서 말한 '사(士)가 제사를 지내지 못하면, 겨울에 갖옷을 입지 않고 여름에 갈옷을 입지 않는다.'라는 것[81]은 바로 사시(四時)의 정제(正祭)를 가리킨 것이다.

예(禮)에 행하지 않아서는 안 되는 것이 세 가지이니, 바로 관례(冠禮)와 친영(親迎)과 시제(時祭)이다. 조정에서 정하여 법령을 만들어 사대부들로 하여금 이 세 가지 예(禮)를 행하게 해서 감히 혹시라도 어기지 못하게 한다면, 점차적으로 고례(古禮)를 회복하여 풍속을 돈후하게 할 수 있을 것이다."라고 하였다.

항상 우리나라의 풍속에 다리미리를 하는 제도〔髢制〕를 비루하다고 여겨서 글을 지어 분변하였다. 며느리의 계례(笄禮)를 할 적에 명나라의 쪽을 찌는 제도〔髻制〕를 적용하였다. 상례(喪禮)와 제례(祭禮)의

로 소를 도살하지 못하게 하고, 소고기를 일절 판매하지 못하게 하였으므로 말한 것이다.

80 성인(聖人)께서는……않으셨으니 : 성인은 공자를 가리키는바, 이 내용은 《논어》 〈향당(鄕黨)〉에 "시장에서 사온 술과 포를 먹지 않으셨다.〔沽酒市脯不食.〕"라고 보인다.

81 예(禮)에서……것 : 《춘추공양전(春秋公羊傳)》 환공(桓公) 8년 조에 "봄 제사를 사(祠)라 하고, 여름 제사를 약(礿)이라 하고, 가을 제사를 상(嘗)이라 하고, 겨울 제사를 증(烝)이라 한다.……사(士)가 이 네 가지 제사를 지내지 못했으면 겨울에는 갖옷을 입지 않고, 여름에는 갈옷을 입지 않는다.〔春曰祠, 夏曰礿, 秋曰嘗, 冬曰烝.……士不及玆四者, 則冬不裘夏不葛.〕"라고 보인다.

예절을 저술하여 〈태재록(汰哉錄)〉[82]이라 하고는 이를 한 집안의 법칙으로 삼았다.

계씨(季氏)인 충헌공(忠獻公)과 우애가 도타워서 서로 천륜간의 지기(知己)로 인정하였다. 충헌공이 병에 걸려 위독하자, 선생은 근심하여 눈물을 흘렸으며 몸소 약을 구하여 치료해서 낫게 하였으니, 사람들이 "지극한 정성의 소치이다."라고 하였다.

서모(庶母)를 대할 적에 몹시 조심하였으며, 서매(庶妹)들을 시집보낼 적에 혼수를 후하게 장만해주었다. 부인과 서로 손님처럼 공경하여 출행하는 일이 있을 때마다 절하였다. 부인의 선고(先考)와 선비(先妣)의 상(喪)에 3년 동안 내실에 거처하지 않았으며, 부인의 4대조와 방친(傍親)의 기일에도 이렇게 하였다.

아들을 가르치되 외아들이고 병이 많다는 이유로 너그럽게 용서하지 않았으며, 부인의 상중에 과거공부를 하지 못하게 하였다. 조카를 자기 자식처럼 아껴서 항상 훈계하기를, "예로부터 외척들 가운데 그 집안을 보전하는 자가 드물었던 것은 대체로 은총을 탐하고 권세를 빙자하였기 때문이니, 복철(覆轍)[83]을 경계할 만하다."라고 하였다.

종족을 화목하게 대하고 벗과의 도리를 중시하였다. 부고를 들으면 반드시 고기를 먹지 않았고, 달려가 문상할 수 없으면 자신의 집에서 곡하였으며, 혹 가마(加麻)하고서 제문을 지어 제사하였다. 비복(婢

82 태재록(汰哉錄) : '참람하게 기록하였다.'는 뜻으로, 이 글은 《근재집(近齋集)》 권24에 실려 있다.

83 복철(覆轍) : '앞 수레바퀴가 뒤집힌 자취〔前車之覆〕'라는 뜻으로 앞서의 실패를 비유해서 이르는 말이다.

僕)들을 다스릴 적에 엄격하게 하면서도 은혜를 베풀었으며, 남녀의 구별을 삼가서 비록 여종일지라도 직접 물건을 주고받지 않았다.

집안이 평소 가난하여 작은 집이 쓸쓸하였고 거친 밥도 이어지지 못하여 부엌에서 밥을 짓지 못하고 굴뚝에서 불을 때지 못한 것이 여러 날이었다. 오직 푸른 풀만이 뜰에 가득하고 이끼가 계단을 덮었으나, 서실에 들어가면 책이 책상에 가득한데 옷깃을 단정히 하고 꼿꼿이 앉아서는 글 읽는 소리가 낭랑하여 항상 흔연히 스스로 즐거워하였다. 부들자리 하나를 수십 년 동안 깔아서 앉은 곳이 해져 밑바닥이 보이니, 사람들이 이를 관유안(管幼安)이 평상을 뚫었던 일[84]에 비유하였다.

평상시 거처할 적에 마치 재계하듯이 하여 위치를 가지런히 정돈하였으며, 성품이 또 깨끗함을 좋아하여 하루에도 여러 번 손을 씻었다. 물건을 사양하고 받는 데에 삼가서 만약 자기 마음에 흡족하지 않은 점이 있으면 종일토록 즐거워하지 않았다. 일찍이 거상 중에 세찬(歲饌)을 올린 사람이 있었는데, 선생은 이를 돌려보내며 말하기를, "거상하는 사람은 세찬의 의식을 해서는 안 된다."라고 하였다. 선생의 가르침을 받은 자가 서쪽 지방의 고을을 다스리게 되자 명주를 보냈는데, 선생은 또한 이를 사양하면서 "받아도 되고 받지 않아도 될 때에는 받지 않는 것이 마음에 편하다."라고 하였으니, 이와 같이 얼음과 소태

84 관유안(管幼安)이……일 : 관유안은 삼국 시대의 위(魏)나라 학자 관녕(管寧)으로, 유안은 그의 자이다. "관녕이 한 나무 평상에 앉았었는데, 50여 년이 되도록 일찍이 다리를 뻗은 적이 없어 그 평상 위에 무릎이 닿는 곳이 모두 뚫어졌다."는 고사가 전한다. 《三國志 卷11 魏志 管寧傳》《小學 善行》

나무의 지조[85]를 굳게 지켰다.

가순궁(嘉順宮)이 입궐(入闕)할 적에 본가의 지친을 가례(嘉禮)에 들어와 참여하게 하라는 유지(諭旨)가 있자, 선생은 병을 이유로 입궐하지 않았으며, 종신토록 한 번도 사적으로 수빈을 뵌 적이 없었다. 오히려 처지가 딴 사람들과는 다르다고 하여 입을 닫고 그림자를 감추어서 경솔히 다른 사람을 접견하지 않았으며, 또한 스승의 도(道)로 자처하지 않으면서 말하기를, "척리(戚里)[86]의 몸이 되어 졸렬함을 지키고자 한다면[87] 마땅히 교유(交遊)를 적게 해야 할 것인데, 교유의 넓음으로는 강회(講會)만한 것이 없다."라고 하였다. 그리하여 마침내 학도를 받아들이지 않았으나, 만일 의심하여 논란하는 바가 있으면 응답해주기를 게을리하지 않았으니, 공업(功業)과 교화가 다른 사람에게 미친 것이 또한 깊었다.

성품이 남을 포용하기를 좋아하여 다른 사람의 잘못을 말하는 것을 부끄럽게 여겼으나, 다른 사람의 옳지 않은 점을 보면 마치 자신을 더럽힐 듯이 여겼다. 선생이 멀리하여 교유를 끊은 자들은 뒤에 모두

85 얼음과 소태나무의 지조 : 차가운 얼음물을 마시고 쓰디쓴 소태나무를 씹으면서 굳게 지키는 절조를 말하는바, 당나라 백거이(白居易)의 시에 "3년 동안 자사로 있으면서, 차가운 얼음물을 마시고 쓰디쓴 소태를 씹었노라.〔三年爲刺史, 飮氷復食蘗.〕"라고 한 데에서 온 말이다. 《白樂天詩集 卷1 三年爲刺史》

86 척리(戚里) : 왕실의 외척을 말한다. 본래 중국 장안의 마을 이름인데, 한(漢)나라 때에 내척과 외척이 많이 살았으므로 전하여 외척을 가리키는 말이 되었다.

87 졸렬함을 지키고자 한다면 : 질박함을 지킨다는 뜻으로, 자신의 분수를 지켜 재주를 자랑하거나 벼슬하지 않음을 이르는바, 진(晉)나라 도연명의 〈귀원전거(歸園田居)〉에 "남쪽 들판에서 황폐한 밭 일구며 졸렬함을 지켜 전원으로 돌아왔다.〔開荒南野際, 守拙歸園田.〕"라고 보인다.

못된 짓이 발각되었다.

항상 이단의 학문이 정학(正學)을 침범하는 것을 근심하였다. 정자(程子)와 주자(朱子)를 비방한 모기령(毛奇齡)[88]의 죄를 통렬히 배척하여 "진실로 이는 맹자(孟子)에게서 허물을 찾는 것인바, 바로 사문(斯文)의 난적(亂賊)이니, 마땅히 그 책을 불태워야 한다."라고 하였다.

또 서양의 부정한 학술을 배척하여 말하기를 "그 폐해가 불가(佛家)와 도가(道家)보다도 심하다. 남녀의 구별이 없는 것은 바로 부자간에 암컷을 공유하는 것[89]이고, '제사가 무익하다.'고 하는 것은 승냥이와 수달[90]만도 못한 것이다. 또 은밀히 서로 유인하여 점차 이단에 물들어서 함께 변화하고 있기 때문에 그 해로움이 더욱 크다. 이는 바로 문안의 도적으로서 그 화(禍)가 맹렬한 불보다도 세차서 장차 나라를 바꾸게 될 것이다.

88 모기령(毛奇齡) : 1623~1713. 명말청초의 학자로 자는 대가(大可), 호는 추청(秋晴)이다. 양명학(陽明學)의 영향을 받았으며 고증학에 조예가 깊었는데, 《사서개착(四書改錯)》을 지어 주자의 《집주》를 많이 비판하였으며, 경전을 해석함에 있어 인용한 것이 방대하였으나 상세하게 확인하지 않아 오류가 많다는 비판을 받았다.

89 부자간에……것 : 여러 수컷이 교미하기 위해 암컷 사슴 한 마리에게 모여드는 것을 비유로 들어 친족 간에 간음하여 인륜을 어지럽히는 것을 말하였는바, 《예기》〈곡례 상(曲禮上)〉의 "오직 금수만은 예(禮)가 없기 때문에 부자간에 암컷을 공유한다.〔父子聚麀.〕"라는 말을 원용한 것이다.

90 승냥이와 수달 : 제사를 지내는 짐승으로 알려져 있다. 《예기》〈왕제(王制)〉에 "수달이 물고기로 제사한 뒤에 사냥 몰이를 하는 우인(虞人)이 택량에 들어가며, 승냥이가 짐승으로 제사한 뒤에 사냥을 한다.〔獺祭魚, 然後虞人入澤梁, 豺祭獸, 然後田獵.〕"라고 하였는데, 이에 대한 엄릉 방씨(嚴陵方氏)의 주에 "수달이 물고기로 제사하는 것은 정월이고, 승냥이가 짐승으로 제사하는 것은 9월이다."라고 하였다.

정학(正學)이 밝지 못하면 이단의 부정한 학설이 더욱 치성하게 된다. 이를 막는 방도는 오직 스스로를 다스리는 데에 달려 있으니, 사람의 몸으로 비유하건대 참된 원기(元氣)가 굳건하면 나쁜 기운이 저절로 물러나는 것과 같다."라고 하였는데, 신유년(1801, 신유박해)과 기해년(1839, 기해박해)에 이르러 그 말이 크게 징험되었다.

또 "《춘추(春秋)》의 대의(大義)는 화(華)·이(夷)를 구별한 것보다 엄격하게 한 것이 없는데, 근세에 인심이 안일함에 빠져있고 보고 듣는 것에 익숙해져서 와신상담(臥薪嘗膽)의 뜻이 날로 멀어지고 달로 잊혀져간다."고 하여 일찍이 스스로 우려하고 탄식하기를 "노중련(魯仲連)은 일개 선비였는데도 진(秦)나라를 황제로 섬기는 것을 수치스럽게 여겼는데,[91] 하물며 동방의 중화에 살면서 오랑캐를 섬기는 것이 부끄러워할 만한 것임을 알지 못해서야 되겠는가. '요순(堯舜)보다 훌륭하다.〔賢於堯舜〕'라는 네 글자는 바로 재여(宰予)가 공자를 찬미한 말인

91 노중련(魯仲連)은……여겼는데 : 노중련은 전국 시대 제(齊)나라의 고사(高士)로, 뛰어난 재주를 지녔으나 얽매여 사는 것을 싫어하여 벼슬하지 않고 조(趙)나라에 은거한 인물이다. 진(秦)나라가 조나라를 공격하여 수도 한단(邯鄲)을 포위하자, 여러 제후들이 진나라를 두려워하여 감히 조나라를 구원하지 못하였다. 위(魏)나라의 안희왕(安釐王)은 조나라를 구원하고자 군대를 보냈는데, 진나라가 위협하자 위군은 출동하지 못하였다. 위나라에서는 신원연(新垣衍)이란 변사(辯士)를 조나라에 보내, 진나라 임금을 황제로 섬기면 포위를 풀 것이라는 계책을 말하게 하였는데, 이 말을 들은 노중련이 "저 무도(無道)한 진(秦)나라가 방자하게 황제를 자칭하고 잘못으로 천하에 정사를 한다면, 나는 동해에 뛰어들어 죽을 뿐이요, 내 차마 그 백성은 될 수가 없다.〔彼卽肆然而爲帝, 過而爲政於天下, 則連有蹈東海而死耳, 吾不忍爲之民也.〕"라고 하니, 진나라 장군이 이 말을 듣고 군사를 50리 뒤로 물렸다고 한다.《史記 卷83 魯仲連鄒陽列傳》

데,[92] 이병모(李秉模)가 감히 제멋대로 이것을 가지고 가한(可汗)에게 가하였다.[93] 이업(李鄴)이 오랑캐의 형세를 장황하게 늘어놓았던 짓[94]이라 하더라도 응당 이 지경에 이르지는 않았을 것이다.

금(金)나라에서 군주 옹(雍)을 이적(夷狄) 가운데 요(堯), 순(舜)과 같은 군주라고 한 것[95]은 비록 그 신하가 찬미하여 서술한 것이지만,

92 요순(堯舜)보다……말인데 : 《맹자》 〈공손추 상(公孫丑上)〉에 "재아(宰我)가 말하였다. '내가 부자(夫子)를 관찰하건대 요순보다 훨씬 훌륭하시다.'"라고 한 내용이 보인다. 재아는 공자의 제자인 재여(宰予)로, 자가 자아(子我)이며, 부자는 스승에 대한 존칭으로 공자를 가리킨 것이다.

93 이병모(李秉模)가……가하였다 : 이병모(李秉模, 1742~1806)가 1796년(정조 20) 진하사(進賀使)로 청(淸)나라에 들어가 황극전(皇極殿)에서 시를 지어 바치기를, "비루한 한(漢)·당(唐)이야 말할 것이 있겠는가. 요순보다 어진 임금을 다행히 몸소 만났도다.〔陋矣漢唐何足道, 賢於堯舜幸躬逢.〕"라고 하였는바, 이를 가리킨다. '가한(可汗)'은 왕을 뜻하는 중세 몽골어 'khan'의 음역어이다. '카칸' 또는 '칸〔汗〕'으로 약칭하기도 하는데, 본문에서는 청 인종(淸仁宗)을 가리킨 것이다. 1798년에 원자(元子)를 위한 강학청(講學廳)이 설치되어 좌의정으로 있었던 이병모가 박윤원을 서연관으로 천거하였는데, 박윤원이 "저 사람은 춘추의 죄인이다."라고 하고는 출사하지 않았다. 《正祖實錄 22年 1月 11日》《純祖實錄 3年 3月 26日》《艮齋集 後編續 卷7 全齋先生語錄》

94 이업(李鄴)이……짓 : 송 휘종(宋徽宗) 때 급사(給事)로 있던 이업이 금(金)나라에 사신으로 갔다가 돌아와서 말하기를, "금나라 사람은 말을 타는 데는 용과 같고 걷는 데는 호랑이와 같으며, 물을 건너는 데는 물개와 같고 성에 올라가는 데는 원숭이와 같다."라고 칭찬하였다. 이에 그가 오랑캐의 형세를 너무 과장해서 말했다고 하여, 그를 사여급사(四如給事)라 칭하였다. 《星湖僿說 卷23 四如給事》

95 금(金)나라에서……것 : 금나라의 군주 옹(雍)은 금나라의 세종(世宗) 완안옹(完顏雍)을 가리키는데, 그의 성품이 인후(仁厚)하여 전쟁을 일으키지 않아서 북인(北人)들이 '소요순(小堯舜)'이라 일컬었다는 기록이 《송사전문(宋史全文)》 권27 하 〈송 효종 8(宋孝宗八)〉에 보인다.

이것 또한 참람한 짓이다. 그런데 공자를 찬미한 글자를 가지고 가한을 칭술함에 이르러서는, 고금의 권의 문자(權宜文字)[96]에서 감히 표현하지 못했던 것이다. 유독 이병모가 이를 인용하여 오랑캐에게 아첨하면서 조금도 거리끼지 않았으니, 이는 성인(聖人)을 업신여긴 것이다."라고 하였다.

선생은 항상 이 의리를 읊으면서 집안의 계책으로 삼아서 마치 종신토록 잊어서는 안 되는 것처럼 생각하였다. 이에 선생은 "유자(儒者)의 몸이 되어서 선왕(先王)의 법복(法服)을 입고[97] 공자의 훈사(訓辭)를 외우면서 이 사람에게 천거를 받았으니, 이는 내 몸과 명예를 더럽힌 것이다."라고 하였다.

이 때문에 죽음을 맹세하고 출사하지 않으니, 성상의 노여움이 진동하여 형벌이 장차 내려지려 하였다. 그러나 선생은 자신의 뜻을 굳게 지켜 시종일관 변치 않으면서 말하기를, "만일 성인(聖人)을 높이고 이적(夷狄)을 물리치는 의리가 나로 말미암아서 대략이나마 펴질 수 있게 된다면, 죽을지라도 전혀 여한이 없을 것이다."라고 하였다. 그리하여 마치 영해(嶺海)와 정확(鼎鑊)[98]이 눈앞에 닥친 것을 보지 못하는

96 권의 문자(權宜文字) : 권의란 사정상 임시로 적당하게 대처함을 뜻하는데, 여기서는 청나라에 보내는 외교문서를 위하여 지은 글들을 가리킨다.

97 선왕(先王)의 법복(法服)을 입고 : 법복이란 법도에 맞는 옷으로, 《소학》 〈명륜(明倫)〉과 《효경(孝經)》 〈경대부장(卿大夫章)〉에 공자가 증자(曾子)에게 "선왕의 법도에 맞는 옷이 아니면 감히 입지 않으며, 선왕의 법도에 맞는 말이 아니면 감히 말하지 않으며, 선왕의 덕행이 아니면 감히 행하지 않는다."라고 한 내용이 보인다.

98 영해(嶺海)와 정확(鼎鑊) : '영해'는 도성에서 멀리 떨어진 변경 지방으로 귀양을 가는 것을 뜻하며, '정확'은 죄인을 삶아 죽이는 큰 솥으로 혹독한 형벌을 가리킨다.

것처럼 하였다. 그런데 정묘(正廟 정조)의 밝고 성(聖)스러운 지혜 덕분에 선생이 지키려던 원래의 뜻을 보전할 수 있게 되어 눈과 서리가 단비와 이슬로 바뀌고 부월(斧鉞)이 화곤(華袞)으로 변하였으니,[99] 아! 성대하구나.

선생은 훌륭한 덕행과 공업(功業)을 지니고 한 시대에 침체와 곤액을 겪어서 옛 성왕(聖王)의 도를 펼칠 뜻을 가슴에 거둔 채 별세하여 대화(大化)를 따라 자취를 감췄으니, 이것이 진실로 사림들이 한스러워하는 것이다. 그러나 근엄하면서도 미완(微婉)[100]한 올바른 가르침을 따르고 서질(敍秩)과 명토(命討)[101]의 큰 도리를 드러내어 한 몸으

99 부월(斧鉞)이 화곤(華袞)으로 변하였으니 : 형벌이 영예(榮譽)로 변하였음을 말한 것이다. '부월'은 출정하는 대장(大將)에게 임금이 손수 주던 큰 도끼로, 이것을 가지고 전쟁 중에 형륙(刑戮)을 임의대로 행할 수 있었으므로 인신하여 형벌을 뜻하며, '화곤(華袞)'은 고대 왕공(王公)과 귀족의 복장으로, 지극한 영예를 뜻한다. 진(晉)나라 범녕(范甯)의 〈춘추곡량전 서(春秋穀梁傳序)〉에 "《춘추》의 한 글자의 칭찬이 화곤을 받는 것보다도 영광스럽고, 한 마디의 비판이 시장에서 맞는 회초리보다도 욕되다." 라고 보인다.

100 미완(微婉) : 은미하고 완곡하게 한다는 뜻으로, 《춘추좌씨전》 소공(昭公) 31년의 "《춘추》에서 칭한 것을 보면, 은미하면서도 밝게 드러나고 완곡하면서도 분명히 구별되게 한다.〔春秋之稱. 微而顯. 婉而辯.〕"라는 말에서 나온 것이다.

101 서질(敍秩)과 명토(命討) : '서(敍)'는 군신·부자·형제·부부·붕우의 차례를 말하고, '질(秩)'은 존비와 귀천에 대한 등급의 높고 낮은 품질(品秩)을 말하며, '명(命)'은 하늘이 덕이 있는 이를 명하면 관작을 주는 것이고, '토(討)'는 하늘이 죄 있는 사람을 토벌하면 형벌을 내려 징계하는 것을 가리킨다. 《서경》 〈고요모(皐陶謨)〉의 "하늘이 차례로 펴서 법을 두시니 우리 오전(五典)을 바로잡아 다섯 가지를 후하게 하시며, 하늘이 차례 하여 예를 두시니 우리 오례(五禮)로부터 하여 다섯 가지를 떳떳하게 하소서. 군신이 공경함을 함께하고 공손함을 합하여 마음을 화하게 하소서. 하늘이 덕이 있는 이에게 명하시거든 다섯 가지 복식으로 다섯 가지 등급을 표창하시며, 하늘이

로 만세의 기강을 부지하고 한 마음으로 임금의 노여움을 돌이켜서, 마침내 마음을 알아주고 아름다움을 이루어주는 임금의 하교를 입게 되었다.

"이 의리를 누가 불가하다고 하겠는가. 하물며 나의 경우에 있어서이겠는가."라고 한 임금의 말은 성군의 가르침이 해와 별처럼 찬란하니, 어찌 단지 선생에게 천고에 드문 특별한 예우가 될 뿐이겠는가.

선생은 타고난 자질이 매우 높아 밝고 순수하며 영명하고 지혜로웠다. 얼굴빛은 장엄하고 말은 엄격하였으며 기운은 온화하고 마음은 평탄하였으며, 올곧으면서도 각박하지 않고 엄하면서도 과격하지 않았다. 흉금이 깨끗하여 겉과 속이 맑았는데, 어려서부터 학문을 좋아하여 다른 일이 있음을 알지 못하였다.

장성하자, 경사(經史)에 깊고 넓게 통달하였고 몸을 단속하기를 청고(淸苦)하게 하여 행동을 반드시 예(禮)로써 하였으며, 의(義)에 지키는 바가 있으면 비록 맹분(孟賁)과 하육(夏育)이라 할지라도 이를 빼앗을 수가 없었다.[102] 부정함과 올바름, 선과 악을 분별할 적에는

죄가 있는 이를 토벌하시거든 다섯 가지 형벌로 다섯 가지 등급을 써서 징계하시어 정사를 힘쓰고 힘쓰소서.〔天敍有典, 勅我五典, 五惇哉! 天秩有禮, 自我五禮, 五庸哉! 同寅協恭, 和衷哉. 天命有德, 五服, 五章哉! 天討有罪, 五刑, 五用哉, 政事懋哉懋哉!〕" 라는 고요(皐陶)의 말을 축약하여 인용한 것이다.

102 맹분(孟賁)과……없었다 : 맹분과 하육(夏育)은 모두 중국 고대의 용사(勇士)이다. 맹분은 제(齊)나라 사람으로 살아 있는 소의 뿔을 맨손으로 뽑았다고 하며, 하육은 위(衛)나라 사람으로 천 균(鈞)의 무게를 들 수 있는 힘을 지녔었다고 한다. 한(漢)나라의 충신(忠臣)이었던 급암(汲黯)의 절의(節義)를 칭송하면서 "맹분과 하육이라 할지라도 그의 뜻을 빼앗을 수 없을 것이다.〔雖賁育, 不能奪之矣.〕"라고 했던 고사가 전한다. 《漢書 卷50 汲黯傳》

분명하게 갈라놓기를 마치 예리한 칼로 두 동강을 내듯이 명료하였으며, 우뚝하게 큰 뜻을 가지고 있었다.

일찍이 개연히 탄식하며 말하기를 "부인이 되지 않고 남자가 되어서 의관(衣冠)을 갖춘 나라에서 태어나 야천(冶川)의 시(詩)와 예(禮)의 가학[103]을 이어 받았으니, 어찌 자신을 하찮게 여길 수 있겠는가. 사람의 본성이 선한 것은 성인(聖人)과 똑같으니, 사람으로서 본성을 알지 못하거나 알면서도 이를 온전히 하지 못해서야 되겠는가."라고 하였다.

마침내 성리학에 혼신의 힘을 쏟아서 사자서(四子書)[104]와 낙건(洛建)[105]의 여러 책을 취하여 읽고 밤낮없이 깊이 연구하였다. 성인(聖人)을 독실하게 믿어서 '한 터럭만큼이라도 이르지 못하면 나의 일이 아직 끝나지 않은 것이다.'라고 하였다.

공자와 맹자 및 정백자(程伯子 정호(程顥))의 소상(小像)을 서실에 봉안하고는 초하루와 보름에 공경히 바라보고 절하였다. 석담(石潭 이이(李珥))과 화양(華陽 송시열(宋時烈)) 두 선생을 흠모하여 광세지감(曠世之感)[106]이 가장 깊었다.

103 야천(冶川)의……가학 : 야천은 박윤원의 선조인 박소(朴紹, 1493~1534)의 호이다. '시와 예의 가학'이란 선조와 부모로부터 전수받은 가학을 이른다. 공자가 그의 아들 이(鯉)에게 시와 예를 배워야 한다고 훈계한 데에서 유래하였다. 《論語 季氏》

104 사자서(四子書) : 공자, 증자(曾子), 자사(子思), 맹자의 저서로 알려진 《논어》, 《대학》, 《중용》, 《맹자》를 가리킨다.

105 낙건(洛建) : 정자(程子)와 주자(朱子), 또는 그들의 학문인 정주학(程朱學)을 말한 것으로, 정호(程顥)와 정이(程頤)는 낙양(洛陽)에서, 주자는 복건(福建)에서 살며 강학하였으므로 이렇게 일컬은 것이다.

106 광세지감(曠世之感) : 동시대에 태어나지 못해 서로 만나지 못한 것을 아쉬워하는 감회를 이르는 말이다.

선생은 총명하고 박식함을 하늘로부터 타고나서, 성명(性命)의 깊은 뜻과 전주(箋註)가 분분한 부분에 있어서 이치가 마음과 계합하고 융회하여, 크게는 육합(六合)을 가득 채우고 있는 도체(道體)와 작게는 만수(萬殊)로 흩어져 있는 묘용(妙用)을 명철하게 꿰뚫지 않음이 없어서 융회관통(融會貫通)하여 극(極)이 있는 데로 돌아갔다.[107]

강론하는 즈음에는 혹시라도 힘써 남을 이기고자 한 적이 없었으니, "의리는 천하의 공공된 것이니, 어찌 스스로를 옳다 하여 남을 그르다고 할 수 있겠는가. 자신과 의견이 같은 것을 좋아하고 다른 것을 미워하는 것은 사사로운 마음이다."라고 하였다. 이 때문에 종일 담론해 분변하고 누차 편지를 왕복하더라도 마음과 기운을 평이하게 하고 온화한 기운을 잃지 않았다.

만일 남에게 한 치의 훌륭한 점이라도 있으면 번번이 자신의 뜻을 굽히고서 따랐다. 겸하여 예학(禮學)을 익혀서 원류를 거슬러 올라가 연구하고 같은 것과 다른 것을 고증하여 고금에 따른 적합함을 참작하고 상례(常禮)와 변례(變禮)를 궁구하였으니, 변별해 분석하여 절충한 것이 가지런히 체제가 있었다. 세상에 변례를 만나 해결하지 못하는 것이 있을 경우 선생의 한마디 말을 들으면 의문스럽고 난해한 것이 모두 풀렸다.

일찍이 "세교(世敎)가 쇠함에 상례(喪禮)가 먼저 무너졌으니, 기년복(朞年服)을 입는 중에 혼인하는 것은 크게 도리에 위배되는 것이다."

107 극(極)이……돌아갔다 : 이 내용은 《서경》 〈홍범(洪範)〉에 "그 극이 있는 곳으로 모여들고, 그 극이 있는 곳으로 돌아온다.〔歸其有極.〕"라고 보이는데, 극이 있는 곳이란 황극(皇極), 즉 세상을 다스리는 바른 표준을 말한다.

라고 탄식하였다. 처음 상(喪)이 났을 때에 밥 세 그릇을 뜨락에 진설하고 '저승사자의 밥'이라고 하는 것과 부녀자가 죽으려 할 적에 모시는 여종이 불경(佛經)을 외는 것은 모두 장례를 올바르게 하는 것이 아니라고 하고는 유명(遺命)을 내려 금하였다.

또 부모가 죽으면 머리를 풀어헤치는 것이 예(禮)가 아니라고 하며 말하기를 "만일 다스려 바로잡고자 한다면 반드시 현명한 군주와 어진 신하가 서로 만나 의기투합하여 금령(禁令)을 드러내어 실행한 뒤에야 바꿀 수 있을 것이다. 만일 아래에 있는 사람이 제멋대로 바꾼다면 망령된 짓이다."라고 하였다.

또 일찍이 말하기를, "예(禮)를 좋아하는 것은 진실로 높이 여길 만한 것이지만, 한갓 번잡한 글과 말단의 절목에 얽매여서 본원(本原)에 힘쓰지 않는다면, 비록 삼백 가지 예의(禮儀)와 삼천 가지 위의(威儀)[108]를 융회하여 관통하더라도, 문(文)이 질(質)을 이기는 폐단[109]을 열어놓기가 쉬울 것이다."라고 하였다. 배우는 이들에게 문구(文具)에 얽매이는 것을 경계하여 경(經)을 먼저 익히고 예(禮)를 뒤에 익히도록 하였다.

108 삼백……위의(威儀) : 《중용》에 성인(聖人)의 도를 찬탄하면서 "크고 넉넉하도다. 예의(禮儀)가 삼백 가지이고, 위의(威儀)가 삼천 가지이다. 훌륭한 사람을 기다린 뒤에 행해진다."라고 하였는데, 이에 대한 《집주》에 "예의는 큰 예〔經禮〕이고, 위의는 자잘한 예〔曲禮〕이다."라고 풀이하였다.

109 문(文)이……폐단 : 《논어집주(論語集註)》 〈옹야(雍也)〉에 "질(質)이 문(文)을 이기면 촌스럽게 되고, 문이 질을 이기면 겉치레만 잘하게 되니, 문과 질이 적당히 배합된 뒤에야 군자라고 할 수 있다."라고 한 경문에 대한 주에 "문이 이겨 질을 없애는 데 이른다면 그 근본이 없어지는 것이니, 비록 문이 있은들 장차 어디에다 베풀겠는가? 그렇다면 그 겉치레만 잘하기보다는 차라리 촌스러움이 나은 것이다."라고 하였다.

또 일찍이 경세제민(經世濟民)에 마음을 두어 치도(治道)를 논할 때에 반드시 당우(唐虞)와 삼대(三代)[110]로써 기약하였다. 나라를 다스리는 계책과 인재를 등용하는 방법을 연구해서 논하여 저술하였다. 교화를 돈독히 하고 풍속을 바로잡고 현능(賢能)한 사람을 임명하고 부화(浮華)함을 없애고 충성스럽고 어진 이를 높이는 것을 우선으로 삼았으며, 그 요점은 또 임금의 마음에 두어서, "인군의 마음이 바르면 천하가 바르게 된다."라고 하였다.

인재가 옛날과 같지 못함을 안타까워하며 말하기를, "이는 과거(科擧)의 병폐가 해쳤기 때문이니, 과거제도는 사람의 심술(心術)을 무너뜨리고 세교(世敎)를 해치므로 마땅히 개혁해야 함에 의심의 여지가 없다."라고 하였다.

또 말하기를 "만일 배운 바가 없다면 장차 어디에서 손을 빌려 임금을 섬기겠는가. 벼슬에 나아가려는 자는 더욱 배우지 않아서는 안 된다. 주자(朱子)의 공거(貢擧)에 대한 의론[111]은 끝내 정자(程子)의 학교에 대한 차자[112]만 못할 듯하다."라고 하였다.

110 당우(唐虞)와 삼대(三代) : 당은 요(堯) 임금, 우는 순(舜) 임금의 국호이며, 삼대는 하(夏)의 우왕(禹王)·은(殷)의 탕왕(湯王)·주(周)의 문왕(文王)과 무왕(武王)으로, 모두 태평성대를 가리킨다.

111 주자(朱子)의……의론 : 주자가 과거제도에 대해 논한 글로, 조정에 올리지 않은 사의(私議)인바, 《주자대전》 권69 〈학교공거사의(學校貢擧私議)〉에 보인다. 주자는 여기에서 과거를 준비하는 자들이 경전을 제대로 공부하지 않고 과문을 짓는 일에만 치중하고 있다면서 과거제도의 폐단에 대해 지적하고, 사부(詞賦)를 혁파하고 경전, 성리학과 제자서, 역사서, 시무(時務)를 시험하여 인재를 취해야 한다고 하였으며, 여러 주(州)의 정원을 고르게 선발할 것과 덕행과(德行科)를 세울 것을 주장하였다.

112 정자(程子)의……차자 : 이천(伊川) 정이(程頤)가 학제(學制)를 살펴서 이에 대

항상 높은 관리가 유교의 교화를 쓸모없는 것으로 여기는 것을 탄식하였는데,[113] 그 말이 모두 맞고 절실하였다. 그리고 항상 백성을 편안하게 하고 물건을 이롭게 하는 것에 마음을 두어서, 모든 민생의 질고(疾苦)와 홍수와 가뭄, 재해와 역병에 관련된 것들을 마치 자신의 몸이 아픈 것처럼 근심하였다.

일찍이 말씀하기를 "염락(濂洛)[114]의 현인들이 모두 왕을 보좌할 재주를 지닌 인물들이었고, 경세제민을 즐겨 말한 것이 많지만, 그 말이 흩어져서 나왔다. 오직 유반계(柳磻溪)가 저술한 《수록(隨錄)》[115]이

해 철종(哲宗)에게 건의한 글을 가리킨다. 이 글의 대략적인 내용은 다음과 같다. "학교는 예의를 앞세우는 곳인데, 달마다 시험을 보아 경쟁하게 하는 것은 사람을 가르쳐서 기르는 방도가 절대로 아닙니다. 청컨대 시험을 월과(月課)로 고쳐서 이르지 못하는 자가 있으면 학관(學官)이 불러서 가르치게 하고, 다시는 고하(高下)를 상고하여 정하지 않아야 합니다. 존현당(尊賢堂)을 지어서 천하의 도덕이 있는 선비들을 맞이하며, 향공(鄕貢)의 정원을 줄여 이익으로 유혹되는 일을 없애며, 번문(繁文)을 생략하여 교관에게 가르치는 임무를 전적으로 위임하며, 행검(行檢)을 장려하여 풍교(風敎)를 돈후하게 하여야 합니다." 《小學 善行》 《二程文集 卷8 三學看詳文》

113 항상……탄식하였는데 : 《근재집》 권22 〈흥학교설(興學校說)〉의 내용을 가리킨다.

114 염락(濂洛) : '염계(濂溪)'와 '낙양(洛陽)'을 함께 일컫는 말로, 송나라의 성리학자인 염계 주돈이(周敦頤)와 명도(明道) 정호(程顥)・이천(伊川) 정이(程頤)가 거주하던 곳인데, 송대 성리학을 대표하는 말로 쓰이게 되었다.

115 유반계(柳磻溪)가 저술한 수록(隨錄) : 유형원(柳馨遠, 1622~1673)의 《반계수록(磻溪隨錄)》을 말한다. 반계는 유형원의 호로, 유형원의 자는 덕부(德夫), 본관은 문화(文化)이다. 1654년(효종5)에 진사시에 합격하였으나 이후 문과에 낙방하자 벼슬하려는 뜻을 버리고 전라도 부안군(扶安郡) 우반동(愚磻洞)으로 이거하여 거의 20년에 걸쳐 《반계수록》을 완성하였다. 이 책은 통치 제도에 관한 개혁안을 중심으로 저술한 책으로, 26권 13책의 분량이며, 토지・교육・인재 등용・군사제도 등에 대한 개혁안이

찬연하게 한 왕조(王朝)의 법을 이루었는데, 지금 세상에서 시행하여 한 번 세상을 다스려 바로잡지 못하는 것이 애석하다."라고 하였다. 또 일찍이 왕실에 마음을 두고 세도(世道)를 근심하여 왕왕 눈물을 흘리는 데에 이르렀다.

항상 정조 병신년 3월 10일의 전교[116]를 읊으면서 말하기를, "우리 임금님의 성학(聖學)의 고명함이 천고에 우뚝하여 근본을 둘로 하지 않는 의리[117]에 엄격하신 것이 이와 같으시니, 천신(賤臣)인 내가 이를 금석(金石)처럼 믿는다."라고 하였다.

오인(午人 남인(南人))이 재상이 되었다는 소식을 듣고는 마치 천진교(天津橋)의 두견새 소리를 걱정스러워하는 것처럼 참담하여 즐거워하지 않았는데,[118] 임자년에 이르러[119] 모두 기미를 아는 선생의 명철함

구체적으로 제시되어 있다.

116 정조……전교 : 병신년은 정조 즉위년인 1776년으로, 영조가 이해 3월 5일에 승하한 뒤 5일이 지난 3월 10일에 정조가 중외(中外)의 신료들과 기로(耆老), 군민(軍民) 등에게 내린 전교를 말한다. 《承政院日記 英祖 52年 3月 10日》

117 근본을……의리 : 왕위를 계승한 사람은 사친(私親)인 생부가 있다고 할지라도 정식 왕통(王統)만을 근본으로 인정하여서 두 근본을 두지 않는 의리를 말한다. 정조는 사친이 사도세자(思悼世子)이지만 사도세자가 폐위된 뒤 효장세자(孝章世子)의 뒤를 이어 왕위에 올랐으므로 이와 같이 말한 것이다.

118 마치……않았는데 : 송나라의 역학자(易學者)인 강절(康節) 소옹(邵雍)이 치평(治平) 연간에 낙양(洛陽)의 천진교(天津橋) 위에서 두견새가 우는 소리를 듣고 참담하여 즐거워하지 않자, 함께 있던 객이 그 까닭을 물었다. 이에 소옹은 낙양에 이전에는 없던 두견새가 온 것은 지기(地氣)가 남쪽에서 북쪽으로 이동한 것으로 장차 혼란해질 조짐이어서, 앞으로 몇 년 내에 임금이 남쪽 인사를 재상으로 등용하게 되면서 남쪽 사람들이 변경을 일삼을 것이므로 천하에 연고가 많아질 것이라고 하였는데, 희령(熙寧) 초에 이르러 신종(神宗)이 남쪽 지방인 임천(臨川)의 왕안석(王安石)을 등용하고

을 추앙하였다.

선생은 사승(師承)을 말미암지 않고 스스로 학문을 할 줄을 알았으니, 명리(名理 성리(性理))를 천명(闡明)한 것이 모두 홀로 터득한 것이었다. 그러나 또한 자신하지 않아서 동시대의 현자들과 두루 교유하여 의심나는 바를 질정하였는데, 미호(渼湖) 김원행(金元行) 선생에 있어서는 더욱 독실하게 믿어서 스승으로 삼아 의지하였다.

학문을 함에 있어서는 이(理)를 궁구하여 선(善)을 밝히고 몸에 돌이켜서 실천하며, 경(敬)을 지켜서 내면을 기르고 의(義)를 체행하여 외면을 단속하였다. 매번 책상에 임하여 책을 펼칠 때마다 손을 씻고 단정히 손을 모으고서 어깨와 등을 움직이지 않고 마음과 눈이 모두 이르러서 정신과 뜻이 서로 무젖어 곧장 책과 하나가 되었으며, 글 읽는 소리가 마치 금석에서 나온 것과 같아서 듣는 이들이 소(韶)·호(頀)[120]와 같다고 하였다.

경전의 뜻에 있어서 신묘하게 계합되고 정신으로 이해하여, 억지로 탐구하지 않고서도 곧장 관건을 뽑아내었다. 그 변별하고 풀이한 것이 대체로 모두 편안히 이치가 순하여서 정미하고 통투하면서도 명백하여

신법(新法)을 시행하여 나라를 혼란에 빠뜨림으로써 이 말이 징험되었다는 고사가 있다. 《宋名臣言行錄 外集卷五 邵雍》

119 임자년에 이르러 : 임자년은 1792년(정조16)으로, 이때에 영남 유생(儒生) 이우(李㙖) 등 1만여 명이 연명(聯名)으로 사도세자의 억울함을 풀어 달라는 상소를 올렸으며, 이듬해에는 남인인 채제공(蔡濟恭)이 사도세자를 무함한 이들을 처벌할 것을 상소하였는바, 이 일련의 일들을 가리킨다. 《日省錄 正祖 16年 閏4月 27日, 17年 5月 28日》

120 소(韶)·호(頀) : 소는 순(舜) 임금의 음악이고, 호는 탕왕(湯王)의 음악으로, 후대에 모범이 되는 훌륭한 음악을 가리킨다.

예전의 사람들이 미처 궁구하지 못했던 점들이 많았다.

일찍이 세상의 학자들이 하학(下學)에 힘쓰지 않고 단번에 상달(上達)을 말하는 것[121]을 항상 병통으로 여겼으므로, 근본을 돈독하게 하고 실질에 힘쓰라고 학자들을 가르쳤다. 또 〈권독소학문(勸讀小學文)〉[122]을 지어서 가르쳤다.

선생은 학문에 뜻을 두고서부터 쓸데없는 편찬이나 저술을 절대로 하지 않았고, 혹 저술하는 바가 있으면 단지 글과 글자가 이치에 순하기만을 추구하였는데, 늘 말하기를 "글은 좋게 하고자 하면 내용이 공허해져서 도(道)와의 거리가 멀게 된다. 옛날에는 문(文)과 도(道)가 하나였는데, 후세에는 문과 도가 둘이 되어서 부화(浮華)함이 성행하고 본질이 없어졌다."라고 하였다.

어렸을 때에 저술한 글을 모두 불태우면서 말하기를, "말한 내용이 들뜨고 과장되니, 남겨두어 자손에게 보여주어서는 안 된다."라고 하였다. 임종 때에 맏아들이 문고(文稿)를 끝내 어떻게 할 것인지 여쭈자, 선생은 말하기를, "이것이 어찌 아까워할만한 것이겠느냐."라고 하였으니, 아! 진실로 높고 넓은 견식으로 본말과 경중의 구별을 살필 수 있는 분이 아니라면 어찌 능히 여기에 참여할 수 있었겠는가. 문집이 있어서 세상에 전해지지만 여러 경서(經書)에 대한 차략(箚略)[123]은

121 하학(下學)에……것 : '하학'이란 인간으로서 행해야 할 도리를 배움을 뜻하며, '상달'이란 오묘한 천리(天理)에 통달하는 학문을 말하는바, 《논어》〈헌문(憲問)〉에 보인다.

122 권독소학문(勸讀小學文) : 《근재집》 권23에 실려 있는 내용으로, 배우는 이들에게 《소학》을 반드시 먼저 읽기를 권하는 글이다.

123 여러……차략(箚略) : 이는 박윤원(朴胤源)이 사서삼경(四書三經)과 《의례(儀

모두 미처 다시 정리하지 못하였다.

선생은 평소 한가하고 고요함을 좋아해서 도성에서 지내는 것을 좋아하지 않아 오매불망 경치 좋은 시골을 생각하였으나, 재력이 미치지 못하여 결행하지 못하고 항상 울적해하였다. 또한 호(號)를 드러내는 것을 좋아하지 않아서, 항상 시내 바위 위에 집을 세우고자 하면서 이를 '근재(近齋)'라고 이름하였으니, 학자들이 '근재 선생'이라 칭하였다.

부인 안동 김씨(安東金氏)는 처사 휘 시관(時筦)의 따님으로, 선원(仙源) 문충공(文忠公) 휘 상용(尙容)[124]이 5대조이다. 별도의 묘지가 있다.

아들은 종여(宗輿)로 서흥 부사(瑞興府使)이며, 지극한 행실이 있어서 능히 선대의 아름다움을 계승하였다. 종여의 아들 운수(雲壽)는 순흥 부사(順興府使)이다. 자녀가 있으니, 아들 제근(齊近)은 생원이고, 사위는 김원성(金元性)이다. 제근의 아들은 회양(晦陽)이다.

아! 선생은 세상에 드문 호걸의 자품으로 성현의 학문을 사모하여, 문장을 통해 도(道)에 들어가고 박문(博文)을 말미암아 약례(約禮)로 돌아와서,[125] 영명(英明)하고 발랄한 기운을 거두어 규구준승(規矩準

禮)》 등의 소주(小註)와 고주(古註)를 주자(朱子)의 주와 비교하고 본인이 생각하는 내용을 요약해서 적은 글로, 현재 《근재집》 권23과 권24에 보인다.

124 선원(仙源)……상용(尙容) : 김상용(金尙容, 1561~1637)으로, 선원은 호이고 문충(文忠)은 시호이며, 자는 경택(景擇)이다. 청음(淸陰) 김상헌(金尙憲, 1570~1652)의 형으로 형제가 모두 학문과 덕행으로 추앙 받았으며, 1636년 병자호란 때 종묘사직의 신주를 받들고 빈궁과 원손을 수행하여 강화도에 피난하였다가, 성이 함락되자 성의 남문루(南門樓)에 있던 화약을 터뜨려 순절하였다.

繩)[126]의 가운데에 두셨다. 수양함이 깊어지고 쌓은 것이 두터워짐에 이르러서는, 굳세고 엄하였던 것이 너그럽고 평이해지고 각박하고 날카로웠던 것이 느슨해지고 편안해졌다. 그리하여 넓고 통창하면서도 깊고 치밀해지며 온화하고 순박하면서도 간단하고 평이해져서, 정미하고 순수한 기운이 외모에 드러나고 화순한 뜻이 담소에서 넘쳐났다. 마치 난초 향기가 사람에게 스며들고 봄바람이 불어오는 것[127]과 같으며 못처럼 깊고 높은 산처럼 우뚝하여서,[128] 저절로 사람들로 하여금 사랑하고 두려워하게 하였다.

학문은 천인(天人)의 묘리를 궁구하였으나 떳떳한 윤리도덕의 밖을

125 박문(博文)을……돌아와서 : '박문'은 문(文)을 널리 배우는 것으로 지(知)의 공부이고, '약례(約禮)'는 예로써 요약함을 이르는바, 《논어》 〈옹야(雍也)〉의 "문을 널리 배우고 예로써 요약한다.〔博學於文, 約之以禮.〕"라는 말에서 온 것이다.

126 규구준승(規矩準繩) : 규는 원(圓)을 만드는 기구이고, 구는 방형(方形)을 만드는 기구이며, 준은 측평기(測平器)이고, 승은 먹줄인바, 표준이 되는 법도(法度)를 뜻하는 말이다. 《맹자》 〈이루 상(離婁上)〉에 "성인이 이미 시력을 다하시고 규·구·준·승으로써 계속하시니, 방·원·평·직을 만듦에 이루 다 쓸 수가 없었다.〔聖人旣竭目力焉, 繼之以規矩準繩, 以爲方員平直, 不可勝用也.〕"라고 하였다.

127 난초……것 : 높은 덕을 비유한 말로, 《공자가어(孔子家語)》에 "선(善)한 사람과 같이 지내는 것은 마치 지란(芝蘭)이 놓인 방안에 들어가 오래 향기를 맡으면 그 향기를 느끼지 못하지만 저절로 동화(同化)되는 것과 같다."라고 한 말이 보이며, 《근사록》에 주광정(朱光庭)이 명도(明道) 정호(程顥)를 만나 한 달 동안 함께 지내고 돌아와서 사람들에게 "나는 한 달 동안 봄바람 속에 앉아 있었다.〔光庭在春風中坐了一箇月.〕"라고 한 말이 보인다.

128 못처럼……우뚝하여서 : 훌륭한 인품을 비유한 말로, 진(晉)나라 석숭(石崇)의 〈초비탄(楚妃嘆)〉 시에 "용맹한 장왕이여, 못처럼 깊고 산처럼 우뚝하도다.〔蟜蟜莊王, 淵渟岳峙.〕"라고 하였다.

넘지 않았고, 오로지 내면에 마음을 썼으나 한결같이 경(敬)에 근본을 두었다. 그리하여 차츰 순일하여 잡되지 않은 경지에 이르러서, 지식은 사물을 두루 포괄하며 빠뜨리지 않았고 행실은 평탄함과 험난함을 겪으면서도 변하지 않았다. 고명한 데에 마음을 두어 날로 새로워져서 위로 통달하여 그 원대함[129]을 이루었으니, 즉 성(誠)일 따름이었다.

성인의 도(道)가 높아지지 않음을 근심하고 이단의 부정한 학설이 제멋대로 횡행함을 두려워하여, 공성(孔聖)이 난적(亂賊)을 토벌한 의리[130]를 종주로 삼고 추성(鄒聖)이 부정한 학설을 막고 잘못된 행실을 배척한 가르침[131]을 계술(繼述)하여, 자신의 출처의 대절(大節)을 한결같이 마음속의 《춘추(春秋)》로써 재단하였다. 그리하여 천리(天理)를 밝히고 인심을 바로잡으며 선성(先聖)의 도를 보호하고 이적(夷狄)을

129 원대함 : 원문은 '구대(久大)'로, 《주역》 〈계사전 상(繫辭傳上)〉의 "친함이 있으면 오래할 수 있고 공(功)이 있으면 클 수 있으며, 오래할 수 있으면 현인의 덕이요 클 수 있으면 현인의 업(業)이다.〔有親則可久, 有功則可大, 可久則賢人之德, 可大則賢人之業.〕"라는 구절을 원용한 것이다.

130 공성(孔聖)이……의리 : 공성은 공자로, 《맹자집주》 〈등문공 하(滕文公下)〉에 "세상이 쇠하고 도가 미약해져서 부정한 학설과 포학한 행실이 또다시 일어나서 신하가 제 임금을 시해하는 자가 있고, 자식이 제 아비를 시해하는 자가 있었다. 공자께서 이것을 두려워하여 《춘추》를 지으셨다."라고 하였는데, 이에 대해 주자는 《집주》에서 "공자께서 《춘추》를 지어 난신적자를 주벌하였다."라고 하였다.

131 추성(鄒聖)이……가르침 : 추성은 맹자(孟子)로, 맹자가 추나라에서 출생했기 때문에 이렇게 칭한 것이다. 《맹자》 〈등문공 하〉에 "나 또한 인심을 바로잡아 부정한 학설을 그치게 하고, 잘못된 행동을 막으며, 음탕한 말을 내쳐서 세 성인을 계승하고자 하노니, 어찌 변론하기를 좋아하겠는가. 내가 마지못해서이다. 능히 양주(楊朱)와 묵적(墨翟)의 도를 막을 것을 말하는 자는 성인의 무리이다."라고 하였는바, '잘못된 행동'은 이단(異端)의 언행을 말한 것이다.

물리치는 것으로 자신의 임무를 삼아서, 사생(死生)과 화복(禍福)을 내던지고 일생동안 자정(自靖)하여서 선성(先聖)에게 자신의 뜻을 바쳤으니,[132] 이것은 선생이 실제로 행한 일에서 나타내는 것이 깊고 간절하여 분명히 드러났으니, 어찌 베풀 곳이 없는 빈말과 같겠는가.[133] 장차 도(道)의 맥(脈)을 무궁한 후세로 연장시키고 대의(大義)를 천하에 펼치게 되었다. 아! 성대하구나.

선생께서 수립하신 바가 진실로 탁월하지만, 이는 진실로 도(道)를 독실하게 믿어 의리를 환하게 터득한 데에서 말미암은 것이다. 이는 평소 올바른 수양과 위대한 식견으로 출처를 더욱 삼간 것이지만, 이 또한 교화를 도타이 하는 큰 덕 가운데 내처럼 흐르는 작은 덕[134]인 것이다. 만일 전체(全體)와 대용(大用)에서 구하지 않고 단지 하나의 절목으로만 결단한다면, 어찌 선생을 얕게 아는 것이 아니겠는가.

132 자정(自靖)하여서……바쳤으니 : '자정'은 스스로 분의(分義)에 맞게 처신하여 지조를 지킴을 편안하게 한다는 뜻으로, 《서경》 〈상서(商書) 미자(微子)〉에 "스스로 의리에 편안하게 하여 사람마다 스스로 자신의 뜻을 선왕에게 바친다.〔自靖, 人自獻于先王.〕"라고 한 것을 원용한 말이다.

133 이것은……같겠는가 : 이 부분은 《사기》 권130 〈태사공자서(太史公自序)〉에서 공자가 지은 《춘추》를 거론하면서, "공자께서 말씀하기를 '내가 빈말에 기재하고자 하였으나, 이는 실제 행한 일에서 나타내는 것이 깊고 간절하여 분명하게 드러나는 것만 못하다.〔我欲載之空言, 不如見之於行事之深切著明也.〕' 하였다."라고 한 말을 원용한 것이다.

134 교화를……덕 : 이 내용은 《중용장구》 제30장에 "만물이 함께 길러지면서 서로 해치지 않으며, 도가 함께 행해지면서 서로 위배되지 않는다. 작은 덕은 냇물의 흐름과 같고 큰 덕은 교화를 도타이 하니, 이것이 바로 천지가 위대한 까닭이다.〔萬物竝育而不相害, 道竝行而不相悖. 小德川流; 大德敦化. 此天地之所以爲大也.〕"라고 한 부분을 원용한 것이다.

전(傳 옛 책)에 이르기를 "독실하게 믿으면서 배우기를 좋아하며, 죽음으로써 지키면서 도를 잘해야 한다."[135]라고 하였고, 또 이르기를 "부귀가 마음을 방탕하게 하지 못하며 빈천이 절개를 옮기지 못하며 위엄과 무력이 지조를 굽히게 하지 못한다."[136]라고 하였으니, 선생이 이것을 소유하였다. 다음과 같이 명문을 짓노라.

해동에 걸출한 기운이 있으니	海東間氣
반남의 빛나는 영기이네	潘南炳靈
오랜 세월 뒤에 한 번 만나	曠世一値
선생을 얻었네	得有先生
하늘로부터 특이한 자질을 타고나니	天挺異質
진실로 영웅호걸이었네	允矣豪英
화려함을 거두고 진실함을 성취하여	斂華就實
때에 따라 갖추어 밝혔네	遵晦而明
명통공부[137]를 하여	明通公溥
스스로 편안히 여기고 성취하였네	自安且成
내성외왕[138]의 공부를 하였고	內聖外王

135 독실하게……한다 : 이 내용은 《논어》 〈태백(泰伯)〉에 보인다.

136 부귀가……못한다 : 이 내용은 《맹자》 〈등문공 하(滕文公下)〉에 보인다.

137 명통공부(明通公溥) : 염계 주돈이가 지은 《통서(通書)》에 나오는 말인데, 주자는 "명통(明通)은 정(靜)이면서 동(動)이고 공부(公溥)는 동이면서 정이다. 사람에게 있는 것으로 말하면 명(明)은 사물을 분명히 아는 것이고 통(通)은 통투하여 막힘이 없는 것이며, 공(公)은 바로 편벽됨이 없는 것이고 부(溥)는 만사에 널리 하고 두루 하는 것이다."라고 풀이하였다. 《近思錄釋疑 卷4》

체가 확립되고 용이 행해졌네	體立用行
충과 신을 근본으로 삼아서	忠信爲本
먼저 큰 것이 확립되었네	先立其大
지킨 바가 크니	大其所守
《춘추》의 의리였네	春秋之義
사설이 세상에 넘쳐나서	邪說滔天
성인의 도가 땅에 떨어지니	聖道墜地
누가 저 이단의 침입을 막아서	疇禦其侮
인간의 윤리를 붙들겠는가	用扶人紀
아름답구나 선생이여	猗歟先生
스스로 편안히 지조를 지켰네	自靖厥身
스스로 지조를 지킴은 무엇인가	自靖維何
성인을 존숭함이었네	以尊聖人
성인을 이미 존숭하였으니	聖人旣尊
이적을 이에 물리쳤네	夷狄乃攘
편벽됨을 막고 어지러움을 다스려	距詖討亂
사문이 없어지지 않았네	斯文不喪
나의 행휴[139]를 가지고	以我行休

138 내성외왕(內聖外王) : 안으로는 성인(聖人)의 덕을 쌓고 밖으로는 왕자(王者)의 도를 행하는 것을 이르는 말로, 《장자》 〈천하(天下)〉에 "천지의 아름다움을 구비하고 신명(神明)의 경지에 걸맞은 인물을 거의 찾을 수 없기 때문에, 내성외왕의 도가 어두워져서 밝아지지 못하고 답답하게 막혀 나오지 못하는 것이다."라고 보인다.

139 행휴(行休) : 도연명의 〈귀거래사〉에 "우리 인생의 행휴를 서글퍼한다.〔感吾生之行休.〕"라고 보이는바, 인생이 장차 끝나간다는 뜻인데, 여기서는 한평생의 뜻으로 쓰

저 회양[140]을 막았네	遏彼懷襄
천만 명이라도 가서 대적하니	千萬吾往
수양한 바를 징험할 수 있네[141]	可驗所養
홀로 우뚝이 서서 두려워하지 않으니	獨立不懼
대과괘의 상을 본 것이네[142]	以大過象
말은 은미하고 완곡하게 하고	辭取微婉
뜻은 본래 아름다움을 감추어지게 하였네[143]	志自含章

인 것으로 보인다.

140 회양(懷襄) : '회산양릉(懷山襄陵)'의 줄인 말로, 큰물이 넘쳐흘러 산을 휘감고 구릉을 삼키는 큰 재해를 의미하는데, 여기서는 그러한 재해에 맞먹는 사회적 폐해를 가리킨다. 《書經 堯典》

141 천만……있네 : 평생 도의(道義)를 닦아 큰 용기〔大勇〕를 갖추었기 때문에 천만의 무리도 당당히 대적할 수 있다는 말로, 《맹자》〈공손추 상(公孫丑上)〉'호연지기(浩然之氣)'장에 "옛날 증자(曾子)가 자양(子襄)에게 말씀하였다. '그대는 용맹을 좋아하는가? 내 일찍이 대용(大勇)을 우리 부자(夫子)께 들었으니, 「스스로 돌이켜서 정직하지 못하면 비록 갈관박(褐寬博)이라도 내 두려워하지 않겠는가. 그러나 스스로 돌이켜서 정직하다면 비록 천만 명이 있더라도 내가 가서 당당히 대적하겠다.」 하셨다.'"라고 보인다. 갈관박은 허름한 옷을 입은 평범한 지아비를 가리킨다.

142 홀로……것이네 : 《주역》〈대과괘(大過卦)〉 상전(象傳)의 "나무가 못 속에 잠기는 것이 대과이니, 군자는 이를 보고서 홀로 우뚝 서서 두려워하지 않으며, 세상에 은둔하면서도 근심하지 않는다."라는 말을 인용하였는바, 나무를 윤택하게 하고 길러주는 못이 너무 지나쳐 나무를 잠기게 하니, 크게 과한 상〔大過之象〕인데, 군자는 이러한 대과의 상을 보고서 보통 사람보다 크게 뛰어난 행실을 확립하여 두려워함도 없고 근심함도 없다는 말이다.

143 뜻은……하였네 : 아름다운 자질을 속에 간직하고 밖으로 표출하지 않는 데에 뜻이 있었다는 말로, 《주역》〈곤괘(坤卦) 육삼(六三)〉의 효사에 "아름다움을 속에 품고 있어 곧은 덕을 지킬 수 있다. 혹 나라의 일에 종사하여 이름이 없더라도 끝내는

그러나 또한 이러한 의리는	然亦斯義
삼광을 걸어놓은 것처럼 밝았네[144]	如揭三光
우뚝이 정도를 지키니	卓乎其秉
성상이 알아주었네	爲聖主知
민멸되지 않는 것이 있으니	不泯者存
백세토록 할 말이 있네	百世有辭
공자 문하의 충신이요[145]	孔門忠臣
명나라의 남은 백성이네[146]	明室遺民
하늘과 땅의 떳떳한 법도가	天經地彝
이에 힘입어 매몰되지 않았네	賴以不淪
아, 선생이여	嗚呼先生
몸과 도가 모두 형통하였네	身道俱亨
근원과 끝을 탐구해보면	原始要終
살아서는 천리에 순응하고 죽어서는 편안하였네[147]	存順沒寧

좋아질 것이다.〔含章可貞, 或從王事, 无成有終.〕"라고 한 말을 원용한 것이다.

144 삼광(三光)을……밝았네 : '삼광'은 세 가지의 밝게 빛나는 것으로, 해〔日〕와 달〔月〕, 별〔星辰〕을 가리키는바, 근재 박윤원의 의리가 삼광처럼 세상에 밝게 빛났음을 말한 것이다.

145 공자 문하의 충신이요 : 박윤원이 공자의 학문을 충실하게 실천하였기 때문에 왕을 위해 충성을 바친 신하에 비유하여 이렇게 표현한 것이다.

146 명나라의 남은 백성이네 : 원문의 '유민(遺民)'은 망국의 전통문화를 지키는 후예를 가리키는 말인바, 박윤원이 조선의 선비로 살면서 오랑캐인 청나라를 섬기지 않고 망국인 명나라의 선비들처럼 인의(仁義)와 충효(忠孝)를 중시한 유가의 학문을 실천하였기 때문에 이렇게 표현한 것이다.

147 살아서는……편안하였네 : 횡거(橫渠) 장재(張載)가 지은 〈서명(西銘)〉의 "나

우뚝한 운만산에	有屹雲滿
도끼 형상의 무덤이네[148]	若斧其塋
형체와 정신이 머무는 곳이니	形神攸留
항상 밝게 빛나네	常有光晶
소자가 명을 지어	小子述銘
공경히 무덤에 바치네	敬納玄扃
산처럼 무너지지 않고	維山不崩
돌처럼 닳지 않아	維石不泐
이름이 우주에 드리워져	名垂宇宙
더불어 끝이 없으리라	與之無極

는 살아서는 천리에 순응하고 죽어서는 편안할 것이다.〔存吾順事, 沒吾寧也.〕"라는 구절을 원용한 표현이다.

148 도끼 형상의 무덤이네 : 이 내용은 《예기》〈단궁 상(檀弓上)〉에 장사 지낼 때 무덤을 만드는 것과 관련하여, 공자가 "나는 봉분을 당(堂)과 같이 하는 것을 보았고, 제방과 같이 하는 것, 큰 집을 덮은 것과 같이 하는 것, 도끼의 형상과 같이 하는 것도 보았는데, 나는 도끼의 형상과 같이 하는 것을 따르겠다.〔從若斧者焉.〕"라고 한 데서 온 말이다.

정거 이공 묘지명 병서○무술년[149]

貞居李公墓誌銘 幷序○戊戌

정조가 재위했을 적에 문교(文敎)를 크게 펼쳐 팔도의 선비를 손님으로 예우하여 삼고(三古)[150]의 교화가 고르게 갖추어졌다.

당시에 강서(江西)의 이회두(李晦斗) 공도 도(道)의 천거에 올라 숭령전 참봉(崇靈殿參奉)에 제수되었으나, 나아가지 않았다. 을묘년(1795)에 또 임금이 불러서 인대(引對)하여 경전(經傳)의 의리(義理)를 물어보고서 《어정주서(御定朱書)》[151]를 하사하고 친히 '비반군품(匪頒群品)'[152]이라고 써주었는데, 삼가 은혜로운 하사품을 받은 것이 두세 차례에 이르렀다. 공은 "임금께서 하사하신 것을 사사로이 쓸 수 없다." 하고는 제전(祭田)과 서적을 사고 그 나머지를 친척들에게 나누어주었다.

149 무술년 : 1838년(헌종4)으로, 매산의 나이 63세 되던 해이다.

150 삼고(三古) : 상고(上古)·중고(中古)·하고(下古)를 아울러 일컫는 말로, 복희(伏羲) 시대를 '상고', 문왕(文王) 시대를 '중고', 공자(孔子) 시대를 '하고'로 나누기도 하며, 복희(伏羲) 시대를 '상고', 신농(神農) 시대를 '중고', 오제(五帝) 시대를 '하고'로 나누기도 한다.

151 어정주서(御定朱書) : 정조가 친히 편집하여 1794년(정조18) 내각(內閣)에서 간행한 《주서백선(朱書百選)》을 가리킨다. 6권 3책으로 구성되어 있고, 활자본이다. 《弘齋全書 卷180 群書標記2 御定2 朱書百選六卷》

152 비반군품(匪頒群品) : '비반'은 《주례(周禮)》 〈천관 대재(天官大宰)〉에 나오는 말로, 왕이 신하들에게 물건을 나누어 주는 것을 말한다. 비(匪)는 분(分)과 같고, 반(頒)은 반포(班布)의 반(班)과 같다.

상은 이 사실을 듣고 기뻐하며 칭찬하기를 "선비의 도리는 마땅히 이와 같아야 하니, 이 사람은 참된 유자(儒者)이다."라고 하였다. 우리 선왕(先王)이 부류를 따지지 않고 어진 이를 찾았기 때문에 공을 오게 한 것이나, 만일 공이 학문이 깊고 행실이 진실하지 않았다면 또한 어떻게 여기에 참여할 수 있었겠는가.

공은 자가 이장(而章)이고 본관이 평창(平昌)으로, 고려 군부판서(軍簿判書) 휘 굉(宏)이 시조이다. 휘 성(晟)에 이르러 좌승지를 지냈는데, 세상 사람들이 '오경사 선생(五經笥先生)'[153]이라고 칭하였다. 조선조에 들어와 휘 달한(達漢)은 안주 목사(安州牧使)를 지냈고, 2대 뒤에 휘 포(苞)에 이르니, 이분은 의주 교수(義州教授)를 지냈다. 증조는 휘 시영(時英)이고, 조고는 휘 익채(益采)이고, 선고는 휘 현정(顯挺)인데, 조고와 선고 양대가 모두 문행(文行)을 드러냈다. 비(妣)는 교하 이씨(交河李氏)로 형태(亨泰)의 따님인데, 일찍이 기린 꿈을 꾸고 공을 낳았다.

공은 지극한 효성을 타고 나서 8세 때 모친상을 당하자, 상례를 성인(成人)처럼 집행하였다. 장성하여 경사(京師)에서 유학하였을 적에 갑자기 마음이 놀라고 온몸에 땀이 흐르자 밤중에 달려 집으로 돌아갔는

153 오경사 선생(五經笥先生) : 경학(經學)에 정통한 선생이라는 뜻으로, 후한(後漢) 때의 문인인 변소(邊韶)가 일찍이 수백 인의 문도를 가르칠 적에 한번은 낮잠을 자는데 한 제자가 선생을 조롱하기를 "변효선(邊孝先)은 배가 뚱뚱하여 글 읽기는 싫어하고 잠만 자려고 한다."라고 하자, 변소가 그 말을 듣고 즉시 대답하기를 "뚱뚱한 내 배는 오경의 상자이고, 잠만 자려고 하는 것은 경을 생각하기 위함이다.〔腹便便, 五經笥. 但欲眠, 思經事.〕"라고 한 데에서 유래한 말이다.《後漢書 卷80上 文苑列傳 邊韶》 효선(孝先)은 변소의 자이다.

데, 선공이 병이 이미 위독하여 눈을 떠 공을 한동안 바라보고는 별세하였다. 공은 심하게 애통해하고 울부짖어 기절했다가 소생하였는데, 4일 동안 물을 한 잔도 마시지 않았다. 장사를 지내고 나서 여묘(廬墓)하였는데, 소금을 반찬 삼아서 거친 밥을 먹으며 3년을 마치고서 슬픔으로 몸이 야위어 거의 목숨을 잃을 지경이었다.

계비(繼妣)를 섬길 적에 뜻과 물건을 모두 갖추어 지극정성으로 봉양하였고, 곁에서 모실 적에 띠를 풀지 않았으며, 일이 있으면 반드시 여쭈어 결정하였고, 금전과 비단은 모두 어머니께 드려서 감히 마음대로 하지 않았으며, 별세하였을 적에 형식과 슬픔을 전상(前喪)과 똑같이 하였다.[154] 형제간에 우애가 돈독하여 집안에 이간(離間)하는 말이 없었다.

순조 계유년(1813) 정월 24일에 졸하니, 생년인 병진년(1736) 9월 5일로부터 향년이 78세이다. 본향(本鄕)의 중학산(中鶴山) 정좌(丁坐)에 장례하였는데, 문인들이 묘에 '정거 선생(貞居先生)'이라고 적었다.

배위인 전주 이씨(全州李氏)는 원당산(圓塘山)에 따로 장례하였고, 계배(繼配) 울진 임씨(蔚珍林氏)는 공의 묘 왼쪽에 합장하였다. 4남 2녀를 두었는데, 아들은 태인(泰寅), 숭인(嵩寅), 항인(恒寅), 화인(華寅)이고, 사위는 김진억(金鎭億), 김치은(金致溵)이다.

태인의 다섯 아들은 항(沆), 용(溶), 응(澺), 당(溏), 붕(淜)이고, 숭인의 두 아들은 침(沈), 즙(濈)이고, 항인의 아들은 서(溆)이고, 화

154 형식과……하였다 : 예의 형식과 슬픈 마음을 모두 지극히 하여 앞서 별세한 부친의 상과 똑같이 하였다는 말이다.

인의 아들은 완(浣)이다.

공은 타고난 자품이 온화하고 순수하였으며, 총명하여 원대함을 알고 명석하여 은미한 것을 관찰하였다. 겨우 관례를 치를 나이에 전심(專心)으로 도를 구하여 여러 경서를 널리 섭렵하였고, 이치와 욕심의 경계를 깊이 궁구하고 묵묵히 깨달았으며 성명(性命)의 심오한 뜻을 반드시 자세하게 분석하였다.

《중용》과 《대학》 두 책에 가장 많은 공력을 들이고 말하기를 "성(性)·도(道)·교(敎) 세 글자가 철두철미하게 아래위로 관철하는데,[155] 육상산(陸象山)은 오로지 존덕성(尊德性)에 힘쓰고 도문학(道問學)에는 힘을 지극히 쓰지 않았으니, 한갓 천명(天命)의 성(性)을 알 뿐이고 수도(修道)의 교(敎)를 알지 못하였다.[156] 이것이 체(體)는 있고 용(用)은 없는 이유이다.

왕양명(王陽明)은 치양지(致良知)를 주장하고 사물에 나아가 이치를 궁구할 줄은 몰랐다.[157] 이것은 앎으로써 앎을 지극히 하는 것이니,

155 성(性)·도(道)·교(敎)……관철하는데 : 《중용》에 첫 번째로 나오는 "하늘이 진리를 명한 것을 성(性)이라고 하고, 성을 따름을 도(道)라 하고, 도를 하나하나 조목지어 놓은 것을 교(敎)라 이른다." 하였는바, 이 내용이 《중용》의 전체를 꿰뚫고 있음을 말한 것이다.

156 육상산(陸象山)은……못하였다 : 상산은 육구연(陸九淵, 1139~1193)의 호인바, 그의 학설은 존덕성(尊德性)을 주로 하였으므로 저술을 일삼지 않았으며, 항상 말하기를, "배워서 진실로 도를 알면 육경(六經)이 다 나의 주각(註脚)이다." 하여 도문학(道問學)을 높이는 주자(朱子)의 학설과 배치되었다. 《宋史 卷434》 '존덕성'은 자신의 본성인 덕성을 잘 받들어 지키는 것이며, '도문학'은 묻고 배움을 통하여 성인의 가르침을 아는 것이므로 이렇게 말한 것이다.

157 왕양명(王陽明)은……몰랐다 : 양명은 왕수인(王守仁, 1472~1528)의 호인바,

마음으로써 마음을 보는 것과 차이가 없다. 이것은 근본만 들고 말엽은 버려 옳은 것 같으면서 그른 것이므로 더욱 통렬히 물리쳐야 마땅하다."라고 하였다.

말년에 더욱 《주역》을 전공하여 전심전력으로 연찬(硏鑽)하였고, 급히 기록하여 만든 책을 《농첨사문(籠添思問)》이라 이름하였다. 또 《오륜연의(五倫演義)》를 저술하여 아이들로 하여금 아침저녁으로 읊조리고 외우게 하였다. 역법(曆法)의 도수(度數)와 천문(天文), 지리(地理)를 두루 통달하지 않은 것이 없었는데, 공손하고 신실하여 마치 무능한 사람처럼 자처하였다.

일찍이 견문의 과루(寡陋)함을 싫어하여 백운산인(白雲山人)에게 배워 성도(性道)의 요체를 갖추어 들었고, 또 당대의 여러 유자(儒者)들과 경서의 뜻을 토론하여 칭찬 받은 바가 많았다.

공은 평소 말하기를 "경서를 궁구하는 것은 장차 지극히 활용하려는 것이고, 벼슬자리에 올라 군주를 섬기는 것은 과거에 급제하는 데에서 시작한다."라고 하고, 여러 번 크고 작은 초시에서 합격하였다. 그러나 끝내 남성시(南省試 생원·진사시)에 합격하지 못하였으나 이 또한 개의하지 않았다. 이윽고 벼슬길에 나아가려는 뜻을 완전히 접고 봉회산(鳳回山) 산중의 땅을 가려 집을 짓고서 서재의 편액을 '신심(新心)'이라고 하였다. 그리하여 심의(深衣)를 입고 복건(幅巾)을 쓰고서 상제(上帝)

지(知)는 심(心)의 본체로 양지(良知)라고 주장하였고, 육구연의 존덕성 공부론을 계승하여 '묻고 배움을 말미암는 일〔道問學〕은 덕성을 높이기 위한 방법〔所以尊德性〕'이라고 하여, 철저히 '덕성을 높임〔尊德性〕'을 중심으로 논의를 펼쳤기 때문에 이렇게 말한 것이다. '사물에 나아가 이치를 궁구한다'는 것은 《대학》의 격물(格物) 공부를 가리킨 것이다.

를 대하듯[158] 엄숙히 하니, 집에 찾아와 배우기를 청하는 자가 더욱 많았다.

공은 정조의 지우(知遇)를 크게 입어 항상 국가를 위해 한 번 죽기를 원했는데, 신미년(1811) 정주(定州)의 역란(逆亂 홍경래의 난) 때에 공은 마치 살고자 하지 않는 것처럼 하여 장차 의병을 일으키려고 하였다. 관찰사가 이 소식을 듣고 불러서 계책을 묻자, 공은 말하기를 "이는 굶주린 백성을 유인하고 협박하여 난을 일으킨 것에 지나지 않으니, 이른바 '황지(潢池)에서 병기를 희롱하는 것'[159]입니다. 이것은 솥 안에서 노니는 물고기이니,[160] 어찌 크게 걱정할 것이 있겠습니까.

손빈(孫臏)은 월형(刖刑)을 당하고서 군사(軍師)가 되었는데,[161] 제

158 상제(上帝)를 대하듯 : 원문의 '대월(對越)'은 상제를 대하듯 마음과 몸가짐을 공경히 한다는 뜻의 '대월상제(對越上帝)'의 줄인 말로, 명도(明道) 정호(程顥)의 어록과 주자의 〈경재잠(敬齋箴)〉 등에 보인다. 《二程粹言 論道》《朱子大全 卷85》

159 황지(潢池)에서……것 : 이 내용은 전한(前漢) 선제(宣帝) 때 발해(渤海) 지방에 민란이 일어나자, 공수(龔遂)를 발해 태수로 임명하여 이들을 토벌하게 하였는데, 공수가 "바닷가의 먼 지방 백성들이 추위와 굶주림에 시달리는데도 관리들이 구휼하지 않았기 때문에 폐하의 백성들이 황지에서 병기를 희롱하는 것〔潢池弄兵〕일 뿐이니, 엄하게 다스려서는 안 됩니다."라고 말한 데에 보인다. 《漢書 卷89 龔遂傳》

160 솥……물고기이니 : 몹시 위험한 지경에 처해 있음을 비유한 말로, 후한(後漢) 때 장영(張嬰)이 광릉(廣陵)에서 군대를 일으켜 10여 년간 양주(揚州)와 서주(徐州)를 약탈하였는데, 순제(順帝) 때 광릉 태수로 부임한 장강(張綱)에게 설복 당하고는 눈물을 흘리며 "변방의 어리석은 사람들은 직접 조정과 통하지 못하여 침탈과 억울함을 견디지 못하고 마침내 서로 모여 구차하게 살기를 꾀하였으니, 이는 마치 물고기가 솥 안에서 노닐며 잠시 동안 숨을 쉬고 있는 것과 같을 뿐입니다.〔若魚遊釜中, 喘息須臾間耳.〕"라고 장강에게 호소한 데서 온 말이다. 《後漢書 卷56 張綱列傳》

161 손빈(孫臏)은……되었는데 : 손빈은 전국 시대의 병법가(兵法家)로 손무(孫武)

가 전쟁터로 달려가 결전(決戰)하는 것을 허락해주신다면 서쪽 토적(土賊)의 머리를 즉시 휘하에 가져올 수 있습니다."라고 하였다. 관찰사가 그 말을 장하게 여겼으나 공의 노쇠함을 가여워하여 사절해서 보냈는데, 한 달이 지나기 전에 공의 말과 같이 토적을 격파하니, 공의 선견지명은 이와 같은 경우가 많았다.

난이 평정된 뒤에 해를 거듭하여 기근이 들었는데, 공이 자양(紫陽)이 이루어놓은 법[162]을 따라 구황책(救荒策)을 기술하여 관찰사에게 바치니, 관찰사가 천하를 이롭게 하는 방도가 있음을 찬탄하고 채택하여 시행한 것이 많았다고 한다.

지방의 관찰사와 고을 수령들이 모두 예우(禮遇)를 다하였고, 백성을 다스리는 계책을 자문하면 공은 형벌을 관대하게 내리고 부세를

의 후손인데, 발이 잘리는 월형(刖刑)을 당한 뒤에 제(齊)나라에 망명하여 군사(軍師)가 되어 위나라 군사를 물리친 고사를 가리킨다. 방연(龐涓)은 손빈과 함께 귀곡자(鬼谷子)에게 병법을 배웠는데, 위나라 장수가 되자 손빈의 재주를 시기하여 월형을 가하였다. 손빈은 제나라로 탈출한 후 군사가 되어 위나라로 쳐들어가던 도중 마릉(馬陵)에 이르러 나무에다 '방연이 이 나무 아래에서 죽을 것이다.'라는 글을 써 놓고 좌우에 궁노수(弓弩手)를 매복시켰다. 마릉에 당도한 방연이 불을 비추어 나무에 쓰인 글을 읽으려 하였는데 채 읽기도 전에 매복해 있던 제나라 군사들의 기습을 받아 패사(敗死)하였다. 《史記 卷65 孫子列傳》

162 자양(紫陽)이 이루어놓은 법 : 주자가 1182년에 절동 제거(浙東提擧)로서 효종(孝宗)에게 올린 〈주구황사의획일장(奏救荒事宜畫一狀)〉에서 정해진 수량 외에 더 거둔 것을 가지고 백성들을 모집하고 역사(役事)를 일으킬 자금으로 삼는다면 흉년을 구제하고 이윤을 창출하는 것을 한꺼번에 해결할 수 있다고 주장한 것을 가리킨다. 《朱子大全 卷17》 자양은 주자(朱子)의 별호인데, 주자의 부친 주송(朱松)이 자양산에서 독서하였고, 뒤에 주자도 복건(福建)의 숭안(崇安)에 살면서 정사(精舍)의 이름을 '자양서실(紫陽書室)'이라고 명명한 데서 붙여진 것이다.

고르게 매기며 어진 이를 친애하고 선비를 양성하는 방법을 가지고 대답하였는데, 말들이 모두 준칙이 있었다. 공은 《주역》을 배워 터득한 것이 있었으므로 시무(時務)를 아는 것이 큰 방법이 되었을 것이다. 이것이 이른바 '학문과 정사를 마음을 달리하지 않고도 얻을 수 있다.'[163]는 것이다.

아! 관서(關西) 한 지역이 애초에는 어질고 현명한 교화를 입어 송정(松亭), 돈암(遯菴)[164] 여러 현자들이 계속 이어 나와서 인의(仁義)·

163 학문과……있다 : 이 내용은 횡거 장재의 〈답범손지서(答范巽之書)〉에 "잘못 등용한 사람을 군주와 더불어 일일이 허물할 수 없으며 잘못된 정사를 군주와 더불어 일일이 비판할 수 없으니, 우리 임금으로 하여금 천하의 백성을 사랑하기를 적자(赤子 어린 아이)처럼 하게 한다면 다스리는 덕이 반드시 날로 새로워질 것이요 사람 중에 등용되는 자가 반드시 어진 선비일 것이다. 제왕(帝王)의 도를 굳이 길을 고치지 않아도 이룰 수 있고 학문(學問)과 정사를 마음을 달리하지 않고도 얻을 수 있다.〔學與政, 不殊心而得矣.〕"라고 보인다. 《張子全書 卷13》 '잘못 등용한 사람을 군주와 더불어 일일이 허물할 수 없다'는 것은 《맹자》 〈이루 상(離婁上)〉에 "잘못 등용한 사람을 군주와 더불어 일일이 허물할 수 없으며, 잘못된 정사를 군주와 더불어 일일이 비판할 수 없으니, 오직 대인(大人)만이 군주 마음의 잘못을 바로잡을 수 있는바, 군주가 인(仁)해지면 모든 일이 인하지 않음이 없게 되고, 군주가 의로워지면 모든 일이 의롭지 않음이 없게 되며, 군주가 바르게 되면 모든 일이 바르지 않음이 없게 된다."라는 맹자의 말을 원용한 것이다.

164 송정(松亭), 돈암(遯菴) : 송정은 김반(金泮)의 호이고, 돈암은 선우협(鮮于浹, 1588~1653)의 호로, 모두 평안도에서 태어나 학문을 크게 성취한 인물이다. 김반은 자가 사원(詞源), 본관이 강서(江西)이며, 양촌(陽村) 권근(權近, 1352~1409)의 문인이다. 정종(定宗) 을묘년(1399)에 문과에 급제하여 벼슬이 대사성에 이르렀는데, 경서(經書)에 정통하여 성균관에서 40여 년간 부지런히 가르쳐 이름난 선비가 그의 문하에서 많이 나왔다. 이후 강서에 돌아가 노년을 보내다가 조석 끼니를 잇지 못하고 죽었다. 《新增東國輿地勝覽 第52卷 平安道 江西縣》 《燃藜室記述 第3卷 世宗祖故事本末 世宗朝儒宗》 선우협은 자가 중윤(仲潤), 본관이 태원(太原)이다. 학행으로 천거되

도덕(道德)의 말씀을 전하였는데, 공에 이르러서 스스로 분기(奮起)하여 관서 지역의 창도자가 되어 선비들의 추향이 바른 데로 돌아가고 고을의 풍속이 크게 바뀌게 하였으니, 이 공로 또한 훌륭하다. 이것은 성조(聖朝)가 점진적으로 입은 교화이니, 또한 어찌 은사(殷師)의 팔교(八教)[165]에서 유래한 것이 아니겠는가.

한 고을의 유생(儒生)들이 숭상하고 보답할 방법을 계획하여 장차 사당을 세워 제사하려고 하였다. 살아서는 성주(聖主)에게 지우를 받고 죽어서는 고을에서 제사를 받으니, 만일 진실로 근본을 돈독히 하고 진실함을 힘써서 신의(信義)가 위아래의 사람들을 두루 감동시킨 자가 아니면, 어찌 이것을 이룰 수 있었겠는가.

공의 손자 응(瀌)이 약관(弱冠)의 나이에 학문에 뜻을 두었고, 어버이의 상을 치를 적에 또 능히 여묘(廬墓)하였으며, 일찍이 나를 종유(從遊)하였으니, 또한 공이 몸으로 실천하여 가르친 것을 받든 것임을 증험할 수 있다. 응(瀌)이 처사 서중서(徐重瑞)가 쓴 행장을 가지고 와서 묘지명을 청하니, 다음과 같이 명을 짓노라.

어 성균관 사업 등에 제수되었으나 사직하고 후진 양성에 전념하였다. 심성이기(心性理氣)를 깊이 연구하였고, 특히 《주역》에 통달하였는데, 평안도에 거주하였으므로 '관서부자(關西夫子)'라고 불렸다. 시호는 문간(文簡)이며, 저서로는 《돈암전서(遯菴全書)》가 있다.

165 은사(殷師)의 팔교(八教) : '은사'는 은나라 태사(太師)였던 기자(箕子)이고, '팔교'는 기자가 평양에 도읍하고 사회질서를 유지하기 위해 만들어 반포했다는 '범금팔조(犯禁八條)'를 말한다. 여덟 가지 조목 가운데 '사람을 죽인 자는 죽인다〔相殺償以命〕', '사람을 상하게 한 자는 곡물로 보상한다〔相傷以穀償〕', '남의 물건을 훔친 자는 그 집의 노비로 삼는다〔相盜者沒爲其家奴婢〕'는 3개 조항만이 전하고 나머지는 전하지 않는다.

하늘이 어진 이를 낳음은	天之生賢
본래 정해진 방소가 없네	蓋自無方
그래서 호걸의 흥기함은	豪傑之興
문왕을 기다리지 않네[166]	不待文王
더구나 영고[167]를 만나	矧際寧考
화육이 성대할 때였네	化育洋洋
언덕의 학 소리가 하늘까지 들리니[168]	皐鶴天聞
홑옷 속의 비단 옷이 날로 드러났네[169]	褧錦日章

166 호걸의……않네 : 이 내용은 《맹자》의 "문왕(文王)을 기다린 뒤에 흥기하는 자는 일반 백성이니, 호걸의 선비로 말하면 비록 문왕 같은 성군이 없더라도 흥기한다."라는 구절을 원용한 것이다.

167 영고(寧考) : 선왕인 정조를 지칭한 것이다. 원래는 개국하여 천명을 받은 왕이라는 뜻으로, 곧 은(殷)나라 주왕(紂王)을 내치고 주(周)나라를 세워 천하를 편안하게 한 무왕(武王)을 가리키는 말인바, 《서경》 〈대고(大誥)〉에 "영왕(寧王)이 나에게 큰 보배인 거북껍질을 물려주심은 하늘의 밝은 명(命)을 소개(紹介)하신 것이다." 하였는데, 채침(蔡沈)이 《집전(集傳)》에서 "영왕은 무왕이니, 하문(下文)에는 또 영고(寧考)라고 했다."라고 하였다.

168 언덕의……들리니 : 은거하는 군자의 덕이 멀리까지 알려짐을 비유한 것으로, 이 내용은 《시경》 〈학명(鶴鳴)〉에 "학이 구고의 늪에서 우니, 그 소리가 하늘에 들린다.〔鶴鳴于九皐, 聲聞于天.〕"라고 한 데서 원용한 것인데, 여기서는 군자의 덕이 나라의 임금에게까지 알려졌다는 말이다.

169 홑옷……드러났네 : 이 글의 주인공인 이회두가 자신의 재주와 덕이 겉으로 드러나는 것을 좋아하지 않아서 이를 감추었음에도 자연스럽게 드러났다는 말인바, 《중용장구》 제33장의 "《시경》에 '비단옷을 입고 홑옷을 덧입는다.'고 하였으니, 이는 문채가 밖으로 드러나는 것을 싫어해서이다.〔詩曰: 衣錦尙絅, 惡其文之著也.〕"라는 말을 원용한 것이다. 여기에서 말한 《시경》은 〈위풍(衛風) 석인(碩人)〉과 〈정풍(鄭風) 봉(丰)〉을 이르는데, 모두 '의금경의〔衣錦褧衣〕'로 되어 있는바, '경(褧)'은 '경(絅)'과 통용되는

마침내 초빙하는 명에 응하기를	迺膺延聘
마치 옛날의 현량처럼 하였네	如古賢良
임금이 조정에서 소대하니	召對文陛
이름과 실제가 크게 드러났네	名實孔彰
은혜로운 하사품이 많았고	寵錫便蕃
임금의 친필이 휘황하게 빛났네	寶墨煌煌
역란에 임하여 의병을 일으키고	臨亂倡義
기근 때에는 구황의 계책을 바쳤네	獻策救荒
어찌 오활한 유자처럼	詎若迂儒
크기만 하고 합당하지 않았겠는가	大而無當
자신의 애초의 복장으로 돌아가	返我初服
세상을 멀리하고 스스로 선하게 하였네	遠世自臧
경서를 옆에 끼고 불자를 세워[170]	橫經豎拂
한 고을을 도야하였네	陶鑄一鄉
교화의 목탁을 떨쳐 일으키니[171]	振揚敎鐸

자이다.

170 경서(經書)를……세워 : 스승이 됨을 말한 것이다. '불자(拂子)'는 불가(佛家)에서 사용하는 주미(麈尾)로, 선승(禪僧)들이 소중히 여겨 득도(得道)한 자에게 물려주었으므로 '불자를 세움'은 곧 스승이 되어 가르침을 베풂을 지칭하게 되었다. '주미'는 사슴이나 곰의 꼬리털로 만든 물건인데, 이것으로 파리를 쫓기도 하고 그 자루로 마룻바닥을 쳐서 참선하는 승려들의 잡념을 몰아내기도 하였다.

171 교화의……일으키니 : 원문의 '탁(鐸)'은 나무로 만든 큰 방울을 혀처럼 달아서 흔들어 소리를 내는 목탁(木鐸)으로, 고대에 법령을 반포할 때 이를 흔들어 알렸기 때문에 정책이나 학설을 선양한 사람을 비유하는바, 《논어》 〈팔일(八佾)〉에 "천하에 도가 없어진 지 오래되었으니, 하늘이 장차 부자(夫子)를 목탁으로 삼으실 것이다.〔天

인덕의 명성이 쟁쟁히 퍼졌네	德聲鏗鏘
은근히 인도한 교화가	潛導之化
세상을 떠난 뒤에도 잊히지 못하네	沒世不忘
울창한 저 학산에	鬱彼鶴山
편안한 무덤이 있네	有寧玄堂
내가 묘지명을 올려	我薦石章
끝없는 후세에 밝게 전하네	昭垂無疆

將以夫子爲木鐸〕"라고 한 의봉인(儀封人)의 말에서 연유한다.

입암 박공 묘지명 병서○무술년[172]

立菴朴公墓誌銘 幷序○戊戌

구암(久菴) 윤 선생(尹先生)[173]이 옥계(玉溪)의 가에서 도를 강론할 적에 문하에 들어온 선비가 빈빈(彬彬)하여 '오학사(五學士)'[174]라고 불리는 분들이 있었는데, 입암(立菴) 박공(朴公)이 이 가운데 한 분이다.

공은 휘가 준흠(俊欽)이고 자가 덕여(德汝)이다. 박씨는 본관이 음성(陰城)으로, 신라와 고려 때에 훌륭한 후손들이 계속 이어졌다. 조선조에 들어와 이조 판서 충민공(忠愍公) 휘 순(淳)이 있었는데, 차사(差使)의 명을 받들어 함흥(咸興)으로 갔을 때 망아지와 어미 말을 이용하여 태조대왕의 마음을 감동시켜 깨닫게 해서 태조대왕을 돌아오게 하는 공을 이루었다. 부인 임씨(任氏)와 아드님 참판 휘 흔(昕)이 동시에

172 무술년 : 1838년(헌종4)으로, 매산의 나이 63세 되던 해이다.

173 구암(久菴) 윤 선생(尹先生) : 윤봉구(尹鳳九, 1683~1768)로, 본관은 파평(坡平), 자는 서응(瑞應), 호는 병계(屛溪)·구암이다. 권상하의 문인으로 한원진(韓元震), 이간(李柬), 현상벽(玄尙璧), 채지홍(蔡之洪) 등과 함께 소위 '강문팔학사(江門八學士)'의 한 사람이며, 인물성이론(人物性異論)을 주장한 호론(湖論)의 중심인물이다. 시호는 문헌(文獻)이고, 문집에 《병계집》이 있다.

174 오학사(五學士) : 매산의 〈잡록(雜錄)〉에 따르면 김지행(金砥行, 1716~1774), 박준흠, 송명휘(宋明輝, 1757~1793), 김규오(金奎五, 1729~1791), 김종명(金宗溟) 다섯 명을 가리킨다.《梅山集 卷52》 이 가운데 김지행은 박윤원의 스승이기도 한데, 홍직필은 박윤원의 문하에 있으면서 공자 문하의 안회(顔回)에 버금가는 인물로 칭송되었던 김지행의 풍모를 익히 들었는바, 《매산집》에도 여러 차례 보인다.

함께 세상을 떠나서 한 집안에서 삼강(三綱)을 이루어 모두 표창을 받았다.[175]

전하여 휘 연(淵)에 이르러 정암(靜菴 조광조(趙光祖))과 이름을 나란히 하고 함께 천거를 받아 곧바로 현감에 제수되었으나 나아가지 않아 기묘사화에 몸을 온전히 하였다. 이분이 휘 유녕(有寧)을 낳았는데, 또한 유일(遺逸)로 집의(執義)에 제수되었다. 이분이 휘 지함(至諴)을 낳았는데, 이이첨(李爾瞻)을 배척하여 교유를 끊었으며 이름을 바꾸고 은둔하였다. 장릉(長陵 인조)이 반정(反正)으로 왕위에 올라 관직을 제수하였으나 나아가지 않으니, 이분이 공의 고조이다.

증조 휘 호원(浩遠)은 참판에 추증되었고, 조고 휘 진귀(震龜)는 첨정(僉正)을 지냈고, 선고 휘 정규(廷珪)는 현감을 지냈는데, 참판과

175 조선조에……받았다 : 왕자의 난을 일으킨 태종(太宗)을 괘씸하게 여겨 함흥에 머물고 있는 태조를 귀환시키려고 사신으로 가서 끝내 태조의 마음을 돌렸으나, 서울로 돌아오는 길에 태조의 측근에게 살해된 박순(朴淳, ?~1402)의 일을 말한 것으로, '함흥차사(咸興差使)'라는 말이 이 때문에 생겨났다고 한다. 이때 부인 임씨(任氏)가 남편의 사망 소식을 듣고 자결하여 정려된 것은 여러 문헌에서 모두 사실로 전하고 있으나, 아들 박흔(朴昕)에 대해서는 전설이 동일하지 않다. 예컨대 채수(蔡壽, 1449~1515), 송시열, 민정중(閔鼎重, 1628~1692)의 기록에는 모두 박흔이 같은 때 죽었다는 말을 하지 않았는바, 채수는 박흔을 박순이 죽은 이듬해(1403)에 태어나 마흔 살(1442) 때 죽은 것으로 적어놓았고, 송시열은 박흔에 대한 채수의 기록을 옮겨놓았으며, 민정중은 아예 박흔에 대해 기록하지 않았다.《懶齋集 卷1 贈嘉靖大夫兵曹參判兼同知義禁府事朴公墓誌》《宋子大全 卷200 朴承樞夫人任氏墓表》《老峯集 卷9 判承樞府事朴公請諡行狀》 그러나 유한준(兪漢雋, 1732~1811)과 홍직필, 임헌회(任憲晦, 1811~1876)는 모두 박흔이 같은 때에 죽었다고 기록하였다.《自著準本 二 贈司憲府持平朴公墓誌銘, 知足堂朴公墓誌銘》《梅山集 卷35 內舅紫閣山人墓碣銘, 卷38 立菴朴公墓誌銘, 卷50 先妣淑人陰城朴氏家狀》《鼓山集 卷15 孺人朴氏墓誌銘》

현감 양 공은 모두 효자로 정려되었다. 선비(先妣) 진주 유씨(晉州柳氏)는 처사 함(涵)의 따님으로, 서울 장동(壯洞) 마을의 집에서 공을 낳았다.

공은 태어나서부터 총명하여 어려서 이미 스스로 독서하였는데, 한 번 본 것은 곧바로 외우고 글을 지으면 사람들을 놀라게 하여 지은 〈목도서설(木圖書說)〉이 인구(人口)에 회자(膾炙)되었다. 차츰 장성해서는 여러 경서를 연찬(硏鑽)하고 도암(陶菴 이재(李縡)), 여호(黎湖 박필주(朴弼周)) 두 선생에게 의심스러운 뜻을 질문하였는데, 여호는 공과 강론할 적에 종일토록 찬탄해 마지않았다.

이미 구암(久庵)의 문하에서 수업하여 학문하는 요결(要訣)을 갖추어 들었는데, 이로부터 스승의 말씀을 독실하게 믿어 전하여 익히기를 게을리하지 않고 또한 자득한 것도 많았다. 구암이 우리 유가의 도를 전할 사람을 얻은 것을 기뻐하여 말하기를 "식견과 품행은 요즘 세상에서 보기가 쉽지 않으니, 내가 경외하는 바이다. 사제(師弟)의 예로 대할 수 없다."라고 하였다.

구암은 《주역》을 강론하고 예서(禮書)를 편집할 적에 공의 설을 많이 따랐고, '입암(立菴)' 두 글자를 써서 주었다. 공은 사문(師門)을 위하여 윤 선생의 행장[176]을 지을 적에 숨겨진 덕행을 밝게 드러내어 또한 유감이 없게 하였다.

일찍이 어버이의 명으로 과거 시험에 응시하였는데, 시험장에서 매

176 윤 선생의 행장 : 박준흠의 《입암집(立菴集)》 권7에 실린 〈병계선생행장(屛溪先生行狀)〉을 가리킨다. 《입암집》은 8권 3책의 목활자본으로, 국립중앙도서관 및 주요 도서관에 소장되어있다.

번 성리(性理)에 대해 문제를 낼 때마다 선비들이 모여들어 질의하면, 공이 좌우의 사람들에게 응답하여 입으로 불러주기도 하고 손으로 써 주기도 하니, 이것을 본 사람들이 큰 소리로 칭송하였다. 부모님이 모두 돌아가신 뒤에는 즉시 과거 공부를 포기하고 위기(爲己)의 학문[177]에 전심전력하였다.

일찍이 조존(操存)[178]을 학문을 닦는 근본으로 삼고 강독(講讀)을 궁격(窮格)[179]의 요체로 삼아서, 오로지 사서(四書)를 정밀하고 깊게 읽고서 명리(名理 성리(性理))의 뜻을 설명하고 연역(演繹)하였다. 그리고 낙건(洛建) 제현(諸賢)[180]의 언행에 대해 전심(專心)하여 신봉하였고, 또 동유(東儒)의 글을 수합하여 삼가 서가(書架) 위에 올려두고 완색(玩索)하였다. 예교(禮敎)에 대해 더욱더 신중해서 사람들이 변례(變禮)에 의심스러운 것이 있으면 모두 공에게 가서 바로잡았다. 책

177 위기(爲己)의 학문 : 자신의 덕성을 함양하기 위해 공부하는 것을 말하는 것으로, 남이 알아주기를 바라서 하는 '위인(爲人)의 학문'과 상대되는 말인바, 《논어》〈헌문(憲問)〉에 "옛날의 학자들은 자신을 위한 학문을 하였는데, 지금의 학자들은 남에게 보여주기 위한 학문을 한다.〔古之學者爲己, 今之學者爲人.〕"라고 보인다.

178 조존(操存) : 마음을 잡아 보존한다는 뜻으로, 《맹자》〈고자 상(告子上)〉의 맹자가 인용한 "잡으면 보존되고 놓으면 잃어서, 나가고 들어옴이 일정한 때가 없으며 그 방향을 알 수 없는 것은 오직 사람의 마음을 두고 말한 것이다.〔操則存, 舍則亡, 出入無時, 莫知其鄕, 惟心之謂與.〕"라는 공자의 말에서 온 것이다.

179 궁격(窮格) : 궁(窮)은 궁리(窮理)를 뜻하고 격(格)은 격물치지(格物致知)를 뜻하는데, 궁리는 잠시도 쉬지 않고 마음을 집중하여 진리를 규명한다는 뜻이고, 격물치지는 실제 사물을 통하여 이치를 궁구함으로써 온전한 지식에 도달한다는 뜻으로, 모두 지(知)의 공부에 해당한다.

180 낙건(洛建) 제현(諸賢) : 낙양(洛陽)의 정자(程子)와 복건(福建)의 주자(朱子)를 비롯한 송나라 때 주요 성리학자들을 가리킨다.

상자를 짊어지고 문하에 들어간 사람이 매우 많았는데, 재주에 따라 잘 이끌어주어서 성취한 바가 많았다.

평소 거처할 적에는 일찍 일어나 얼굴을 씻고 빗질하였으며 옷을 바르게 입고 단정히 공수(拱手)하였다. 우레 소리를 들으면 비록 밤중이더라도 반드시 꿇어앉아 공경을 다하였다. 평소 겸양과 공경이 몸에 배어있어서 선배와 덕망이 높은 연장자에게 존경을 지극히 하였고, 비록 나이가 조금 더 많은 자라도 이름을 부르지 않았다. 항상 말하기를 "사람은 지키는 바가 있은 뒤에 큰일을 할 수 있으니, 학문은 고원하여 행하기 어려운 것이 아니다. 일상생활이 모두 도리에 맞으면 이것이 곧 학문이다."라고 하였다.

효성을 타고나서 어버이가 하고 싶어 하는 것을 반드시 곡진하게 뜻을 받들어 따랐고, 생전의 봉양과 사후의 제사에 마음과 형식을 모두 지극히 하였다. 어버이가 좋아하시던 음식을 종신토록 먹지 않았고, 제사지낸 음식을 차마 곧바로 먹지 못하였으며, 연고가 있어 제사를 지내지 못할 경우에는 종일토록 음식을 물리쳐 먹지 않았다.

내외의 친척들에게까지 미루어서 관심을 갖고 사랑하고 구휼하여 은혜로운 뜻이 미쳐서 옷을 벗어주고 음식을 미루어주어 가난한 자를 도왔다. 인정(人情)을 곡진하게 살펴 자신이 원치 않는 것을 남에게 베풀지 않았으며, 남의 우환을 도와줄 적에 반드시 자신의 성심을 다하였으니, 차라리 물건을 베풀지 않는 경우는 있어도 성의가 미치지 않는 경우는 없었다.

붕우와의 교유는 오래도록 공경하여 변치 않았고, 다른 사람의 작은 선행이나 하찮은 재주라도 칭찬하여 드러내지 않음이 없었기 때문에 사람들이 모두 감복하였다. 백성 중에 고부간에 서로 반목하여 윤리가 없는 자가 있었는데, 공의 이웃에 살게 되자 별안간에 감동하고 깨달아 행실을 고쳤다. 입으로 '살(殺)' 자를 말하지 않아서 비록 초목곤충과 같은 미물이라도 혹 해칠까 염려하였으니, 인애(仁愛)의 마음을 보존함이 이와 같았다.

절친한 친구가 전조(銓曹)의 일을 맡았을 적에 공을 장작감(將作監 선공감(繕工監))에 의망하였고 또 추천하는 자가 있었는데, 모두 마음을 다해 힘껏 사양하여 중지시켰으니, 여기에서 수양한 바를 알 수 있다.

만년에 안성(安城)의 덕곡산(德谷山)에 우거(寓居)하였을 적에 유리(流離)하고 실의(失意)하여 고난과 우환을 두루 겪었으나 태연하였다. 오직 마음을 고요하게 하고 이치를 연구하여 늙음을 잊는 즐거움[181]이 있었으니, 매번 "만년에 스스로 덕을 진작시킴이 그 맛이 무궁함을 깨달았다."라고 하였다.

대재(大齋) 유언집(兪彦鏶), 지헌(止軒) 유언호(兪彦鎬)[182]와 도의

181 늙음을 잊는 즐거움 : 학문에 매진하며 세월의 흐름을 잊고 사는 즐거움을 말하는 바, 공자가 "학문을 하다가 분발하여 먹는 것도 잊고, 알면 즐거워서 근심을 잊어 늙어 가는 줄도 알지 못한다."라고 한 말을 원용한 것이다. 《論語 述而》

182 대재(大齋)……유언호(兪彦鎬) : 대재는 유언집(兪彦鏶, 1714~1783)의 호이고, 지헌(止軒)은 유언호(1730~1796)의 호인 즉지헌(則止軒)의 이칭인바, 한성부 우윤을 지낸 유직기(兪直基)의 첫째와 넷째 아들이다. 유언집은 자가 사호(士鎬), 본관이 기계(杞溪)이며, 수암(遂菴) 권상하(權尙夏)와 도암(陶菴) 이재(李縡)의 문인이다. 유일(遺逸)로 천거되어 세자시강원 자의(世子侍講院諮議)에 제수되었고 벼슬이 이조참의에 이르렀다. 유언호는 자가 사경(士京), 시호가 충문(忠文)이다. 1761년 정시문과에 급제하고 개성 유수, 좌의정 등을 지냈다. 1788년(정조12)에 정조의 탕평을 비판한다는 죄목으로 제주도에 유배되었다가 3년 뒤에 풀려났고, 이후에 향리에 칩거하다가 1795년 잠시 좌의정을 지낸 후 다음 해에 별세하였다. 저서로는 문집 《연석(燕石)》이 있다.

(道義)를 강마(講劘)하여 세한(歲寒)의 교분에 의탁하였다.[183] 문장을 지으면 내용이 풍부하고 통창하고 전아(典雅)하여 절로 법도에 맞았으며, 서독(書牘)에 더욱 뛰어나 찬연히 외울 만하였는데, 화재에 소실되고[184] 약간의 남은 원고가 집안에 보관되어있다.

정조 병진년(1796) 6월 3일에 졸하니, 생년인 기해년(1719) 12월 15일로부터 향년 78세이다. 10월에 고양(高陽)의 학령산(鶴翎山)의 유좌(酉坐)의 언덕에 장례하니, 선영을 따른 것이다. 배위인 경주 이씨(慶州李氏)는 장령(掌令) 행민(行敏)의 따님으로, 공과 같은 해에 태어나서 공보다 50년 먼저 세상을 떠났다. 공의 묘 오른쪽에 합장하였다. 딸 하나를 낳아 길러서 이진성(李晉誠)에게 시집보냈다.

계배(繼配) 청주 한씨(淸州韓氏)는 성유(聖維)의 따님으로, 공보다 12년 뒤에 태어나 공보다 11년 뒤에 세상을 떠났는데, 효성스럽고 자애로우며 온순하였고 부녀자의 덕에 어긋남이 없었다. 공의 묘 왼쪽에 합장하였다.

1남 2녀를 낳아 길렀는데, 아들은 응한(應漢)이고 사위는 이의직(李義直)과 현감인 한원리(韓元履)이다. 응한의 양자 내복(來復)은 이유수(李儒修)의 서녀(庶女)에게 장가들었다. 윤병일(尹秉一)과 신동우(申東禹)의 처는 이씨 사위의 소생이고, 봉사(奉事) 한직교(韓直敎),

183 세한(歲寒)의 교분에 의탁하였다 : 평생토록 꿋꿋이 우의(友誼)를 지키기를 약속하였다는 말이다. 자세한 내용은 21쪽 주16 참조.

184 화재에 소실되고 : 원문의 '회록(回祿)'은 전설상의 불의 신인 오회(吳回)와 육종(陸終)의 합칭인 '회륙(回陸)'과 같은 말로, 흔히 화재를 비유하는 말로 쓰인다. '륙(陸)'과 '록(祿)'은 음이 서로 비슷하여 '회록'으로 바뀌었다는 설이 있다.《能改齋漫錄 卷1 事始 回祿爲火神》

재교(在教), 참봉 필교(弼教), 이조석(李祖錫)과 이복우(李福愚)의 처는 한씨 사위의 소생이다. 내복(來復)의 아들은 지혁(趾赫), 기혁(基赫), 민혁(民赫)이고 사위는 임유상(任由常)이다.

공은 타고난 자품이 너그럽고 후덕하며 마음이 평탄하였다. 연원(淵源)을 거슬러 올라가 학맥이 본디 반듯하였고 정해진 법을 지켜 조금도 어긋남이 없었으며, 존심(存心)·양성(養性)의 공부를 오래 축적하여 실천을 독실하게 하였는데, 거처할 적에 항상 도를 따라 힘을 기르고 몸을 감추어서 행여 재주를 자랑하게 될까 염려하였다. 그러므로 처신하는 큰 방법이 남과 크게 다르지 않는 듯하였으나 자신을 단속하고 절제하여 확고하게 지키는 절개가 있었다. 그래서 남이 모르는 그윽한 곳에 있을 적에도 훤히 드러난 곳에 있는 듯이 하였고 홀로 있을 적에도 군중 속에 있는 듯이 하였으며, 사람들과 응대할 때에는 또한 편안히 함께 지내면서도 정도(正道)를 잃지 않았다.

집에 거처할 적에는 일찍이 집안의 산업(産業 살림살이)을 돌본 적이 없으니, 부엌의 아궁이에 여러 날 동안 불을 때지 못하고 거적자리를 깔아 겨울을 나더라도 정신이 태연하여 조금도 어려워하는 기색이 없었다. 사람들과 대화할 적에는 말이 술술 이어져 싫어하지 않았고, 의심스러운 것을 묻는 자가 있으면 메아리와 같이 바로 응답하니, 사람들은 공이 자주 굶는 줄을 알지 못하였다.

내가 매번 생각하건대, 어렸을 적에 여러 번 자각봉(紫閣峯) 아래에서 공을 배알하였는데, 집안이 호젓하여 사람이 없는 것처럼 고요하였다. 공은 검은 갓과 흰 옷을 입고서 옷깃을 정제(整齊)하고 무릎 꿇고서 흙으로 빚어놓은 소상(塑像)처럼 어깨와 등을 꼿꼿하게 펴고 앉아 있었는데, 이때 공은 이미 일흔을 넘긴 나이였다. 만약 거처하는 것이 편안하고 자뢰(資賴)함이 깊으며[185] 과감하게 행동하고 견고하게 지키는 분[186]이 아니면 어찌 여기에 참여할 수 있겠는가.

공은 일찍이 나에 대한 기대와 바람이 매우 커서 군자의 도로써 면려하여 유년기에 개발(開發)되었으나 백발의 나이에 성취한 것이 없으니, 공의 바람을 크게 저버렸다. 그러나 어찌 공의 묘소에 명문을 짓지 않을 수 있겠는가. 다음과 같이 명문을 짓노라.

아, 충민공이여	猗歟忠愍
몸을 돌보지 않고 순국하였네	忘身殉國
찬란한 네 개의 정려가	煌煌四旌
집안에서 크게 빛났네	門闌輝赫
대대로 아름다운 덕이 독실하였으나	世篤懿德
종족이 크게 드러내지 않았네	不顯其族
공이 능히 아름다움을 잇고	公克趾美
겸하여 학문을 좋아하였네	濟以好學

185 거처하는……깊으며 : 자득하여 학문의 경지가 높음을 말하는바, 이 내용은《맹자》〈이루 하(離婁下)〉에 "군자가 깊이 나아가기를 도로써 함은 자득하고자 해서이니, 자득하면 처(處)하는 것이 편안하고, 처하는 것이 편안하면 자뢰(資賴)함이 깊게 되고, 자뢰함이 깊으면 좌우에서 취하여 사용함에 그 근원을 만날 수 있을 것이다. 그러므로 군자는 자득하고자 하는 것이다."라고 한 데서 온 것이다.

186 과감하게……분 : 성실하게 실천하는 자를 말하는바, 이 내용은 이천(伊川) 정이(程頤)가 "성실히 하는 방도는 도를 믿기를 독실히 함에 달려 있으니, 도를 믿기를 독실하게 하면 행하기를 과단성 있게 하고, 행하기를 과단성 있게 하면 지킴이 견고하다."라고 한 데에서 온 것이다.《近思錄 卷2 爲學》

학문은 실질을 추구하였고 學求其實
공허한 말에 힘쓰지 않았네 不騖空言
어찌 세속의 유자들이 豈若世儒
흐름을 따르다가 근원을 잊은 것과 같겠는가 涉流忘源
용감하고 굳세게 지키고 暨暨其守
간절하고 부지런히 닦았네 汲汲其修
세상을 멀리 피해 물러나 遠世自引
홀로 도와 함께 삶을 꾀하였네 獨與道謀
이리하여 종신토록 以故終身
지우를 받지 못하였네 無所於遇
지우를 받지 못한 것이 어찌 해롭겠는가 不遇何傷
이로써 스스로 수립한 바가 있었네 所以自樹
못에 잠겨 드러내지 않으니 淵潛不見
이 때문에 덕을 이루었네 是爲成德
감추고서 경륜을 펴지 못하니 有韞無施
큰 교화가 적막해졌네 大化冥漠
저 높은 학산에 節彼鶴山
소목의 순서로 장례하였네 葬以昭穆
길이 편안하고 견고하니 永安且固
거유(巨儒)의 무덤이네 碩儒攸宅
내가 이로써 명을 지어 我庸作銘
아름다움을 천양하네 式闡徽美
훌륭한 명성 후세에 장구하여 令聞長世
준걸스러운 선비들 힘쓰게 하노라 用勖髦士

충주 목사 김공 묘지명 병서○기해년[187]

忠州牧使金公墓誌銘 幷序○己亥

근래에 고(故) 충주 목사(忠州牧使) 김공(金公)이 졸한 후 12년이 되었을 때 공의 윤자(胤子)인 경선(景善) 여행(汝行)이 행장을 지어서 나에게 명문을 지어 능곡(陵谷)의 변고[188]에 대비해주기를 청하였다.

아! 공은 나의 선고와 약관의 나이에 교분을 맺어 장(張)・범(范)의 호의(好誼)[189]가 있었다. 나는 어린 아이 때부터 머리를 쓰다듬어주는 사랑을 받았고, 노년에 이르러 참혹한 일을 당하자 공이 매우 정성스럽게 구제해주었는데, 반년이 채 지나지 않아 공이 또 역책(易簀 별세)하

187 기해년 : 1839년(헌종5)으로, 매산의 나이 64세 되던 해이다.

188 능곡(陵谷)의 변고 : 세상에 홍수 등의 재난이 있어 구릉이 골짝으로, 골짝이 구릉으로 변함을 이르는바, 묘지문을 땅속에 깊이 묻어 이러한 변고에 대비하였다.

189 장(張)・범(范)의 호의(好誼) : 장・범은 후한 때 막역한 사이였던 장소(張劭)와 범식(范式)을 가리키는바, 김기풍과 매산의 선친의 교분을 여기에 빗댄 것이다. 범식은 산양(山陽) 금현(金縣) 사람이고, 장소는 여남(汝南) 사람인데, 태학(太學)에서 함께 공부하다가 두 사람이 이별할 때 범식이 장소에게 "2년 뒤 돌아올 때 그대의 집에 들르겠다."라고 하였다. 꼭 2년째가 되는 날인 9월 15일에 장소가 닭을 잡고 기장밥을 짓고 범식을 기다리자, 그 부모가 웃으며 "산양은 여기서 천 리나 멀리 떨어진 곳인데, 그가 어찌 올 수 있겠느냐." 하니, 장소가 "범식은 신의 있는 선비이니, 약속을 어기지 않을 것입니다." 하였는데, 그 말이 채 끝나기도 전에 범식이 당도하였다 한다. 그리고 하루는 범식이 객관(客館)에서 잠을 자는데, 친구 장소가 꿈에 나타나 "거경아, 나는 모일(某日)에 죽었다. 모시(某時)에 땅에 묻혀 영원히 황천으로 돌아갈 터인데, 자네가 날 잊지 않았다면 와 주지 않겠나."라고 하자, 범식이 깜짝 놀라 깨서 곧장 달려갔다고 한다.《後漢書 卷81 范式列傳》

였다.

임종하실 적에 나의 얼굴을 보고 영결하지 못한 것 때문에 매우 애석해하였다. 이것은 살았을 때나 별세할 때나 나를 일관되게 아껴준 것이니, 묘지명을 짓는 일에 내가 적임자가 아님이 부끄러우나 또한 어찌 감히 사양하겠는가. 마침내 다음과 같이 쓰노라.

공은 휘가 기풍(基豐)이고 자가 대백(大伯)으로, 태어나면서부터 총명과 지혜가 특출하였다. 차츰 장성하자, 마음을 집중하고 독서하여 박사업(博士業 과거공부)을 익혀서 문채가 강건하고 수려하며 체재가 정교하니, 여러 친구들이 모두 공의 뛰어남에 한 걸음을 양보하였다.

계묘년(1783)에 비로소 진사시에 합격하고 을사년(1785)에 처음으로 벼슬을 얻어 내직으로는 영릉(永陵)과 명릉(明陵)의 참봉, 의금부 동부 도사(義禁府東部都事), 통례원 인의(通禮院引儀), 형조 좌랑과 정랑, 호조 정랑, 군자감(軍資監)과 돈녕부(敦寧府)의 판관, 사도시(司導寺)·사옹원(司饔院)·장악원(掌樂院)의 첨정(僉正), 광릉 영(光陵令), 선혜낭청(宣惠郎廳)을 지냈고, 외직으로는 삼등(三登)과 영유(永柔)의 현령, 순안(順安)과 맹산(孟山)의 현감, 함흥(咸興)과 광주(廣州)의 판관, 선산(善山)과 장성(長城)의 부사, 임천 군수(林川郡守), 평양 서윤(平壤庶尹), 충주 목사(忠州牧使)를 지냈는데, 삼등현과 선산부에는 취임하지 않았다.

순조 27년 정해년(1827) 7월 9일에 졸하니, 생년인 갑술년(1754) 3월 2일로부터 향년이 74세이다. 9월 정묘일에 양주(楊州) 금촌(金村)의 해좌(亥坐)에 합장하였는데, 이는 선영을 따른 것이었다. 훗날 윤자(胤子)의 추은(推恩)으로 인하여 공을 이조 참판에 추증하였다.

공은 집안이 청풍(淸風)의 망족(望族 명망 있는 집안)으로, 고려조에 시중(侍中)을 지낸 휘 대유(大猷)가 비조(鼻祖)이다. 조선조에 들어와 문의공(文毅公) 휘 식(湜)과 문정공(文貞公) 휘 육(堉)이 도학(道學)과 공업(功業)으로 당세의 명신이 되었다. 문정공이 청풍부원군(淸風府院君) 충익공(忠翼公) 휘 우명(佑明)을 낳았는데, 영의정에 추증된 종숙부(從叔父) 휘 지(址)에게 출계하였으니, 이분이 공의 5대조이다.

증조는 상주 목사(尙州牧使) 휘 도협(道浹)인데, 형조 판서를 지내고 좌찬성에 추증된 정희공(貞僖公) 휘 석연(錫衍)의 아들로 계부(季父)인 한성부판관(漢城府判官) 휘 석달(錫達)에게 출계하였다. 조고 휘 성재(聖梓)는 청주 목사를 지내고 사복시 정(司僕寺正)에 추증되었다. 선고 휘 안묵(安默)은 배천 군수(白川郡守)를 지내고 이조 참의에 추증되었는데, 세상 사람들이 '훌륭한 덕이 있는 분〔長德〕'이라고 일컬었다.

비(妣)는 숙부인(淑夫人)에 추증된 한산 이씨(韓山李氏)로, 참봉 사중(思重)의 따님이다. 배위는 정부인(貞夫人)에 추증된 기계 유씨(杞溪兪氏)로, 통덕랑 휘 한장(漢蔣)의 따님인데, 별도의 묘지(墓誌)가 있다. 아들은 경선(景善)인데 현재 이조 참의이다. 참의의 아들은 익문(益文)으로, 문과에 급제하였고 현재 주서(注書)이다. 주서에게 두 아들이 있는데 모두 어리다.

당초에 이씨 부인이 백옥(白玉)을 품는 꿈을 꾸고 공을 낳았는데, 골상(骨相)이 준수하였으며 중후하고 숙성함이 발군(拔群)하였다. 천연두를 앓아 거의 실명(失明)할 지경이었으나 글공부를 폐하지 않아 다른 사람이 입으로 가르쳐주는 것을 따라서 벽을 보고 소리 내어 읽었으며, 여러 종형제들과 함께 놀 적에는 엄연히 법도가 있었다. 목사공(牧使公)이 일찍이 칭찬하기를 "이 손자는 반드시 우리 집을 번창하게 할 것이다."라고 하였고, 종숙부인 두릉공(斗陵公)[190]은 간묵(簡默)을 숭상하여 남을 인정하는 일이 드물었으나, 유독 공만은 매우 칭찬하고 일을 처리할 적에 반드시 물어보곤 하였다.

명릉 참봉일 적에 정조가 능을 배알하였는데, 임금이 특별히 더 장려하고 이어서 벼슬을 올려주니, 경사스러움을 기념하기 위해서였다. 형조에 있을 적에 청탁을 근절하였고, 공평하고 진실하게 송사를 듣고 심리하였다. 이로 인하여 윤대(輪對)에 들어갔을 적에 임금이 하교하기를 "그대는 해결하지 못하여 침체한 송사가 없고 또 능히 법 밖의 뜻에 통하였으니, 송관(訟官)은 이와 같아야 하지 않겠는가."라고 하였다. 세상을 경륜할 공의 기량이 이때부터 임금의 특별한 지우를 입게 되었다.

삼등 현령이 되었을 적에 임금은 순안 현감으로 바꾸라고 명하고 말하기를 "한적하고 궁벽한 곳에 두는 것이 애석하다. 순안은 큰 길이 있고 사무가 많아서 재주를 펼칠 만하다."라고 하였다. 고을이 연경으로 가는 길에 있어서 중국 사신의 행차가 빈번하였는데, 공이 규칙을 제정하여 모든 것이 합당해졌다.

고을에 논이 없어서 백성들이 도랑을 터서 관개(灌漑)를 편리하게 해줄 것을 청하였는데, 공이 형편을 살펴서 자금을 보조하여 도랑이 완성되니, 백성들이 오래도록 그 유익함을 누렸다. 마침 공사(公事)로

190 두릉공(斗陵公) : 김상묵(金尙默, 1726~?)으로, 만년에 두릉으로 이주하여 지냈고 묘소가 이곳에 있기 때문에 사람들이 이렇게 칭하였다. 두릉은 경기도 남양주시 조안면에 있는 마재를 이르는바, 마현(麻峴) 또는 마현(馬峴)으로도 표기한다. 김상묵은 자가 백우(伯愚)로, 1766년(영조42) 별시 문과에 급제하고 벼슬이 대사간에 이르렀다.

임금을 인접(引接)하는 기회를 통해 첨정(簽丁)과 식채(殖債)의 폐단[191]을 자세히 아뢰었고, 조정에 번거롭게 보고하지 않고 형편에 따라 폐단을 바로잡게 해주기를 청하였는데, 상이 허락하였다. 영유 현령(永柔縣令)으로 옮긴 것 또한 성상의 특별한 명에 의해서였다.

고을을 다스릴 적에는 청렴과 검약을 숭상하였고, 여가에는 독서하고 시를 읊조리며 유유자적하였다. 녹봉을 털어 관마(官馬)를 두니, 이로부터 공적으로 운수(運輸)할 적에 헐값으로 백성들의 말을 고용하는 병폐가 영원히 없어졌다. 상이 맹산(孟山)의 궁핍함이 한 도에서 가장 심하다고 하여 맹산과 바꾸어 제수하라고 명하였는데, 맹산 고을은 만산(萬山) 가운데에 자리하여 관사의 거처가 황폐하고 누추해서 다른 사람들은 그 괴로움을 견디지 못하였으나 공은 편안하게 처하였다.

오직 자신을 단속하고 백성들의 삶을 넉넉하게 하는 일에 급급하게 힘써서, 멋대로 징수한 세금이나 포흠한 환곡을 맨 먼저 견감시키거나 정지시켰다. 다음으로는, 사용할 물건들을 장부에 바르게 정리하여 율령을 분명하게 만들고 조세를 정도(程度)에 맞게 거두어서 곳간이 모두 가득 찼다. 백성들이 크게 기뻐하고 송덕비를 세워 은혜를 칭송하였다. 상은 공이 오래도록 병든 어버이와 떨어져있는 것을 안타까워하여 내직으로 옮길 것을 명하니, 부름을 받아 호조로 옮겼다.

191 첨정(簽丁)과 식채(殖債)의 폐단 : '첨정'은 '황구첨정(黃口簽丁)'의 약칭으로, 군포(軍布)를 징수하기 위해 어린 아이를 군정(軍丁)으로 등재함을 이르고, '식채(殖債)'는 백성들에게 빚을 지게 하여 재화를 증식하는 것으로 환자곡(還上穀)을 강제로 나누어주고 이에 따른 이식(利殖)을 징수함을 이른 것으로 보인다.

상이 경모궁(景慕宮 사도세자의 사당)을 배알할 적에 일반적인 규율에 따라 재실〔齋殿〕에서 모셨는데, 하교하기를 "본궁(本宮 경모궁)에 배열하여 사용하는 물품이 혹 종묘의 태묘(太廟)보다 지나치기도 하니, 이곳은 참으로 자식인 내가 정성을 다해야 하는 사당이지만 마음에 편치 못하다. 그대는 차이점을 조목조목 열거하여 아뢰라."라고 하자, 공이 명을 받들어 올렸는데, 시행한 바가 많았다.

경모궁을 정비하고 보수할 때마다 공은 여러 번 입시하였는데, 상이 말년의 교우로 허여하여 문과에 급제할 것을 권고하였다. 일찍이 구임낭청(久任郎廳)으로 빈대(賓對)에 수참(隨參)하였는데, 상이 말하기를 "조정의 급선무는 인재(人材)를 발탁하는 것보다 더한 것이 없다. 음관 중에서 이미 시험한 자들은 참으로 쓸 만한 인재가 많은데, 지금 여기에 입대(入對)한 사람은 한 번의 급제를 하지 못했다 해서 하급 관리로 침체하여 쓰임을 다하지 못하니, 어찌 안타깝지 않겠는가. 음과(蔭科)를 설치할 것을 의논하라."라고 하자, 여러 대신들이 모두 말하기를 "오직 발탁하여 쓰는 데에 달려있으니, 어찌 굳이 과거에 급제할 필요가 있겠습니까."라고 하니, 이 일이 마침내 중지되었다.

공이 이어서 나아가 말하기를 "악률(樂律)과 도(度)·양(量)·형(衡)을 통일하는 것[192]은 다스리는 법도에 크게 관계되니, 청컨대 경아문(京衙門)과 여러 주현(州縣)의 두곡(斗斛)을 본조(本曹)의 동곡(銅斛 구리로 만든 휘)에 맞추어 바르게 해서 옛날 선왕(先王)이 순수(巡狩)

192 악률(樂律)과……것 : 이 내용은 《서경》 〈순전(舜典)〉에 "순 임금이 제후국을 순수할 적에 철과 달을 맞추고 날짜를 바로잡으며, 악률과 도·량·형을 통일한다.〔協時月正日, 同律度量衡.〕"라고 보인다.

할 때 통일하였던 예에 따르되, 탁지(度支 호조의 별칭)와 관찰사가 연한을 정해 검찰(檢察)하면 또한 영구히 어긋남이 없을 것입니다."라고 하였다. 공이 물러가자, 상이 대신들을 돌아보고 말하기를 "이 사람을 끝내 다 쓰지 않을 수 있겠는가."라고 하였다.

함흥 판관에 제수되자, 상은 또다시 하교하기를 "외직으로 내보내는 것이 참으로 안타까우나, 한가한 관청에 버려두는 것은 더욱더 안타깝다."라고 하였고, 그리워하는 마음이 줄어들지 않아서 매번 연신(筵臣)을 대할 때마다 자주 안부를 물었다.

고을에 본궁(本宮)[193]이 있어서 수응(酬應)에 관한 일이 매우 번거로웠는데, 공은 엄하게 단속하여 규정 외의 징수나 독촉을 일절 못하게 하였다. 북쪽 상인이 화물을 팔 적에 지나가는 감영이나 고을에는 번번이 값을 줄여 물건을 팔게 하고 강제로 물건을 사게 하였는데, 아전이 전례(前例)에 따라 고하자, 공은 말하기를 "내버려두어라. 나는 굳이 이렇게 하지 않겠다."라고 하였다. 또 상인의 세와 갯가의 세를 줄이고 교제창(交濟倉)[194]의 환곡법(還穀法)을 거듭 엄격하게 단속하였으며

193 본궁(本宮) : 함흥의 본궁으로, 추존한 태조의 4대조인 목조(穆祖)와 효공왕후(孝恭王后), 익조(翼祖)와 정숙왕후(貞淑王后), 도조(度祖)와 경순왕후(敬順王后), 환조(桓祖)와 의혜왕후(懿惠王后) 및 태조와 신의왕후(神懿王后)・신덕왕후(神德王后)의 위판(位版)을 봉안한 곳이다.

194 교제창(交濟倉) : 1737년(영조13)에 왕명에 따라 함경도의 덕원(德原)에 교제원산창(交濟元山倉)을 설치해서 구황(救荒)에 대비한 곡식을 저장하였던 데에서 비롯한 것으로, 강원도와 경상도에 기근이 들 때는 이 교제창의 곡식으로 지원받고, 또 함경도의 기근이 심하여 교제창의 비축미로 부족할 때에는 경상도의 포항창(浦項倉)에서 지원하게 하였다. 1784년(정조8)에 북관(北關)의 각 고을에 교제창을 설치하고서 편의에 따라 환곡으로 운용하는 내용으로 절목(節目)을 만들었다. 《萬機要覽 財用編6 諸倉

성천강(城川江)의 제방을 수리하여 완전하게 하였다.

관찰사 이병정(李秉鼎)이 항상 공을 미워하여 중상(中傷)하고자 하였는데, 공이 귀양살이 하는 사람에게 밥을 보낸다는 것을 듣고서 권귀(權貴) 중에 평소 공을 싫어하는 자와 모의하고 장계를 올려 감죄(勘罪)하여 의금부에서 심문하게 해줄 것을 청하였으나, 상은 곧바로 특별히 용서하였다. 이때 암행어사가 포계(褒啓)하여 파직시키는 것이 안타깝다고 하여서 그 사람이 마침내 죄를 받았다.

임천 군수로 좌천되었을 적에 관서(關西)의 적경(賊警 홍경래의 난)을 만나 백성들이 장차 조수(鳥獸)처럼 흩어지려고 하였다. 고을에 옛 산성(山城)이 있었는데, 공이 백성들을 타일러 곡식을 저장해서 달아나지 않고 목숨을 바쳐 싸우게 하였으며, 모집한 군사를 점검하고 병장기를 수리하여 아전과 종들에게 활쏘기와 조총 쏘는 것을 연습시키니, 몇 개월 만에 기량이 성취되었다. 그리하여 호서(湖西 충청도) 지역이 요동쳤으나 오직 임천 지역만은 편안하였다.

기성(箕城 평양)이 막 전란에 시달려 기근이 들고 역병이 돌아서 공적으로나 사적으로나 매우 피폐하였다. 조정의 의론이 공을 천거하여 평양 소윤(平壤少尹)으로 삼으니, 공은 온 힘을 다하여 조치하였는데, 진휼하는 장소를 확대하여 죽과 미음을 쑤어 먹여서 굶주린 자가 소생하였고, 역우(役牛)를 사서 농사일을 독려하자 농민들이 전답을 경작하였으며, 뼈와 시신을 묻고 가리는 것을 더욱 극진하게 하였다. 논밭에 매기는 세는 새로운 법규를 정하고 군적(軍籍)은 옛날에 편성한 대오를 혁파하여 떠돌아다니던 백성들이 다 모이고 전란에서 다친 사

交濟倉》《典律通補 戶典 備荒》《正祖實錄 8年 11月 26日》

람들이 점점 소생하여 고향으로 돌아오는 백성들이 많아지니, 거의 옛 모습을 회복하게 되었다.

백성들을 금하여 평양에 있는 정전(井田)[195]을 함부로 경작하지 말라고 하면서 말하기를 "기성(箕聖 기자(箕子))의 유적을 비록 제대로 따르지는 못하더라도, 어찌 경계(經界)를 어지럽혀서 점점 옛 모습을 잃어서야 되겠는가."라고 하고, 이어서 뽕나무를 심었다. 정사하는 여가에 여러 학생들을 모아 인현서원(仁賢書院)에서 《서경》의 〈홍범(洪範)〉을 강론하였는데,[196] 온 고을이 바람에 움직이듯 교화되었다.

충주 목사가 되었을 적에는 환곡의 폐단이 이미 고질이 되어 있었다. 공이 급히 잘못된 관습을 혁파하였으나, 혁파할 수 없으면 사실에 의거하여 감영에 보고하여 자신에게 죄를 내릴 것을 청하였는데, 관찰사가 허락하지 않았다. 공은 탄식하기를 "민력(民力)이 고갈되었으니, 차마 다시 모질게 거두는 일을 할 수 없다."라고 하고 마침내 벼슬을 내놓고 돌아왔다.

아홉 고을에서 이룬 업적이 모두 기록할 만한 것이었는데, 평양에서의 치적이 탁월하여 부정공(富鄭公)의 청주(青州)[197]에 견줄 만하였고

195 평양에 있는 정전(井田) : '전(田)' 자 모습으로 경계를 지은 농토로, 기자의 유제(遺制)라 하나, 약천(藥泉) 남구만(南九萬)은 사실이 아닌 것으로 비판하였다. 《藥泉集 第29 東史辨證 箕子》

196 인현서원(仁賢書院)에서……강론하였는데 : 인현서원은 기자(箕子)를 모신 사당이며, 《서경》의 〈홍범(洪範)〉은 천하를 다스리는 아홉 가지 조목으로, 주(周)나라 무왕(武王)이 천하를 통일하고 기자에게 찾아가 세상을 다스리는 방법을 묻자, 기자가 대답한 내용이므로 이 서원에서 강론한 것이다.

197 부정공(富鄭公)의 청주(青州) : 부정공은 송나라 인종(仁宗) 때의 명신(名臣)인

한편으로는 청주보다도 더 이루기 어려운 것이었다.

공은 피부가 하얗고 수염이 아름다우며 눈썹과 눈이 수려하고 광채가 나는 얼굴빛이 순수하고 밝아서 풍모가 본받을 만하였다. 효성과 우애가 독실하여 영릉(永陵)에서 숙직할 적에 선공(先公 선친)의 병환이 갑자가 위독하다는 소식을 듣고는 살펴보려고 밤낮으로 달려갔는데, 반쯤 갔을 때 부음을 듣고서 통곡하고 가슴을 치다가 거의 죽을 뻔하였다. 이 때문에 죽을 때까지 애통해 하였으며, 말이 선공에게 미치면 그때마다 오열하였다.

이 부인(李夫人)을 모실 적에는 뜻과 물건을 모두 지극히 갖추어 봉양하였다. 이 부인이 연로하였을 적에 실명을 한데다가 고질병도 있었는데, 공은 옆에서 모시면서 원하는 것을 말하기 전에 그 뜻을 받들어 시행하였다. 먼 곳으로 시집간 손아래 누이가 있었는데, 매번 힘을 다하여 불러와서 즐거움을 함께하였다. 비복(婢僕)이 어버이에게 사랑을 받으면 비록 늙어서 맡겨진 일을 감당하지 못하더라도 끝내 다른 비복으로 바꾸지 않았다.

두 아우와 이불을 나란히 덮고 침상을 함께 하여 밤낮으로 즐겁게 지내고 분가를 허락하지 않았으며, 아우들의 아들딸들을 자기 자식처럼 여겨서 직접 전장(田莊)을 팔아 혼례를 도왔다. 큰 누이를 어머니처럼 섬겼고 여러 생질들을 자식처럼 여겼으며, 내(內)·외(外) 친척의

부필(富弼)로, 그가 정국공(鄭國公)에 봉해졌기 때문에 이렇게 칭하였다. 부필이 청주를 맡아 다스릴 적에, 하북(河北)의 홍수로 유민(流民)들이 대량으로 발생하자 풍년이 든 고을에서 모은 곡물 등으로 이들을 구제하였는데, 구제한 숫자가 50여만 명이나 되었다.《宋史全文 卷9上 宋仁宗 第5》

친소(親疏)와 귀천(貴賤)에게까지 미루어서 은혜로운 마음이 두루 미치지 않음이 없었다.

관직을 맡았을 적에는 반드시 녹봉을 나누어 달마다 주었고 혹 식구 수를 헤아려 지급하였는데, 이것을 기다려 끼니를 잇는 자가 항상 대여섯 집이었다. 부지런히 선조의 제사를 받들고 종족을 거두어서 먼저 재화를 내어 종계(宗契)를 창도(唱導)하여 선조의 서원을 수리하고 먼 선조의 사당을 세워서 옛것을 수리하고 폐치(廢置)된 것을 회복하였는데, 먼 선조에게까지 이르지 않음이 없었다.

자손을 가르칠 적에는 행실과 도의(道義)를 먼저 가르치고 문예(文藝)를 뒤에 가르쳐서 수신(修身)하고 처세(處世)하는 방도를 누차 반복해서 모두 준칙이 될 만하였다. 고구(故舊)와 돈독하게 지내고 사람들을 대할 적에 간격을 두지 않았으나 또한 구차하게 함께하지 않았으며, 화합하면서도 휩쓸리지 않았고 절개를 곧게 지키면서도 세속과 단절하지 않았다.

이 때문에 정의(情誼)가 두터우면서도 감괴(甘壞)[198]가 없었으며, 비록 오래도록 사귀었더라도 권력이 있는 자리에 있으면 그 집에 발걸음을 하지 않았다. 집을 다스리고 사람을 부릴 적에는 엄격하면서도 온화하여 잘못을 지적하여 가르치는 것을 달가워하지 않았으나, 정한 법을 몸소 실천하여 조정과 같이 정제(整齊)하였다.

본래 성품이 검약하여 거처하는 방이 두 무릎을 간신히 넣을 정도의

198 감괴(甘壞) : 경망스럽게 서로 좋아하다가 돌연 멀어지는 것을 말하는바, 《예기》 〈표기(表記)〉에 "군자의 사귐은 물과 같고 소인의 사귐은 단술과 같다. 군자는 담담하여 이루고 소인은 달아서 파괴된다.〔小人甘以壞.〕"라고 하였다.

크기였고 서화(書畫)를 축적하지 않았으며 화초를 심지 않았다. 그리고 밥을 먹을 적에는 고기반찬을 두 가지 이상 놓지 않았고 의복은 거친 명주로 만든 것을 입었다. 서책을 좋아하여 보지 않는 것이 없어서 날마다 수십 권을 읽었는데, 마치 마음에 두지 않는 듯이 하였으나, 남들과 말할 적에 자신의 말을 외우는 것처럼 하여 노년에 이르러도 여전히 이와 같았다.

문장이 명백하고 유창하였고 시 또한 고아하고 깨끗하였으나, 이 또한 작품을 다듬어 유려하게 하려고 하지 않았다. 일찍이 말하기를 "문장은 마땅히 육경(六經)을 기본으로 삼고, 한유(韓愈)와 소식(蘇軾)의 문장을 토대로 마름질해야 한다."라고 하였고, 항상 학자들이 절목(節目)의 사소한 것에 얽매이고 또 너무 심하게 분석하여 '수레의 부속품 하나하나를 헤아리면 수레라고 할 수 없다.'[199]는 비판을 받는 것을 병통으로 여겼다.

역사에 대해 논하는 것을 좋아해서 성패(成敗)와 사변(事變)을 손금을 보듯 분명하게 평설하였고, 국조(國朝)의 고사와 옛 사람의 언행을 세세한 것까지 다 꿰뚫고 있어서 연도와 일시에 대해서도 항상 착오가 없었다. 인물을 품평할 적에는 더욱더 정곡을 짚었는데, 제갈공명(諸葛孔明)과 이백기(李伯紀)[200] 및 조선조의 석담(石潭 이이(李珥))과 삼

199 수레의……없다 : 여러 가지 부속품이 조립되어 굴러갈 때에야 비로소 수레라고 부를 수 있지, 부속품 하나하나를 살펴보면 수레라고 칭할 수 없다는 뜻으로, 이 내용은 《도덕경》 제39장 〈법본(法本)〉에 보인다.

200 제갈공명(諸葛孔明)과 이백기(李伯紀) : 공명과 백기는 촉한(蜀漢)의 명재상인 제갈량(諸葛亮, 181~234)과 송나라의 재상인 이강(李綱, 1083~1140)의 자인바, 제갈량은 후한(後漢) 말기의 유비(劉備)의 삼고초려(三顧草廬)의 정성에 감동하여 출사

주(三洲 김창협(金昌協))을 가장 사모하였다.

항상 경세제민(經世濟民)에 관심을 두어서 치도(治道)를 논할 적에는 반드시 광대(廣大)함과 공평함을 법도로 삼아 고지식하게 옛 것만 지키지도 않고 세속에만 빠져있지도 않았다. 평소에 말하기를 "소작(蘇綽), 왕박(王朴)[201]의 무리 또한 공을 세우고 업적을 쌓았다고 인정할 수 있는데, 진부한 학자들은 시무(時務)를 알지 못하여 혹은 앞장서서 남의 잘못을 들추어내어 정직한 체해서 군주를 바른 길로 인도하지 못하고 도리어 그르치는 지경에 이르게 한다. 요컨대 군주가 미칠 수 있는 바에 나아가서 말씀드리고 군주가 밝게 아는 것으로부터 들어가야 하니, 이것이 '밝은 창문으로 들어간다'[202]는 것이다."라고 하였다.

공은 언제나 명도(明道)가 말한 "크게 변화하면 크게 유익하고 작게 변화하면 작게 유익하다."[203]는 것을 지극한 이론으로 삼았다. 논의를

해서 한실(漢室)을 흥복(興復)시키기 위해 신명을 다 바친 인물이고, 이강은 송나라가 금(金)나라와 대치할 때 화의(和議)를 배척하고 맞서 싸울 것을 강력하게 주장하였던 인물이다.

201 소작(蘇綽)과 왕박(王朴) : 소작은 북주(北周) 때 인물로, 박학하고 문장에 능했으며 특히 산술(算術)에 밝았고, 우문태(宇文泰)에게 등용되어 행대좌승(行臺左丞)으로 있으면서 문안(文案), 정식(程式), 계장(計帳), 호적(戶籍) 등의 법을 제정하였다. 《御批資治通鑑綱目 卷32》 왕박은 오대(五代) 시대 후주(後周) 사람으로, 총명하고 재주와 지혜가 많아 흠천력(欽天曆)과 아악(雅樂)을 만들었으며 세종(世宗)을 도와 변경을 평정하고 추밀원 사(樞密院使)를 지냈다. 《舊五代史 卷128 王朴列傳》

202 밝은 창문으로 들어간다 : 신하가 임금을 깨우칠 때 임금이 보고서 잘 알 수 있는 것부터 정성껏 인도하여 바른 길로 나아가게 하는 것을 말하는바, 이 내용은 《주역》 〈감괘(坎卦) 육사(六四)〉의 효사에 보인다.

203 크게……유익하다 : 명도(明道) 정호(程顥)가 "나라를 다스리는 방도는 근본을 가지고 말한 것도 있고 작은 일을 가지고 말한 것도 있다. 근본을 가지고 말한 것은

펼칠 때에는 화평함을 주장하는 데에 힘썼으나, 음(陰)과 양(陽), 선(善)과 악(惡)을 변론할 적에는 엄격하지 않은 적이 없었으며, 일을 맡았을 적에는 지조가 확고하여 빼앗을 수가 없었다.

매번 시비가 공정하지 못함을 병통으로 여겼다. 그리하여 '만일 명의(名義)를 범하는 경우가 아니면 다만 단점을 버리고 장점을 취하여 그의 재주를 다 써야 일을 이룰 수 있다.'는 것이 이분의 규모와 역량이었으니, 황당무계한 말로 큰 소리 친 것이 아니다. 수양한 바가 바름을 여기에서 또한 알 수 있다.

공은 일찍이 탄식하기를 "지금 사람들은 모두 국가의 경비가 끝이 없음을 근심하는데, 몸소 검약하고 솔선함은 군주에게 관련된 것이지만, 재화를 다스림에 방도가 없고 전정(田政)에 법도가 없어서 백성들의 힘이 더욱더 고갈되고 국가의 재용(財用)이 더욱더 감소된다. 땅은 보배를 아끼지 않아서 이익이 산택(山澤)에 있는데, 산택을 개발하는 것이 도리어 폐해가 될까 걱정하여 행여 깊이 감추어 숨겨두지 못할까 염려할 뿐이니, 이것은 유사(有司)의 졸렬한 계책이다.

대동법(大同法)은 백성들을 구제하는 좋은 계책이나, 법이 오래되면 폐해가 생기기 마련이니 마땅히 지금 변통해야 하는데, 누가 이것을 책임질지 알지 못하겠다. 균역법(均役法)의 경우에는 백 년이 되지 않아서 폐해가 이미 말로 표현할 수 없을 정도이니, 만약 절약하고

바로 군주의 마음의 잘못을 바로잡는 것이니, 마음을 바로잡음으로써 조정을 바로잡고 조정을 바로잡음으로써 백관을 바로잡는 것이다. 작은 일을 가지고 말한 것은, 고치지 않으면 그만이지만 만약 고치고자 한다면 반드시 변화해야 하니, 크게 변화하면 크게 유익하고 작게 변화하면 작게 유익하다."라고 하였다. 《近思錄 卷8》

줄이지 않으면 변통할 계책이 없다. 쓸데없는 군사를 걸러내는 것이 시급하니, 마땅히 금위영(禁衛營)과 어영청(御營廳) 두 영 가운데 하나를 혁파해야 한다."라고 하였다. 이것은 모두 오래도록 미루어 헤아린 것으로, 거꾸로 매달려 있는 나라의 근본(根本 백성)을 풀어줄 수 있는 방법이다.

공은 관례를 치르고부터 이미 장로들에게 나라를 다스릴 만한 인재로 인정받았다. 또 성주(聖主)에게 지우(知遇)를 받아서 성주가 항상 발탁하고자 하였으나, 권세 있고 총애 받는 자들에게 저지를 당하였다. 당로자(當路者)가 기필코 천거하고자 하였는데, 공은 마치 자기 몸이 더럽혀질 것처럼 여겨 응하지 않아서 의심과 훼방을 심하게 받았으나 조금도 동요하지 않았다.

아! 세도(世道)가 좋아지고 나빠질 때에는 사람들의 냉담함과 열렬함이 대번에 결판나고 훼방과 칭찬이 교대로 현혹하는데, 공은 홀로 얇아지지 않고 검어지지 않아서[204] 색목(色目)에 초연하였으니, 어찌 진실로 제때에 쓰일 만한 능통한 재주이며 한 시대의 완인(完人)이 아니겠는가.

공은 나를 몽매하고 고루하다고 여기지 않고 항상 직접 가르쳐주어서 격언(格言)과 아름다운 말씀이 나의 두 귀에 쟁쟁하게 넘쳤는데, 물러나 추론하고 연역하면 의심이 환연히 풀려 마음에 거슬리는 것이

204 얇아지지……않아서 : 지절(志節)이 지극히 견고해서 주위 환경에 절대 휘둘리지 않음을 이르는 말로, 《논어》 〈양화(陽貨)〉의 "갈아도 얇아지지 않으니 단단하다고 말하지 않으랴. 물들여도 검어지지 않으니 희다고 말하지 않으랴."라는 공자의 말을 원용한 것이다.

없었다. 삼가 숨겨진 덕(德)과 깊은 아름다움이 마음속에 보존되어 밖으로 드러난 것을 살펴보건대, 억지로 힘쓰지 않고도 절로 조화에 부합하였고 긍지로 삼는 바가 없으면서도 능히 정도(正道)에 맞았으며, 일찍이 높은 명망을 내걸어 스스로 높은 체하지 않으면서도 세속에 더럽혀지지 않았고, 각을 세워 스스로 다르게 하려고 하지 않으면서도 홀로 세상의 변고를 멀리하였다.

마음이 편안하고 고요하며 욕심이 적어서 조급하게 다투는 것을 개혁할 수 있었고, 관대하고 여유로우며 포용함이 있어서 야비하고 경박한 것을 돈후하게 할 수 있었다. 법도가 광대하면서도 관건이 절로 정밀하였고 도량이 심원하면서도 행실이 때와 장소에 합당하였으니, 이 때문에 사람들이 기뻐하여 복종하였던 것이다.

회옹(晦翁 주희(朱熹))이 일찍이 "고금의 성현과 호걸들이 경륜을 쌓고도 사업을 이루지 못한다."라고 탄식하였으며, 사람들에게 우선 자기 자신이 좋아야 한다고 가르쳤다.[205] 공은 이미 이 의리를 체득해서 몸과 명예가 모두 온전하였으니, 또한 어찌 공업을 끝까지 이루지 못한 것을 한스럽게 여기겠는가.

또 이와 같은 자손들이 계속 나와 이름을 드날려서 영화로운 벼슬길이 크게 열리니, '조상의 음덕으로 자손이 보답을 받음〔不食之報〕'은 아마도 이것을 두고 한 말일 것이다. 다음과 같이 명문을 짓노라.

205 회옹(晦翁)이……가르쳤다 : 이 내용은 주자의 〈답진동보(答陳同甫)〉에 "고금으로 많은 성현과 호걸들이 경륜을 감추어두고 사업을 이루지 못하였으니, 단지 이와 같이 살다가 생을 마친 분들이 얼마나 많은가."라고 한 것과 "모름지기 먼저 나 자신이 좋아야 당류(黨類) 또한 좋게 되고 비로소 내 임금이 좋게 되고 천하 국가가 좋게 될 수 있다."라고 한 것을 원용한 것이다. 《朱子大全 卷28, 卷36》

청풍 김씨의 후손들은	惟淸風胄
대대로 경륜을 독실히 쌓았네	世篤經綸
아, 잠곡 어른이	猗歟潛翁
나라를 살리고 민생을 윤택하게 하였네[206]	活國澤民
후손들이 아름다움을 이어	有孫趾美
문질이 빈빈하였네[207]	文質彬彬
인애(仁愛)의 마음 보존하여 백성을 구제함은	存愛濟物
오매불망 백순을 따른 것이요[208]	寤寐伯淳
먼저 근심하고 뒤에 즐거워함은	先憂後樂

206 잠곡(潛谷)……하였네 : 잠곡은 이 묘지명의 주인공인 김기풍의 선조인 김육(金堉, 1580~1658)의 호로, 많은 치적을 남겼기 때문에 이렇게 말한 것이다. 김육은 자가 백후(伯厚), 시호가 문정(文貞)으로, 1623년에 증광 문과에 장원으로 급제하고, 충청도 관찰사로 있을 때 대동법의 시행을 건의하였고, 수차(水車)를 만들어 보급했으며, 《구황촬요(救荒撮要)》와 《벽온방(辟瘟方)》 등을 편찬, 간행하였다. 영의정이 되어서는 대동법의 확장 실시에 다시 힘을 기울여 충청도에 시행하였고, 아울러 민간에 주전(鑄錢)을 허용하는 일도 성공하였다. 그가 편찬한 《유원총보(類苑叢寶)》는 우리나라 최초의 백과사전이고, 《구황촬요》·《벽온방》 등은 그의 위민(爲民) 사상의 단면을 볼 수 있는 저술들이다.

207 문질이 빈빈하였네 : 내용과 형식이 어느 한 곳으로 치우치지 않고 잘 조화되었다는 뜻으로, 《논어》 〈옹야(雍也)〉의 "바탕이 문채보다 지나치면 촌스럽고, 문채가 바탕보다 지나치면 겉치레에 흐르게 되니, 문채와 바탕이 조화를 이룬 뒤에야 군자라고 할 수 있다.〔質勝文則野, 文勝質則史, 文質彬彬然後君子.〕"라고 한 공자의 말에서 나온 것이다.

208 인애(仁愛)의……것이요 : 백순(伯淳)은 송나라 정호(程顥)의 자로, 이 내용은 정호가 "맨 처음 벼슬길에 나선 선비가 만일 물건을 사랑하는 데에 마음을 두면 사람들에게 반드시 구제해 주는 바가 있을 것이다.〔一命之士, 苟存心於愛物, 於人必有所濟.〕"라고 한 말을 원용한 것이다. 《近思錄 卷10》

희문의 말을 외고 본받은 것이네[209]	誦法希文
뜻을 두어 힘쓰고자 한 것은	願言劈畫
가・육과 여・진이었네[210]	賈陸呂陳
이것을 베풀지 못하여 참담하니	慘憺排鋪
하늘을 바라봄에 생각이 답답하였네	思鬱穹旻
그림자도 아니며 메아리도 아니요	非影非響
마음과 눈이 모두 이르렀네	心目俱臻

209 먼저……것이네 : 희문(希文)은 북송(北宋)의 명재상인 범중엄(范仲淹)의 자로, 이 내용은 범중엄의 〈악양루기(岳陽樓記)〉에 "옛사람들은 높이 묘당(廟堂)에 있을 때에는 백성을 걱정하였고, 멀리 강호에 있을 때에는 임금을 걱정하였다. 따라서 조정에 나아가서도 걱정이요 물러나서도 걱정이었으니, 어느 때나 즐거워하였겠는가. 반드시 천하의 근심은 누구보다도 먼저 근심하고 천하의 즐거움은 모두가 즐거워한 뒤에 즐거워했을 것이다."라는 말을 원용한 것이다. 《古文眞寶後集 卷5》

210 가・육과 여・진이었네 : 가의(賈誼, 기원전200~기원전168)와 육지(陸贄, 754~805), 여대균(呂大鈞, 1031~1082)과 진양(陳襄, 1017~1080)을 가리킨 것으로 보인다. 가의는 한(漢)나라 문제(文帝) 때의 정치가로, 문제에게 나라를 평안하게 할 계책인 치안책(治安策)을 올리면서 당시의 사세(事勢)에 대하여 통곡할 만한 것 한 가지, 눈물을 흘릴 만한 것 두 가지, 길이 탄식할 만한 것 여섯 가지를 열거하였다. 《史記 卷84 賈誼傳》 육지는 당(唐)나라 중기의 정치가로, 정사를 걱정하여 수많은 상소와 건의를 통해 시국광구책(時局匡救策)을 올렸는데, 후인들이 그가 쓴 주의(奏議)를 모아 《육선공주의(陸宣公奏議)》를 편찬하였다. 《舊唐書 卷139 陸贄列傳》 여대균은 북송(北宋) 때의 학자로, 아우 여대림(呂大臨)과 함께 횡거(橫渠) 장재(張載)를 사사하였는바, "덕과 업을 서로 권하고〔德業相勸〕, 허물과 그른 일을 서로 경계하고〔過失相規〕, 예의 바른 풍속으로 서로 사귀고〔禮俗相交〕, 근심스럽고 어려울 때 서로 구한다.〔患難相恤〕"는 등의 조목을 골자로 하는 《여씨향약(呂氏鄕約)》을 지은 것으로 유명하다. 《小學 善行》 진양은 자가 술고(述古)로 복주(福州)의 고령(古靈)에 살아 고령선생(古靈先生)으로 알려져 있는데, 선거(仙居)의 현령으로 있을 때 백성을 윤리도덕으로 가르쳤는바, 그 내용이 《소학》 〈가언편(嘉言篇)〉에 보인다.

적자들이 먹지 못하여 굶주림을	赤子失哺
자신이 아픈 것처럼 애통해 하였네[211]	如恫在身
황급하게 하고자 하여서 마치	若將皇皇
물과 불에서 구제하는 듯이 하였네	拯溺捄焚
조치하면 옳았으니	措之則是
어찌 조화롭고 균등하지 않았겠는가	曷不化均
집안에서 효와 우애로 정치를 행하여[212]	孝友爲政
일가가 아름답고 순수해졌네	一家懿醇
아홉 고을에서 정치를 행할 적에	九郡行治
따뜻한 봄과 같이 덕이 유행하였네	德流如春
어찌 굳이 널리 구제할 필요가 있겠는가	何必弘濟
이것 또한 교화였네	是亦陶甄
한 고을만 다스리고 두루 미치지 못하니	專而不咸
이 때문에 정권을 잡은 자를 유감스럽게 여기네	是憾秉匀
몸을 지킨 것이 컸으니[213]	守身爲大

211 적자(赤子)들이……하였네 : 적자는 태어난 지 얼마 되지 않는 어린 아이로 무지한 백성을 비유하는바, 백성들이 국가의 은혜를 입지 못함을 자신의 몸이 아픈 것처럼 애통해 하였음을 말한 것이다.

212 집안에서……행하여 : 이 내용은 왜 정치를 하지 않느냐는 어떤 사람의 물음에 공자가 "《서경》에 '부모에게 효성스럽고 형제간에 우애하여 가정에서 정치를 행한다.'라고 하였다. 이 또한 정사를 하는 것이니, 어찌 높은 지위에 있어야만 정사를 하는 것이겠는가."라고 한 말에서 원용한 것이다. 《論語 爲政》

213 몸을……컸으니 : 몸의 지조를 잘 지켜 불의(不義)에 빠지지 않게 하였다는 뜻으로, 맹자가 "지키는 것 중에 어느 것이 가장 큰가? 몸의 지조를 지키는 것이 가장 크다."라고 한 데서 온 말이다. 《孟子 離婁上》

선조를 따르고 군주의 은혜를 갚은 것이네	追先報君
나라의 큰 인물 거두어서	斂却國手
길이 무덤에 묻었네	永閟邱墳
우물이 깨끗해도 먹히지 않음이 슬프니[214]	井渫行惻
보답이 후손들에게 있었네	食爲後人
능히 서업을 계승하니	克纘緖業
공의 뜻을 펼 수 있을 것이네	公志可伸
내가 그 진실을 천양하여	我闡其眞
어두운 무덤에 바치노니	納于玄窀
공을 밝게 드러낼 뿐만 아니라	匪直昭公
선비들에게 본보기를 보이노라	用式衿紳

214 우물이……슬프니 : 김기풍의 재주가 끝까지 제대로 쓰이지 못한 것을 안타까워한 말로, 이 내용은 《주역》 〈정괘(井卦) 구삼(九三)〉의 상전(象傳)에 "우물이 깨끗한데도 먹히지 않으니, 길가는 사람들이 서글퍼한다.〔井渫不食, 行惻也.〕"라고 한 말을 인용한 것이다.

오경의 묘지명 병서○기해년[215]

吳景毅墓誌銘 幷序○己亥

노주(老洲) 오 선생(吳先生)은 도가 완성되고 덕이 높아 세상의 유종(儒宗)이 되어 사방의 선비들이 쏠리듯이 귀의하였다. 선생의 손자 홍선(弘善)이 이 선비들을 한결같이 은혜와 신의로써 접대하여 함께 종유하고 거처하면서 선을 장려하고 잘못을 바로잡아 모든 사람들로 하여금 감동하고 기뻐하여 더욱 친하게 지내도록 하니, 군자들이 "이 사람은 선생의 훌륭한 손자이다."라고 칭찬하였다.

선생의 휘는 희상(熙常)으로 세자찬선(世子贊善)을 지냈고, 장자인 치성(致成)은 군자감 정(軍資監正)을 지냈다. 감정공(監正公)이 세부(世父)인 영재공(寧齋公) 휘 윤상(允常)에게 출계하여 순암(醇庵) 문정공(文靖公) 휘 재순(載純)의 사손(嗣孫)이 되었으니, 바로 군(君)의 3대 선조이다. 비(妣) 청송 심씨(青松沈氏)는 현감 능수(能秀)의 따님으로, 순조 10년 경오년(1810) 8월 12일에 서울의 소격리(昭格里) 집에서 군을 낳았다.

15세 때 관례를 치르고서 '경의(景毅)'라는 자를 받았다. 신묘년(1831)에 생원시에 합격하고, 무술년(1838) 6월 4일에 죽으니, 나이가 29세이다. 7월 기유(己酉)에 광주(廣州) 월곡(月谷) 침유(枕酉)의 언덕에 장례하니, 이곳은 선영이다.

215 기해년 : 1839년(헌종5)으로, 매산의 나이 64세 되던 해이다.

대구 서씨(大丘徐氏)에게 장가드니, 군수 호순(灝淳)의 따님이다. 딸 하나를 낳았는데 기르지 못하였다. 군이 3세 때에 어머니를 여의자, 선생의 부인이 거두어 길렀다. 선생이 더욱더 사랑하여 직접 가르치고 독려하여 항상 함께 배우는 학생들과 똑같이 부지런히 공부하게 해서 학업이 크게 진보하니, 선생이 기뻐하여 말하기를 "사람은 이택(麗澤)[216]의 유익함이 없어서는 안 된다."라고 하였다.

어버이를 곁에서 모시면서 오직 뜻을 순히 따르는 것을 힘썼으며, 손위 누이에게는 성심으로 돈독히 공경하였고 종제(從弟)에게는 친형제처럼 은혜로웠으며, 내(內)·외(外)의 친척들에게까지 미루어 성의와 예절을 곡진히 하였다.

천성이 너그럽고 인자하여 무능한 것처럼 공손하였는데, 일에 임해서는 매우 꼼꼼히 처리하여 본말을 낱낱이 따져서, 후배들처럼 소홀히 하는 실수가 적었다. 평소 행실을 더욱 삼가서 옷과 음식을 검소하게 하였고 선고(先考)의 법도를 실추시키지는 않을까 매우 조심하여, 일찍이 자제(子弟)의 잘못이 있지 않았다.

평소 기처할 적에 항상 고요함을 지켜서 사람들과 어울려 다니며 노는 것을 좋아하지 않았고, 뜻이 고아하고 깨끗함을 숭상하였으며 기욕(嗜欲)이 본래 적어 평소 재화(財貨)와 음악과 여색을 입에 올리지 않았다. 오직 문사(文辭)를 좋아하여 시를 지으면 청신(淸新)하고

216 이택(麗澤) : 서로 붙어 있는 두 개의 연못이라는 뜻으로, 붕우 간에 서로 도움을 주며 학문을 토론하고 덕을 닦는 것을 의미하는바, 《주역》〈태괘(兌卦) 상전(象傳)〉에 "두 못이 붙어 있는 것이 태(兌)이니, 군자가 이를 보고서 붕우 간에 강습한다.〔麗澤, 兌, 君子以, 朋友講習.〕"라고 보인다.

기이하여 외울 만하였다. 일찍이 시고(詩稿)의 제목을 《수산(首山)》이라고 하였으니, 군이 해주(海州)에 가고 싶었기 때문이다.[217]

종기를 앓다가 병세가 악화되었으나 세수하고 닦는 것을 폐하지 않았다. 임종하기 며칠 전에 곁에 있는 사람에게 말하기를 "나는 아마도 죽을 것이다."라고 하였으나, 여전히 슬프고 괴로운 기색을 드러내어 어버이 마음에 근심을 끼치는 일이 없었다. 선비(先妣)의 묘소가 편안치 못한 것을 지극히 애통해하여 병상에서 잠꼬대로 말하기까지 하였다.

군은 어려서 약하고 병에 잘 걸렸는데, 선생이 일찍이 머리를 쓰다듬으며 말하기를 "이 아이의 시선이 굳고 반듯하며 글 읽는 소리가 쇠와 돌에서 나오는 것처럼 쟁쟁하니, 이것으로 안심할 수 있다."라고 하였다. 성장해서는 골상(骨相)이 점점 완전해졌고 얼굴빛이 희고 턱이 두툼하였으며 기운이 깨끗하고 정신이 안정되었으며 행동거지와 응대하는 말씨가 단정하고 장중하여서, 직접 바라보면 마치 옥수(玉樹)와 빙호(氷壺)[218]를 대하는 것과 같았다.

217 일찍이……때문이다 : 수산(首山)은 황해도 해주(海州)의 용수산(龍首山)을 가리키는바, 오홍선이 이곳을 가고 싶어 하여 자신의 시고 제목을 '수산'이라고 하였다는 말이다. 용수산은 수양산이라고도 칭하므로 해주를 수양이라고도 하며, 백이(伯夷)와 숙제(叔齊)가 수양산에 은둔한 고사를 따라 여기에 이제묘(夷齊廟)가 있다.

218 옥수(玉樹)와 빙호(氷壺) : '옥수'는 옥과 같은 나무로 훌륭한 인물이나 자제를 비유하고, '빙호'는 얼음으로 된 호리병에 비추는 밝은 달빛으로 고결한 인품을 비유한다. 옥수는 진(晉)나라의 사안(謝安)이 여러 자제들에게 "왜 사람들은 모두 자기의 자제가 출중하기를 바라는가?" 하고 묻자, 아무도 대답하지 못하고 있었는데, 조카 사현(謝玄)이 "이것은 마치 지란(芝蘭)과 옥수(玉樹)가 자기 집 정원에서 자라기를 바라는 것과 같습니다." 한 데서 유래하였다. 《晉書 卷79 謝安列傳》 빙호는 남송의

당초에 선생이 군의 관례를 행할 적에 불초한 나에게 집례하게 하였는데, 예가 끝나자 군이 울음소리를 감추고 눈물을 삼켰다. 내가 효심이 끝이 없음을 찬탄하자, 선생이 말하기를 "이 아들은 또 계모를 잘 섬긴다."라고 하였다. 또 항상 성취가 있을 것으로 크게 기대해서 "우리 집의 상서로운 인물이다."라고 자주 칭찬하였다.

나는 군과 오랫동안 알고 지내어 군의 내면과 외면의 품행을 더욱 잘 안다. 기국(器局)이 심후(深厚)하고 재식(才識)이 통달하고 민첩하여 벼슬에 나아가면 왕을 보좌할 수 있고 물러나면 법도 있는 집안을 떠받치는 동량(棟樑)이 될 수 있었으나, 수명이 짧고 후사도 없이 포의(布衣)의 신분으로 생을 마쳤으니, 이것이 어찌 한 집안의 운명에만 관계되는 것이겠는가.

선생의 거룩한 덕으로도 그 후손을 비호하지 못하였으니, 천도(天道)의 보시(報施)란 과연 어떠한 것인가. 정백자(程伯子 정호(程顥))가 일찍이 탄식하기를 "기(氣)가 잡된 자들이 많고 정일(精一)한 자들이 드문데, 정일한 자들이 운수를 만남이 혹 길지 못하기도 한다."[219]라고 하였는데, 군과 같은 자는 지금 세상에 마땅히 오래 살아야 할 사람이

등적(鄧迪)이 주자(朱子)의 스승인 연평(延平) 이동(李侗)의 인품을 말하면서 "마치 얼음으로 된 호로병에 맑은 가을 달이 잠긴 것〔氷壺秋月〕과 같아 티 없이 맑고 깨끗하니, 우리들이 미칠 수 없다." 한 데서 유래하였다. 《宋史 卷428 李侗列傳》

219 기(氣)가……한다 : 명도(明道) 정호(程顥)가 일찍 죽은 아들 소공(邵公)의 묘지명인 〈정소공묘지(程邵公墓誌)〉에서 "생명을 부여받은 인류는 기가 잡된 자들이 많고 정일한 자가 혹간 있게 마련이다. 혹간 만나기 어렵기 때문에 그 수명이 혹간 길지 못한 것이 마땅하다. 우리 아이는 타고난 기가 정일한데 운수가 막힌 자일 것이다.〔賦生之類, 宜其雜揉者衆, 而精一者間或值焉. 以其間值之難, 則其數或不能長, 亦宜矣. 吾兒, 其得氣之精一, 而數之局者歟.〕"라고 보인다. 《二程文集 卷4》

아니겠는가.

존공(尊公)은 군과 같은 훌륭한 아들이 있었으나 죽을 때까지 봉양을 누리지 못하였고, 또 나는 매우 곤궁하고 세상과 어울리지 못하여 장차 군에게 후사(後事)를 맡기려고 하였으나 또 잃었으니, 아! 슬프다. 존공이 슬픔을 무릅쓰고 행장을 지어서 나에게 묘지를 부탁하므로 마침내 탄식하고 울면서 명을 짓노라. 명은 다음과 같다.

아, 경의여, 어찌 집안을 돌보지 않아서 嗟嗟景毅胡不恤有家

맨 나중에 시드는 소나무가 되지 않고 먼저 시드는 꽃이 되었는가
不爲後凋之松而爲先萎之華

칠 대의 문헌과 오 대의 종사로 하여금 하루아침에 꺾이게 하였으니
俾七葉文獻五世宗祧一朝而挼

어찌 그대가 힘쓰지 않은 것이겠는가, 운명을 어찌하겠는가
豈子之不力其奈命何

현부가 그대를 조고의 묘소 옆에 장례하였으니 편안하고 화평할 것이다
賢父祔子于祖塋旣安旣和

후사를 이롭게 하여 넉넉한 복을 영원한 후세에 드리우리라
利其後嗣垂裕永遐

부제학 김공 묘지명 병서○경자년[220]

副提學金公墓誌銘 幷序○庚子

옛날에 백이(伯夷)가 주(周)나라를 추하게 여겨 수양산(首陽山)에서 굶어 죽었으나, 문왕(文王)과 무왕(武王)이 그 일 때문에 성인의 지위에서 폄하되지 않았다. 우리 조선조에서는 정릉(靖陵 중종(中宗))이 중흥(中興 중종반정(中宗反正))하여 종사(宗社)가 다시 만들어졌으나, 유기창(兪起昌)[221] 공이 옛 군주를 잊지 못하여 굳은 절개를 온전히 하였다. 그리고 인조(仁祖)가 개옥(改玉)[222]하여 아름다운 윤리가 다시 펴졌으나, 유몽인(柳夢寅)[223] 공이 스스로 청상과부(青孀寡婦)에 비겨서

220 경자년 : 1840년(헌종6)으로, 배산의 나이 65세 되던 해이다.

221 유기창(兪起昌) : 1437~1514. 1504년(연산군10) 좌의정 성준(成俊)이 왕의 난정(亂政)을 극간하다가 교살될 때 그 일당으로 몰려 유배되었는데, 1506년(중종1) 중종반정으로 석방되어 병조 참지에 임명되었으나, 두 임금을 섬길 수 없다〔不事二君〕하여 벼슬을 그만두고 고향인 충청도 비인현(庇仁縣)에 은거하면서 사냥으로 나날을 보냈다. 유기창은 자가 자성(子盛), 호가 서호산인(西湖山人), 본관이 기계(杞溪)로, 무과에 급제하여 출신하였다.

222 개옥(改玉) : 패옥(佩玉)을 바꾼다는 뜻으로, 반정(反正)하여 새로운 왕이 재위함을 이른다.

223 유몽인(柳夢寅) : 1559~1623. 1589년(선조22) 증광 문과에 장원으로 급제하고 벼슬이 한성부 좌윤에 이르렀다. 광해군 때 폐모론이 일어나자 도봉산 등에 은거하며 도성 안에 발을 들여놓지 아니하여 1623년 인조반정 때 화를 면했으나, 그해 7월 광해군 복위 음모를 꾸민다는 무고에 의해 역률(逆律)로 다스려져 사형에 처해졌다. 65세 때 경기도 용인의 보개산(寶蓋山) 절에서 지은 〈제보개산사벽(題寶蓋山寺壁)〉은 자신을 과부에 비겨 불사이군(不事二君)의 뜻을 드러낸 오언고시(五言古詩)로, 《연려실기술》

마음에 맹세하여 지조를 지켰으니, 이들은 모두 특립(特立)하고 독행(獨行)하여 의리에 적합하게 한 분들[224]이다.

고(故) 부제학 김흥국(金興國) 공으로 말하면, 몸을 지킨 것이 크고 그 지조를 바꾸지 않은 것이 거의 짝할 수 있는 분이다.

공은 선조(宣祖) 기축년(1589)에 문과에 급제하여 홍문관 정자(弘文館正字)를 거쳐서 사간원 정언과 북평사(北評事)를 역임하였고, 또 서장관(書狀官)으로 연경에 조회하러 갔다. 여러 차례 영변(寧邊), 회양(淮陽), 한산(韓山), 양주(楊州) 고을을 다스렸는데, 모든 고을에서 송덕비를 세워 은혜를 칭송하였다. 광해군의 어지러운 정사를 만나자 금용(金墉)의 변고[225]의 정청(庭請)에 참여하지 않았다.

당시에 공의 동족의 아들인 승평공(昇平公) 김유(金瑬)와 이 연평(李延平)[226] 제공(諸公)이 막 정사(靖社)를 도모하여 모의가 공에게

제23권 〈인조조 고사본말(仁祖朝故事本末) 유몽인(柳夢寅)의 옥사〉에 수록되어 있다.

224 특립(特立)하고……분들 : 뜻과 행실이 고결하여 시류(時流)에 휩싸이지 않는 사람들이라는 뜻으로, 한유(韓愈)가 〈백이송(伯夷頌)〉에서 백이를 형용한 말에서 유래하였다. 《古文眞寶後集 卷4》

225 금용(金墉)의 변고 : 1617년(광해군9)에 광해군이 인목대비(仁穆大妃)를 서궁(西宮)에 유폐시킨 사건을 말한다. 금용은 본래 중국 하남성(河南省) 낙양현(洛陽縣)의 서북쪽 구석에 있는 성(城)의 이름으로, 삼국 시대 위(魏)나라 명제(明帝)가 여기에 성을 쌓고 성안에 서궁(西宮)을 두었는데, 그 뒤 가평(嘉平) 6년(254)에 훗날 진(晉)나라의 경제(景帝)로 추존된 사마사(司馬師)가 위주(魏主)인 조방(曹芳)을 여기에 유폐시켰고, 진(晉)나라의 양후(楊后), 민회태자(愍懷太子), 가후(賈后)가 모두 여기에 유폐되었다. 《讀史方輿紀要 河南 河南府 洛陽縣》

226 승평공(昇平公) 김유(金瑬)와 이 연평(李延平) : 승평과 연평은 인조반정 때 반정을 주도한 공으로 승평부원군(昇平府院君)에 봉해진 김류(金瑬, 1571~1648)와 연평부원군(延平府院君)에 봉해진 이귀(李貴, 1557~1633)를 가리킨다.

미쳤는데, 공은 탄식하기를 "국사(國事)가 여기에 이르렀으니, 통곡할 만한 일이라고 할 수 있다. 그러나 나는 이미 군주의 녹봉을 먹었으니, 의리상 참여할 수 없다. 공은 이(伊)・곽(霍)[227]의 공훈을 세우고 나는 백이(伯夷)・숙제(叔齊)의 절개를 지키겠으니, 각각 인간 세상의 큰일을 해냈다고 하더라도 무방하다. 나는 몇 칸의 허름한 초막이 있어서 그곳에서 농사짓고 휴식하면서 남은 생을 마치면 충분하다. 군은 우선 그만두어라."[228]라고 하였다.

이어서 벼슬을 버리고 백마강 가에 돌아가 은거하였는데, 정자를 '수북(水北)'이라고 이름하고는 날마다 동지들과 단란하게 글을 짓고 술을 마시며 스스로 '강산풍월주인(江山風月主人)'이라고 칭하고서 집 안에 끼니가 자주 끊겨도 편안히 지냈다.

인조가 인목대비를 받들어 반정(反正)할 적에 어질고 훌륭한 인물을 거두어 취하였는데, 공 또한 부제학으로 부르는 명을 받았으나, 윤자(胤子)에게 말하기를 "나는 차마 옛 군주의 녹봉을 먹은 의리를 저버리고서 좋은 벼슬에 얽매이는 것을 영광스럽게 여기지 못하겠으니, 내가 죽은 뒤에 묘지(墓誌)와 묘갈(墓碣)에 '고 양주 목사 김모의 묘〔故楊州

227 이(伊)・곽(霍) : 이윤(伊尹)과 곽광(霍光)으로, 이윤은 상(商)나라의 성탕(成湯)을 도와 천하를 통일하였으며, 성탕이 별세한 다음 얼마 후에 성탕의 손자인 태갑(太甲)이 즉위하였으나 방탕한 짓을 자행하자 그를 추방하였다가 개과천선한 뒤에 다시 황제로 복위(復位)시켰다. 곽광은 한(漢)나라 무제(武帝) 때의 대장군(大將軍)으로 무제의 고명(顧命)을 받고 어린 소제(昭帝)를 보필하였으며, 소제가 일찍 죽자 창읍왕(昌邑王) 유하(劉賀)를 옹립하였으나 무도(無道)한 짓을 하자, 그를 추방하고 선제(宣帝)를 황제로 추대하였다.

228 군은 우선 그만두어라 : 정사(靖社)에 참여할 마음이 없으니, 더 이상 권하지 말라는 뜻이다.

牧使某之墓〕'라고 쓰면 충분하다."라고 하였다.

계해년(1623) 3월 18일에 졸하니, 생년인 정사년(1557)으로부터 향년 67세이다. 묘는 양주(楊州) 행곡(杏谷) 자좌(子坐)의 언덕에 있는데, 부학(副學)의 직함을 쓰지 않았으니, 공이 남긴 뜻을 따른 것이었다.

공은 자가 경인(景仁)이고, 본관이 순천(順天)이다. 평양군(平陽君) 휘 총(聰)이 시조이며, 벼슬이 500년 동안 이어졌다. 조선조에 들어와 휘 승주(承霔)가 좌의정을 지내고 평양부원군(平陽府院君)에 봉해졌다. 이분이 예조 참의 휘 유온(有溫)을 낳았고, 유온이 익찬(翊贊) 휘 형석(亨石)을 낳았으니, 이분이 공의 고조이다. 증조 휘 약평(若枰)은 현감을 지내고 참판에 추증되었고, 조고 휘 희려(希呂)는 참봉을 지내고 참의에 추증되었고, 선고 휘 난손(鸞孫)은 별제(別提)를 지내고 참의에 추증되었다. 참의공은 두 번 장가들었는데, 능성 구씨(綾城具氏)로 세웅(世雄)의 따님과 용인 이씨(龍仁李氏)로 정랑을 지낸 숙간(叔幹)의 따님이다. 공은 이씨의 소생이다.

배위인 백성 이씨(柏城李氏)는 공의 묘소에 합장하였다. 아들 영(英)을 낳았는데 진사시에 합격하였으나 효를 다하다가 죽었다. 영은 아들 극경(克敬), 극눌(克訥), 극겸(克謙), 극성(克誠)과 딸 하나를 낳았는데, 사위는 감역(監役) 홍태래(洪泰來)이다.

극경의 아들은 택희(宅熹)로 진사이고, 극눌의 아들은 택규(宅揆)이고, 극겸의 아들은 택준(宅俊)이고, 극성의 아들은 택인(宅仁)이다. 현손(玄孫) 이하는 기재하지 않는다.

공은 타고난 자질이 영특하고 빼어났으며 지기(志氣)가 탁월하여, 스승에게 《효경(孝經)》을 배울 적에 '아버지를 섬기는 도리로 군주를 섬기다.〔資父事君〕'[229]는 내용에 이르자 "효는 충(忠)의 근본이다."라고 하였다. 성장하자, 더욱더 독실하게 배워 문예(文藝)가 빨리 진보되어서 동시대의 여러 거장(巨匠)들과 서로 우열을 다투었는데, 저술이 전부 화재를 입고 남은 원고가 세상에 유행하니, 이것은 한 점의 고기로 솥 전체의 고기 맛을 알기에 충분한 것이다.

그러나 어찌 시문을 가지고 공의 진면목을 찾을 수 있겠는가. 공은 혼란한 조정에서 법도를 지키고 성스러운 세상에서 때에 따라 덕을 기르며 자신을 숨겼다. 그래서 용의 비늘을 붙잡고 봉(鳳)의 날개에 붙어서 공을 이룬 것[230]이 참으로 공의 종족(宗族)에서 나왔으나, 반정에 동참하자는 제의를 받아들이지 않고 궁벽한 산중에서 인생을 마쳐서 자취를 민멸하여 단철(丹鐵)과 종정(鍾鼎)[231]의 귀함을 허공의 뜬구

229 아버지를……섬기다 : 《효경》에 보이는데, 《예기》 〈상복사제(喪服四制)〉에도 "아버지를 섬기는 도리로 임금을 섬김에 그 공경함이 같다.〔資於事父以事君而敬同.〕"라는 말과 "아버지를 섬기는 도리로 어머니를 섬김에 그 사랑함이 같다.〔資於事父以事母而愛同.〕"라는 말이 보인다.

230 용의……것 : 이 내용은 양웅(揚雄)이 지은 《법언(法言)》의 "용 비늘을 부여잡고 봉황의 날개에 붙는다.〔攀龍鱗, 附鳳翼.〕"는 데서 온 것으로, 영명(英明)한 군주를 섬겨 공명(功名)을 세우는 것을 이르는 말인데, 여기서는 인조를 도와 반정한 일을 가리킨 것이다.

231 단철(丹鐵)과 종정(鍾鼎) : 공을 이루어 큰 벼슬에 오를 때 받는 증서이다. '단철'은 단서철권(丹書鐵券)의 줄인 말로, 한 고조(漢高祖)가 철권에 붉은 글씨로 새겨 영원히 지워지지 않게 하여 공신들에게 하사한 공신의 녹권(錄券)으로, 이것을 지니면 그 자손들도 영원히 죄를 면할 수 있었다.《漢書 卷1 高帝紀》 '종정'은 상고 시대의 종(鍾)과 솥으로, 그 표면에 공신들의 이름이나 공적을 새겨 넣었는바, 조정에 올라 부귀를 누린다는 의미가 들어있다. 두보의 시 〈청명(淸明)〉에 "종정과 산림처사의 생활은 각각 천운에 달린 것이니, 탁주와 거친 밥 먹는 것 나의 노년에 맡기네.〔鍾鼎山林各天性,

름보다도 더 허무한 것으로 여겼으니, 이것이 이른바 '도에 대한 믿음이 독실하고 자신을 밝게 안다.'라는 것이다.

당초에 공은 사계(沙溪 김장생(金長生)), 상촌(象村 신흠(申欽)), 추포(秋浦)[232] 여러 현자들과 세한(歲寒)의 교분을 의탁하였다.[233] 사옹(沙翁 김장생)이 일찍이 강가의 농막으로 공을 방문하여 석탄(石灘) 이신의(李愼儀)[234]가 폐조(廢朝 광해조(光海朝))에 절개를 굽히지 않았던 일을 찬탄하고 말하기를 "지금 사람들이 입으로 의리를 담론하고 사람의 시비를 논하기를 좋아하나 능히 본심을 잃지 않는 자는 드물다. 오직 공과 우리 무리 몇 사람이 있을 뿐이다."라고 하였다. 만약 공이 수립한 바가 탁월하지 않았다면 어떻게 대현(大賢)에게서 이러한 말을 얻어들

濁醪麤飯任吾年.]"라고 보인다. 《杜少陵詩集 卷21》

232 추포(秋浦) : 황신(黃愼, 1562~1617)의 호로, 자는 사숙(思叔), 본관은 창원(昌原), 시호는 문민(文敏)이다. 성혼(成渾)과 이이(李珥)의 문인으로, 1588년(선조21) 알성 문과에 장원 급제하고, 1596년 변방 백성들의 무완책(撫緩策)을 진달하여 절충장군이 되었으며, 이어 전라도 관찰사가 되어 전쟁으로 피폐해진 남원(南原)의 복구에 공을 세워 동지중추부사가 되었다. 저서에 《일본왕환일기(日本往還日記)》, 《막부삼사수창록(幕府三槎酬唱錄)》, 《추포집》, 《대학강어(大學講語)》 등이 있다.

233 세한(歲寒)의 교분을 의탁하였다 : 평생토록 꿋꿋이 우의(友誼)를 지키기를 약속하였다는 말인바, 자세한 내용은 21쪽 주16 참조.

234 석탄(石灘) 이신의(李愼儀) : 석탄은 이신의(1551~1627)의 호로, 자가 경칙(景則), 본관이 전의(全義)이다. 1582년(선조15)에 학행(學行)으로 천거되어 관로에 진출하였고, 임진왜란이 일어나자 의병 300명을 이끌고 출전하여 공을 세웠으며, 해주목사 등을 지냈다. 1617년(광해군9)에 폐모론이 일어나자 이에 반대하는 상소를 올렸다가 함경도 회령(會寧)에 위리안치되었고, 뒤에 전라도 흥양(興陽 고흥)으로 이배(移配)되었다. 1623년(인조1) 인조반정으로 풀려나 형조 참판과 형조 참의를 역임하였고, 정묘호란 때 왕을 호종하여 강화로 가던 중 병으로 죽었다. 《星湖全集 卷56 四友帖跋》

을 수 있었겠는가. 여기에서 공이 평소 실천한 바를 알 수 있다.

공의 7대손인 호일(浩一)이 세업(世業)을 잘 계승하여 수북정(水北亭)을 중건하고 이곳에서 강학하였으며, 또 족제(族弟)인 성호(性浩)를 보내어 공의 미생(彌甥 먼 외손)이 된다는 이유로 나에게 묘지명을 부탁하니, 정의(情誼) 상 감히 사양하지 못하고 다음과 같이 명문을 짓노라.

외로운 산이 우뚝하고	孤山崒崒
백마강이 맑게 흐르네	馬湖湜湜
군자가 도를 거두고 은거하여	君子卷懷
참된 즐거움을 보전하였네	葆我眞樂
연꽃 옷과 혜초 띠를 하고서	荷衣蕙帶
애초의 뜻을 이루었네[235]	載遂初服
만난 때가 상서롭지 못하여	遭時不祥
속세로부터 멀리 은거하였네	遠世隱約
성상께서 즉위하여 만백성이 우러러보는데	聖作物覩
또한 처음 가진 뜻을 바꾸지 않았네[236]	亦不變塞

235 연꽃……이루었네 : '연꽃 의복과 혜초 띠'는 은자의 차림이고 '처음 입었던 옷〔初服〕'은 벼슬하기 전에 입었던 옷으로, 벼슬에서 물러나 애초에 뜻하였던 재야생활로 돌아왔다는 의미이다.

236 성상께서……않았네 : 원문의 '성작물도(聖作物覩)'는 《주역》 〈건괘(乾卦) 구오(九五)〉 문언전(文言傳)의 "구름은 용을 따르고 바람은 범을 따르며 성인이 나오시니 만물이 우러러본다.〔雲從龍, 風從虎, 聖人作而萬物覩.〕"라는 구절을 원용한 것이고 '불변색(不變塞)'은 《중용장구》 제10장의 "나라에 도가 있을 때에 곤궁할 때의 뜻을 바꾸지

어찌 융통성 없이 지키려고 하였겠는가마는	豈欲膠守
어찌 새 임금의 녹봉을 먹을 수 있겠는가	奈食其祿
몸을 드러내고 감추는 절개 변치 않아서	顯晦不渝
끝내 세상의 본보기가 되었네	卒爲世則
아름다움을 숨기고 곧은 절개 지켜서[237]	含章可貞
형적을 드러내지 않았네	不露形迹
만약 그 뜻을 미루어간다면	苟推其志
두 소나무[238]와 자취가 똑같네	二松齊躅
어떻게 이루었는가	何以致之
사우들이 덕을 도왔네	師友輔德
아득한 저 무덤은	緬彼玄扃
옥류의 기슭에 있네	玉流之麓
내가 숨겨진 것을 드러내어	我闡其微
능곡의 변고에 대비하였네	用誌陵谷

않는다.〔國有道, 不變塞焉.〕"라는 구절을 인용한 것인바, 이 말은 인조가 반정을 통해 왕위에 올랐으나 정권이 교체되기 전에 가졌던 초심을 변치 않고 정치에 전심하였음을 표현한 것이다.

237 아름다움을……지켜서 : 아름다운 자질을 속에 간직하고 밖으로 내세우지 않는 곧은 지조를 표현한 것으로, 《주역》〈곤괘(坤卦) 육삼(六三)〉에 "아름다움을 숨기니 곧은 덕을 지킬 수 있다. 혹 나라의 일에 종사하여 이룸이 없더라도 끝내는 좋아질 것이다.〔含章可貞, 或從王事, 无成有終.〕"라고 보인다.

238 두 소나무 : 백이(伯夷)와 숙제(叔齊)를 가리킨 것으로 보이는바, 이는 사마천(司馬遷)이 《사기》〈백이열전(伯夷列傳)〉에서 "해가 저물어 날씨가 추워진 뒤에야 소나무와 측백나무가 뒤늦게 시듦을 안다.〔歲寒然後知松柏之後彫也.〕"라는 공자의 말을 인용한 데서 유래한 것으로 보인다.

구천에서 환히 빛나니 炳烺窮泉

영령이 영원히 없어지지 않으리라 靈爽不泐

백 대토록 풍도가 알려지니 百世聞風

이곳을 지나가는 자들은 반드시 경계하라 過者必式

정애 조공 묘지명 병서○갑진년[239]

靜厓趙公墓誌銘 幷序○甲辰

하루는 최복(衰服 상복)을 끌고 문을 두드리는 자가 있었다. 내가 병상에서 일어나 맞이하여 찾아온 연유를 묻자, 그 사람이 울며 말하기를 "소자(小子)는 하늘의 보호를 받지 못하여 이미 모친을 여의었는데 부친이 또 세상을 떠났습니다. 외로이 슬픔을 머금고서 지금에 이르렀으니, 부모를 여의고 외롭게 사는 삶이 죽는 것만도 못한 지 오래되었습니다.[240] 이미 어버이를 따라 죽을 수 없으니, 원컨대 정직하고 화려하게 꾸미지 않는 분의 글을 얻어서 그윽하고 숨겨진 부모의 덕을 찬양하여 내세에 길이 전해지도록 해서 행여 망극한 슬픔을 조금이나마 펼 수 있기를 바랍니다. 삼가 고(考)·비(妣)의 두 행장을 갖추어서 재배하고 청하니, 선생께서는 도모해주십시오."라고 하였다. 내가 적임자가 아니라고 누차 사양하였으나 간청이 매우 독실하여 마침내 행장을 살펴보고서 다음과 같이 쓰노라.

공은 휘가 원(嫄)이고 자가 성척(聖陟)이니, 평양 조씨(平壤趙氏)는 평양백(平壤伯) 정숙공(貞肅公) 휘 인규(仁規)가 시조이다. 충숙공(忠肅公) 휘 연(璉)과 문정공(文靖公) 휘 덕유(德裕)에 이르러 대를 이어 훈업(勳業)이 역사책에 찬란하게 기재되어있다. 휘 견(狷)에 이르러

239 갑진년 : 1844(헌종10)으로, 매산의 나이 69세 되던 해이다.

240 부모를……오래되었습니다 : 이 내용은 《시경》 〈소아(小雅) 육아(蓼莪)〉에 보인다.

고려를 위해 절개를 온전히 지켜서 조선조의 관작을 받지 않으니, 세상 사람들이 '송산 선생(松山先生)'이라고 칭하였다. 선생은 자손들에게 과거에 응시하지 말라고 경계하여 후손들이 모두 명을 받들어 음보(蔭補)로 관직을 하였는데, 모두 경술(經術)과 덕행(德行)으로 이름을 드러냈다. 휘 중진(重晉), 휘 우(佑), 휘 하태(夏泰)가 곧 공의 증(曾), 조(祖), 고(考) 3대이다.

공은 휘 주태(周泰)의 아들로 세부(世父 백부)에게 출계(出系)하였다. 영조 경진년(1760) 12월 29일에 태어나 임인년(1842) 11월 8일에 졸하니, 향년이 83세이다. 수원(水原) 감성동(感誠洞) 손좌(巽坐)에 장례하니, 선영을 따른 것이다.

공은 효성과 우애를 하늘로부터 타고 나서 일찍 부모의 상을 당하고는 슬픔에 몸을 훼손하여 거의 온전하지 못하였고, 묘소의 꾸밈과 집안의 세수(祭需)에 능히 정성과 힘을 다 쏟아 종신토록 사모하는 마음을 폈다. 여러 아우들을 도와주어서 배고픔과 배부름을 함께하여 50년 동안 한솥밥을 먹으면서 집안에 서로 흠잡는 말이 없었고, 분가할 적에는 자신이 거칠고 피폐한 물건을 취하였다.

일찍이 서유자(徐孺子)가 자신의 힘으로 얻은 것이 아니면 먹지 않았던 것을 사모하여[241] 힘써 부지런히 농사 지어 자급자족하였고, 조금이라도 남으면 보존하여 가난하고 궁핍한 사람들을 도와주기를 마치 미치지 못할 듯이 하였다.

241 서유자(徐孺子)가……사모하여 : 유자는 후한(後漢) 때의 고사(高士)인 서치(徐穉)의 자로, 그는 집이 가난하여 몸소 밭을 갈았는데 자신의 힘으로 얻은 것이 아니면 먹지 않았는바, 이러한 점을 사모하였다는 말이다. 《後漢書 卷53 徐穉列傳》

평소 성품이 신중하고 과묵(寡默)하여 일찍이 인물의 선악(善惡)을 논한 적이 없었고, 자손들을 가르칠 적에 매번 말하기를 "아무는 스승으로 삼을 만하고, 아무는 멀리 해야 하고, 아무는 경계해야 하니, 얼굴빛과 말씨에 드러내지 말고 마음속으로 취사하고, 규각(圭角)을 드러내어 남들의 원망과 미움을 초래하지 말라."고 하였다. 이 때문에 향당(鄕黨)의 사람들이 믿고 훌륭하게 여기지 않는 이가 없었다.

정조 기유년(1789) 난수(灤水)의 역(役)[242]에 공의 선영(先塋)이 임금이 행차하는 길의 중요 지점에 임해 있었다. 이때 무덤을 이장하는 자에게 관직을 제수하라고 명하였는데, 사람들이 모두 공에게 권하여 대중(大衆)을 따르라고 하자, 공은 미소 지으며 말하기를 "거둥하는 길에 선영이 있어서 만약 묘역을 파손해야 한다면 감히 옮기지 않을 수 없지만, 만약 지장을 초래하지 않는다면 어찌 감히 임금을 속여 분수를 넘는 영광을 요행으로 바라서 안온한 체백(體魄)을 함부로 이장할 수 있겠는가."라고 하고, 마침내 장정을 모집하여 선산(先山)을 위해 수 백보를 물려 닦아서 험한 길을 숫돌처럼 평평하게 하니, 흠위(廞衛)[243]가 순조롭게 이루어졌다. 묘를 이장한 자들이 모두 관직을 얻었으나, 공은 아무런 원망과 후회가 없었다.

배위는 탐진 최씨(耽津崔氏)로 만(晩)의 따님인데, 정간공(貞簡公) 옥(沃)의 8대손이다. 공보다 3년 뒤에 태어나서 공보다 11년 먼저 죽었

242 난수(灤水)의 역(役) : 1789년(정조13)에 정조가 장헌세자(莊獻世子)의 묘소인 영우원(永祐園)을 양주(楊州)에서 수원(水原) 화산(花山)으로 이장하고 현륭원(顯隆園)으로 개칭한 것을 말한다. '난수'에 대한 자세한 내용은 13쪽 주4 참조.

243 흠위(廞衛) : 임금이나 왕후의 장례 행렬에 쓰던 기구(器具)를 말하는데, 여기서는 장례 행렬을 가리킨다.

는데, 처음에는 진목동(眞木洞)에 장례하였다가 공의 묘로 옮겨서 합장하였다. 유인(孺人)은 효성을 타고 나서 본가의 부모상에 모두 3년 동안 소식(素食)을 하였고, 시집와서 시부모를 모실 적에는 뜻과 물건을 겸비하여 봉양하였다.

어느 날 마을에 화재가 나서 불길이 이어져 이웃 마을 네 곳이 모두 불에 탔다. 이때 집안은 텅 비어 사람이 없었고, 오직 유인만이 있었는데, 곧장 베틀에서 내려와 뜨거운 화염을 무릅쓰고 사판(祠版 신주)을 안고 나왔다. 집안의 기물들이 모두 불에 타 재가 되어서 터럭 하나도 남은 것이 없었으나 조금도 돌아보거나 아까워하지 않으니, 당시에 유인의 나이가 19세였다. 향리의 사람들이 모두 감탄하였다.

제사[244]를 받들 적에 능히 사랑과 정성을 지극히 하여 몸소 제사 음식을 만들어 마음에 흡족한 뒤에야 그만두었다. 여러 동서들이 모두 성격이나 취향이 제각각이었으나 같은 집에서 화락하게 지내며 조금도 화목하지 않은 적이 없었고, 맛있는 음식은 사양하고 적은 것도 나누어 주었으며, 그것을 미루어 여러 조카들에게까지 미쳐서 규문(閨門) 안이 화목하였다.

유인은 2남 1녀를 낳았는데, 장남 인석(仁錫)은 묘지명을 부탁한 자이고, 차남은 천석(天錫)이며, 사위는 권발(權浡)이다. 인석의 아들은 정수(廷秀)이고 사위는 성주하(成柱廈), 이용광(李容光)이다. 천석은 2남인데 장남은 존대(存大)이고, 나머지는 모두 어리다. 권발의

244 제사 : 원문은 '증상(烝嘗)'으로, 《시경》 〈소아(小雅) 천보(天保)〉의 "봄 제사, 여름 제사, 가을 제사, 겨울 제사를 선공과 선왕에게 올린다.〔禴、祠、烝、嘗, 于公于先.〕"라는 데에서 온 말인데, 여기서는 조상에게 올리는 제사의 의미로 쓰였다.

아들은 석조(錫祚)이고 딸은 어리다.

공은 순박하고 진실한 성품을 타고나 천성을 잃지 않았으니 마땅히 선인(善人)과 신인(信人)[245]의 사이에 있을 것이고, 또 부인의 내조가 있었다. 부인은 본가에 있을 때부터 거상(居喪)함에 있어 수척해질 정도로 예를 지극히 하였고, 출가해서는 더욱 닦고 꾸며서 규문의 범절이 탁월하였으니, 패옥(佩玉)과 금슬(琴瑟)이 서로 경계하여 덕을 이루었다. 아! 훌륭하다.

공처럼 아름다운 자질을 가지고 참으로 도(道)가 있는 분과 친하게 지낼 수 있었다면 성취한 바가 어찌 다만 한 고을의 선한 선비에 머물렀겠는가. 그러나 능히 80세의 장수를 누리고 자손들이 덕과 재능이 있으니, 하늘의 보시(報施)가 아마도 여기에 있을 것이다. 강재(剛齋) 송문간공(宋文簡公)[246]이 평소 공의 명성에 탄복해서 거처를 '정애(靜厓)'라

245 선인(善人)과 신인(信人) : 맹자가 여섯 가지로 분류한 유덕자(有德者)의 등급 중 여섯 번째와 다섯 번째의 등급으로, 《맹자》 〈진심 하(盡心下)〉에 "좋아할 만한 사람을 '선인'이라 이르고, 선을 자기 몸에 소유한 사람을 '신인'이라 이르고, 선을 충실히 한 사람을 '미인(美人)'이라 이르고, 충실하여 빛남이 있는 사람을 '대인(大人)'이라 이르고, 대인이면서 저절로 변화한 사람을 '성인(聖人)'이라 이르고, 성스러워 알 수 없는 사람을 '신인(神人)'이라 이른다."라고 보인다.

246 강재(剛齋) 송문간공(宋文簡公) : 송치규(宋穉圭, 1759~1838)로, 강재는 호이고 문간은 시호이다. 송치규의 자는 기옥(奇玉), 본관은 은진(恩津)으로, 송시열의 6대손이고, 김정묵(金正默)의 문인이다. 여러 번 벼슬에 임명되었으나 취임하지 않고 당대의 거유(巨儒)로서 많은 제자를 배출하였다. 평생 벼슬을 사양한 것은 스승 김정묵이 뜻하지 않은 사건에 연루되어 억울하게 유적(儒籍)에서 제적되었기 때문인 것으로 전한다. 그러나 72세가 되던 1830년(순조30) 왕의 간곡한 부름을 받아 세손의 시강원 찬선을 거쳐 대사헌을 지냈고, 이듬해 이조 참판이 되었다가 1838년(헌종4) 80세의 수직(壽職)으로 정헌대부(正憲大夫)에 가자(加資)되었다.

고 이름하니, 선비와 벗들이 '정애 처사(靜厓處士)'라고 불렀다고 한다. 다음과 같이 명하노라.

뜻과 행실이 있고	有志有行
장수하고 훌륭한 자손이 있었네	有壽有子
이것은 하늘이 도운 것이니	是爲天祐
길하여 이롭지 않음이 없었네	吉無不利
묘소를 지키고 어버이를 편안히 모셨으니	守墓安親
어찌 높은 벼슬을 할 필요가 있겠는가	何用膴仕
자기 몸에 선을 가득히 쌓아서	自贏厥躬
후손들에게 넉넉한 덕을 베풀었네	垂裕後嗣
누구에게 후하고 누구에게 박한가	孰豐孰嗇
성하고 쇠하는 데에는 이치가 있네	乘除有理
진정의 산에	眞亭之山
가을 측백나무가 죽지 않네	秋柏不死
장수를 누리고 무덤으로 돌아가니	百歲歸室
훌륭한 여사가 함께 있었네	曰有女士
어두운 무덤에 명문을 바쳐서	納銘玄隧
두 분의 아름다움 밝게 게시하네	用揭雙美

매산집

제39권

묘지명 墓誌銘

사헌부 집의 임공 묘지명 병서○신축년[1]

司憲府執義任公墓誌銘 幷序○辛丑

임씨(任氏)는 오래전부터 대대로 이어온 계통이 있다. 지중추부사(知中樞府事) 죽실공(竹室公) 휘 홍망(弘望)에 이르러 언론과 기절(氣節)이 당대의 으뜸이었고, 사헌부 장령(司憲府掌令) 서재공(西齋公) 휘 징하(徵夏)는 숨김없이 직언을 다하다가 끝내 충성을 바쳐서 죽었는데, 죽실공을 아버지로 삼고 서재공을 아들로 삼은 분이 바로 고(故) 집의(執義) 휘 형(泂)이다.

공은 뜻과 기개가 드높았는데, 사헌부에 들어가자 시의(時議)를 따르지 아니하여 사람들에게 여러 번 배척을 받았다. 경종(景宗) 초년에 당인(黨人 남인)들 중에 명의(名義)에 죄를 얻어 숙종(肅宗)에게 배척을 받은 자들이 기사환국 때 남은 무리들과 규합하여 떼 지어 일어나 날뛰어서 막을 수 없는 형세가 되니, 사람들이 모두 피하고 말하지 않았다.

공은 분개하며 말하기를 "내가 선왕(先王 숙종)께 잘못을 씻어준 은혜를 많이 받고서 만분의 일도 보답하지 못했으니, 지금이야말로 내가 충성을 바칠 기회이다." 하고는 첫 번째로 수원 부사(水原府使) 이삼(李森)[2]의 죄를 논하였다. 그런데 비지(批旨)가 매우 엄중하고, 심지어

1 신축년 : 1841년(헌종7)으로, 매산의 나이 66세 되던 해이다.

2 이삼(李森) : 1677~1735. 자는 원백(遠伯)이고, 영조의 총애를 받아 백일헌(白日軒)이라는 호를 받았으며, 본관은 함평(咸平)이다. 소론계 인사로, 윤증(尹拯)의 문하

담략(膽略)과 치적(治績)이 있다고 이삼을 칭찬하기까지 하니, 공은 인피(引避)하며 말하기를 "교만하고 거리낌이 없는 자가 간혹 담략이 있는 것 같기도 하고, 윗사람 섬기기를 잘하고 명예를 구하는 자가 치적이 있다는 명성을 얻기 쉽습니다. 명철하신 전하께서도 오히려 명예를 구하는 아 대부(阿大夫)[3]에게 현혹되지 않을 수 없단 말입니까." 하였다.

숙종이 승하하고부터 흉당(凶黨)들이 환관인 박상검(朴尙儉)[4]과 결탁하여 철저히 기회를 엿보아서 화(禍)가 장차 예측할 수 없는 지경에

에서 수학하였다. 1705년(숙종31) 무과에 급제한 후 정주 목사, 평안도 및 함경남도 병마절도사 등을 지내고, 경종의 신임을 받아 충청도 병마절도사, 총융사, 한성부 우윤, 어영대장 등을 지냈다. 1725년(영조1)에 경종 때의 죄인을 신문한 사건에 연루되어 파직당하고 곤양(昆陽)에 유배되었다가 다시 기용되어 이인좌(李麟佐)의 난을 평정한 공으로 분무공신(奮武功臣) 2등에 책록되고 함은군(咸恩君)에 봉해졌다. 여러 차례 이인좌의 무리라는 무고를 받았으나 왕의 신임으로 무사하였으며, 공조 판서, 한성부 판윤 등에 임명되었다. 저서로 《관서절요(關西節要)》가 있다.

3 아 대부(阿大夫) : 전국 시대 제(齊)나라의 대부이다. 제나라 위왕(威王) 때 즉묵 대부(卽墨大夫)를 헐뜯는 말과 아 대부를 칭찬하는 말이 날마다 올라오자, 위왕이 사람을 시켜서 두 고을을 살펴보니, 즉묵(卽墨)은 잘 다스려지고 있었지만 아(阿) 땅은 정사가 피폐하여 백성들이 고통을 당하고 있었다. 이에 위왕은 임금의 측근에게 뇌물을 주어 자신을 칭찬해 달라고 청탁한 아 대부를 팽형(烹刑)에 처하였다. 《史記 卷46 田敬仲完世家》

4 박상검(朴尙儉) : 1702~1722. 평안도 영변(寧邊) 출신으로 어렸을 때 이웃에 살고 있던 심익창(沈益昌)에게서 수학하였는데, 김일경(金一鏡)이 영변 부사로 부임하여 심익창의 집에 드나들면서 교분을 맺게 되었다. 후에 환관으로 궁궐에 들어가게 되었고, 김일경 등이 그를 이용하여 왕세제인 연잉군(延礽君)을 제거하려다 실패하였다. 이에 대신들의 주청으로 주모자를 찾아 국문하라는 경종의 명이 내려지자, 왕세제에게 주모자로 지목을 받아 주륙되었다.

이르렀는데, 이삼이 실제로 이것을 주관하였으니, 공이 이삼의 죄를 논한 것은 이빨과 뿔을 미리 꺾으려는 것이었다. 뒤에 박상검이 형벌을 순순히 받고 죽자 이삼의 마음과 행적이 모두 탄로되니, 사류(士類)들이 비로소 공의 선견지명에 탄복하였다.

당초에 흉도들이 지방의 유생들을 사주해서 일찍이 '어미가 자식 때문에 귀해진다.'[5]는 말로 시험하였고, 조최수(趙最壽)와 이중무(李重茂)가 뒤를 이어 균전(勻銓 이조(吏曹))과 삼사(三司)를 두루 공격해서 감히 말하지 못하게 하고는, 사람을 바꾸어 번갈아 나와서 장차 장희빈(張禧嬪)을 추존하려 하였다. 여러 대관(臺官)들이 모두 인피(引避)하였으나, 공은 홀로 말하기를 "이와 같이 하는 것은 다만 그들의 계책을 이룰 뿐이다." 하고는 즉시 일어나 사헌부에 가서 흉도들의 상소문을 봉납(捧納)한 승지(承旨)를 논박하여 파면하게 하니, 이에 여러 승지들이 모두 밖으로 쫓겨나서 전계(傳啓)할 수 있는 자가 없었다.

공은 이에 옛 관례를 원용하여 스스로 계본(啓本)을 써서 곧바로 승전색(承傳色)[6]에게 위로 보고할 것을 청하니, 대궐 안이 진동하여

5 어미가……귀해진다 : 서자가 지위를 계승한 경우 그 생모 또한 아들로 인하여 지위가 높아지는 것으로, 《춘추공양전(春秋公羊傳)》 은공(隱公) 원년에 "환공(桓公)은 어찌하여 귀한가? 어머니의 신분이 귀하기 때문이다. 어머니의 신분이 귀하면 자식은 어찌하여 귀해지는가? 자식은 어머니 덕분에 귀해지고 어머니는 자식 덕분에 귀해지는 것이다."라고 보인다. 이러한 명분으로 인해 후궁의 자식이라도 아버지의 뒤를 이어 즉위하면 그 생모의 지위가 높아져 사후에 존호를 추상할 수 있게 되었다. 그러나 경종의 생모인 장희빈(張禧嬪)은 인현왕후 민씨를 저주하다가 처형되어서 끝내 존호(尊號)를 올리지 못하였다.

6 승전색(承傳色) : 조선 시대 임금이나 왕비의 명령을 전달하는 일을 맡은 내시부의 한 벼슬로, 왕명(王命)을 출납함에 있어 중요한 일은 승정원(承政院)에서 맡았으나

모두 공을 두려워하였다. 다음 날 연달아 아뢸 적에 또 승지 임수간(任守幹)이 접대에 응하지 않은 죄를 논하였으며, 또 직접 전계를 하다가 마침내 임수간과 이중무의 반격을 당하였다. 그 뒤에 여러 흉도들이 기회를 틈타 분풀이하여 한결같이 선왕이 만들어 놓은 법을 뒤집으려 하였으나, 끝내 신사년의 처분[7]을 감히 바꾸지 못한 것은 바로 공이 맨 먼저 논박하여 막은 공이 컸기 때문이다.

여러 번 사간과 집의에 제수되었으나 공은 모두 예전에 아뢴 것에 혐의가 있다하여 인피(引避)하였고, 또 노장(露章)[8]으로 경계의 말을 올리기를 "폐하가 나라를 다스리는 것은 여러 신하들의 건의를 따라 억지로 응답함에 불과하고, 끝내 직접 운용해서 우뚝하고 분명하게 처리하는 것이 없습니다. 이에 백관들이 태만해져서 자기의 임무를 일삼지 아니하여, 점점 나라는 나라대로 백성은 백성대로 제각각이어서 막연히 서로 간섭하지 않는 지경에 이르렀습니다. 이와 같은 기상은 선왕 때에 볼 수 있던 바가 아니니, 백성들이 어찌 실망하지 않고 혼란을 생각하지 않을 수 있겠습니까. 항간의 뜬소문을 엎드려 듣건대 '지금으로부터는 국가를 믿고 살 수 없다.' 하니, 단지 이 한마디 말이 이미 매우 한심합니다. 말씀을 올리는 자가 한 두 명이 아닌데, 성상께서는 매번 유념한다고 하교하시나 끝내 유념하는 효험을 볼 수가 없으

그 밖의 일들은 이들이 담당하였으며, 왕비전의 경우는 승전색이 모두 담당하였다.

7 신사년의 처분 : 신사년(1701, 숙종27)에 인현왕후가 죽은 뒤 희빈 장씨가 신당을 차려 놓고 인현왕후를 저주한 것이 발각되자, 그 오빠인 장희재(張希載)를 처형하고 희빈 장씨에게 사사(賜死)를 명한 일을 가리킨다.

8 노장(露章) : 사람들에게 널리 알리기 위해 봉함하지 않고 올리는 소장(疏章)을 말한다.

니, 어떻게 민심을 복종시키겠습니까." 하였다.

또 다시 다음과 같이 말하였다.

"제왕의 효도는 필부(匹夫), 서인과는 다르니, 하찮은 예절을 가지고 논할 수가 없습니다. 그러나 사람의 심정에 똑같이 옳게 여기는 것은 본래 신분에 따른 차이가 없어서, 여기에 혹 미흡한 점이 있으면 사람들의 눈과 귀가 쉽게 현혹되니, 삼가지 않을 수 있겠습니까. 신은 삭망(朔望)의 제전(祭奠)을 사람을 시켜 대행한다는 하교(下敎)를 들은 뒤로부터 전하께서 편치 못한 일이 있어서 이처럼 부득이한 전교를 내리셨음을 분명히 알고 있었는데, 전하께서는 유신(儒臣)이 올린 차자에 대하여 미안하다는 하교를 내리시고 곧바로 승정원의 계품(啓稟)을 통해 지난날의 잘못을 결연히 깨달아 뉘우치는 뜻을 보이셨습니다.

일을 담당한 신하는 오직 마땅히 깨달아 뉘우치신 성상의 아름다운 뜻을 우러러 따라야 할 뿐 일시적으로 고한 말씀을 받들어서는 안 되는데, 다시 품정(稟定)하지 않고 곧바로 대행하는 것으로 준비하여 영원히 정식(定式)으로 삼을 듯이 하였습니다. 병환이 있어 대행함은 일시적인 일에 불과하니, 어찌 이로 인하여 영원히 정식으로 삼아서 곧바로 당연한 일로 여길 수 있겠습니까."

또 다시 말하였다.

"전하께서 친히 제향(祭享)하지 못 하신 지가 지금까지 몇 달이 되었습니다. 성상의 체후가 강령하지 못함을 이로 인하여 알 수 있으나 끝내 의원이 진찰하여 약을 쓰는 것을 의논함을 허락하지 않으시니, 전하께서 비록 자신을 가볍게 여기시더라도 어찌 오르내리시는 선왕의 영령이 돌아보고 근심하시는 것은 생각하지 않습니까.

엎드려 듣건대 자성(慈聖)의 체후가 날이 갈수록 더욱 쇠약해져서 여항의 백성들이 근심하지 않는 자가 없다고 합니다. 약원(藥院 내의원)의 신하들 또한 어찌 이것을 들어 알지 못했겠습니까. 다만 성상의 전교가 없어서 감히 먼저 청하지 못하여 하루 이틀 지체하며 아직도 자양(滋養)하고 보(補)하는 약제를 의논하여 올리지 못하고 있으니, 이것이 어찌 다만 약원의 책임이겠습니까. 또한 전하의 책임일 뿐입니다."

공은 또 고을 원을 살해할 것을 도모한 난민(亂民)을 주살하여 교화를 해치는 조짐을 막게 할 것을 청하였고, 백성들을 침탈하고 학대하는 수령을 파면해서 방본(邦本 백성)을 견고히 할 방법을 청하였다. 이때 성상의 병환이 이미 고질이 되어서 정무를 살피지 못하여 온갖 일이 방치되니, 사람들이 위태롭게 여기고 의구심을 가져 모두 말하는 것을 꺼렸다. 그러다가 공의 상소문이 올라오자, 사람들은 모두 혀를 내두르며 말하기를 "참으로 간신(諫臣)이다."라고 하였다.

공은 울분과 강개로 거의 먹고 자는 것을 잊고 매번 홀로 앉아 혀를 차며 한탄하다가, 결국 근심걱정으로 병이 생겨 신축년(1721) 윤6월 30일에 별세하니, 출생한 경자년(1660) 12월 22일로부터 향년 62세이다. 그해 9월에 아산(牙山) 독성리(獨醒里)에 장례하니, 선영을 따른 것이다.

공은 자가 중형(仲夐)이고 본관이 풍천(豐川)이니, 어사대부(御史大夫) 주(澍)가 시조이다. 휘 기(琦)는 현감으로 좌승지에 추증되었고, 휘 희지(羲之)는 사예(司藝)로 이조 참판에 추증되었고, 휘 환(喚)은 생원으로 좌참찬(左參贊)에 추증되었으니, 바로 공의 3대 선조이다. 선고가 창녕 성씨(昌寧成氏) 사간(司諫) 여관(汝寬)의 따님에게 장가들어 공을 낳았다.

공은 타고난 자질이 영특하였고 성품이 또 지극히 효성스러웠다. 10살에 모친상을 당하여 성인(成人)처럼 거상하였고 계비(繼妣) 황부인(黃夫人)을 섬길 적에 효성을 다하여 사람들이 계비가 낳은 자식이 아님을 알지 못하였다. 선고는 몹시 야윈 공의 몸을 걱정하여 일찍이 공부를 재촉하지 않았으나, 문예(文藝)를 일찍 성취하여 약관이 되기 전에 횡상(黌庠 향교)의 시험에서 여러 번 상등(上等)을 차지하였다.

경신년(1680) 진사시에 합격하고 정축년(1697)에 처음 벼슬하여 의금부도사(義禁府都事)가 되었으며, 뒤에 다시 빙고서(氷庫署)와 장원서(掌苑署)의 별검(別檢), 와서(瓦署)의 별제(別提)를 차례로 역임하였다. 기묘년(1699)에 문과에 급제하였는데, 동방(同榜) 급제한 자가 봉함을 바꾼 일이 발각됨으로 인하여 마침내 전방(全榜)을 파하니, 공도 또한 치대(置對)[9]하였다.

당초 선고가 지호(芝湖) 이선(李選)[10] 공과 지기(知己)였는데, 공이 또 그분의 아들인 성휘(聖輝)와 교분이 매우 돈독하였다. 성휘가 과거에 부정을 저질렀다는 비방이 일어났을 적에, 선고는 궁중에서 숙직을 하고 있어 미처 내용을 알지 못하고 사람들에게 말하기를 "저 사람은 명망 있는 아버지의 아들로 어찌 차마 이런 일을 했겠는가." 하였으며, 공도 친한 친구에게 돌을 던질 수가 없었다.[11] 그런데 평소 좋아하지

9 치대(置對) : 죄인을 대질하여 심문(審問)함을 말한다.

10 지호(芝湖) 이선(李選) : 지호는 이선(1632~1692)의 호로, 자는 택지(擇之), 본관은 전주(全州), 시호는 정간(正簡)이며, 송시열의 문인이다. 1664년(현종5) 춘당대 문과에 급제하고 벼슬이 이조 참판에 이르렀다.

않는 자가 공의 부자를 물고 늘어지기를 그치지 아니하여 마침내 선고와 함께 파직을 당하니, 공은 전리(田里)에 물러나 거처하면서 세상의 인연을 사절하고는 농사와 누에치기를 힘쓰고 자질(子姪)을 공부시켰다. 때때로 선고를 받들고서 친족들을 모아 술을 마시고 시를 읊으면서 즐거워하였으며, 원망과 후회를 얼굴빛과 말에 일절 드러내지 않았다.

공은 평소 말하기를 "나는 내 친구를 제대로 구원하지 못한 것이 한스러웠는데, 세상 사람들은 내가 그 사람을 구원하려 한 것을 가지고 나를 죄주니, 나는 매우 부끄럽다." 하였다.

뒤에 어버이가 더욱 늙고 집이 더욱 가난해지자, 크게 한탄하기를 "나는 끝내 사람 없는 산중에서 굶어 죽을 수가 없으니, 분주히 애걸하여 음직(蔭職)을 구하기보다는 차라리 다시 한 번 과거에 급제하여 작은 녹봉을 받아 어버이를 봉양하겠다." 하였다. 을유년(1705) 증광시에 급제하였으나, 곧바로 방목에서 삭제되었다.

경인년(1710)에 이르러 성상이 기묘년 과거를 회복하도록 명하여 처음으로 전적(典籍)에 제수되고 예조 좌랑과 정랑으로 옮겼으며, 경상도 도사(都事)로 나갔다. 또다시 병조 좌랑에 제수되고 예조 정랑으로 있다가 김포 군수(金浦郡守)에 제수되었는데, 얼마 후 부친상을 당하였다. 무술년(1718)에 처음으로 장령(掌令)에 제수되었다가 체직되고 정언(正言)에 제수되었는데, 당세에 구차히 영합하지 않으므로 배척을 받아 남양 부사(南陽府使)에 보임되었다가 얼마 후에 벼슬을

11 친구에게……없었다 : 원문의 '하석(下石)'은 함정에 빠져 있는 곤란한 사람에게 돌을 던진다는 말로, 한유(韓愈)의 〈유자후묘지명(柳子厚墓誌銘)〉에 보인다. 《唐宋八大家文鈔 卷15》

버리고 돌아왔다. 중간에 또 영남에서 시험을 관장하였는데, 취향이 다른 자들 또한 공의 공정하고 분명함을 칭송하였으며, 지제교(知製敎)에 선발되었으니, 이것이 공의 출처의 대략이다.

배위인 연안 이씨(延安李氏)는 의저(義著)의 따님인데, 충정공(忠定公) 귀(貴)가 고조이다. 공의 묘에 부장하였는데, 따로 묘지(墓誌)가 있다. 2남 4녀를 낳았는데, 아들은 광하(光夏), 징하(徵夏)이다. 장녀는 맹경대(孟敬大)에게 출가하였는데 자식을 기르지 못하였고, 차녀는 진사 이사신(李思信)에게 출가하였고, 삼녀는 이숙(李潚)에게 출가하였으며, 사녀는 유성중(兪性中)에게 출가하였는데 또한 자식을 기르지 못하였다. 시우(時雨)와 허주(許宙)의 아내는 장방(長房)의 소생이고, 시구(時九), 시팔(時八), 시오(時五)와 서준일(徐俊一)·홍상봉(洪相鳳)의 아내는 차방(次房)의 소생이다. 증손과 현손 이하는 다 기재하지 않는다.

공은 명릉(明陵 숙종)의 태평성대를 만나서 장차 자신의 포부를 펼 듯하였는데, 세상과 더불어 말살(抹殺)되어서 자신의 재능을 제대로 바치지 못하였다. 말년에 언책(言責)의 지위에 처하자, 정직한 도가 망하는 때[12]를 만나 분발하여 일신의 안위를 돌아보지 않고서 기필코 마음속에 가득한 열혈(熱血)을 쏟고자 하였다. 장령공(掌令公)이 항상 시세(時勢)를 헤아리지 않는다고 간언할 때마다 공은 말하기를 "나의

12 정직한……때 : 정직한 도를 멸하고 소인이 군자를 업신여겨 득세하는 때를 말하는 바, 《주역》〈박괘(剝卦) 초육(初六)〉에 "평상의 다리를 깎는 것이니, 정직함을 없애므로 흉하다.〔剝床以足, 蔑貞, 凶.〕"라고 하였는데, 《정전(程傳)》에 "음이 양을 깎고 유(柔)가 강(剛)을 변화시킴은 사(邪)가 정(正)을 침해하고 소인이 군자를 소멸함이니, 그 흉함을 알 수 있다."라고 풀이하였다.

초심을 바꿀 수 없다."라고 하였다. 장령공이 공 대신 자기가 하겠다고 울면서 청하면, 공이 웃으며 말하기를 "의리가 각자 똑같지 않다."라고 하였다.

공이 별세한 뒤에 흉도(兇徒)들이 뜻을 얻어 모함하는 옥사를 일으켜서 숙종의 옛 신하들을 도륙하여 거의 다 죽게 하였으니,[13] 만일 공이 살아있었다면 필시 화를 면하지 못했을 것이다. 그러나 공의 영혼이 이것을 안다면 어찌 화를 면함을 다행으로 여기겠는가.

영조 초년에 이르러 장령공이 선친의 뜻을 이어 상소를 올려서 당시의 일을 지극히 말씀하였다가 군흉(羣兇)들에게 위협과 고문을 당하여 감옥에서 병으로 죽었다. 그러나 성상(聖上 영조)의 모함을 변론하고 국시(國是)를 안정시켜 영원한 세상의 공안(公案)을 만든 것은 참으로 거룩한 공(功)이다.

장령공은 또 맹세코 '내가 대신 죽기를 원한다.'고 한 말을 끝내 실천하여 충성과 효도를 다해서 찬란하게 집안과 나라의 영광이 되었으니, 만일 참되고 바른 공의 전수(傳授)가 없었다면 또한 어찌 이러한 영광

13 흉도(兇徒)들이……하였으니 : 신축년(1721, 경종1)과 임인년(1722) 두 해 동안 노론과 소론이 뒷날 영조가 되는 연잉군(延礽君)의 세제(世弟) 책봉과 대리청정을 두고 대립한 신임사화(辛壬士禍)를 가리킨다. 이때 남인(南人) 역관의 딸 희빈(禧嬪) 장씨(張氏) 소생인 경종은 남인에 동정적이던 소론의 보호를 받아 왔는데, 경종이 즉위하자 과거 그의 세자 책봉을 반대했던 노론은 위기를 느껴 그가 병약하고 후사(後嗣)가 없다는 사실을 구실로 연잉군의 세제 책봉과 대리청정을 추진하였다. 그러자 소론의 김일경(金一鏡) 등이 목호룡(睦虎龍)을 사주하여 노론 사대신(老論四大臣)인 김창집(金昌集), 이이명(李頤命), 이건명(李健命), 조태채(趙泰采)를 역모로 무고하게 함으로써 사대신 이하 노론 일파를 극형에 처하게 하였다.《承政院日記 景宗 1年 8月 20日·23日, 10月 17日, 12月 6日·9日·14日, 2年 3月 27日》

에 참여할 수 있었겠는가. 공과 같은 분은 참으로 아버지와 자식에게 부끄러움이 없다 하겠다. 공의 후손인 헌회(憲晦)가 이미 장령공의 행장을 청하고 또다시 공의 묘지명을 청하니, 불초는 항상 공의 3대의 풍절(風節)을 칭송해서 나약한 마음이 격동되었으므로 고사(固辭)하지 못하고 붓을 잡고 다음과 같이 명문을 짓는다.

서하의 찬란한 정기가	西河炳靈
공의 한 가문에 모였네	鍾公一門
강직함을 대대로 전하니	剛爲世傳
그 할아버지에 그 손자였네	是祖是孫
공이 중간에 자리하여	公序其中
선친의 아름다움을 잇고 자손에게 넉넉함을 드리웠네	趾美裕昆
생강과 계피와 같은 천성을 이루고[14]	薑桂成性
얼음과 옥 같은 지조를 간직하였네[15]	氷玉持身
강하다 그 꿋꿋함이여	强哉其矯

14 생강과……이루고 : 생강과 계피는 강직한 성품의 신하를 비유한다. 송나라 때 진회(秦檜)가 금(金)나라와의 굴욕적인 화의(和議)를 주장하자, 간관(諫官) 안돈복(晏敦復)이 이에 대해 매우 강하게 정쟁(廷爭)하였다. 진회가 사람을 시켜 그에게 자신의 주장을 따르도록 권하자, 안돈복이 "생강과 계피의 성질은 늙을수록 더 매워지니, 그만 말하시오.〔薑桂之性, 到老愈辣, 請勿言.〕"라고 한 고사에서 유래하였다. 《宋史 卷381 晏敦復列傳》

15 얼음과……간직하였네 : 맑고 강직한 지조를 지켰다는 뜻으로, 남조(南朝) 시대 송(宋)나라 포조(鮑照)의 시에 "곧은 절조는 붉은 거문고 줄과 같고, 맑은 성품은 옥병 속의 얼음 같네.〔直如朱絲繩, 淸如玉壺氷.〕"라는 말에서 온 것이다. 《鮑參軍集 卷3 代白頭吟》

정도를 지키고 윤리를 받들었네	守經扶倫
금을 단련하고 쇠를 단련하였으니	鍊金鍛鐵
참으로 정직한 신하였네	允矣直臣
이것이 강하고 굳셈이 되어	是爲彊毅
펴지 못하는 바가 없었네	靡所不伸
평탄하나 험하나 절개가 한결같으니	夷險一節
정성이 신명과 하늘에 통하였네	誠通神天
하늘이 그 선에 보답하여	天報其善
몸과 이름이 모두 온전하였네	身名俱全
이 기이한 기운을	斂此奇氣
독성의 언덕에 거두니	獨醒之原
내가 비석에 명문을 새겨	琢銘石章
우뚝한 무덤에 표하노라	用誌崇墳
감히 지나치게 칭찬하지 아니하여	靡敢溢辭
공의 참됨에 누를 끼치지 않노라	玷累公眞

학생 최군 묘지명 병서○임인년[16]

學生崔君墓誌銘 幷序○壬寅

최경보(崔敬甫) 일휴(日休) 군이 일찍이 나를 종유하였는데, 보면 볼수록 더 사랑스러워서 늦게 만난 것이 한스러웠다. 하루는 선친의 행장을 가지고 나에게 묘지명을 부탁하며 말하기를 "선친께서는 살아서는 선행이 지극하여 세상의 모범이 되셨는데 별세한 뒤에는 매몰되어 알려지지 못하고 있으니, 저는 매우 애통합니다. 감히 한마디 말씀으로 불후(不朽)하게 해주시기를 원합니다."라고 하였다. 나는 그 요청을 받들 수가 없었으나, 부탁이 더욱 간곡하므로 마침내 행장을 살펴보고 서술한다.

군(君)은 휘가 영순(永淳)이고 사가 기찬(起燦)이며, 본관이 신풍(新豐)이다. 조선조에 들어와 휘 숙정(淑淨)이 있었으니, 벼슬이 집의(執義)이고 호가 매곡(梅谷)이다. 5대를 전해 와 참의(參議)에 추증된 휘 서환(瑞奐)과 좌윤(左尹)에 추증된 휘 극엽(克燁)에 이르렀다. 좌윤공의 현손(玄孫)인 휘 치린(致麟)이 아들 휘 석휘(碩彙)를 두었으니, 바로 군의 조고와 선고이다. 선비(先妣) 원주 이씨(原州李氏)는 의순(毅純)의 따님이다.

군은 어려서부터 영특하였고 천성이 효성스러웠다. 다섯 살에 부친을 여의었는데 애통해하기를 성인(成人)과 같이 하였고, 어른을 따라

16 임인년 : 1842년(헌종8)으로, 매산의 나이 67세 되던 해이다.

묘소에 올라가서는 절하고 무릎 꿇고 울부짖었으며, 손수 소나무와 측백나무를 심었는데 세월이 오래되어 숲을 이루었다. 편모(偏母)를 섬길 적에 정성을 다하여, 뜻과 물건의 봉양과 몸을 편안하게 하는 방법을 온전히 갖추지 않음이 없었다.

매번 모친의 뜻을 미리 알고서 받들어 순종하였고 혹 모친이 기뻐하지 않는 기색이 있으면 반드시 무릎 가에서 즐겁게 해드렸다. 모친이 병환이 들었을 적에 대변을 맛보고 두 차례에 걸쳐 손가락의 피를 올렸는데도 끝내 효험을 거두지 못하자, 마침내 목욕재계하고는 향을 피워 하늘에 기도해서 자신이 대신 죽기를 원하기도 하고 자기 나이를 줄여 모친의 수명을 연장하기를 바라기도 하였다.

모친이 기절했다가 회생하여 말하기를 "꿈에 어떤 사람이 나에게 '당신의 병이 지금부터 나을 것이다.' 했는데, 꿈을 깨자 몸이 가볍고 정신이 맑아졌다."라고 하고는 이어서 □병이 나으니, 향리의 이웃집에서 모두 효성이 하늘을 감동시켜서 병이 나은 것이라고 칭찬하였다. 병환 중인 모친이 먹고 싶은 음식을 찾을 때면 항상 힘을 다하여 구해드렸다.

중형(仲兄)이 모함을 받고 형벌을 받자, 군은 위험과 어려움을 무릅쓰고 억울함을 하소연하였다. 그리고 형을 따라 유배지에 가서 살면서 우환을 함께하였으며, 중형의 형수가 죽자 형과 두 딸을 자기 집에서 함께 숙식하게 하였고, 여러 조카들을 자기 자식보다 더 보살피고 사랑하였다.

평소 늘 성묘를 하였고 묘 옆에 병사(丙舍 재실(齋室))을 지어서 여러 형들과 함께 그곳에서 거처하였으며, 여러 아들들을 의로운 방법으로 가르쳤다. 친척 간에 화목이 돈독하여 비록 소원한 친척이라도 반드시 직접 상(喪)을 도와주었고, 붕우 간에도 또한 그렇게 하여 조문한 날에는 음악을 듣거나 고기를 먹지 않았으니, 이는 모두 효도와 공경을 미룬 것이었다.

중형이 병을 만나 위독하자 군은 밤낮으로 간호하였고, 밖으로 의원을 부르러 갔었는데 도중에 부음을 듣고는 울부짖다가 거의 기절하였다. 계속된 슬픔에 마침내 병이 들어서 손을 쓸 수 없는 지경에 이르렀는데, 어머니를 붙들고 통곡하며 오열하다가 목소리를 내지 못하고 별세하니, 바로 순조 갑오년(1834) 3월 11일이다. 출생한 계축년(1793)으로부터 향년 42세이다. 해남(海南) 남천리(藍川里) 건좌(乾坐)의 산에 장례하였다. 부안 이씨(扶安林氏) 수천(壽天)의 따님에게 장가드니, 서하(西河) 임춘(林椿)의 후손이다. 3남을 두었는데, 일휴(日休)와 태휴(台休), 정휴(定休)이다.

군은 이미 학문을 쌓고 문장을 익혀 소유한 것을 온축(蘊蓄)하여 또한 장차 크게 펼칠 수 있게 되었는데, 단명에 막혀 능히 성취를 보지 못했으니 애석하다. 그러나 효도와 공경은 인(仁)을 행하는 근본인데 실제 행실이 정성스러워 향당(鄕黨)을 감동시켰고, 또 장자(長子)가 참되고 돈독하게 학문을 좋아하여 장차 원대한 사업을 끝까지 구현할 것임을 알 수 있으니, 군은 죽어도 죽지 않은 것과 같다. 다음과 같이 명문을 짓는다.

훌륭한 매곡이여	猗歟梅谷
전수함이 혁혁하네	有爀其傳
군이 전통을 이으니	君纘厥緖

효도와 우애가 천성에 근원하였네	孝友根天
공회[17]에 지나치게 몸을 훼손하여	孔懷過毁
스스로 온전하지 못하게 되었네	至不自全
후손에게 남은 복을 물려주어	于後遺贏
장차 유가의 보배가 될 것이네	將爲儒珍
내가 이 일을 기술하여	我述其事
무덤에 질정하노라	質于玄窀

17 공회(孔懷) : 형제 간에 서로 걱정하는 마음을 가리키는바, 《시경》 〈소아(小雅) 상체(常棣)〉에 "사람이 죽는 어려움에 처하면 형제간이 심히 걱정해주며, 언덕과 습지에 쌓인 시신을 형제가 찾아 나서네.〔死喪之威, 兄弟孔懷. 原隰裒矣, 兄弟求矣.〕"라고 보인다.

수우 이공 묘지명 병서○갑진년[18]

守愚李公墓誌銘 幷序○甲辰

아! 이곳은 수우(守愚) 이공(李公)의 묘소이다. 공이 일찍이 문과에 급제하여 조정에서 벼슬하였는데, 관명으로 칭하지 않고 특별히 자호(自號)를 게시함은 평생 이것으로 명성을 수립하고자 했기 때문이다.

공은 휘가 승달(承達)이고 자가 재방(在邦)이고 또 다른 자는 겸선(兼善)으로, 계통이 선원(璿源)에서 나왔는바, 영릉(英陵 세종)의 8번째 아드님인 영응대군(永膺大君) 경효공(敬孝公) 휘 염(琰)이 시조이다. 대대로 봉작(封爵)을 세습하여 벼슬이 이어졌고, 휘 규명(奎明)에 이르러 진안 현감(鎭安縣監)을 지냈으니, 바로 공의 5대조이다.

고조 휘 만추(萬樞)는 온양 군수(溫陽郡守)로 참의에 추증되었고, 증조 휘 용기(龍紀)는 이조 참판에 추증되었고, 조고 휘 민조(敏朝)는 생원인데 효행으로 정려(旌閭)를 받아서 지평(持平)에 추증되고 또다시 이조 판서에 추증되었다. 선고 휘 연(渶)은 형조 판서로 원릉(元陵 영조)에게 인정을 받아 오랫동안 가까운 자리에서 모셨고, 정묘(正廟 정조)에게 지우(知遇)를 받았는데 적임(適任)의 벼슬에 미처 다 오르지 못하고 별세하였다.

판서공에게 두 배위가 있었으니, 파평 윤씨(坡平尹氏)는 봉양(鳳陽)의 따님이고, 의령 남씨(宜寧南氏)는 운붕(雲鵬)의 따님이다. 남씨가

18 갑진년 : 1844년(헌종10)으로, 매산의 나이 69세 되던 해이다.

공을 판서공의 무안(務安) 임소에서 낳았는데, 천성적으로 밝고 지혜로워서 말을 배우자마자 이미 일의 시비와 곡직을 분별하였는데, 한결같이 공정함에서 나왔으므로 부모의 환심을 얻었다. 차츰 자라자 종숙부(從叔父)인 노초 선생(老樵先生)에게 수학하였는데, 노초 선생은 성품이 대쪽 같고 엄격하여 남을 잘 인정하지 않았으나 공을 특별히 사랑하여 문호(門戶)을 빛낼 중임(重任)을 부탁하였다.

과거공부를 일찍 성취하여 약관 시절에 도내의 시험에 응시하여 여러 번 장원을 하였으나, 중년에는 과거공부를 포기하였다. 계해년(1803)에 증광시(增廣試)를 설치하자 많은 사우(士友)들이 적극적으로 권하니, 공은 마지못해 응시하여 대책문(對策文)으로 급제하였는데, 당시 사람들이 그 글을 서로 돌려가며 읽었다. 과거에 급제하자, 공을 아는 자들은 조정에서 인재를 얻었다고 축하하였으나, 공은 그대로 옥류산(玉流山) 속으로 돌아왔다. 이후 여러 번 섭당후(攝堂后)[19]에 제수되었으나 나아가지 않았다. 정묘년(1807)에 원릉별검(元陵別檢)에 제수되었다가 성균관 전적으로 승진하였으며 병조 좌랑과 사간원 정언에 제수되었다.

계유년(1813)에 충청 도사(忠淸都事)에 제수되었는데, 호서 지역에는 공의 친구가 많았으나 감히 공에게 사사로운 부탁을 하지 못하였다. 명문대족(名門大族)의 문사(文士) 중에 응시한 자가 있었는데 서울과 지방의 사대부들이 강력히 그 이름을 칭송하였으나, 공은 응시자가 자중(自重)하지 못함을 미워하여 여러 의논을 물리치고 합격시키지

19 섭당후(攝堂后) : 섭(攝)은 임시로 대리함을 뜻하며, 당후(堂后)는 당후관(堂后官)의 약칭으로, 승정원의 주서(注書)를 칭한다.

않았다. 이 때문에 세상 사람들이 눈을 흘기고 미워하여 화가 장차 박상(剝床)[20]에 이르렀으나 공은 조금도 두려워하지 않았다. 갑술년(1814)에 또다시 해서(海西) 지역에서 시험을 주관하였을 적에도 부정한 청탁이 이르지 않았다.

시험을 보는 고을의 원은 바로 공의 가까운 인척이었는데, 그 원이 자신의 글방 스승인 그 고을의 유생을 청탁하자, 공이 그 유생을 형벌하니, 도내의 사람들이 두려워하여 복종하였다.

이해 5월 1일에 별세하니, 출생한 정해년(1767)과의 거리를 계산해 보면 48세가 된다. 공을 아는 자와 알지 못하는 자들이 모두 애석하게 여겼다. 양주(楊州)의 현산(見山)에 장례하니, 바로 판서공의 묘소 오른쪽이다. 배위인 남양 홍씨(南陽洪氏)는 도원(道源)의 따님이고 이조판서 처량(處亮)의 후손이다. 딸 하나를 낳아 감역(監役) 홍재긍(洪在兢)에게 시집보냈으며, 백씨(伯氏)의 아들 익(翼)을 데려다가 후사로 삼았다. 익은 아들 경인(景仁)이 있고, 홍씨 사위의 딸은 이석신(李奭信)에게 시집갔다.

공은 타고난 자품이 매우 특출하여 자연히 도(道)에 가까워 성품이 단정하고 선량하며 풍도가 의젓하고 심원하여 심신이 모두 맑았다. 행동거지가 법도에 맞고 지조가 매우 견고하였으며, 강직하면서도 화평하고 명랑하면서도 돈후하였다. 평소에 늘 경건하여 말과 웃음이

20 박상(剝床) : 눈앞에 닥쳐온 재앙을 말한다. 《주역》〈박괘(剝卦) 육사(六四)〉에 "상(牀)을 깎아 살갗에 미침이니, 흉하다." 하였고, 〈상전(象傳)〉에 "'박상이부(剝牀以膚)'는 재앙에 매우 가까운 것이다."라고 하였는데, 이천 정이의 《역전(易傳)》에 "깎음이 살갗에 미쳐 몸이 거의 망함에 이르렀으니, 이는 재화(災禍)에 매우 가까운 것이다."라고 주하였다.

적었으며 정신이 한가롭고 기운이 안정되어 한 점의 허황함도 없어서 정채(精彩)가 얼굴과 모습에 드러나고 고아한 식견이 말에 넘치니, 공손히 읍하고 듣는 자들이 공에게 심취하여 성심으로 복종하였다.

천성이 또 매우 효성스러워 항상 어버이 곁에 있으면서 물심양면으로 정성을 다하여 봉양하였고, 어버이에게 병환이 있으면 밤낮으로 의복의 띠를 풀지 않았다.

남씨 부인이 역병에 걸려 위독하자, 공은 손가락을 베어 피를 올렸다. 상을 당하자 집 식구들이 모두 밖으로 피하였으나, 공은 홀로 빈소를 지키며 한 걸음도 떠나지 않았고, 너무 슬퍼하여 몸을 훼손해서 거의 생명을 잃을 뻔하였다. 종신토록 어린 아이의 사모하는 마음[21]을 간직하여, 제사에 반드시 몸소 점검하고 마음을 경건히 하고 몸을 깨끗이 하였으며, 기일에는 초상 때처럼 가슴을 치며 울부짖었다.

백씨(伯氏)를 섬기고 친척을 대함에 돈독하게 공경하고 삼갔으며, 아이들을 어루만져 기르고 가르치기를 모두 지극히 합당하게 하였으며, 입고 먹을 것들은 수량이 적더라도 반드시 고르게 나누어 주었다. 사람을 접할 적에는 온화하면서도 장엄하였고 일을 처리할 적에는 신중하게 살폈으므로 왕왕 사람에게 사력(死力)의 도움을 받기도 하였다. 나태하고 태만한 기운을 얼굴과 몸에서 찾아볼 수 없고, 꾸짖는 말이 노비에게 미치지 않아서 규중(閨中)이 항상 화목하였다.

21 어린……마음 : 부모의 죽음에 크게 슬퍼함이 어린 아이가 부모를 사랑하는 마음을 금하지 못하는 것과 같았다는 말이다. 《예기》 〈단궁 하(檀弓下)〉에 "유자(有子)가 자유(子游)와 서서 어린아이처럼 사모하는 자를 보고서 자유에게 이르기를, '나는 항상 상례에 발을 구르는 이유를 알지 못하여 없애고자 한 지가 오래되었는데, 애통한 마음이 발 구르는 데에 있으니, 바로 이것이구나.' 하였다."라고 한 데에서 온 말이다.

평소 마음이 꾸밈이 없어서 화려한 음악과 여색에 담박하여 좋아하는 바가 없었으며, 평소 집안의 살림을 묻지 않았다. 또 한 가지 일도 남에게 요구한 적이 없어서 입는 옷과 먹는 음식들이 거칠었으니, 이것은 보통사람들이 감내하지 못하는 것이었으나 천명(天命)처럼 편안히 여겼다. 문과에 급제했을 적에는, 어버이 생전에 봉양을 못하였다고 해서 은혜로 하사받은 새 옷을 입고 가묘(家廟)에 영화를 고하지 않았다.

당시 오랫동안 사귀어 온 재상이 공에게 일을 함께 하자고 요구하였는데, 공이 말하기를 "죽으면 마땅히 나 혼자 죽을 것이니, 군이 애써 사람을 따라 죽을 필요가 없다." 하니, 그 사람이 얼굴빛이 변하여 마침내 다시 말하지 못하였다.

권력을 잡은 자들이 대부분 공을 데려가려 하였으나 끝내 응하지 않았다. 일찍이 정치하는 방도를 강구하여 손해되고 유익함과 잘잘못을 꿰뚫고 있어서 때에 합당하게 조처하였다. 의론을 할 적에는 항상 너그러움과 용서를 가장 중요하게 여겼으나, 사(邪)·정(正)을 분별함에 있어서는 빼앗을 수 없는 굳은 지조가 있었다. 화복(禍福)과 득실의 기로에서 마음을 동요하지 않아서, 과거에 급제한 지 10년이 지나도록 한 번도 군주를 가까이에서 모신 적이 없었으나, 나라를 걱정하고 군주를 사랑하는 마음이 고충(苦衷)에서 나왔다.

항상 우충숙(于忠肅)의 "한 창자의 열혈(熱血)을 끝내 어느 곳에 뿌릴까."라는 말[22]을 외면서 여러 차례 반복하고 감격하여 흐느꼈다. 국가

22 우충숙(于忠肅)의……말 : 충숙은 명나라 초기의 문신인 우겸(于謙, 1398~1457)의 시호로, 인용한 글은 《명사(明史)》 권170 〈우겸열전(于謙列傳)〉에 보인다. 우겸은

를 위하여 죽어서 선친이 끝마치지 못한 뜻과 사업을 이루고자 하였다. 영화와 명예를 사모하지 않아 세상도 자신을 잊고 자신도 세상을 잊어서 서운해하는 모습이 얼굴빛에 나타난 적이 없었다. 또한 등영(登瀛)의 선발과 지부(持斧)의 천거[23]를 받았으나 미처 한 번도 쓰이지 못하고 몸을 산림에 감추어 세상과 아득히 단절하였으니, 또한 평소 뜻한 바를 볼 수 있다.

공은 학문하는 학자로 자처하지 않았으나 몸과 마음을 검속하고 경전(經典)을 탐색(探索)하여 깊이 체행하고 스스로 터득하였으니, 이는 명예를 좇고 실질을 잊은 세상의 학자들이 능히 미칠 수 있는 바가 아니었다.

가난함이 뼈에 사무치고 나이도 노쇠해졌으나 뜻과 기개가 드높고 명망이 우뚝하였다. 문장이 경학(經學)에 근원하여 통창(通暢)하고 전아(典雅)하였는데, 붓을 잡으면 조금도 지체 없이 곧바로 글을 완성하였다. 시(詩)에 더욱 뛰어나서 문단의 제공(諸公)들이 모두 세상에 보기 드문 작품이라고 인정하였는데, 흩어져 없어지고 수습하지 못하였으니, 애석하다. 필법은 종요(鍾繇)와 왕희지(王羲之)[24]를 사모해서

자가 정익(廷益), 호가 절암(節庵)으로, 성조(成祖) 영락(永樂) 19년(1421)에 진사시에 급제하고 벼슬이 소보(少保)에 이르렀다. 일생을 청렴하고 강직하게 살았으나, 영종(英宗)이 다시 복위한 천순(天順) 원년에 역모를 도모했다는 모함을 받고 참살되었다.

23 등영(登瀛)의……천거 : 등영의 '영(瀛)'은 영각(瀛閣)의 줄임말로 홍문관의 이칭이고, 지부(持斧)는 왕명을 받들고 나가서 법을 집행하는 어사(御史) 등의 관원을 가리키는바, 그러한 관직에 제수되었다는 말이다.

24 종요(鍾繇)와 왕희지(王羲之) : 모두 중국의 명필들이다. 종요(151~230)는 자가 원상(元常)이고 위(魏)나라 사람으로 조조(曹操)를 섬겨 위나라의 상국(相國)을 지냈

묘하게 깨달아 독특한 조예가 있었으나, 그리 좋아하지 않았다.

내가 일찍이 공의 생애를 개론해보니, 등용되지 않아도 원망하지 않고 곤궁하여도 번민하지 않은 것은 유사사(柳士師)와 같고,[25] 충신(忠信)이 하늘에 감통하여 신명(神明)에 부끄러움이 없음은 마속수(馬涑水)와 같으며,[26] 분수를 삼가고 천명을 지켜서 뜻을 굽히지 않고 몸이 욕되지 않음은 진후산(陳后山), 임소암(任疏菴)과 비슷하다.[27]

다. 팔분(八分)·해서(楷書)·행서(行書)에 두루 능해 왕희지 등 후대 서예가들의 흠모를 받았다. 왕희지(307~365)는 동진(東晉) 사람으로 자가 일소(逸少)이며 우군장군(右軍將軍)을 지냈으므로 왕우군(王右軍)이라고도 칭한다. 해서·행서·초서(草書) 등 각 서체를 완성함으로써 예술로서의 서예의 지위를 확립하여 후대에 서성(書聖)으로 불렸다.

25 등용되지……같고 : 유사사(柳士師)는 춘추 시대 노(魯)나라에서 사사(士師)를 지낸 유하혜(柳下惠)로, 이 내용은 《맹자》 〈공손추 상(公孫丑上)〉에 "유하혜는 더러운 군주를 섬기는 것을 부끄러워하지 않으며 작은 벼슬을 낮게 여기지 않아, 나아가서는 어짊을 숨기지 않아서 반드시 그 도리를 다하였으며, 벼슬길에서 버림을 받아도 원망하지 않고 곤액을 당하여도 근심하지 않았다."라고 보인다.

26 충신(忠信)이……같으며 : 마속수(馬涑水)는 북송의 명재상인 사마광(司馬光, 1019~1086)으로, 산서성(山西省) 하현(夏縣) 속수향(涑水鄕) 사람이기 때문에 이렇게 칭한 것이다. 여기에서 말한 내용은 자세하지 않으나 《송사(宋史)》 권336 〈사마광열전〉의 "효우(孝友)와 충신(忠信), 공검(恭儉)과 정직(正直)을 타고났고, 기거동작이 법도에 맞았다……어려서부터 늙을 때까지 말을 함부로 한 적이 없었으니, 스스로 말하기를 '내가 남보다 뛰어난 것은 없으나, 평생 동안 행한 것 가운데 남에게 말할 수 없는 것이 없다는 것만은 남보다 낫다.' 하였다. 성실한 마음은 자연스러운 것이어서 세상 사람들이 공경하고 믿었다.〔孝友忠信, 恭儉正直, 居處有法, 動作有禮……自少至老, 語未嘗妄, 自言: 吾無過人者, 但平生所爲, 未嘗有不可對人言者耳. 誠心自然, 天下敬信.〕"라는 사마광의 행적에 이승달을 빗댄 것으로 보인다.

27 분수를……비슷하다 : 후산(后山)은 송나라 강서시파(江西詩派)를 주도한 인물인 진사도(陳師道, 1053~1102)의 호이고, 소암(疏菴)은 고문(古文)과 변려문에 뛰어

계책은 세상을 경륜할 수 있었고 문학은 나라를 빛낼 수 있었으며 정직한 절개와 청렴하고 곧은 지조 또한 한 세상에 모범이 될 만하니, 공과 같은 분은 어찌 이른바 '이름과 실제가 순수하고 문(文)과 질(質)이 빈빈(彬彬)한 군자'가 아니겠는가.

나는 공과 더불어 성오(聲伍)의 교분[28]이 있어서 서로 지기(知己)로 허여하였는데, 공이 별세한 지 30년이 넘고 나 또한 노쇠하여 죽게 되었으니, 만일 내가 죽어서 세상에 없다면 다시는 공을 알 자가 없다. 그래서 마침내 병을 무릅쓰고 명문을 짓는다. 명은 다음과 같다.

아름다운 한 선비가 있으니	有美一士
왕국의 기둥이었네	王國之楨

났던 조선의 문인 임숙영(任叔英, 1576~1623)의 호로, 모두 고난과 역경을 아랑곳하지 않고 절개를 지키다가 생을 마감한 인물들이다. 진사도는 자가 무기(無己)로 증공(曾鞏)의 문인인데, 평소 벼슬에 뜻이 없이 지내다가 철종(哲宗) 연간에 소식(蘇軾) 등의 천거를 받아 관직에 등용되었으나, 과거에 급제하지 않고서 등용되었다 하여 파직되었고, 그 후로는 벼슬에 나아가지 않고 곤궁한 삶을 살면서 지조를 굳게 지켰다. 《宋史 卷444 陳師道列傳》 임숙영은 초명이 상(湘), 자가 무숙, 본관이 풍천(豐川)으로, 평생 절개를 굽히지 않아 곤궁하게 살다가 44세의 나이로 생을 마감하였다. 신해년(1611, 광해군3) 당시 왕의 인척(姻戚)들이 국권(國權)을 전횡하는데도 거론하는 사람이 없었는데, 임숙영이 별시(別試)에서 처음으로 전각에 나아가 책문(策問)에 응시하였을 적에 수만 언(數萬言)의 대책문(對策文)을 지어 거리낌 없이 논척하였던 것이 유명하다. 《澤堂別集 卷6 司憲府持平疏菴任君【叔英】墓誌銘》

28 성오(聲伍)의 교분 : 성(聲)과 오(伍)는 교분이 두터웠던 공손성자(公孫聲子)와 오거(伍擧)로, 두 집안의 친분이 아버지 때부터 아들 때까지 계속 이어온 것을 이른다. 《춘추좌씨전》 양공(襄公) 26년 가을에 "이전에 초나라의 오참(伍參)은 채나라의 태사인 공자 조(朝)와 교분이 있었고, 그의 아들 오거는 공자 조의 아들 공손성자와 친하게 지냈다."라고 보인다.

가업을 계승하고 발자취를 이어서	繼業繩武
과거에 급제하고 문장의 명성이 있었으나	科名文聲
이것은 공에게는 여사이니	在公餘事
영화가 될 수 없었네	靡足爲榮
나는 감복하노니	我服夫公
공은 도를 유정[29]하게 이행하였네	履道幽貞
아, 그 자질은	猗乎其質
윤택한 옥이며 정밀한 금이었고	玉潤金精
드높은 지조는	卓乎其操
쓴 소태나무와 깨끗한 얼음이었네[30]	蘗苦氷淸
우연히 출세함은	軒冕倘來
평소 마음에 두지 않았네	匪伊素情
입을 막고 그림자를 숨기고는	塞兌息影
고명함에 마음을 두었네	玩心高明
때를 편안히 여기고 순함에 처하여	安時處順
몸과 명성을 온전히 하였네	克完身名
불우함을 기회로 여기니	不遇爲遇
생애를 보면 뜻이 평안하였네	觀生志平
만일 공의 덕업을 채웠다면	苟充德業

29 유정(幽貞) : 《주역》 〈이괘(履卦) 구이(九二)〉에 "행하는 도가 평탄하니 그윽한 사람이라야 정하고 길하다.〔履道坦坦, 幽人貞吉.〕"라고 보이는바, 이는 고결하고 굳센 절조(節操)를 지키는 것을 가리킨다.

30 쓴……얼음이었네 : 쓰디쓴 황벽나무를 먹고 차디찬 얼음물을 마신다는 뜻으로, 청고(淸苦)한 생활을 하며 절조를 지키는 것을 뜻한다.

어두운 거리에 태양과 별처럼 빛났으리	昏衢日星
하늘이 수명을 연장해주지 않아	天不假年
영원히 그 성공을 보지 못하였네	永觀厥成
몸을 온전히 하여 돌아갔으니[31]	是爲全歸
세도에 도움이 있었네	有裨世程
옥산은 높디높고	玉山峨峨
금화천은 차디차네	金華泠泠
밝은 달과 맑은 바람에	朗月淸風
공의 심령을 보는 듯하여라	如見心靈
내 부끄럽지 않은 글을 지어	我無愧辭
마침내 묘지명으로 남기노라	爰勒隧銘
공은 거의 불후할 것이니	庶幾不朽
바로 수우 선생이네	守愚先生

31 몸을……돌아갔으니 : 몸을 잘 보존하여 훌륭한 명성을 남기고 생을 마치는 효성을 말하는바, 증자(曾子)의 제자인 악정자춘(樂正子春)이 "부모가 자식을 온전히 낳아주셨으니 자식이 몸을 온전히 하여 돌아가야 효도라고 이를 수 있으니,〔子全而歸之, 可謂孝矣.〕 몸을 훼손하지 않으며 몸을 욕되게 하지 않으면 온전히 하였다고 이를 수 있다." 라고 한 데서 온 말이다. 《禮記 祭義》

익위 심공 묘지명 병서○갑진년[32]

翊衛沈公墓誌銘 幷序○甲辰

파주(坡州)의 동쪽 금병산(金屛山)의 언덕 해좌(亥坐)에 무덤이 있으니, 바로 고(故) 익위사 익위(翊衛司翊衛) 심공(沈公)의 묘소이다. 공이 별세한 지 12년에 큰 아들인 돈영(敦永)이 그 선친의 덕을 행장으로 써서 불초에게 명문을 지어 줄 것을 청하며 말하기를 "묘에 묘지가 없으면 정확한 사실을 후세에 전할 수 없을까 두려우니, 원컨대 공의 문장으로 불후하게 되기를 바랍니다."라고 하였다. 내가 여러 번 사양했으나 간청이 더욱 지극하니, 마침내 지극한 효성에 감동하여 삼가 차례로 엮어 서술한다.

공은 휘가 의진(毅鎭)이고 자가 치홍(致弘)이며 본관이 청송(靑松)으로, 고려 때 문림랑(文林郞) 휘 홍부(洪孚)를 초조(初祖)로 삼는다. 세 번 전하여 휘 덕부(德符)에 이르러 조선조에 들어와 청성백(靑城伯)에 봉해졌으며, 또 세 번 전하여 관찰사 휘 선(璿)에 이르렀는데, 광묘(光廟 세조)의 때에 벼슬을 버리고 스스로 지조를 지키고는 정자에 '망세정(忘世亭)'이라고 편액을 하니, 세상에서는 생육신(生六臣)[33]에 비

32 갑진년 : 1844년(헌종10)으로, 매산의 나이 69세 되던 해이다.

33 생육신(生六臣) : 세조가 1455년 단종을 상왕(上王)으로 내몰고 왕위를 찬탈하자, 지난날 세종·문종의 총애를 받았던 집현전의 학사 출신들이 이에 반발하여, 1456년(세조2) 세조를 제거하고 단종을 복위시킬 것을 모의하다가 사전에 탄로되어 70여 명이 모두 처형되었는데, 이때 단종의 복위를 꾀하다가 죽은 사육신에 대비하여 목숨을 잃지

견하였다.

망세정 공에게 증손인 좌참찬 휘 광언(光彦)이 있는데, 정암(靜庵) 조 선생(趙先生 조광조(趙光祖))에게 수학하여 당시 훌륭한 경(卿)이 되었다. 참찬공에게 현손(玄孫)인 영의정 휘 지원(之源)이 있는데, 혼조(昏朝 광해군) 때 벼슬하지 않고 효종(孝宗)과 현종(顯宗) 두 조정의 명신(名臣)이 되어 덕과 업적이 모두 드러났으니, 이분이 공의 고조이다. 증조 휘 익성(益成)은 현감으로 이조 판서에 추증되었고, 조고 휘 정최(廷最)는 지중추(知中樞)이다. 선고 휘 사민(師民)은 직장(直長)이며, 선비(先妣) 한산 이씨(韓山李氏)는 통덕랑(通德郞) 홍중(弘重)의 따님으로, 조고가 목사(牧使) 병정(秉鼎)이다.

공은 순조 신유년(1801)에 사마시에 합격하고, 경오년(1810)에 의릉 참봉(懿陵參奉)에 보임되었다가 종묘서 부봉사(宗廟署副奉事)와 상서원 부직장(尙瑞院副直長)과 직장, 의금부 도사(義禁府都事), 북부령(北部令), 돈녕부 판관(敦寧府判官), 사재감 첨정(司宰監僉正), 광흥창 수(廣興倉守), 익위(翊衛)를 역임하였다. 외직으로는 의령(宜寧), 양구(楊口), 비안(比安)의 현감을 지냈다.

계사년(1833) 2월 24일에 사동리(社洞里)의 집에서 고종명하니, 출생한 무자년(1768) 10월 16일로부터 향년 66세이다. 4월 21일에 선영에 장례하였다.

배위인 광산 김씨(光山金氏)는 통덕랑 두영(斗榮)의 따님이고, 충정

않고 살았지만 단종에 대한 절의를 지켜 평생 벼슬길에 나아가지 않고 초야에 묻혀 살았던 김시습(金時習)·원호(元昊)·이맹전(李孟專)·조려(趙旅)·성담수(成聃壽)·남효온(南孝溫)을 이른다.

공(忠貞公) 운택(雲澤)의 증손녀이니, 공과 같은 해에 태어났고 공보다 50년 먼저 별세하였다. 나이가 겨우 비녀를 올릴 15세에 부덕(婦德)을 일찍 갖추어서 여사(女士)라고 일컬어졌는데, 묘가 같은 언덕의 오좌(午坐)에 있다. 계배(繼配)인 함안 조씨(咸安趙氏)는 우진(宇鎭)의 따님이고 승지(承旨) 중명(重明)의 손녀이니, 공보다 1년 먼저 태어났고 공보다 17년 먼저 별세했다. 규범(閨範)이 정숙(貞淑)하였는데, 묘소는 같은 언덕의 경좌(庚坐)에 있다.

세 번째 배위인 담양 전씨(潭陽田氏)는 군수 덕현(德顯)의 따님이니, 공보다 28년 뒤에 태어나고 공보다 11년 먼저 별세하였다. 처음에는 분수원(分水院)에 임시로 장례하였다가 뒤에 옮겨서 공의 묘소에 부장(祔葬)하였는데, 또한 정숙한 자질과 지극한 행실이 있어서 집안 사람들이 모두 덕을 칭송하였다. 세 분 모두 자식을 낳지 못해서 족자(族子)인 돈영(敦永)을 후사로 삼았다. 전 홍문관 교리로, 아들과 딸을 두었는데 모두 어리다.

공은 자질이 순박하고 기국(器局)이 중후하여 어릴 때부터 엄숙함이 성인(成人)과 같았다. 직장공(直長公)이 몸소 매우 엄격하게 가르쳐서 동네 사람들과 몰려다니지 않고 오직 예(禮)를 좋아하는 자와 놀게 하니, 공은 가정교훈을 삼가 따라서 법도를 잘 지켰다. 을사년(1785)에 모친상을 당하였는데 종신토록 사모하는 효심이 있었다. 기미년(1799)에 직장공이 돌림병[34]을 앓았는데, 공 또한 그 병에 걸렸으나 병을 억지로 참고 약시중을 들면서 대변이 단지 쓴지를 맛보았으며

34 돌림병 : 원문은 '천행(天行)'으로, '천행역려(天行疫癘)'의 줄인 말인데, 한 나라 전체에 돌림이 일어나는 큰 전염병을 말한다.

직접 부축하여 정성을 지극히 하지 않음이 없었다.

상을 당하자 성실(誠實)을 다해서 유감이 없게 초상을 치렀으며, 예를 다하여 거상(居喪)해서 영연(靈筵)에 전(奠 상식(上食))을 시봉(侍奉)하였고, 상제(喪制)를 지키며 여묘(廬墓)하면서 몸이 훼손되어 거의 생명을 잃을 뻔하였다. 계비(繼妃) 박 부인을 섬길 적에 효성을 다해서 뜻을 미리 받들어 순종하였으며, 맛있는 음식과 좋은 의복을 제때에 마련하여 올리지 못할까 염려하였다. 노년에 이르러서도 효성이 더욱 독실하여 특별히 맛있는 것이 있으면 먼저 맛보지 않고 반드시 가져다가 올렸으며, 임종하자 효를 제대로 끝마치지 못했다 하여 몹시 원통하게 여겼다.

항상 선조를 받드는 일에 매우 경건하여 사시(四時)의 성묘를 노쇠하고 병들었다 하여 폐하지 않았으며, 묘소를 단장하고 제수를 올릴 적에 물심양면으로 정성을 다하였고, 제기 씻는 것을 직접 검사해서 지극히 정결하게 하였다. 조두(俎豆 제기)에 사용되는 것을 반드시 점검하여 기록하고 나누어 배정해서 혹시라도 빠트리는 것이 없게 하였으며, 미비함이 있으면 기물을 팔아서라도 반드시 갖추었다.

목욕재계할 적에는 나태한 모습을 드러내지 않았으며, 일찍이 병고(病故)를 이유로 제사를 대행시킨 적이 없었는데, 병이 위독하여 상여(喪餘)[35]를 만나게 되자 기어서 사당에 나아갔다. 모시는 자가 극력 만류하자, 공은 말하기를 "비록 병이 들었으나 내가 제사에 참여하지 않으면 바로 제사하지 않은 것과 같다." 하고 이어서 오열하고 눈물을

35 상여(喪餘) : 거상(居喪)을 마치고 난 나머지라는 뜻인바, 삼년상을 넘기고 지내는 기제(忌祭)의 다른 표현이다.

흘리니, 지극한 정성으로 선조를 추모함이 이와 같았다.

어린 아우를 가르칠 적에 추향(趨向)을 바르게 해서 마침내 큰 그릇을 이루게 하였다. 과부가 된 누이가 외롭고 곤궁하게 지내는 것을 불쌍히 여겨서 한집에서 함께 밥해 먹으면서 살았는데, 집안에 이간질하는 말이 없었다. 과부 누이가 죽자 몸소 상구(喪具)를 준비하였는데, 마음이 흡족할 때까지 정성을 다하였다. 집안을 다스릴 적에는 법도가 있어서 은혜가 의리보다 지나치지 않았고 예로써 온화함을 절제하였으며, 일에 임하면 후환을 염려하여 미연에 방지하니, 처음에는 효험이 없는 듯하였으나 매번 오랜 뒤에 징험이 나타났다.

아들에게는 먼저 경박하지 않도록 가르치면서 "너는 너의 숙모를 어머니처럼 받들어라. 근래 풍속이 야박해져서 가문 안에서 은혜와 의리를 보존하는 경우가 드문데, 네가 이것을 본받지 않기를 원한다."라고 하였다. 남에게 베풀기를 좋아하여 친척들과 고락(苦樂)을 함께 하였으며, 가난하고 병든 자의 혼인과 초상을 힘써 도와주면서 미치지 못할 듯이 여기고 궁벽한 고을의 소원한 친족들에게까지 미쳤으니, 공을 찾아오는 자가 자기 집에 돌아오듯이 편안해 하였다. 한가한 날에 화수회(花樹會)[36]를 열고 음식을 장만하여 즐겼는데, 은혜와 사랑이 돈독하고 지극하여 담소(談笑)가 넘쳐났다.

관청에 있을 적에는 임금을 속이지 않는 것을 첫 번째 의리로 삼고,

36 화수회(花樹會) : 종족(宗族)의 모임을 이른다. 당(唐)나라 때 위씨(韋氏) 일가들은 종회법(宗會法)이 있어 원근의 친족들이 자주 한 자리에 모여서 골육(骨肉)의 정을 도탑게 하였는데, 잠삼(岑參)이 〈위원외화수가(韋員外花樹歌)〉 시를 지어 묘사한 데에서 유래하였다.

정사를 할 적에 힘써 대체(大體)를 유지하였다. 비안(比安)에 있을 적에 봉급을 털어 굶주린 백성을 구제하였는데, 고르게 나누어 주고 후하게 지급하여 온 경내가 이에 힘입어서 굶어죽은 사람이 없으니, 백성들이 지금까지 칭송한다.

평소 산수(山水)를 좋아해서 공무의 여가에 동해를 구경하고 풍악산(楓嶽山)을 감상하면서 우뚝이 세속을 초탈하여 살려는 생각이 있었다. 평소 집안 살림을 경영하지 않았는데, 집안사람 중에 혹 권하는 자가 있으면 공은 언제나 가난함과 부유함이 천명에 달려있다고 말해 주었다. 이 때문에 세 고을을 맡은 지 10년이 되었으나 전택(田宅)이 조금도 증가한 바가 없어서 가난한 집이 쓸쓸하였는데도, 편안하게 거처하였다.

공은 타고난 자품이 신중한데다가 겸손함을 겸하여 천진함에 맡겨 마음이 평탄하였고 또한 비속함을 남에게 가하지 않으니, 사람들이 모두 공경하고 복종하였다. 평소 성품이 욕심이 적어서 음악과 여색, 화려한 것을 마치 보이지 않는 것처럼 대하였다.

아! 공의 지극한 성품과 질박한 행실은 마땅히 하늘의 복을 받아서 길하여 이롭지 않음이 없어야 할 터인데, 애석하게도 재주는 있으나 좋은 운명을 얻지 못해서 지위가 덕에 걸맞지 못했으니, 이에 신의 이치에 유감이 없지 못하다. 그러나 사자(嗣子)의 문학과 명망이 능히 선대의 아름다움을 계승해서 묘령(妙齡)에 재주를 드날려 전도가 양양하다. 선한 사람에게 보시(報施)하는 천도(天道)가 이에 정해졌으니, 이것이 명문이 없을 수 없는 이유이다. 다음과 같이 명문을 짓는다.

청송 심씨는 維青松氏

대대로 훌륭한 집안이네　奕世名冑
특별히 우리 공을 탄생시키니　篤生我公
인후함이 훌륭하였네　胥矣仁厚
집안에서 정사를 하니　爲政于家
효도와 우애를 근본하였네　本之孝友
담박하고 편안하고 고요해서　澹泊寧靜
지조를 온전히 지켰네　用全厥守
잠깐 고을을 맡았을 적에[37]　薄試割鷄
공적을 많이 세웠네　成績純茂
세 고을에 사랑을 남기니　遺愛三郡
백성들이 부모라고 불렀네　民呼父母
애석하게도 조정에 등용되어　惜未揚庭
포부를 다 펴지 못하였네　克展抱負
홀로 천진함을 보존하여　獨葆其眞
세속에 물들지 않았네　不獲滋垢
불식의 보답[38]이 있으니　報在不食

37 잠깐……적에 : 원문의 '할계(割鷄)'는 닭을 잡는다는 뜻으로, 작은 고을의 수령 노릇함을 비유하는바, 자유(子游)가 무성(武城)의 읍재(邑宰)가 되어 예악을 가르쳐 고을 사람들이 모두 현악(弦樂)에 맞추어 노래를 불렀는데, 공자가 무성에 가서 그 소리를 듣고는 빙그레 웃으며 "닭을 잡는 데에 어찌 소 잡는 칼을 쓰느냐.〔割鷄焉用牛刀?〕"라고 한 데에서 온 말이다. 《論語 陽貨》

38 불식(不食)의 보답 : 생전에 덕을 쌓고 복을 누리지 못하면 자손이 대신 그 복을 누린다는 의미로, 《주역》 〈박괘(剝卦) 상구(上九)〉에 "마지막 남은 큰 과일은 먹지 않는다.〔碩果不食.〕" 하였는데, 이천 정이의 《역전(易傳)》에 "큰 과일이 먹히지 않아 장차 다시 생겨나는 이치를 볼 수 있다." 한 데서 온 말이다.

후손들의 당구[39]가 성대하네 丕隆堂構
이에 아름다움을 게시하니 于以揭美
소목의 차례로 장례한 언덕이네 昭穆之阜
내가 묘지명을 지어 올려 我薦石章
영구한 후세에 남기기를 도모하노라 圖垂永久

39 당구(堂構) : '긍당긍구(肯堂肯構)'의 줄인 말로, 가업을 이어받아 발전시키는 것을 의미하는바, 《서경》 〈주서(周書) 대고(大誥)〉의 "만일 아버지가 집을 지어 이미 법을 이루었는데, 그 자식이 기꺼이 당(堂)의 터도 만들려고 하지 않으니, 하물며 기꺼이 집을 구축하겠는가.〔若考作室, 旣底法, 厥子乃不肯堂, 矧肯構?〕"라는 말에서 온 것이다.

경직재 홍공 묘지명 병서○갑진년[40]

敬直齋洪公墓誌銘 幷序○甲辰

우리 방조(傍祖)인 강경공(康敬公) 휘 빈(彬)은 덕업과 문장으로 고려조의 유명한 신하가 되었는데, 후손들이 관하(關河 관서(關西)) 지방에 유락(流落)하여 서쪽 지방의 명망 있는 집안이 되었다. 수십 대를 전하여 휘 임제(任濟)는 자가 경윤(景尹)이고 호(號)가 경직재(敬直齋)이니, 자품이 빼어나고 성품이 호기로워 자유분방한 기운을 억제하기 어려웠으므로 스스로 시주(詩酒)를 즐기는 분화(紛華)한 곳에서 노닐었다.

그러다가 백씨(伯氏)가《소학(小學)》책을 읽으라고 권하자, 환연히 살펴 깨닫고 말하기를 "사람이 되는 방도가 학문에 달려 있구나. 이제야 명교(名教) 가운데 즐거운 땅이 있음[41]을 알았다." 하였고, 또 말하기를 "학문할 때에는 오직 스승을 따라 도(道)를 물어야 관감(觀感)하여 성취할 수 있다."고 하였다.

40 갑진년 : 1844년(헌종10)으로, 매산의 나이 69세 되던 해이다.

41 명교(名教)……있음 : '명교'는 명분과 명칭을 중시하고 윤리 도덕을 가르치는 유교를 이른다. 진(晉)나라 말기에 호무보지(胡毋輔之), 사곤(謝鯤), 완방(阮放), 필탁(畢卓), 양만(羊曼), 환이(桓彝), 완부(阮孚), 광일(光逸) 등 여덟 사람이 예법을 돌아보지 않고 매우 방달(放達)하여 '팔달(八達)'로 일컬어졌는데, 이들 중에는 심지어 옷을 다 벗고 알몸을 내놓는 자까지 있었다. 악광(樂廣)이 이를 보고 웃으면서 "명교 안에 절로 즐거운 땅이 있는데, 어찌하여 이렇게 한단 말인가."라고 비판하였는바, 이 내용을 인용한 것이다.《晉書 卷43 樂廣列傳》

미호(渼湖) 김원행(金元行) 선생이 당세(當世)의 유종(儒宗)이라는 말을 듣고 문하에 가서 가르침을 청하자, 선생은 공이 종전의 잘못된 태도를 고쳤다는 말을 듣고 찬탄하기를 "기질을 변화시킴은 선철(先哲)들도 어렵게 여긴 것인데 지금 그대가 능히 하였으니, 참으로 호걸스러운 선비이다." 하였다. 인하여 공과 더불어 성경(誠敬)의 뜻과 명덕(明德)의 설을 강론하고, 말하기를 "선(善)을 좋아하고 의(義)를 좋아함은 다른 사람들도 함께 논할 수 있지만, 체인(體認)하고 간절히 물음은 다른 사람이 미치지 못하는 것이다."라고 하였다.

공은 더욱 분발하여 위기지학(爲己之學)[42]을 자임(自任)하였다. 평소 새벽에 일어나 사당에 배알하고 물러나면 서실(書室)에 거처하였는데, 옷깃을 여미고 꼿꼿이 앉아서 여러 경서와 낙건(洛建)[43]의 여러 책을 연구하여 밤낮으로 게을리하지 않았다. 그러자 원근(遠近)의 준걸스러운 선비들이 소문을 듣고 찾아와서 배우는 자가 매우 많았는데, 마음을 차분히 가라앉혀 교화하고 인도하였다. 항상 배우는 자들이 가까운 것을 버리고 고원한 것을 좇으며 낮은 단계에 있으면서 높은 단계를 엿보아서[44] 경솔하게 자신을 과장하여 실제적인 소득이 없게

42 위기지학(爲己之學) : 오직 자신의 덕성을 함양하기 위한 공부를 이르는바, 남이 알아주기를 바라서 공부하는 '위인지학(爲人之學)'과 상대되는 말이다. 《논어》 〈헌문(憲問)〉에 "옛날의 배우는 자들은 자신을 위한 학문을 하였는데, 지금의 배우는 자들은 남에게 보여 주기 위한 학문을 한다.〔古之學者爲己, 今之學者爲人.〕"라고 보인다.

43 낙건(洛建) : 정주학(程朱學)을 일컫는 말로, 명도 정호와 이천 정이는 낙양(洛陽)에서 살고 주자는 복건(福建)에서 살며 강학하였으므로 이렇게 말한 것이다.

44 가까운……엿보아서 : 단계를 밟아 순서에 따라 차근차근 공부하지 않음을 말하는바, 명도(明道) 선생이 "세상의 배우는 자들이 가까운 것을 버리고 고원한 것을 좇으며

되는 것을 경계해서, 독실하게 마음을 보존하여 한 가지에 집중하게 하였다.

평소 산수(山水)를 좋아하여 한가한 날에 관동(冠童)을 데리고 초연히 깊은 물과 높은 산의 자연을 찾아서 그윽한 정감을 펼쳤다. 학문은 자신을 반성하여 실천하며 채찍질하여 내면으로 향하는 것을 근본으로 삼아서 외면에 힘쓰고 명예를 구하는 일에 일절 마음을 쓰지 않으니, 이것이 이른바 '안으로 충(忠)·신(信)을 쌓음은 덕을 진전함이다.'[45] 라는 것이다.

공은 정종(正宗)[46] 10년 병오년(1786) 윤7월 7일에 별세하니, 태어난 정미년(1727)으로부터 향년 60세이다. 용강(龍岡)의 신덕산(神德山) 신좌(申坐)에 장례하였다. 공은 천성이 효성스러워 모친상에 3년 동안 여묘하여 몸이 수척해서 거의 생명을 잃을 뻔하였으며, 항상 일찍 부친을 여읜 것을 애통해하여 화려하고 사치한 옷을 입지 않고 진귀한 음식을 먹지 않았다.

형을 아버지처럼 섬겼으며 예를 지켜 사람들을 대접하고 온화한 태도로 일을 처리해서 신실함과 화순함이 향당(鄕黨) 사람들의 신임을

낮은 단계에 있으면서 높은 단계를 엿보아서 경솔하게 자신을 과장하여 끝내 소득이 없게 됨을 병통으로 여겼다.〔病世之學者捨近而趨遠, 處下而闚高, 所以輕自大而卒無得也.〕"라고 한 말을 원용한 것이다. 《小學 善行》《二程全書 明道先生行狀》

45 안으로……진전함이다 : 이 내용은 《주역》〈건괘(乾卦) 문언전(文言傳)〉에 "군자가 덕을 진전시키고 업(業)을 닦으니, 충(忠)·신(信)이 덕을 진전시키는 것이요, 말을 함에 그 성실함을 세움이 업을 보유하는 것이다."라고 보인다.

46 정종(正宗) : 조선 22대 왕 정조(正祖)의 묘호(廟號)로, 고종(高宗) 때 정조로 추존하였다.

받으니, 덕에 훈도되어 열복(悅服)하지 않는 이가 없었다.

우리 홍씨는 고려조의 태사(太師) 휘 은열(殷悅)에게서 시작되었는데, 강경공의 증손 휘 강(康)에 이르러 염주백(鹽州伯)에 봉해져 자손들이 이로써 염주를 관향으로 삼았다가, 뒤에 다시 남양(南陽)을 관향으로 삼았다.

훈련원 첨정(訓鍊院僉正)을 지낸 휘 신득(信得)과 휘 주구(疇九)는 바로 공의 조고와 선고이다. 선비(先妣) 진주 김씨(晉州金氏)는 천진(泉鎭)의 따님이다. 공은 두 배위가 있었으니, 진주 강씨(晉州姜氏)는 만상(萬尙)의 따님이고 청주 김씨(淸州金氏)는 만유(萬維)의 따님인데, 모두 용강(龍岡) 율현(栗峴)에 장례하였다. 용언(龍彦)은 원배(元配)의 소생이고, 용헌(龍獻), 용건(龍健), 용현(龍顯), 이□숙(李□肅)의 처는 계배(繼配)의 소생이다. 용언의 아들은 상근(尙根)이고, 사위는 이동일(李同一), 김대후(金大垕), 김상룡(金尙龍), 임효원(林孝元)이며, 용헌의 계자(系子)는 상주(尙柱)이며, 용건의 아들은 상주(尙柱), 상윤(尙贇), 상권(尙權), 상정(尙楨)이고, 사위는 윤재돈(尹在敦), 김석로(金錫老)이다.

관서 지방의 학문은 인현(仁賢)의 교화[47]로부터 시작되었고 선우돈암(鮮于遯庵)[48]이 유학(儒學)을 창도하여 밝혔는데, 중간에 학문을 성

47 인현(仁賢)의 교화 : 기자(箕子)가 조선에 와서 처음 관서 지방에서 여덟 조목의 가르침을 편 것을 말한다. 이에 따라 1576년(선조9)에 관찰사 김계휘(金繼輝)와 지방 유림들이 발의하여 평양에 인현서원(仁賢書院)을 세워 기자의 영정을 모셨다.

48 선우돈암(鮮于遯菴) : 돈암은 선우협(鮮于浹, 1588~1653)의 호로, 자는 중윤(仲潤), 본관은 태원(太原), 시호는 문간(文簡)이다. 학행으로 천거되어 장악원 주부, 성균관 사업 등에 제수되었으나 모두 사양하고 학문에 전념하여 심성이기(心性理氣)를

취한 자가 있었다는 말을 전혀 듣지 못했으니, 비록 인의(仁義)와 도덕(道德)의 설을 듣고자 한들 누구를 따라 찾겠는가. 그런데 공은 능히 스스로 스승을 얻어서 귀의(歸依)할 바를 알았고, 독실히 믿고 학문을 좋아하여 스스로 수립한 것이 있어서 우뚝하게 한 도(道)의 선(善)한 선비가 되었으니, 비록 타고난 아름다운 자질에 연유하였더라도 또한 학문의 공부가 컸음을 볼 수 있다.

공의 손자인 상윤(尙贇)이 나를 따라 종유(從遊)하니, 진실한 마음과 질박한 행실이 할아버지의 유풍이 있었다. 나에게 후세에 길이 전할 글을 청한 지가 이미 여러 해가 되었는데, 내가 늙고 병들어서 죽을 날이 가까워 붓을 잡을 수 없으나, 상윤이 돌아갈 때에 정성스러운 말로 매우 간절히 부탁하므로 마침내 병을 무릅쓰고 다음과 같이 명문을 짓는다.

아름다운 선비가 있었으니	有美一士
그 사람이 옥과 같았네	其人如玉
옛것을 고치고 새로움을 도모하여	革舊圖新
스스로 면학할 줄 알았네	自知勉學
행동 하나하나 생각 하나하나가	步趨唯諾
스승의 말씀을 복종하지 않음이 없었네	無思不服
다리를 꼿꼿이 세우고 실제를 실천하니	立脚踏實

깊이 연구하였으며, 특히 《주역》에 통달하여 세상 사람들이 '관서 부자(關西夫子)'라 칭하며 존경하였다. 평양의 용곡서원(龍谷書院)과 태천의 돈암서원(遯菴書院)에 제향되었다. 저서로 《돈암전서》가 있다.

도중에 그친 적이 없었네	未見其止
스승의 가르침을 높이고 믿어	尊信師訓
죽을 때까지 변치 않았네	之死不貳
아침 일찍부터 밤늦게까지 노력하여	庶幾夙夜
선조를 욕되게 하지 않았네	無忝先懿
내가 공의 묘에 쓰기를	我題其墓
처사라고 표기하였네	表以處士
경직이라고 자호하였으니	自號敬直
어찌 감히 지나치게 찬미하겠는가	詎敢溢美
무덤에 명문을 지어서	勒銘玄隧
후세 사람들을 권면하노라	用勸來軌

처사 신공 묘지명 병서○기유년[49]

處士愼公墓誌銘 幷序○己酉

영암군(靈巖郡) 동사곡(東槎谷)에 감좌(坎坐)의 산이 있으니, 바로 고 처사(處士)인 신공(愼公) 휘 성필(聖弼)의 옷과 신을 묻은 곳인데, 백세가 지나도 묘지명이 없었다. 공의 5대 손 재하(在夏)가 행장을 가지고 와서 나에게 명문을 청하였는데, 불초가 병들어서 붓과 벼루를 놓은 지 오래되었으나, 재하가 같이 지낼 적에 고심으로 간청해서 기어이 허락을 받고자 하니, 그의 큰 정성에 감동하여 마침내 병을 무릅쓰고 서술한다.

공은 자가 여뢰(汝賚)이고 호가 경암(敬庵)이다. 시조 공헌공(恭獻公) 휘 수(修)는 송나라 개봉부(開封府) 사람으로, 해선(海船)을 타고 바다를 건너 동쪽으로 와서 고려조에 벼슬하였다. 아들 휘 안지(安之)는 병부 상서(兵部尙書)를 지냈는데, 이 일이 《고려사》에 기재되었는바, 뒤에 거창(居昌)에 관향을 받았다. 조선조에 들어와서 휘 기(幾)는 보문각 제학(寶文閣提學)인데, 고향 사람들이 학문과 지절(志節)을 흠모하여 사당을 세워 제사하였다. 아들 휘 후경(後庚)은 통례(通禮)인데, 장인인 연촌(烟村) 최덕지(崔德之) 공을 따라 영암(靈巖)의 영보촌(永保村)에 거주하니, 자손들이 마침내 대대로 이곳에 거주하였다.

누대를 전하여 휘 희남(喜男)에 이르러 관찰사를 지냈는데, 문학과

49 기유년 : 1849년(헌종15)으로, 매산의 나이 74세 되던 해이다.

청렴하고 근신함으로 이름이 나서 또한 사우(祠宇)에서 제사하니, 이분이 공의 고조이다. 증조 휘 여경(餘慶)은 판관으로 좌승지에 추증되었고, 조고 휘 함(諴)은 감찰(監察)이다. 선고 휘 광익(光翊)은 성균관 생원이니, 갑자년(1624) 이괄의 난에 의병을 일으켰다. 선비(先妣) 연안 이씨(延安李氏)는 현감 태길(泰吉)의 따님이니, 문청공(文淸公) 후백(後白)이 증조이다.

공은 기국(器局)이 엄숙하였고, 부모에 대한 효도와 형에 대한 공경을 하늘에서 타고났다. 물건을 구비하여 어버이를 봉양하여 맛좋은 음식을 극진히 마련하니, 눈 속에서 잉어가 나오고 밤에 꿩이 날아오는 상서(祥瑞)를 이루었다. 얼굴빛을 온화하게 하고 용모를 공손히 하여 조금도 게으르지 않았으며, 비록 근심스러운 일이 있더라도 애써 웃고 말하여 어버이 마음을 편안하게 해드렸다. 모부인이 수십 년 동안 한낮의 촛불[50]처럼 지내며 바깥 하늘의 해를 보지 않았는데, 고령(高齡)에 병이 들자, 공은 밤에 띠를 풀지 않고 대변이 쓴지 단지를 맛보아서 병의 차도를 징험하였으며, 손가락을 베어 피를 내어서 위태로운 목숨을 연장하였다.

또 제단을 쌓고 북두칠성에 제사해서 자신이 대신 죽겠다고 기도하였는데, 바람과 눈을 맞으며 7일 밤낮을 보냈다. 상을 당하자 예법보다 더 심하게 슬퍼하여 몸을 훼손해서 거의 생명을 잃을 뻔하였다. 묘소가

50 한낮의 촛불 : 원문은 '주촉(晝燭)'으로, 한낮의 촛불은 켜놓아도 그 불빛이 희미하여 쓸모가 없는바, 모부인이 남편을 잃고 실의하여 의미 없이 살아갔음을 비유한 것이다. 당(唐)나라 장적(張籍)의 시에 "남편은 전장에서 죽고 자식은 뱃속에 있으니, 첩의 몸 살아있으나 한낮의 촛불과 같네.〔夫死戰場子在腹, 妾身雖存如晝燭.〕"라고 한 데에서 온 말이다. 《張司業集 卷2 征婦怨》

다소 멀었으나 날마다 성묘하는 것을 폐하지 않았는데 애절하게 울부짖어 목소리가 나오지 않으니, 행인들도 눈물을 떨구었고 나무하고 목축하는 자들도 모두 한숨지으며 '신효자(愼孝子)'라고 불렀다. 상기(喪期)가 끝나자 슬퍼하는 글을 기술해서 추모하는 마음을 붙였는데, 온 지방 사람들이 공의 행실을 천거하여 도백(道伯)이 장차 조정에 알리려고 하였으나 공이 강력히 만류하여 중지하니, 이 일이 《읍지(邑誌)》에 실려 있다.[51]

공은 현종 갑인년(1674)에 별세하니, 출생한 병인년(1626)으로부터 향년 49세이다. 배위인 고흥 유씨(高興柳氏)는 참판에 추증된 중휘(重輝)의 따님인데, 아들 수만(壽萬)을 두었고, 딸은 최항(崔抗)에게 시집갔다. 계배인 전주 이씨(全州李氏)는 참판에 추증된 중미(重美)의 따님이니, 아들은 의만(義萬), 헌만(憲萬), 제만(濟萬), 재만(載萬), 귀만(龜萬)이고, 딸은 오대보(吳大輔)에게 출가하였다.

창언(昌言)은 의만의 소생이고, 창정(昌鼎), 창항(昌恒), 창점(昌漸)은 헌만의 소생이고, 창원(昌遠)은 제만의 소생이고, 창관(昌觀), 창진(昌晉)은 귀만의 소생이다. 창정의 아들은 사심(師心), 사전(師典)이고, 창항의 아들은 사안(師顔)이고, 창점의 아들은 사눌(師訥)이고, 창원의 아들은 사중(師中)이고, 창관의 아들은 사국(師國)이고, 창진의 아들은 사원(師元)이다. 현손(玄孫) 이하는 적지 않는다.

공은 명문가에서 생장하여 효도와 우애를 독실이 행하여 한 지방의

51 이 일이……있다 : 신성필의 효도와 우애가 남달랐던 사실이 현전하는 《호남읍지(湖南邑誌)》의 《영암(靈巖)》 편 '인물(人物)' 조에 보이는데, 역시 행실이 빼어났던 그의 형 신성윤(愼聖尹, 1617~?)과 함께 실려 전한다.

모범이 되었으니, 이는 학문에 근본한 것이었다. 논변한 것이 왕왕 깊고 독특한 조예가 있어서 사우(士友)들에게 크게 추앙을 받았으며, 또 정자(程子)의 '덕성(德性)을 보존하고 기르는 설(說)'에 대하여 진실하고 독실하게 힘쓰고, 이로 인하여 '경(敬)'이라고 자호(自號)하였다. 전할 만한 작은 원고가 있으니, 근본이 있음이 이와 같았다.

재하(在夏)가 소은공(素隱公)의 유고(遺稿)를 함께 보내주었다. 소은공은 이름이 천익(天翊)이니[52] 바로 공의 종부(從父)이며, 공의 장자인 수만(壽萬)은 이분의 손자가 된다. 소은공은 깨끗한 명성과 고아한 명망이 사림(士林)의 표준이 되었으니, 공의 훌륭한 행실은 소은공의 가르침에서 얻은 것이다. 선철(先哲)이 말하기를 "사람의 선(善)을 칭할 때에 반드시 부형과 사우(師友)에 근본함은 지극히 후한 것이다." 하였으니,[53] 내가 삼가 이 의리에 부쳐서 공의 명문을 짓는다. 명문은 다음과 같다.

효도와 공경을 몸소 행하여 躬行孝悌

52 소은공은 이름이 천익(天翊)이니 : 소은(素隱)은 신천익(愼天翊, 1592~1661)의 호로, 자는 백거(伯擧)이다. 1615년(광해군7)에 광해군의 실정을 보고 사직, 전라도 영암에 은거하였다. 인조반정 후 홍문관과 사간원의 요직에 제수되었으나 나아가지 않았다. 저서로 《소은유고》가 있다.

53 선철(先哲)이……하였으니 : 선철은 동파(東坡) 소식(蘇軾)이다. 이 내용은 《논어집주》 〈공야장(公冶長)〉에 공자가 자천(子賤)을 평하면서 "군자답다, 이 사람이여! 노(魯)나라에 군자가 없었다면 이 사람이 어디에서 이러한 덕을 취하였겠는가?"라고 칭찬하였는데, 주자의 《집주》에 "다른 사람의 선을 칭찬할 적에 반드시 그 부형과 사우에 근본을 두어 말하는 것은 후덕함이 지극한 것이다.〔稱人之善, 必本其父兄師友, 厚之至也.〕"라고 한 소식의 말이 보인다.

선조에게 욕됨이 없었고	在先毋忝
후덕함을 후세에 전하여	德厚流光
넉넉한 복을 유감없이 남겼네	裕後無憾
근본한 것이 있었으니	本之則存
보고 감동하여 얻은 것이네	得諸觀感
우러러 소은공을 계승하여	仰述素隱
거의 어긋남이 없었네	庶幾弗僭
명문에 정직한 말을 하여	矢辭于銘
무덤에 밝게 드러내노라	用昭玄堷

사재 장공 묘지명 병서○갑진년[54]

思齋張公墓誌銘 幷序○甲辰

우리 조선조는 문교(文敎)가 흥성하고 발달해서 유현(儒賢)들이 배출되니, 서북 지방의 호걸들이 왕왕 소문을 듣고 흥기하였다. 관서 지방에 있는 분은 돈암(遯庵) 선우협(鮮于浹)[55]이고 관북 지방에 있는 분은 송암(松巖) 이재형(李載亨)[56]이니, 우재(尤齋 송시열(宋時烈))와 미호(渼湖 김원행(金元行)) 두 선생이 묘갈명을 짓기도 하고 행장을 짓기도 하여 숨겨진 덕을 발명하였다.

내가 들은 바로는 "해서(海西) 지방의 사재(思齋) 장공(張公)이 두 공보다 먼저 나와 학문이 연원을 거치지 않고 마음을 스승 삼아 스스로 터득해서 사문(斯文 유학(儒學))을 부식(扶植)하고 후학을 계도하는 것을 자신의 임무로 삼았다." 한다. 이 또한 호걸스러운 선비인데, 우재와

54 갑진년 : 1844년(헌종10)으로, 매산의 나이 69세 되던 해이다.

55 돈암(遯庵) 선우협(鮮于浹) : 돈암은 선우협(1588~1653)의 호로, 자는 중윤(仲潤), 본관은 태원(太原), 시호는 문간(文簡)이다. 저서에 《돈암전서》가 있고, 송시열이 지은 묘갈명과 문집의 서문이 전한다. 《宋子大全 卷138, 卷172》 선우협에 대한 자세한 내용은 192쪽 주48 참조.

56 송암(松巖) 이재형(李載亨) : 송암은 이재형(1665~1741)의 호로, 자는 가회(嘉會), 본관은 전주(全州)인바, 함경도 경성(鏡城)에서 태어나 최신(崔愼)에게 사숙하고 1685년(숙종11) 북평사(北評事)로 부임한 농암 김창협을 찾아가 수학하였으며, 천거로 장악원 주부(掌樂院主簿)를 지냈다. 저서에 《송암집》이 있는데, 김원행이 지은 행장과 홍계희(洪啓禧, 1703~1771)가 지은 묘지명 등이 실려 있다. 《松巖集 卷6》

미호 두 선생의 표장(表章)을 받지 못해서 이름이 매몰되어 일컬어지지 않으니, 애석하다.

공은 휘가 가순(可順)이고 자가 자순(子順)이며 계통이 결성(結城)에서 나왔으니, 고려 때 정승을 지낸 휘 하(夏)를 시조로 삼는다. 증조 휘 후(厚)는 전농시 윤(典農寺尹)으로 장릉(莊陵)의 육신(六臣)[57]과 매우 친하였는데, 육신이 죽자 눈이 멀었다고 칭탁하고 벼슬하지 않았다. 조고 휘 의눌(毅訥)은 진사이고, 선고 휘 유(裕)는 참봉인데, 참봉공이 경주 이씨(慶州李氏) 수인(壽仁)의 따님에게 장가들어 봉산(鳳山)의 마을 집에서 공을 낳았다.

공은 타고난 자품이 순수하고 아름다우며 효성과 우애를 천성(天性)으로 타고났다. 입신(立身)하고 행실을 단속할 적에 한결같이 주자(朱子)의 가르침을 따랐다. 거상할 적에 3년 동안 여묘(廬墓)를 하여 상을 마쳤고, 아침저녁으로 곡하며 상식(上食)해서 일찍이 비바람을 이유로 폐한 적이 없었으며, 국상(國喪)을 만나면 방상(方喪)[58]을 행하여

57 장릉(莊陵)의 육신(六臣) : '장릉'은 단종(端宗)이 위호(位號)를 회복한 뒤의 능호(陵號)이고, '육신'은 단종의 복위를 주도하다가 처형된 사육신(死六臣)인 성삼문(成三問), 박팽년(朴彭年), 하위지(河緯地), 이개(李塏), 유성원(柳誠源), 유응부(兪應孚)를 이른다. 사육신은 계유정난(癸酉靖難, 1453)으로 정권을 장악한 세조(世祖)가 1455년 단종을 상왕으로 내몰고 왕위를 찬탈하자, 지난날 세종·문종의 총애를 받았던 집현전의 일부 학사 출신들이 이에 반발하여, 1456년에 세조를 제거하고 상왕을 복위시킬 것을 모의하다가 일이 사전에 탄로나 이에 연루된 70여 명과 함께 처형되었다.

58 방상(方喪) : 부모의 상을 입는 예로 임금의 상을 입는 것으로, 《예기》 〈단궁 상(檀弓上)〉에 "군주를 섬기되 면전에서 직간(直諫)함은 있고 은미하게 간함은 없으며, 좌우로 나아가 봉양하되 일정한 방소가 있으며, 부지런히 일하여 죽음에 이르며, 상은 부모의 삼년상에 견주어 한다.〔方喪三年〕"라고 보인다.

예를 다하였다. 서화담(徐花潭 서경덕(徐敬德)) 공과 도의(道義)의 교분을 맺어 강명(講明)한 바가 많았는데, 명종(明宗) 때 천거로 건원릉 참봉(健元陵參奉)에 제수되었으나 취임하지 않았다.

가정(嘉靖) 기유년(1549) 정월 8일에 별세하니, 출생한 계축년(1493)으로부터 향년이 57세가 된다. 같은 군 와령(臥嶺)에 있는 태향(兌向 유향(酉向))의 언덕에 장례하였다. 배위인 광산 김씨(光州金氏)는 승석(勝錫)의 따님이다. 세 아들은 강(綱)과 기(紀)와 위(緯)이다. 강의 아들은 종석(終錫)이고 사위는 조운상(趙雲祥)이다. 기의 아들은 우인(友仁), 우의(友義), 우례(友禮)이고, 위의 아들은 우무(友武), 우량(友諒)이며, 운한(雲翰), 득록(得祿), 운흡(雲翕), 운격(雲翮), 운숙(雲翻)은 종석의 소생이다.

공은 태어나면서부터 특이한 자질이 있었는데, 정승 유순정(柳順汀)[59]이 공을 보고 기특하게 여겨서 '유공(孺孔)'이라 칭하니, 이 일이 조정에 알려졌다. 중종(中宗)이 불러 보고서 "집안에 있을 적에 무엇을 하는가?"라고 묻자, 공은 "아침저녁으로 어버이를 봉양하는 예절을 실천합니다."라고 대답하였다. 상이 칭찬하기를 "참으로 해동의 명사(名士)이니, '유공'이라는 칭호가 지나치지 않다." 하고는 다시 제왕들이 잘하고 잘못한 것의 이유를 물으니, 공이 대답하기를 "기질을 함양하고 덕성을 훈도하면 만민이 인(仁)을 허여하고 이와 반대로 하면 만민이

59 유순정(柳順汀) : 1459~1512. 자는 지옹(智翁), 호는 청천(菁川), 본관은 진주(晉州)이다. 1487년(성종18) 별시 문과에 장원급제하고 공조 참판, 영의정 등을 지냈다. 1506년(중종1) 이조 판서로서 박원종(朴元宗), 성희안(成希顔) 등과 함께 모의하여 중종반정에 성공하고 정국공신(靖國功臣) 1등에 책록되었으며, 시호는 성렬(成烈)이다.

원망합니다. 이 때문에 어진 사대부를 자주 접견하는 자는 현명한 군주이니 요순(堯舜)이 여기에 해당되고, 환관과 궁첩을 친애하는 자는 용렬한 군주이니 걸주(桀紂)가 여기에 해당됩니다." 하였다. 상이 웃으며 말씀하기를 "나와 같은 자는 어떠한 군주인가?" 하니, 대답하기를 "요 임금의 행실을 행하면 요 임금이 되고 걸왕의 행실을 행하면 걸왕이 됩니다. 전하께서 스스로 자신의 행실을 돌아보는 데에 달려있으니, 굳이 신에게 물을 필요가 없습니다." 하였다. 이때 공은 나이가 여덟 살이었다.

공은 마침내 고향의 산중에 은둔해서 뜻을 가다듬어 학문을 하고 여러 경서를 연구하여 해박하지 않음이 없었으며, 《주역》을 더욱더 전문(專門)하여 종신토록 이어갈 공부로 삼았다. 저술이 매우 많았으나, 모두 병란에 산일되고 오직 《인사심서목(人事尋緒目)》 한 책[60]이 온전하게 전한다. 이 책은 처음에는 성명(性命)을 말하고 끝에는 평소의 행실을 말하여 천덕(天德)과 왕도(王道)[61]를 모두 포괄하였으니, 한 집에만 사사로이 둘 수 있는 책이 아니다. 숙종 때에 경연관의 말에 따라 그의 원고를 갖다 보고는 "해동(海東 우리나라)의 귀퉁이에서 태어나 거룩하게 유현이 되었다."라고 칭찬하고 특별히 호조 정랑을 추증하였다.[62]

60 인사심서목(人事尋緒目) 한 책 : 이 책은 2권 1책으로, 현재 국립중앙도서관에 고활자본(古活字本)이 전하는데, 매산의 서문이 실려 있다.

61 천덕(天德)과 왕도(王道) : '천덕'은 자신의 마음과 몸을 닦는 명명덕(明明德)을 이르고 '왕도'는 인의(仁義)의 도로 백성을 다스리는 신민(新民)을 이르는바, 곧 수기(修己)와 치인(治人)의 학문을 가리킨다.

62 숙종……추증하였다 : 《숙종실록》 15년 4월 18일 기사에, 주강(晝講)에서 동지사

아! 해서 지방에는 활쏘기와 말 타기의 무예를 익히고 물화(物貨)와 재리(財利)를 불리는 풍속이 있어서 시(詩)와 예(禮)가 있는 줄을 알지 못한다. 그런데 공이 이 지방에서 분기(奮起)하여 풍기(風氣)에 얽매이지 않고 능히 스스로 수립해서 한 도의 표준이 되었으며, 저서를 세상에 남겨서 후인들을 깨우쳤다. 그러므로 뼈는 썩어도 이름은 전하여 성조(聖朝)에서 광세(曠世)의 지우(知遇)를 받고 사림들에게 조두(俎豆)의 보답을 받았으니,[63] 만일 공이 참됨을 쌓고 오래도록 힘쓰지 않았다면 또한 어찌 이것을 이룰 수 있었겠는가.

공보다 30여년 뒤에 율곡(栗谷) 이문성공(李文成公 이이(李珥))이 해산(海山)의 남쪽에 터를 잡아 사시면서 도학을 창도하여 밝히니,[64] 배우는 자들이 모두 이것을 따라서 아직도 현악기를 타고 시를 외우는 유풍이 있다. 이는 진실로 문성공의 힘이지만 사재공의 교화 또한 계도한 힘이 있을 것이다.

내가 일찍이 공을 《동유록(東儒錄)》에서 보고 알았으나 그 내용이

(同知事) 권대재(權大載, 1620~1689)가 고(故) 참봉(參奉) 장가순(張可順)을 포증(褒贈)할 것과 옥당(玉堂)을 시켜 그가 저술한 《인사심서목(人事尋緖目)》 1책을 등사하여 들이게 할 것을 청하자, 임금이 그 청을 윤허한 기록이 보인다.

63 성조(聖朝)에서……받았으니 : '성조에서 광세의 지우를 받은 것'은 숙종 때에 권대재의 청으로 포증된 것을 이른다. 조두(俎豆)는 제사를 지낼 때 제수(祭需)를 담는 그릇들로, 인신하여 제사의 뜻으로 쓰이는바, '사림에게 조두의 보답을 받은 것'은 사림에 의해 사당에 제향된 것을 가리키는 듯한데, 자세하지 않다. 아래의 명문에도 "우뚝한 저 입봉에 제사하는 곳이 있네.〔嵂彼立峯, 俎豆有區.〕"라고 보인다.

64 해산(海山)의……밝히니 : '해산의 남쪽'은 해서의 남쪽과 같은 말로, 율곡 이이가 만년에 해주(海州)의 석담(石潭)에서 청계당(聽溪堂)과 은병정사(隱屛精舍)를 짓고 강학하였던 것을 가리킨다.

적어서 증험하기 어려움을 한스럽게 여겼는데,[65] 공의 후손인 재열(在烈)이 공의 유사(遺事)를 가지고 와서 공의 묘지명을 지어줄 것을 부탁하니, 내가 감히 병들어 죽게 되었다고 사양할 수 없어서 유학을 선창(先唱)한 공로를 위와 같이 특별히 표출하였다. 다음과 같이 명을 붙인다.

아, 훌륭한 장공이여	吁嗟張公
해동의 귀퉁이에서 일어났네	崛起海隅
서쪽 지방의 아름다움이니	西方之美
옥보다 더 아름답다네	匪直珣玗
스승에게 전습한 바가 없는데	靡所傳習
스스로 걸음걸이가 법도에 맞았네	自準步趨
어린 나이에 임금을 가까이 하여	沖齡近君
특별한 지우를 받았네	視遇特殊
스스로 초복[66]으로 돌아와서	返我初服

65 내가……여겼는데 : 매산이 보았다는 《동유록(東儒錄)》은 남계(南溪) 박세채(朴世采, 1631~1695)가 편찬한 《동유사우록(東儒師友錄)》으로 보인다. 《동유사우록》 권10 〈화담선생종유(花潭先生從游) 장사재(張思齋)〉에 "장가순은 자가 자순, 호가 사재, 본관이 결성으로, 봉산의 서쪽 3리에 살았다. 조정에서 명성을 듣고 참봉에 제수하였는데, 취임하지 않았다. 홍치 6년 계축년에 태어나서 가정 28년 기유년에 별세하니, 향년이 57세이다. 저서로 《인사심서목》 1편이 있다. 일찍이 화담 서 선생과 서로 학문을 강마하는 교분이 있었는데, 화담이 여러 차례 거처를 방문하였다.〔張可順, 字子順, 號思齋, 結城人, 居于鳳山西三里. 朝廷聞其名, 除參奉, 不就. 以弘治六年癸丑生, 嘉靖二十八年己酉卒, 壽五十七. 著人事尋緒目一編. 嘗與花潭徐先生爲講磨之交, 花潭爲屢訪其居云.〕"라는 간략한 행적만 기록되어있다.

명예의 길을 따르지 않았네	不涉名塗
궤 속에 감추고 스스로 은둔하여	韞櫝自藏
일생동안 자랑하지 않았네[67]	畢生不沽
서로 보고서 선해지는 훌륭한 조력자가 있어[68]	觀善强輔
덕이 외롭지 않았으며	厥德不孤
선비들의 마음을 도야하여	陶冶士心
전형을 따르게 하였네	俾由型模
책 상자를 열고 종을 두드려서[69]	鼓篋叩鍾
가르침을 시종 변치 않았네	終始不渝
우뚝한 저 입봉에	嵂彼立峯
제사하는 곳이 있네	俎豆有區
오랜 뒤에 임금이 유고를 가져오라고 명하시니	曠時徵稿

66 초복(初服) : 벼슬하기 전에 입던 옷이라는 뜻으로, 벼슬에서 물러나 처음에 살던 시골로 돌아가는 것을 비유할 때 쓰는 말이다. 굴원(屈原)이 지은 〈이소(離騷)〉의 "물러가 다시 나의 초복(初服)을 손질하리라."는 구절에서 유래하였다.

67 궤……않았네 : 평생 자신의 재능을 남에게 알리려고 하지 않았다는 뜻으로, 이 내용은 《논어》 〈자한(子罕)〉의 "아름다운 옥이 여기에 있으니, 이것을 궤 속에 넣어 감추어 두시겠습니까? 좋은 값을 구하여 파시겠습니까?"라고 공자에게 물은 자공(子貢)의 말을 원용한 것이다.

68 서로……있어 : 원문의 '강보(强輔)'는 나를 도와줄 수 있는 강력한 친구를 뜻하는데, 여기에서는 도의(道義)의 교분을 맺어 교학상장(教學相長)하였던 서경덕을 가리킨 것이다.

69 책……두드려서 : 학업을 공손하고 정성스럽게 진행하였다는 말로, 《예기》 〈학기(學記)〉의 "학교에 들어갈 적에 북을 쳐 선비들을 모아 상자를 여는 것은 학업을 공손히 하는 것이다."라는 말과 "물음에 잘 대답하는 자는 종을 치는 것과 같다. 작게 치면 작게 울리고, 크게 치면 크게 울린다."는 말을 원용한 것이다.

은혜로운 계합이 영원히 부합하였네	恩契永孚
아, 어찌 잊으랴	嗚呼可忘
찬란한 성상의 말씀을	有斐聖謨
유서가 책 상자에 있으니	遺書在篋
덕의 상징이네	惟德之符
세상을 부식하여 가르치니	扶世作敎
아름다운 법칙이 펼쳐졌네	嘉憲是鋪
와령의 언덕에	臥嶺之阡
마치 없는 것처럼 조용히 잠들어 있네	斂寂若無
내가 사실을 명문으로 지으니	我銘其實
소리가 참으로 크네	厥聲覃訏
무덤에 아름드리나무가 있으니	有拱冢木
해서의 학자들이여 공경할지어다	式哉海儒

서흥 부사 박공 묘지명 병서○병신년[70]

瑞興府使朴公墓誌銘 幷序○丙申

우리 선사(先師)인 근재(近齋) 박 선생(朴先生)[71]에게 훌륭한 아드님이 있었으니, 휘는 종여(宗輿)이고 자는 원득(元得)으로, 서흥 부사(瑞興府使)를 지냈다. 선생은 도덕이 세상의 유종(儒宗)이 되어 성인(聖人)을 높이고 오랑캐를 물리치는 것을 자신의 임무로 삼아서 의리를 지키고 행실을 깨끗이 하였다. 원자궁(元子宮)의 요속(僚屬)에 임명된 것[72]을 사양하자, 성상(聖上)의 노여움이 크게 진동해서 화를 장차 측량할 수 없게 되니, 온 집안 식구들이 황송하여 울면서 간(諫)하고 출사할 것을 권하였으나, 공은 홀로 삼가 부친을 힘써 도와 끝내 완전한 절개를 이루게 하였다.

70 병신년 : 1836년(헌종2)으로, 매산의 나이 61세 되던 해이다.

71 우리……박 선생(朴先生) : 근재(近齋)는 매산의 스승인 박윤원(朴胤源)의 호로, 자는 영숙(永叔), 시호는 문헌(文獻)이다. 1792년 학행으로 천거되어 선공감역(繕工監役)에 임명되었으나 사퇴하고, 평생 성리학 연구에 전념하여 김창협(金昌協)·이재(李縡)·김원행(金元行)의 학통을 계승한 적전(嫡傳)이 되었으며, 다시 문하의 매산에게 학통을 전수해 신응조(申應朝)·임헌회(任憲晦) 등으로 이어지는 조선 후기 성리학의 중요한 학파를 형성하였다.

72 원자궁(元子宮)의……것 : 무오년(1798, 정조22)에 우의정 이병모(李秉模, 1742~1806)가 박윤원을 원자궁(元子宮) 강학청(講學廳)의 요속(僚屬)에 천거하자, 정조가 윤허하여 임명한 일을 말한다.《承政院日記 正祖 22年 1月 11日, 17日》그러나 박윤원은 이병모가 원나라에 사신으로 가서 청나라 황제를 너무 높인 것을 이유로 출사하지 않았다.

공이 출사를 결정할 시기가 되었을 적에 내가 거취를 묻자, 공이 말씀하기를 "우리 집안은 원래 대대로 지키는 의리가 있으니, 출사하지 않고자 한다."라고 하였다. 내가 말하기를 "비슷한 종류를 채워서 의리의 지극함에 이른다면[73] 비록 종신토록 스스로 벼슬하지 않더라도 후회할 것이 없으나, 반드시 때를 헤아린 뒤에 동해야 합니다."라고 하였고, 친척들도 모두 벼슬하지 않는 것은 의리가 아니라고[74] 출사를 권하였다. 공은 억지로 벼슬에 종사하였으나, 근심하고 즐거워하지 않아 항상 애통한 마음을 참고 원통한 마음을 머금어 절박한 심정으로 어쩔 수 없이 하는 뜻[75]을 보존한 채 생을 마쳤으니, 이와 같은 분을 '부친의 뜻을 잘 계승한 자이다.'라고 말하지 않을 수 있겠는가.

73 비슷한……이른다면 : 언뜻 비슷해 보이는 종류들을 정밀한 의리에 입각하여 궁극적으로 따져본다는 말로, 맹자가 만장(萬章)에게 "자네가 생각하기에 왕자(王者)가 나온다면 장차 지금의 제후들을 모조리 몰아서 죽이겠는가, 아니면 가르쳐도 고치지 않은 뒤에야 죽이겠는가? 자기의 소유가 아닌 것을 취하는 자를 도둑이라 이르는 것은 종류를 채워서 의리의 지극함에 이른 것이네.〔充類至義之盡也.〕"라고 한 데에서 온 말이다. 《孟子 萬章下》

74 벼슬하지……아니라고 : 이 내용은 자로(子路)가 세상을 버리고 은거하는 노인에 대해 말한 것으로, "벼슬하지 않는 것은 의리가 아니니, 장유(長幼)의 예절도 없애서는 안 되는데 군신(君臣)의 의리를 어떻게 없앨 수 있겠는가. 자기 일신을 깨끗이 하고자 큰 인륜을 없애는 것이다."라고 보인다. 《論語 微子》

75 애통한……뜻 : 남송(南宋)이 원수인 금(金)나라에 화친을 구걸하여 받아들여지자, 사람들이 지난날의 일은 잊어버리고 기뻐하는 것에 대하여 주자가 비판하여 말하기를 "더 이상 애통한 마음을 참고 원통한 마음을 머금어 절박한 심정으로 어쩔 수 없이 하는 것이라고 말하여 천하의 대방(大防)인 예법을 보전하는 사람이 없다.〔無復分毫忍痛含冤迫不得已之言, 以存天下之防者.〕"라고 한 데에서 온 말이다. 《朱子大全 卷24 與陳侍郎書》

공은 관향이 반남(潘南)이니, 선대에 문정공(文正公) 휘 상충(尙衷)이 덕업(德業)과 절의(節義)로 고려 말에 이름이 드러났다. 조선조에 들어와서 평도공(平度公) 휘 은(訔)이 공렬(功烈)로 이름이 드러났고, 여러 번 전하여 문강공(文康公) 휘 소(紹)에 이르러 도학(道學)이 기묘명현(己卯名賢)[76]의 추앙을 받았는데 호가 야천 선생(冶川先生)이니, 공은 야천 선생의 9세손이다. 뒤에 휘 태원(泰遠)이 있었으니 황주 목사(黃州牧使)로 이조 참판에 추증되었고, 휘 필리(弼履)는 통덕랑(通德郞)으로 이조 판서에 추증되었고, 휘 사석(師錫)은 공주목 판관(公州牧判官)으로 좌찬성(左贊成)에 추증되었으니, 바로 공의 고조와 증조, 조고 3대이다. 찬성공이 두 아드님을 두었으니, 장자는 휘가 윤원(胤源)인 근재 선생이고, 다음은 충헌공(忠獻公) 휘 준원(準源)[77]이다.

선생의 배위인 안동 김씨(安東金氏)는 처사(處士) 시관(時筦)의 따님이니, 문충공(文忠公) 상용(尙容)이 선조이다. 영조 42년 병술년(1766) 11월 21일에 공을 낳으니, 이날이 양지(陽至 동지(冬至))였다. 찬성공이 양(陽)이 와서 회복하는 뜻[78]을 취하여 소자(小字 아명(兒名))

76 기묘명현(己卯名賢) : 1519년(중종14) 기묘사화로 화를 입은 조광조(趙光祖)를 비롯한 사류(士類)를 일컫는다.

77 충헌공(忠獻公) 휘 준원(準源) : 충헌은 박준원(1739~1807)의 시호로, 순조의 생모인 수빈 박씨(綏嬪朴氏, 1770~1822)의 부친이다. 1790년(정조14)에 수빈이 원자를 낳자 호조 참의에 임명되었고, 순조가 즉위한 뒤에 공조 판서, 금위대장(禁衛大將) 등을 지냈다.

78 양(陽)이……뜻 : 복괘(復卦)는 양효(陽爻)가 밑에서부터 생겨나 점차 자라나기 시작하는 형상이어서, 전통적으로 이를 길하게 여기기 때문에 그 뜻을 취한 것이다. 《주역》〈복괘(復卦)〉 괘사(卦辭)에 "그 도를 반복하여 7일 만에 와서 회복하니, 가는 바를 둠이 이롭다.〔反復其道, 七日來復, 利有攸往.〕"라고 하였는데, 그 단전(彖傳)에

를 '양지'라고 지어 주었다. 이보다 앞서 김 유인(金孺人)이 큰 과일을 꿈꾸고 임신하였으므로 선생이 박괘(剝卦)의 상구(上九) 효사(爻辭)를 취하여 이름을 지어 주었다.[79]

공은 총명과 지혜가 뛰어나서 선생에게 수학할 적에 한 번 보고 들은 것을 절대로 잊지 않았다. 약관이 되기 전에 이미 육적(六籍 육경(六經))을 침잠(沈潛)하여 공부하였고, 박사업(博士業 과거공부)을 할 적에 시와 변려문(駢儷文)을 더욱더 잘하였다. 어버이의 명령에 따라서 과거에 응시하였으나 합격 여부에 담담하였는데, 부모님이 모두 돌아가시자 과거공부를 포기하였다.

계해년(1803) 강릉 참봉(康陵參奉)에 제수되니, 충헌공을 통해 은혜를 입은 것이다. 공은 "국법에 따르면 아들과 사위를 먼저하고 아우와 조카를 뒤에 한다."라고 하여 종제(從弟)에게 양보하였는데, 충헌공이 심하게 책망하고 허락하지 않으니, 공은 전심(專心)으로 봉직하였다. 일찍이 침원(寢園)의 의물(儀物)이 소략함을 한탄스럽게 여겨 여러 번 대종백(大宗伯 예조 판서)에게 글을 올려서 의물을 다소나마 구비하게 하였다.

을축년(1805)에 동몽교관(童蒙教官)으로 바뀌었는데, 공은 관원이

"'그 도를 반복하여 7일 만에 와서 회복함'은 하늘의 운행이요, '가는 바를 둠이 이로움'은 양강(陽剛)이 자라나기 때문이니, 복(復)에서 천지의 마음을 볼 수 있다."라고 하였다.

79 김 유인(金孺人)이……주었다 : 《주역》의 〈박괘(剝卦)〉는 산지박(山地剝 ䷖)으로 오직 상구(上九)만이 양효(陽爻)인데, 상구의 효사에 "상구는 큰 과일이 먹히지 않음이니, 군자는 수레를 얻고 소인은 집을 허물리라.〔上九, 碩果不食, 君子得輿, 小人剝廬.〕" 하였는바, 김씨 부인이 태몽으로 큰 과일을 꾸었기 때문에 군자가 수레를 얻는다는 효사의 내용을 취하여 이름을 '종여(宗輿)'라고 지어 주었다는 말이다.

매양 직접 학동(學童)을 구하는 것[80]을 부끄러워해서 일찍이 스스로 요구한 적이 없었다. 병인년(1806)에 한성부 주부(漢城府主簿)로 승진하였는데 송사(訟事)를 공정하고 분명하게 다스렸고, 관절(關節 부정한 청탁)이 행해지지 않았다. 정묘년(1807)에 경모궁 영(景慕宮令)으로 옮겼다가 의빈부 도사(儀賓府都事)로 바뀌었으며, 홍천 현감(洪川縣監)에 제수되었다가 반년을 채우기 전에 고양 군수(高陽郡守)로 옮겼다.

고양군에는 귀척(貴戚) 집안의 버려진 전장(田莊)이 있었는데, 거주민들이 개간한 지 백여 년이 되었다. 관찰사가 본래의 주인에게 돌려줄 것을 요구하자, 공은 백성들의 생활이 어려워진다는 이유를 들어 심리(審理)하지 않다가 끝내 인혐(引嫌)하여 체직하였다.

무진년(1808)에 사옹원 첨정(司饔院僉正)에 제수되고, 기사년(1809)에 대흥 군수(大興郡守)에 제수되었다가 얼마 후 연안 부사(延安府使)로 옮겼다. 연안은 바닷가의 고을이어서 상선(商船)이 모여들어 이익을 다투고 송사를 하는 풍속이 있었는데, 공은 인자하고 명철하게 다스렸다.

흉년을 만나자, 공은 마음을 다하여 백성들을 구휼하여 구제하였고 창고를 털어 보조해주어 굶어 죽거나 병든 백성이 없었다. 녹봉으로 받은 쌀에서 남은 것을 관원들이 준례에 따라 높은 값으로 팔려고 하

80 관원이……것 : 동몽교관은 학동들을 가르치는 종9품의 말단직인데, 자세한 내용은 알 수 없으나 교관이 학동들을 찾아가 가르쳤다는 말로, 《예기》 〈곡례 상(曲禮上)〉에 "예에는 와서 배운다는 말은 들었고 찾아가서 가르친다는 말은 듣지 못했다."라고 보이며, 《주역》 〈몽괘(蒙卦)〉에는 "몽은 형통하니, 스승인 내가 동몽에게 구하는 것이 아니라 동몽이 나에게 구함이다."라고 보인다.

자, 공이 "백성의 장(長)이 된 자가 어찌 이익을 탐한단 말인가."라고 책망하고는 싼 값에 팔라고 명하여 백성들을 이롭게 하니, 백성들이 크게 기뻐하였다. 신미년 겨울에 청천강(淸川江) 이북 지방에 난리가 일어나니,[81] 형세가 무섭게 번지는 들불과 같이 급박하였다.

공은 월성군(月城君) 이정암(李廷馣)[82]의 고사(故事)를 원용해서 성을 수비하는 계책을 강구하여 방어할 준비가 이미 갖추어졌는데, 곧바로 체직되었다. 계유년(1813)에 서흥 부사(瑞興府使)에 제수되었는데, 고을이 큰길가에 위치한데다가 해를 거듭하여 기근이 들자, 공은 먹고 자는 것도 잊고서 힘을 다하여 어려움을 구제하였다. 종형(從兄)인 참찬공(參贊公)[83]이 편지를 보내어 경계하자, 공은 말하기를 "분우

81 신미년……일어나니 : 청천강은 평안도 안주(安州)와 가산(嘉山) 사이를 가로질러 서해로 흘러가는 강인바, 신미년(1811) 12월에 청천강 이북 지역에서 시작된 홍경래(洪景來)의 난을 가리킨다.

82 월성군(月城君) 이정암(李廷馣) : 월성(月城)은 경주(慶州)의 고호로, 월천(月川)이라고도 하는데, 이정암(1541~1600)이 임진왜란 때 연안(延安)에서 공을 세워 사후에 월천부원군(月川府院君)에 봉해졌기 때문에 월천군 또는 월성군이라고 칭해졌다. 이정암은 자가 중훈(仲薰), 호가 월당(月塘), 본관이 경주로, 1572년(선조5) 연안부사로 있으면서 선정을 베풀어 부민(府民)들로부터 존경을 받았으며, 임진왜란이 발발하자 황해도로 들어가 초토사(招討使)가 되어 의병을 모집, 연안성을 지키던 중에 왜장 구로다〔黑田長政〕와 치열한 싸움 끝에 승리하여 그 공으로 황해도관찰사 겸 순찰사가 되었다. 사후 1604년에 연안을 수비한 공으로 선무공신(宣武功臣) 2등에 책록되고 월천부원군에 추봉되었다.

83 종형(從兄)인 참찬공(參贊公) : 의정부 좌참찬을 지낸 박종경(朴宗慶, 1765~1817)으로, 박준원(朴準源)의 차남이다. 박종경은 자가 여회(汝會), 호가 돈암(敦巖)으로, 신유년(1801) 식년문과에 급제하고, 홍문관 부수찬, 이(吏)·호(戶)·예(禮)·형(刑) 4조(曹)의 판서, 좌참찬 등을 지냈다.

(分憂)의 직분[84]을 다하고자 하니, 감히 몸을 아낄 수 있겠습니까."라고 하였다.

환자곡(還上穀)을 거둘 적에 남은 포흠(逋欠)이 있었는데, 도내의 수령들이 모두 상사(上司)에게 일을 완료했다고 보고하였으나, 공은 홀로 사실대로 자수하여 죄를 받기를 청하였다. 누적된 피로로 인하여 병이 생겨 임소(任所)에서 별세하니, 바로 을해년(1815) 2월 18일이었다. 향년이 50세이다. 양주(楊州) 노원면(蘆原面) 봉화현(烽火峴) 축좌(丑坐)의 언덕에 반장(返葬)하였다.

원배(元配)인 한산 이씨(韓山李氏)는 규복(奎復)의 따님인데, 선생이 자부(慈婦)의 묘지명을 지어서 효도하고 공경한 행실을 드러내었다.[85] 이장하여 공의 묘 왼쪽에 부장(祔葬)하였다. 계실(繼室)인 경주 김씨(慶州金氏)는 1남 1녀를 낳았는데 딸은 요절하였고, 아들 운수(雲壽)는 전(前) 부사(府使)이다. 부사의 아들 제근(齊近)은 진사이고, 딸은 어리다.

공은 타고난 자품이 청순(淸純)해서 안팎이 통철(洞徹)하였고, 어릴 때부터 가정에서 훈도(薰陶)되고 관감(觀感)한 바가 있어서 행실이 전형(典型)에서 위배되지 않았다.

어버이를 섬길 적에는 뜻을 받들어 봉양하여 옥을 잡고 가득한 물을 받드는 공경이 있었으며,[86] 콩과 물을 먹는 것도 여러 번 걸렀으나 마음

84 분우(分憂)의 직분 : '분우'는 백성들의 생활을 걱정하는 임금의 마음을 나눈다는 뜻으로, 지방관의 직임을 달리 표현한 것이다.

85 선생이……드러내었다 : 박윤원이 지은 〈자부유인한산이씨묘지명(子婦孺人韓山李氏墓誌銘)〉을 가리킨다. 《近齋集 卷30》

이 화락하였다. 선생이 기뻐하지 않는 기색이 있으면 항상 관을 벗고 엎드려 명을 기다렸는데 물러가라고 명하지 않으면 감히 물러가지 않았으며, 발을 뻗게 하고 요를 덮어드리는 등의 기거(起居)[87]를 절대로 다른 사람에게 대신 살피게 하지 않았다.

선생이 일찍이 혈증(血證)[88]이 있었는데, 공은 반드시 측투(廁牏)[89]를 세척하였기 때문에 손이 터지고 손가락이 갈라졌으나, 번번이 소매로 덮어 가려서 선생에게 보이지 않게 하였다. 선생이 병석에서 오랫동안 병환을 앓자, 시탕(侍湯)하면서 애를 태우고 밤낮으로 울부짖었으며, 임종할 적에는 손가락에 피를 내어 입에 넣어 드렸고, 지척(指尺)으로 헤아려서 심의(深衣)를 만들어서[90] 마음이 흡족하도록 장례의 예

86 옥을……있었으며 : 효자가 어버이를 봉양할 적에 매우 조심함을 뜻하는바, 《예기》 〈제의(祭義)〉에 "효자는 옥을 잡은 듯이 하며 물건이 가득한 그릇을 받들 듯이 하여 성실하고 전일하여 감당하지 못하는 듯이 하며 장차 잃을 듯이 여긴다.〔孝子如執玉, 如奉盈, 洞洞屬屬然, 如弗勝, 如將失之.〕"라고 보인다.

87 발을……기거(起居) : 자식이 정성을 다하여 살펴야 할 부모의 앉을 자리나 누울 자리 등의 기거를 가리키는 말로, 《예기》 〈곡례 상(曲禮上)〉에 "앉을 자리를 펼 적에는 어느 쪽으로 향하실 것인지를 물으며, 누울 자리를 펼 적에는 어느 쪽으로 발을 뻗으실 것인지를 묻는다."라고 보인다.

88 혈증(血證) : 혈과 관련되어 생긴 병증을 통틀어 일컫는데, 주로 패혈증(敗血症)을 가리킨다.

89 측투(廁牏) : 《사기》 권103 〈만석군열전(萬石君列傳)〉에 "시중드는 사람에게 물어 어버이의 속옷과 측투를 취하여 직접 빨고 청소했다.〔竊問侍者, 取親中裙廁牏, 身自浣滌.〕"라고 한 데서 나온 말로, 이에 대한 해석에는 여러 가지가 있다. 진작(晉灼)의 주(注)에는 '작은 적삼'이라 하였고, 서광(徐廣)의 주에는 '화장실 담장'이라 하였으며, 맹강(孟康)의 주에는 '변기통'이라 하였다.

90 지척(指尺)으로……만들어서 : '지척'은 '손가락 자'라는 뜻으로, 주자가 말한 심의

를 지극히 하였다. 묘 자리를 널리 구하여 별세한 지 다섯 달이 지나서야 비로소 장례하였으며, 지나치게 슬퍼하여 거의 생명을 잃을 정도로 몸을 훼손하였다.

사자(嗣子)가 천연두에 걸려서 위태로운 지경에 이르렀다. 세속에서는 이러한 경우에 궤연(几筵)의 궤전(饋奠)[91]과 거애(擧哀)[92]와 분향(焚香)을 하는 것을 기피하므로 모든 사람들이 우선 정지하라고 권하였으나, 공은 조금도 머뭇거리지 않고 그대로 행하였다. 또 아들이 부인의 내실(內室)에 있다는 이유로 직접 가서 질병을 살피지 않았는데, 충헌공이 인정에 가깝지 않다고 책망하자 비로소 들어가서 보았다. 그러나 병풍으로 가려 부부유별(夫婦有別)의 윤리를 지켰으니, 예법에 엄격함이 이와 같았다.

공은 병을 무릅쓰고 선생의 언행을 기술하였는데 눈물이 흘러 종이를 적시니, 옆에서 보는 자들이 감동하여 울었다. 마침내 한 권의 《실기(實記)》[93]를 만들어서 선생의 진실한 행적을 영원히 살펴볼 수 있는

제도(深衣制度)의 치수에 맞추어 심의를 만들었다는 말이다. 1촌(寸)은 가운뎃손가락〔中指〕의 가운뎃마디〔中節〕의 길이로, 10촌이 1척(尺)이 되는바, 《주자대전》 권68 〈잡저(雜著) 심의제도〉에 "마름질할 때에는 가는 백포를 쓰고, 길이를 잴 때에는 지척을 쓴다.〔裁用細白布, 度用指尺.〕"라고 하였는데, 그 아래에 "중지의 중절을 촌으로 삼는다.〔中指中節爲寸.〕"라고 부연설명을 하였다.

91 궤전(饋奠) : 장례 동안 매장하기 전까지 제사 형식을 갖추지 않고 음식을 올리는 일을 말한다.

92 거애(擧哀) : 상사(喪事)가 났을 때, 초혼(招魂)하고 나서 상제(喪制)가 머리를 풀고 슬피 울어 초상난 것을 알리는 의식을 말한다.

93 실기(實記) : 박종여가 선친 박윤원의 언행을 기록한 《근재실기(近齋實記)》를 말한다. 홍직필이 쓴 〈제근재선생실기후(題近齋先生實記後)〉에 의하면, 당시 초고는 완

자료를 갖추었다.

충헌공을 아버지처럼 섬겨서 비바람이 치는 날에도 혼정신성(昏定晨省)[94]의 문안을 거르지 않았으며, 크고 작은 일을 막론하고 반드시 여쭙고서 행하니, 충헌공이 부자간의 지기(知己)로 허여하였다. 충헌공이 일찍이 말하기를 "내가 아들에게는 말하지 않는 것이 있는데, 너에게는 숨기는 것이 없다."라고 하였고, 궁중에서 숙직할 때에 번번이 편지를 보내어 그리워하는 뜻을 말하였다.

충헌공이 별세하자, 공은 슬프고 그리운 마음을 주체하지 못하여 말이 충헌공에 미치면 반드시 오열하였다. 종형제들과 서로 동기간처럼 대우하여, 기질이나 취향이 제각각이었으나 화락하게 지냈다.

서모(庶母)에게 충후(忠厚)하면서도 공경하게 대하였는데, 이러한 도리를 종족과 인척들에게도 베풀어 진실한 뜻이 성대하니, 모두에게 환심을 얻었다. 아들을 의로운 방법으로 가르쳐서 잘못이 있으면 조금도 용서하지 않았다.

공은 어릴 때부터 병을 자주 앓아서 건강했던 때가 거의 없었으나, 점필(佔畢)[95]를 폐하지 않아 문리밀찰(文理密察)하여[96] 깊고 은미한 뜻

성되었던 것으로 보이나 간행되지는 못하였고, 현재는 관계 기록만 각 문집에서 산발적으로 발견될 뿐이다.

94 혼정신성(昏定晨省) : 어버이를 모실 적에 날이 어두우면 잠자리를 챙겨드리고 새벽에는 문안하는 효성을 이르는바, 원문처럼 줄여서 '성정(省定)' 또는 '정성(定省)'이라고도 쓴다. 《예기》〈곡례 상(曲禮上)〉의 "자식이 된 자는 어버이에 대해서, 겨울에는 따뜻하게 해 드리고 여름에는 시원하게 해드리며, 저녁에는 잠자리를 보살펴 드리고 아침에는 문안 인사를 올려야 한다.〔昏定而晨省〕"는 말에서 온 것이다.

95 점필(佔畢) : 스승이 경의(經義)를 풀어 가르치지 않고 단지 책만을 읊는 것을

을 궁구하였다.

학문은 고원(高遠)한 것을 힘쓰지 않고 오직 일상생활에서 곳에 따라 검속하여 절대로 방심하지 않았으며, 고심(苦心)이 지나쳐서 모든 일을 바른 도리를 찾을 때까지 사색하고서 행하였다.

"사람의 도리 중에는 예보다 더 소중한 것이 없다."라고 해서, 잡복(雜服)[97]을 강구하여 고금을 참작하고 본말(本末)을 포괄하니, 사람들이 찾아가서 바로잡은 것이 매우 많았다.

공은 몸소 예를 극진히 실천한데다가 또 남을 지도하는 것을 꺼리지 아니하여 사람들로 하여금 각자 유감이 없이 예를 따르게 하였다. 자신을 받드는 것이 빈한하고 검소해서 왕왕 매우 견디지 못할 때가 있어도 힘들어하는 기색이 없으니, 공의 방에 들어간 자들은 곧 맑은 바람이 자리에 가득함을 느꼈다.

공의 가문이 한창 성할 적에 요직에 있는 자들이 공에게 과거 볼 것을 권하기도 하고 공을 유작(儒爵)[98]에 의망하기도 하였으나, 공은

가리켰는데, 뒤에 독서 또는 송독(誦讀)을 두루 가리키게 되었다. 《예기》 〈학기(學記)〉에 "지금 가르치는 자들은 일상에서 보는 간독(簡牘)만을 읊을 뿐이다.〔今之敎者, 呻其佔畢.〕"라고 하였다.

96 문리밀찰(文理密察)하여 : 《중용장구》 제31장에 보이는데, 주자의 《집주》에 "문(文)은 문장(文章)이고, 이(理)는 조리(條理)이고, 밀(密)은 상세(詳細)함이고, 찰(察)은 명변(明辨)함이다."라고 풀이하였다.

97 잡복(雜服) : 고대의 예법에 규정된 여러 가지 복식 제도(服飾制度)로, 《예기》 〈학기〉에 "잡복을 배우지 않으면 능히 예에 편안하지 못하다.〔不學雜服, 不能安禮.〕"라고 보이는바, 정현(鄭玄)의 주에 "잡복은 면복(冕服)과 피변(皮弁) 따위를 이른다."라고 풀이하였다.

98 유작(儒爵) : 조선시대 후기에 유학에 뛰어난 재야 학자인 산림(山林)에게 준 벼

웃으며 말하기를 "명경(明經)과 제술(製述)은 헤아려 의론할 수 있는 바가 아니요, 영달한 자리도 평소 바라는 것이 아니다."라고 하였다.

이때 주변 사람들의 부추김 때문에 소신대로 할 수 없을 듯하였으나, 공은 입을 막고 은둔하여 빈객을 접하지 않으며 옥설(玉雪)처럼 결백한 지조를 지켜서 한 점의 티끌도 오염되지 않았다. 항상 자신을 채찍질해서 혹시라도 선조의 규범에 위배될까 두려워하니, 이것이 이른바 '명예와 절개가 있는 선비는 염치를 알고 겸양의 예를 닦아서 구차한 소득을 이롭게 여기지 않고 시속에 따라 구차히 부화뇌동하지 않아서 오직 의리를 따라 처신한다.'[99]는 것이다.

공은 친구들과의 교분이 두터웠으며 또 내가 일찍부터 선생의 뜰에

슬로, 이것을 받은 사람은 관직에 얽매이지 않고 자유롭게 살면서 군주의 덕을 보도(補導)하고 국정에 자문을 해주는 역할을 한 것으로 보인다. 《승정원일기》 고종 22년 8월 26일 조에 공조 판서 이응신(李應辰)이 올린 상소에 "산림(山林)에 유작(儒爵)을 둔 취지는 장차 임금의 덕을 보도하고 다스리는 방도를 자문하게 하려는 것이고, 그저 한가로이 동산에서 양생하게 하려는 것이 아닙니다.〔山林之有儒爵, 將以輔導君德, 咨詢治道, 非徒養閒丘園而已.〕"라고 보인다. 산림은 성균관의 좨주(祭酒)를 지낸 자를 이르는바, '좨주'란 옛날에 회동(會同)하여 향연(饗宴)을 베풀 적에 존장(尊長)이 먼저 술을 따라 땅에 부어 신(神)에게 제사한 데서 나온 말이다. 매산 역시 이 관직을 역임하여 '홍산림', 또는 '홍좨주'라고 불렸다.

99 명예와……처신한다 : 이 내용은 송나라 구양수(歐陽脩)의 〈논포증제삼사사상서(論包拯除三司使上書)〉에 "대저 이른바 명예와 절개가 있는 선비란 염치를 알고 겸양의 예를 닦아서, 구차한 소득을 이롭게 여기지 않고 시속에 따라 구차히 부화뇌동하지 않아서 오직 의리를 따라 처신합니다. 그리고 시퍼런 칼날도 피하지 않는 용기가 있고 나뭇가지를 꺾는 것처럼 쉬운 아부를 하지 않는 지조가 있어서 오직 의로운 절개를 지키니, 조정에서 벼슬하면 진퇴와 거동이 모두 천하의 본보기가 됩니다."라고 보인다. 《唐宋八大家文鈔 卷30 廬陵文鈔》

서 물 뿌리고 청소했다는 이유로 나를 골육(骨肉)과 같이 대우하여 선생의 행장을 짓게 하였는데, 글을 미처 완성하기 전에 공이 갑자기 별세하였다. 내가 탈고를 한 뒤에 나아가 질정할 곳이 없으니, 옛날과 지금의 일을 회상하노라면 애통한 마음을 가눌 수가 없다. 운수(雲壽)가 나에게 공의 묘지문을 부탁하니, 내가 공의 덕을 깊이 알기 때문이었다. 공이 별세하고 30년이 흐르는 동안 상음(賞音)이 영원히 끊겼으니, 내가 공의 명문을 짓지 않으면 종신토록 거문고를 타지 않는 한(恨)을 어떻게 풀겠는가.[100] 마침내 다음과 같이 명을 짓는다.

어진 부형이 있음을 즐거워하니[101]	樂有賢父
진실로 훌륭한 자제가 되기 어렵네	固難爲子
아, 우리 공이여	猗歟我公
능히 선친의 아름다움 이어갔네	克趾先美
마음에 굳게 지키기로 맹세해서	矢心秉執

100 공이……풀겠는가 : '상음(賞音)'은 지음(知音)과 같은 말로, 박종여가 별세한 뒤 30년 동안을 매산이 자신을 알아준 벗이 영원히 끊어진 채로 지냈는바, 춘추 시대 거문고의 명인인 백아(伯牙)와 청음(聽音)에 조예가 깊었던 그의 친구 종자기(鍾子期)의 지음 고사를 원용한 말이다. 《列子 湯問》 이 묘지명의 제목 주석에 지은 시기를 병신년(1836)이라고 적어놓았으니, 박종여가 별세한 해(1815)로부터 따지면 21년이 지났으므로 여기에서 20년이 지났다고 하거나 앞의 창작 시기를 수정해야 할 것으로 보이는데, 정보가 자세하지 않다.

101 어진……즐거워하니 : 이 내용은 《맹자》 〈이루 하(離婁下)〉의 "정도에 맞는 자가 맞지 않는 자를 길러 주며, 재주 있는 자가 재주 없는 자를 길러 준다. 그러므로 사람들은 훌륭한 부형이 있는 것을 즐거워한다."는 말을 원용한 것으로, 박종여의 집안에 어진 아버지인 근재 박윤원과 어진 종형인 박종경이 있었음을 이렇게 표현하였다.

선친의 뜻과 일을 계승하였네	踐述志事
굳게 지킨 것은 무엇이었는가	所秉維何
존화양이[102]의 대의였네	尊攘大義
벼슬함과 은둔함이 비록 다르나	出處雖殊
귀결은 끝내 일치하였네	終歸一致
먼저 큰 것을 세웠으니	先立其大
넉넉한 아름다움이 있었네	有裕厥懿
종신토록 소원한 것은	沒齒願言
옳은 의리를 이루는 것이었네	一箇是字
사천 필의 말과 만종의 녹은	千駟萬鍾
공의 평소 뜻이 아니니	非我素志
영화로움을 거두어	斂却英華
몸을 녹사[103]에 감추었네	晦身祿仕
과격하지도 변절하지도 않으니	不激不渝
편안히 평소 행하던 것이었네	是安素履
어찌 집안의 훌륭한 아들이었을 뿐이리오	詎但稱家
진실로 나라의 뛰어난 선비였네	允矣國士

102 존화양이(尊華攘夷) : 중화를 높이고 오랑캐를 배격하는 《춘추》의 의리인데, 여기서는 명나라를 높이고 청나라를 배척하는 존명배청(尊明排淸)의 의리를 가리킨다.

103 녹사(祿仕) : 녹봉을 위한 벼슬이라는 뜻으로, 《맹자》 〈만장 하(萬章下)〉에 "벼슬함은 가난 때문이 아니지만, 때로는 가난 때문에 벼슬하는 경우가 있다."라고 하였는데, 주자의 《집주(集註)》에 "벼슬함은 본디 도를 행하기 위해서이나, 또한 집이 가난하고 부모가 늙었거나 혹은 도가 때와 맞지 않아서 단지 녹봉을 받기 위해 벼슬하는 경우가 있다.〔仕本爲行道, 而亦有家貧親老, 或道與時違, 而但爲祿仕者.〕"라고 보인다.

노원면 산의 오래된 송백이　　蘆山老柏
추운 겨울에도 말라 죽지 않네　　歲寒不死
살아서는 순응하고 죽어서는 편안하니[104]　　死生順寧
신명의 이치에 질정할 만하네　　可質神理
비석에 새길 진실한 글을 써서　　琢辭紀實
묘소[105]에 바치네　　載納玄隧
아첨하지 않는 진실한 명을 지어　　我銘不諛
지기에게 보답하노라　　用報知己

104 살아서는……편안하니 : 이 내용은 장재(張載)의 〈서명(西銘)〉에 "살아서는 하늘의 이치에 순응하고 죽어서는 편안하다.〔存吾順事, 沒吾寧也.〕"라는 말을 원용한 것이다.

105 묘소 : 원문의 '현수(玄隧)'는 원래 무덤으로 통하는 어두운 길을 가리키는데, 여기서는 무덤을 가리켜 말하였다.

예조 정랑 김공 묘지명 병서○을사년[106]

禮曹正郎金公墓誌銘 幷序○乙巳

명릉(明陵 숙종)이 즉위한 초년에 대행대왕(大行大王)[107]이 빈소에 있다 하여 대강(對講)을 정지하니, 여러 신하들이 번갈아 간(諫)하였으나 상은 허락하지 않았다. 이때 곽세건(郭世楗)이라는 자가 여러 소인들의 사주를 받아서 우재(尤齋) 송문정공(宋文正公 송시열)을 모함하였는데, 말이 지극히 흉악하고 도리에 어긋나자, 대신(臺臣)이 그를 먼 변방으로 귀양 보낼 것을 청했으나, 상은 이 또한 따르지 않았다.[108]

예조 정랑(禮曹正郎) 김광진(金光瑨) 공이 크게 한탄하기를 "두 가지는 금일에 막대한 우환이 된다. 이는 국가의 흥망성쇠에 관계되니, 내가 이찌 벼슬이 미천하다 하여 말하지 않겠는가." 하고는 마침내 항장(抗章)을 올려서 극론(極論)하였으니, 그 내용은 다음과 같다.

106 을사년 : 1845년(헌종11)으로, 매산의 나이 70세 되던 해이다.

107 대행대왕(大行大王) : 임금이 죽은 뒤 시호(謚號)를 아직 올리기 이전의 칭호로, 숙종 즉위년인 1674년에 승하한 현종(顯宗)을 가리킨다.

108 곽세건(郭世楗)이라는……않았다 : 곽세건(1618~1686)은 허목(許穆)의 문인으로, 1674년 현종이 승하하자 숙종이 송시열에게 현종의 지문(誌文)을 짓도록 명하였는데, 곽세건이 상소하여, 송시열이 두 차례의 예송(禮訟)에서 효종을 서자(庶子)로 간주했던 점을 논척하면서 지문을 짓도록 한 명을 거둘 것을 청하였다. 이에 당시 지평으로 있던 이수언(李秀彦)이 상소하여 남을 무함한 곽세건의 죄를 다스려 북쪽 변방으로 내칠 것과 송시열에게 밝게 유시하여 혐의를 풀어줄 것을 청하였으나, 숙종이 받아들이지 않았던 일을 말한다. 《肅宗實錄 卽位年 9月 25日, 10月 5日》

"임금의 덕이 성취됨은 반드시 학문에 의뢰해야 합니다. 그러므로 옛 성왕(聖王)은 반드시 학문을 힘쓰는 것을 급선무로 여겨서, 비록 춘추가 한창 젊으시고 기운이 굳게 정해진 뒤라도 부지런히 힘써서 학문을 미치지 못할 듯이 하였습니다. 더구나 성상께서는 지금 춘추가 어리시니, 더더욱 어찌 단 하루인들 조금이라도 늦출 수 있겠습니까. 명종(明宗)과 선조(宣祖)가 승하하셨을 때에는 모두 졸곡(卒哭) 전에 유신(儒臣)들의 건의로 인하여 개강(開講)하는 것을 허락하셨습니다. 이것은 열성(列聖)께서 훌륭한 법칙을 만들어 후손을 편안하게 하신 뜻[109]이니, 어찌 전하께서 마땅히 본받아야 할 바가 아니겠습니까.

전하께서는 성인(聖人)의 생이지지(生而知之)의 자질이 여러 왕보다 훨씬 뛰어나시지만, 춘추가 아직 어려서 견문이 넓지 못하시고 일상생활 속에 만기(萬幾)[110]가 모여드니, 만일 학문하는 공력으로 지식을 열어 밝히고 성정(性情)을 함양하지 않는다면, 어찌 왕위를 본원(本原 마음)을 바르고 깨끗하게 해서 널리 응대하고 곡진히 감당하는 자리로 만들 수 있겠습니까.

또 전하께서 내년이면 이미 지학(志學)의 나이[111]가 되시는데, 학문

109 훌륭한……뜻 : 이 내용은 《시경》 〈문왕유성(文王有聲)〉의 "풍수 옆에도 기 곡식이 자라는데, 무왕이 어찌 이곳에 천도(遷都)하는 것과 같은 큰일을 하지 않으리오. 그의 자손들에게 좋은 계책을 물려주고, 그의 아들에게 편안함과 도움을 주려 함이니, 무왕은 참으로 임금답도다.〔豐水有芑, 武王豈不仕? 詒厥孫謀, 以燕翼子, 武王烝哉.〕"라고 한 데서 온 말이다.

110 만기(萬幾) : 왕이 매일 처리해야 하는 번다한 정무를 형용한 말이다. 《서경》 〈우서(虞書) 고요모(皐陶謨)〉에 "안일함과 욕심으로 제후들을 가르치지 말아서 삼가고 두려워하소서. 하루 이틀 사이에도 기미가 만 가지나 됩니다.〔一日二日萬幾.〕"라고 보인다.

하는 방도는 진전하지 않으면 퇴보하게 마련입니다. 여염(閭閻)의 선비라도 만일 제때에 학문을 힘쓰지 않으면 때를 놓칠까 염려되는데, 하물며 전하께서는 온몸으로 종묘사직과 백성들을 돌보셔야 하는 중한 책임을 맡으셨으니, 오늘날 배우고 배우지 않음은 참으로 국가의 안위(安危)의 기틀에 관계됩니다. 그런데 어찌 작은 예절을 굳게 지키면서 변통할 의리를 생각하지 않아, 두 번 다시 오지 않는 광음(光陰)을 그대로 앉아서 흘려보낸단 말입니까.

그리고 판부사(判府事) 송시열은 학문이 연원(淵源)이 있고 일찍 중한 명망을 지니고 있어서 효종께 특별히 발탁해주신 은혜를 입었고 세 임금께 지우(知遇)의 은혜를 입어[112] 백발로 산림에서 한 마음으로 나라를 근심하고 있으니, 금일 전하께서 의지하고 중하게 여길 자와 사림(士林)이 높이고 우러를 자 중에 송시열과 같은 자가 누가 있겠습니까.

그런데 곽세건이 마침내 감히 선왕의 유의(遺意)라고 칭탁하여 '차례대로 법에 의거하여 처벌해야 한다'는 말을 창도(倡道)해서 송시열을 불측(不測)한 지경에 빠뜨리고자 합니다. 아! 그의 의도가 어찌 다만 송시열 한 명을 겨냥해서 말한 것이겠습니까. 반드시 충현(忠賢)들을 일망타진하고 사림(士林)을 어육(魚肉)으로 만들어서 전하의 조정을 공허하게 만든 뒤에야 그만두고자 하는 것이니, 계책이 참혹하다

111 지학(志學)의 나이 : 학문에 뜻하는 나이라는 뜻으로 15세를 가리킨다. 공자가 일찍이 "나는 15세에 학문에 뜻하였다." 하였는데, 이는 《대학(大學)》의 수신(修身)·제가(齊家)·치국(治國)·평천하(平天下)의 도(道)에 뜻한 것이라 한다. 《論語 爲政》

112 세 임금께……입어 : 송시열이 효종 때 발탁되어 현종, 숙종 때까지 유종(儒宗)으로 받들어졌기 때문에 이렇게 칭한 것이다.

할 만합니다.

전하께서 선을 좋아하고 악을 미워함을 분명하게 드러내 보이시는 도리에 있어서는, 추방하고 유배 보내는 법도 또한 말감(末減)[113]이라고 할 수 있는데, 마침내 과거를 정지하는 작은 벌로 견책(譴責)을 간략히 보이셨고, 양사(兩司)에서 쟁집하였는데도 윤음을 아직도 내리지 않으시니, 신은 전하께서 어진 자와 간사한 자를 변별하는 방도에 있어서 미진함이 있는 듯하다고 여깁니다. 어진 자와 간사한 자는 흑색과 백색을 뒤섞을 수 없고 향기로운 풀과 악취 나는 풀을 뒤섞을 수 없는 것과 같이 분명히 구분됩니다.

그러므로 옛날의 성왕(聖王)이 이것을 살필 적에는 행여 정밀하지 못할까 두려워하고 변별할 적에는 행여 일찍 하지 못할까 두려워하여, 그의 어짊을 알면 임무를 맡기고서 의심하지 않았고 간사함을 알면 배척하고서 의심하지 않았습니다. 그리하여 군자로 하여금 믿는 바가 있어서 충성을 다할 수 있게 하고, 소인으로 하여금 두려워하는 바가 있어서 감히 간사한 계책을 부리지 못하게 하였습니다. 그리고 한 번이라도 분별하지 못하면 반드시 옳고 그름이 뒤섞이고 등용하고 내치는 것이 마땅함을 잃어 점점 사림을 해치고 국가를 혼란하게 만들면서도 끝내 깨닫지 못하는 지경에 이르게 되니, 두려워하지 않을 수 있겠습니까.

지금 만약 곽세건을 통렬히 배척해서 추방하고 유배 보내는 법을 드러내 보여 온 나라 사람들로 하여금 폐하께서 악을 미워하는 엄격함

113 말감(末減) : 죄인에게 형법을 적용함에 있어 법률이 허용하는 한 가장 가벼운 규정을 적용하여 처벌하는 것을 말한다.

과 간사한 사람을 분별하는 밝은 지혜가 있음을 알게 한다면, 간사한 자들이 저절로 숨을 죽이고 조정이 저절로 안정될 것입니다. 그렇지 않으면 신은 괴이한 마귀의 무리가 반드시 장차 기회를 정탐하여 자취를 이어 일어나서 조정이 안정될 날이 없을까 두렵습니다."

상소문이 들어가자 엄한 비답(批答)을 내려서 공을 파직시키니,[114] 공은 전야(田野)로 물러나서 원망하고 후회하는 기색이 없었다. 우암이 조정에 나가게 되자 공 또한 버려졌다가 다시 기용되어 거듭 성균관의 직책에 제수되어, 관직에 나아가고 물러남과 뜻을 굽히고 편 것이 우암과 똑같았으니, 이것이 이른바 '천리마의 꼬리에 붙어서 행실이 더욱 드러났다.'[115]는 것이다.

공은 자가 진옥(晉玉)이니, 계통이 광주(光州)에서 나왔다. 휘 자현(自賢)은 비순위(備巡衛)의 낭장(郎將)이었고, 아들 구경(九冏)은 문과에 급제하고 주부(主簿)로 있다가 사건에 연좌되어 길주(吉州)로 유배 갔는데, 그대로 그곳에 거주하였다. 여러 번 전하여 휘 국상(國祥)과 효행으로 천거되어 부령부 훈도(富寧府訓導)에 제수된 휘 경헌(景憲)과 휘 호겸(好謙)에 이르렀는데, 세 분은 공의 3대 선조이다.

114 상소문이……파직시키니 : 김광진이 올린 위의 상소는 《승정원일기》 숙종 즉위년 10월 6일의 기사에 보이고, 숙종이 상소에 대해 엄한 비답을 내려 김광진을 파직시킨 것은 《숙종실록》 즉위년 10월 6일과 7일의 기사에 보인다.

115 천리마의……드러났다 : 파리가 천리마의 꼬리에 붙으면 천 리를 갈 수 있다는 말로, 전하여 학덕(學德)이 높은 이와 종유(從遊)함으로써 명성을 얻게 되는 뜻으로 쓰인다. 《사기》 권61 〈백이열전(伯夷列傳)〉에 "안연(顔淵)이 비록 학문이 독실하나 천리마 꼬리에 붙어 행실이 더욱 드러났다."라고 보이는데, 그 주에 "파리가 천리마 꼬리에 붙어 천 리를 가는 것으로, 안회(顔回)가 공자를 인하여 이름이 드러난 것을 비유한 것이다."라고 하였다. 안연은 안회의 자인 자연(子淵)을 약칭한 것이다.

선비 양천 허씨(陽川許氏)는 언수(彦壽)가 선고이다.

공은 타고난 자품이 총명하고 지혜로워서 하루에 수천 자를 외웠으며, 장성해서는 더욱더 각고의 노력을 기울여 육경(六經)을 널리 통달하였다. 효종 갑오년(1654)에 명경과(明經科)에 급제하고 내외의 관직을 역임하니, 예조 정랑과 호조 좌랑, 성균관의 직강(直講)과 사예(司藝), 겸 춘추기사관(春秋記事官)·편수관(編修官), 수성 찰방(輸城察訪), 홍원 현감(洪原縣監), 삼화 현령(三和縣令)이다. 나머지는 다 기록하지 않는다.

공은 관청에서 정무를 볼 적에 평온함과 검소함으로써 자신을 단속하여 부임한 곳마다 민심을 얻어서 백성들이 부모와 같이 사랑하고 공경하였다. 홍원에 부임하였을 적에 현종이 암행어사의 장계로 인하여 칭찬하고 유시(諭示)하기를 "그대는 본 도에서 성장하여 그 지방의 물정을 잘 아는구나. 아문(衙門)의 권속(眷屬)이 매우 적고 자기 몸을 돌보는 것도 또한 간소하게 해서 조심하여 봉직(奉職)하였고, 자세하고 분명하게 정사(政事)하고 백성을 사랑하는 데 마음을 쏟았구나. 그래서 대동(大同)의 부역을 보조하고 추위에 떠는 군인들에게 옷을 입혀주어서 백성들이 다 칭송하고 기리니, 참으로 가상하다." 하고는 이어서 표리(表裏) 1습(襲)을 하사하니, 특별한 예우였다.

공은 평소 조중봉(趙重峯) 선생을 흠모해서 중봉의 복사(鵩舍)의 유적을 찾았는데[116] 홍원의 장보(章甫 유생(儒生))들이 중봉 선생을 위하

116 공은……찾았는데 : 조중봉(趙重峯)은 조헌(趙憲)으로, 중봉은 그의 호이고, 복사(鵩舍)는 '복사(服舍)'라고도 하는바 귀양살이 하는 집을 말하는데, 조헌이 함경도 길주(吉州)에 정배되었으므로 길주에서 귀양살이 하던 유적을 찾은 것으로 보인다.

여 사당을 세우려 하였다. 공은 기뻐하며 말하기를 "이는 나의 뜻이다." 하고는 창고를 털어 부역에 제공하자, 이웃 고을의 원이 이 말을 듣고 다투어 권면하여 공을 도와서 사당을 준공하였으니, 여기에서 또한 공이 덕을 숭상하고 어진 이를 높이는 정성을 볼 수 있다.

삼화 현령을 사직하게 되자, 다시는 서울에 가지 않고 임천(林泉)에서 한가로이 10여 년을 노닐다가 별세하니, 바로 무인년(1698) 3월 12일이다. 출생한 을축년(1625)으로부터 향년 74세가 된다. 처음 임명역(臨溟驛) 동산(東山)에 장례하였다가 시전리(時典里) 오좌(午坐)로 이장하니, 선영을 따른 것이다.

배위인 경주 최씨(慶州崔氏)는 통덕랑(通德郎) 길남(吉男)의 따님인데, 공의 묘에 부장하였다. 7남 1녀를 낳았으니, 아들 만영(萬英)은 통덕랑이고, 만웅(萬雄)은 만호(萬戶)이고, 만걸(萬杰)은 승의랑(承議郎)이며, 만최(萬最)는 무과에 급제하여 절충장군(折衝將軍)이고, 만종(萬宗), 만식(萬式), 만태(萬泰)는 모두 통덕랑인데, 만태는 문장으로 세상에 이름이 났다. 딸은 현윤장(玄允章)에게 출가하였다.

공은 먼 지방에서 분기(奮起)하여 일찍 스스로 수립하였는바, 비록

조헌은 상소를 올려 시폐(時弊)를 극론하다가 1589년(선조22)에 길주 영동역(嶺東驛)에 정배되었으나, 이해 정여립(鄭汝立)의 모반 사건으로 동인이 실각하자 풀려났다. 《宋子大全 卷207 重峯趙先生行狀》《重峯集 卷13 北謫日記》 한(漢)나라 때 가의(賈誼)가 좌천되어 장사왕(長沙王)의 스승으로 있을 적에 올빼미가 날아와서 앉았는데, 초(楚) 지방 사람들은 올빼미를 '복(服, 복(鵩))'이라 하였다. 이에 가의는 저습(低濕)한 장사에서 자신이 오래 살지 못할 조짐임을 알고는 슬퍼하면서 〈복조부(鵩鳥賦)〉를 지었는데, 이후로 복사는 좌천되었거나 유배 갔을 때 사는 집을 이르게 되었다. 《史記 卷84 屈原賈生列傳》

낮은 관료에 있었으나 만일 임금의 덕을 도울 수 있었다면 반드시 기피함이 없이 항거하는 말을 하여 지위를 벗어남을 꺼리지 않았을 것이니, '나아가서는 충성을 다할 것을 생각하고 물러가서는 임금의 허물을 보완할 것을 생각한다.'[117]는 경지에 가까운 분이다. 도(道)를 호위하고 간사함을 물리치다가 배척을 당하고도 후회하지 않은 것으로 말하면, 또한 식견이 투철하고 지킴이 확고했음을 증험할 수 있다. 공은 타고난 성품이 호기로워 명절(名節)을 좋아하였다. 우재(尤齋 송시열)를 높이고 숭상하는 것 또한 고심(苦心)에서 나왔으니, 어찌 뜻과 기운이 서로 감동하여 그러한 것이 아니겠는가.

공의 6대손 기형(璣衡)이 백사(百舍)의 먼 길을 발이 부르트도록 달려와서[118] 묘지명을 여러 번 청하였는데, 기형은 학문을 좋아해서 능히 선대의 아름다움을 이어왔다. 나는 공의 풍렬(風烈)에 감복하고 또 기형의 지극한 정성을 아껴서 마침내 병을 무릅쓰고 명문을 짓는다.

대궐에 한 자 되는 상소를 올리니	尺疏籲閽
기절이 빼어났네	踔乎氣節

117 나아가서는……생각한다 : 이 내용은 《효경(孝經)》〈사군(事君)〉에 "군자가 임금을 섬길 적에, 나아가서는 충성을 다할 것을 생각하고 물러나서는 허물을 보완할 것을 생각하여, 임금의 좋은 점을 받들어 순종하고 임금의 잘못을 바로잡는다."라고 보인다.

118 백사(百舍)의……와서 : 백사는 3,000리로, 매우 먼 길을 고생고생하며 찾아가는 것을 말한다. 《장자》〈천도(天道)〉에 "사성기(士成綺)가 노자(老子)를 찾아뵙고는 말하기를 '백사를 발이 부르트면서도 찾아뵙는 것을 중지하지 않았습니다.〔百舍重趼而不敢息.〕' 하였다."라고 보인다.

왕을 바로잡고 현자를 붙들어 주니	格王扶賢
맹세한 마음이 매우 간절하였네	矢心苦切
처음의 생각을 이루어	克遂初服
잠홀[119]을 영원히 사절하였네	永謝簪笏
몸과 이름이 모두 완전하니	身名俱完
공과 비견할 사람 드무네	尠與倫匹
후한 덕으로 후손에게 많은 복을 남겼으니	德厚遺贏
하늘이 길함을 도운 것이네	天祐其吉
내가 명문을 무덤에 바치니	納銘玄隧
백세토록 질정할 수 있네	百世可質

119 잠홀(簪笏) : 관직자가 사용하는 관(冠)을 고정시키는 비녀와 수판(手板)으로 흔히 관직이나 관원을 비유하는데, 여기서는 높은 벼슬을 말한다.

이조 판서 시 정간 민공 묘지명 병서
吏曹判書諡貞簡閔公墓誌銘 并序

민씨(閔氏)로서 여흥(驪興)의 망족(望族 명망이 있는 가문)이 된 자는 수십 대에 걸쳐 많은 덕과 인(仁)을 쌓았는데, 인재(訒齋)와 노봉(老峯), 둔촌(屯村)[120] 세 현자에 이르러 더욱 드러나니, 이분들은 행실을 닦고 명예를 세워 세상의 모범이 되었다. 인재공이 아들 휘 진주(鎭周)를 두니, 능히 선대의 아름다움을 계승해서 명망과 실제가 모두 높았다. 옛 사람이 말하기를 "사람들은 어진 부형이 있음을 좋아하고 또한 어진 자제가 있음을 즐거워한다." 하였으니, 아! 아름답다.

공은 자가 유문(孺文)이니, 계통이 고려 때 상의 봉어(尙衣奉御)를 지낸 칭도(稱道)로부터 시작하여 현달한 인물이 계속 이어졌다. 고조

120 인재(訒齋)와 노봉(老峯) 둔촌(屯村) : 인재는 민시중(閔蓍重, 1625~1677)의 호이고, 노봉, 둔촌은 그의 두 아들인 민정중(閔鼎重, 1628~1692)과 민유중(閔維重, 1630~1687)의 호이다. 민시중은 자가 공서(公瑞)로, 1664년(현종5) 춘당대 문과에서 장원 급제하고 1669년 수원 부사, 형조 참판 등을 지냈다. 민정중은 자가 대수(大受)로, 1649년(인조27) 정시 문과에 장원 급제하고, 대사헌, 좌의정 등을 지냈다. 1689년 기사환국 때 남인이 득세하자 벽동(碧潼)에 유배되어 그곳에서 별세하였다. 시호는 문충(文忠)이다. 민유중은 자가 지숙(持叔)으로, 숙종의 비 인현왕후(仁顯王后)의 아버지이며 민정중의 아우이다. 1651년(효종3) 문과에 급제하고, 평안도 관찰사, 호조판서 겸 총융사 등을 역임하였다. 1680년(숙종6) 경신대출척으로 남인이 실각하자 병조 판서 등을 역임하며 서인 정권을 주도하였고, 이듬해 국구(國舅)가 되자 여양부원군(驪陽府院君)에 봉해졌으며, 이후 외척으로서 정권을 천단한다는 비난이 일어 관직에서 물러나 두문불출하다가 죽었다. 효종의 묘정과 장흥 연곡서원(淵谷書院) 등에 배향되었다. 《민문정유집(閔文貞遺集)》이 전하며, 시호는 문정(文貞)이다.

휘 여건(汝健)은 장흥고 영(長興庫令)이고, 증조 휘 기(機)는 경주 부윤(慶州府尹)이고, 조고 휘 광훈(光勳)은 강원도 관찰사(江原道觀察使)이고, 인재공은 휘가 시중(蓍重)으로 대사헌(大司憲)인데, 3대가 모두 원보(元輔 영의정)에 추증되었다. 선비(先妣)는 정경부인(貞敬夫人)에 추증된 풍산 홍씨(豐山洪氏)이니, 부사(府使) 주(霔)의 따님이고, 문경공(文敬公) 이상(履祥)이 조고이시다.

공은 타고난 자품이 매우 뛰어나서 기국(器局)과 도량(度量)이 침착하고 굳셌으며 행실이 독후(篤厚)하여 백씨(伯氏)인 참봉공(參奉公)[121]과 일찍부터 성대한 명성이 드러나니, 당시 사람들이 '쌍벽(雙璧)'이라고 칭하였다. 계축년(1673) 생원시에 합격하고 음보(蔭補)로 빙고서 별검(氷庫署別檢)에 제수되었는데, 인현왕후(仁顯王后)의 가례(嘉禮)의 빈자(儐者)[122]를 맡고서 활인서 별제(活人署別提)로 승진하고, 종부시 주부(宗簿寺主簿)로 옮겼다가 평강 현감(平康縣監)으로 나갔다. 숙종 갑자년(1684)에 문과에 급제하여 예조와 병조의 좌랑과 사헌부 지평에 제수되었다.

당초 사학(四學)의 유생들이 윤증(尹拯)이 어떤 사람에게 보낸 편시에 이 문성공(李文成公)을 침범한 내용이 있다고 죄를 성토하자,[123]

121 백씨(伯氏)인 참봉공(參奉公) : 임인년(1662, 현종3) 증광시에 합격하고 임자년(1672, 현종13)에 남별전 참봉(南別殿參奉)을 지낸 민진주의 형 민진하(閔鎭夏, 1643~1673)로, 자는 무홍(茂弘)이다. 자질과 행실이 훌륭해서 사람들이 집안의 명성을 이어 크게 될 것으로 기대하였으나, 어려서부터 앓던 고질병 때문에 일찍 별세하였다. 《老峯集 卷9 從子南別殿參奉鎭夏行錄》

122 빈자(儐者) : 행사 때에 주인을 도와 빈객(賓客)을 인도하고 접대하는 일을 담당하는 자를 말한다.

윤증의 당여로서 사관(四館)과 반임(泮任)[124]에 있는 자들이 도리어 유생에게 벌을 내리니, 마침내 소계(疏啓)로 번갈아 비방하는 상황을 초래하여 조정이 안정되지 못하였다. 공이 그 시비(是非)를 조정하였는데, 상은 비록 아뢴 말을 따르지 않았으나, 공이 인피(引避)하면 너그러이 용서하고 특명으로 출사(出仕)하게 하였다.

체직하고 병조 좌랑에 제수되었다가 다시 지평으로 돌아왔으며, 또 다시 병조 정랑이 되었다가 중간에 지평이 되었다. 명령을 받들고 암행어사가 되어 관서 지방(關西地方 평안도)을 염찰(廉察)하였는데, 변방의 수 천여 리의 길을 발섭(跋涉)하여 험난함을 두루 겪으며 백성들의 고통을 구휼하고 변방의 금령(禁令)을 엄격히 하였으며, 의논하여 아뢴 것이 대부분 채택되었다.

선발로 홍문관 부수찬과 교리, 부교리에 임명되었는데, 입대(入對)할 적에 또다시 서쪽 지방 백성들의 어려운 사정을 아뢰고, 인하여 "연강(沿江)에 있는 변경 지역에 왕화(王化)가 흡족하게 미치지 못하

123 윤증(尹拯)이……성토하자 : 윤증(1629~1714)은 자가 자인(子仁), 호가 명재(明齋)이며, 미촌(美村) 윤선거(尹宣擧)의 아들로, 당시 소론(少論)의 영수였다. 문성공(文成公)은 율곡 이이의 시호이다. 당시 노론(老論)과 소론이 극렬한 당쟁을 벌였는데, 노론 측에서 윤선거가 병자호란 때 강화도가 함락될 적에 죽지 않은 일을 비판하자, 윤증은 "율곡은 산중에 들어가 불교를 탐구한 잘못이 있었다.〔栗谷有入山之失〕"라고 맞대응하여 수많은 논쟁을 불러 일으켰는바, 이것을 가리킨다.

124 사관(四館)과 반임(泮任) : '사관'은 홍문관(弘文館), 예문관(藝文館), 승문원(承文院), 교서관(校書館) 등의 네 관청으로 식년 문과(式年文科)를 주관하였다. '반임'은 반궁(泮宮) 즉 성균관(成均館)의 재임(齋任)을 말하는바, 재사(齋舍)에서 기숙하며 수업하는 거재 유생(居齋儒生) 중의 임원으로, 동재(東齋)와 서재(西齋)에 각각 장의(掌議) 1인과 색장(色掌) 2인이 있었다.

니, 청컨대 문관과 무관의 수령을 교대로 차임해서 백성들을 안정시키는 방법을 다하소서."라고 아뢰자, 상이 그 말을 따랐다. 사간원의 정언과 헌납, 이조의 좌랑, 교서관 교리(校書館校理)를 역임하였는데, 항상 지제교(知製敎)를 겸하였다.

이때 당인(黨人)들이 사류(士流)를 매우 미워하여 번번이 공의 집안을 '외척(外戚)'이라고 지목하자, 공이 전조(銓曹 이조(吏曹))의 낭관을 강력히 사양하였다. 대신이 임금께 아뢰어 출사하도록 독촉하였으나, 끝내 명에 응하지 않았다. 여러 번 전랑(銓郎)과 부수찬, 한학교수(漢學敎授)에 제수되었다. 이때 나양좌(羅良佐) 등이 "스승을 위하여 억울함을 말하고 변론한다."고 칭하고는 우암(尤菴 송시열) 선생을 모함하였는데,[125] 말이 몹시 도리에 어긋났다.

상이 나양좌를 귀양 보내자, 윤증의 당(黨)인 이의창(李宜昌)이 상소했는데 그 말이 더욱 참혹하니, 공은 "이의창이 유종(儒宗 송시열)을 비방함은 실로 사문(斯文)의 큰 변고이니, 엄하게 배척해야 합니다."라고 말하였다. 최석항(崔錫恒)이 이의창의 말에 부화뇌동해서 대로(大老 송시열)를 비방함에 더욱 기탄함이 없으니, 공은 이를 들어 배척하여 체직시켰다.

호남에서 과거 시험을 주관하던 권지(權持)가 윤증의 문도로서 책문(策文)의 제목을 내어 유현(儒賢)을 대놓고 비방하자, 공은 마침내 여러 시관(試官)들을 함께 파직할 것을 청하였다. 그리고 반관(泮官

125 나양좌(羅良佐)……모함하였는데 : 나양좌(1638~1710)는 윤선거(尹宣擧)의 문인으로, 스승이 모함 받은 것을 호소하면서 송시열을 비판하고 윤선거를 두둔한 것을 말한다. 《국역숙종실록보궐정오 13년 3월 19일》

성균관의 관원)이 일찍이 율곡(栗谷)과 우암(尤菴)[126] 두 선생을 모함하여 감히 성묘(聖廟 문묘(文廟))를 뵙지 못하였는데, 이들이 수치(羞恥)를 무릅쓰고 직책을 행하자 공이 규탄하여 제거하니, 여러 소인배(小人輩)가 더욱 눈을 흘겼다.

중학교수(中學敎授)를 겸하고 부교리로 옮겼다. 마침 상이 복상(卜相)을 명하여, 가복(加卜)이 여섯 대신(大臣)에 이르렀다.[127] 김수항(金壽恒) 공과 이단하(李端夏) 공이 청대(請對)하여 상의 뜻을 여쭙고 조사석(趙師錫)을 정승으로 제수하자, 공이 분개하여 말하기를 "정승을 두는 것은 국가의 대사(大事)인데 이와 같이 구차히 하는가." 하고는 마침내 상소를 올렸다. 상소의 대략은 다음과 같다.

"인군(人君)의 임무는 정승을 논하는 것보다 더 중한 것이 없고, 대신의 직책은 오직 현자를 천거함에 있습니다. 그런데 하루 안에 여섯 번 매복(枚卜)[128]을 가하여 거조(擧措)가 전도(顚倒)되니, 이 거조

126 율곡(栗谷)과 우암(尤菴) : 저본에는 '율우(栗尤)'로 되어있고, 이민보(李敏輔, 1720~1799)가 지은 민진주의 시장(諡狀)에는 '우계와 율곡〔牛栗〕'으로 되어있으나, 관련 기록이 자세하지 않아 교감하지 않고 저본에 따라 번역하였다. 《豐墅集 卷18 吏曹判書閔公諡狀》

127 복상(卜相)을……이르렀다 : '복상'은 정승을 임명함을 이르며, '가복(加卜)'은 원임(原任) 의정(議政) 가운데 적임자가 없거나 수가 부족할 경우 임금이 지목하거나 빈청(賓廳)에서 추천한 후보자를 원래의 단자(單子)에 한두 명 추가하여 써넣게 하는 것인데, 추가로 추천한 후보자가 6명이었다는 말이다. 《六典條例 吏典 議政府 枚卜》《銀臺條例 吏攷 大臣》

128 매복(枚卜) : 복상(卜相)과 같은 말인데, 여러 명을 천거함을 이른다. 의정(議政) 중에 결원이 생겼을 때 왕명에 따라 시임(時任) 의정들이 빈청(賓廳)에 나와서 그 후보자로 원임(原任) 의정의 좌목(座目)을 써서 승전색(承傳色)을 통해 입계(入啓)

를 들은 사람들이 놀라 의혹하고 있습니다. 전하께서 어질고 덕 있는 사람에게 유념해서 장차 큰 임무를 내리시려면, 어찌 미리 신하들에게 물어서 인물을 밝게 살펴 선발하지 않고, 도리어 모색함이 이와 같이 구차합니까. 이것이 어찌 전하께서 어진 보좌를 얻을 것을 생각하는 뜻이며, 또한 어찌 옛날의 대신이 훌륭한 사람을 선발하여 군주를 섬긴 의리이겠습니까. 만일 후세에서 이것을 가지고 구실을 삼는다면, 국가에 폐해가 됨이 어떻겠습니까. 전하의 이목(耳目)의 임무를 맡은 자들[129]이 이것을 바로잡는 한마디 말도 하지 않으니, 이는 또한 전하가 건강(乾綱)을 혼자 운용하고 언로(言路)를 넓게 열어놓지 않으신 소치입니다."

공은 이어서 관방(官方)[130]을 남발하고 형옥(刑獄)을 잘못함을 논급하였다. 상이 처음에는 온화한 비답(批答)을 내리다가 갑자기 엄한 전교

하는 일이다. 시임이 없을 경우에는 원임들이 입시하여 전단자(前單子)에 낙점을 받았고, 원임 가운데 적임자가 없을 경우에는 새로운 인물로 추가하여 뽑았다. 《六典條例 吏典 議政府 枚卜》《銀臺條例 吏攷 大臣》

129 전하의……자들 : 국왕의 이목(耳目) 역할을 하는 현신(賢臣)을 이른다. 《서경》〈우서(虞書) 익직(益稷)〉에 "신하는 짐의 고굉과 이목이 되어야 하니,〔臣作朕股肱耳目〕 내가 백성들을 도우려고 하거든 네가 도와주며, 내가 사방에 힘을 펴려 하거든 네가 해 주며, 내가 옛사람의 상(象)을 관찰하여 일(日)·월(月)·성신(星辰)·산(山)·용(龍)·화충(華蟲)을 그림으로 그리고, 종이(宗彝)·조(藻)·화(火)·분미(粉米)·보(黼)·불(黻)을 수놓아 다섯 가지 채색으로 오색(五色)의 비단에 드러내 옷을 만들려고 하거든 네가 밝혀 주어라."라는 순(舜) 임금의 말이 보인다.

130 관방(官方) : 관부를 설치하여 일정한 관직을 두는 것으로, 《국어(國語)》〈진어(晉語) 4〉의 '관방정물(官方定物)'에 대한 위소(韋昭)의 주에 "방(方)은 상(常)이고, 물(物)은 사(事)이다. 곧 일정한 관직을 만들어 온갖 일을 다스리는 것이다."라고 보인다.

를 내리니, 후원(喉院 승정원)과 옥당(玉堂 홍문관)에서 계속해서 구원하기 위하여 해명하였다.

영상(領相)과 좌상(左相)이 상소하여 말하기를 "조정의 거조가 지극히 선(善)하지 못하다면 이런 의논이 어찌 없을 수 있겠습니까. 성상의 하교가 우상(右相 조사석(趙師錫)을 가리킴)을 위안하는 뜻에서 나왔으나, 그 본의(本意)를 살피지 못하신 듯합니다."라고 하였다.

도헌(都憲 대사헌) 이수언(李秀彦) 공이 더욱 강력히 상소하여 구원하자, 성상의 노여움이 더욱 진동하여 심지어는 "앞뒤에서 선창하고 화답하여 의논이 거듭 일어나니, 국가를 우롱하고 대신을 경멸하는 것은 국법상 단연코 모호하게 처리할 수 없다."라고 하시니, 사람들이 모두 공을 위하여 위태롭게 여기고 두려워하였는데, 공이 휴가를 청하자 체직되었다.

마침 북관(北關)에 도끼를 지니고 가라는 명령이 있었다.[131] 공은 현지에 도착하여 모든 관방(關防)의 시설과 군사·백성들의 고통을 하나하나 다 아뢰지 않음이 없었는데, 한결같이 노봉공(老峯公)이 남긴 법칙을 따랐다. 길주(吉州)의 조중봉(趙重峯 조헌(趙憲))을 제사하는 곳 또한 노봉이 함경도 관찰사일 적에 창건한 것이었는데,[132] 공이 아뢴

131 북관(北關)에……있었다 : 북관은 함경도로, 민진주가 함경도의 암행어사로 임명된 것을 말한다. '도끼를 지님'은 암행어사를 비유한 것으로, 한(漢)나라 무제(武帝) 때에 민간의 소요를 진압하기 위하여 황제가 어사를 파견하였는데, 이들이 수(繡)놓은 옷을 입고 부월(斧鉞)을 지녀 황제를 대신하는 사신(使臣)의 권위를 행사한 데서 유래하였다.

132 길주(吉州)의……것이었는데 : 중봉 조헌을 배향한 길주 임명역(臨溟驛)의 명천서원(溟川書院)을 가리킨 말로, 임명역 부근은 일찍이 조헌이 유배되었던 곳인데, 노봉

대로 해서 이 서원에 사액(賜額)을 하고 치제(致祭)를 하였다.

휘릉(徽陵)을 점쳐 장례할 적에 도감 도청(都監都廳)이 되고,[133] 부응교(副應教)와 장악원 정(掌樂院正)을 역임하였으며, 관을 만드는 것을 감독한 공로로 통정대부(通政大夫)로 승진하여 병조 참지(兵曹參知)가 되었다가 무주 부사(茂朱府使)로 나갔다. 인현왕후가 폐위되어 사화(士禍)가 지극해지자,[134] 마침내 벼슬을 버리고 돌아왔다.

갑술년(1694) 경화(更化 갑술환국)가 되자 경상도 관찰사가 되었고, 곧바로 가선대부(嘉善大夫)인 강화 유수(江華留守)에 발탁되었다. 이때 문수산성(文殊山城)을 쌓으려고 했는데, 의정부의 의논이 공으로 하여금 감독하게 하자, 상은 공을 인견(引見)하고 말씀하기를 "강화도는 국가가 믿는 곳이니, 경(卿)이 가서 잘 감독하도록 하라."라고 당부하였다. 공이 정성을 다하여 경영해서 성첩(城堞)이 새로워졌고, 병장기를 수선하고 병사들을 훈련시켜 외침(外侵)을 잘 대비하였다.

승진하여 통진 부사(通津府使)가 되자, 김포에 있는 군정(軍丁)을

민정중이 함경도 관찰사로 있던 갑진년(1664, 현종5)에 길주의 선비들과 이곳에 서원을 세울 것을 건의하여 경술년(1670)에 서원이 완공되었고, 병자년(1696, 숙종22)에 '명천'으로 사액되었다. 《重峯集 附錄 卷7 祠院》

133 휘릉(徽陵)을……되고 : 휘릉은 인조의 계비 장렬왕후(莊烈王后)의 능으로, 장렬왕후가 무진년(1688, 숙종14)에 64세를 일기로 별세하였을 적에 민진주가 도감 도청이 되었던 일을 이른다.

134 인현왕후가……지극해지자 : 1689년(숙종15)에 일어난 기사환국(己巳換局)을 가리키는바, 이때 인현왕후가 폐위되어 서인(庶人)으로 강등되고 장희빈이 왕비의 자리에 올랐으며, 노론 계열의 송시열이 제주도로 유배 갔다가 사사(賜死)되었으며, 이이명(李頤命)·김만중(金萬重)·김수흥(金壽興)·김수항(金壽恒) 등이 복주(伏誅) 또는 유배되고 남인이 재집권하였다.

강화도로 옮겨서 여러 돈대(墩臺)를 지키게 하였다. 또 가람(伽藍 사찰)을 만들어 승려들을 모집해 들어오게 하고 병기와 양식을 비축하였는데, 조처한 것이 법도에 맞았다. 다음 해에 병조 참판으로 옮겼는데, 의정부에서는 막 문수산성을 수성(守城)하는 절목(節目)을 강정(講定)하여 그대로 연임할 것을 계청(啓請)하였다. 얼마 후에 내직인 대사간으로 옮겼다.

처음 남구만(南九萬)이 국적(國賊)인 장희재(張希載)를 강력히 옹호하니, 국론이 크게 일어났다. 남구만은 사류(士類)가 조정에 있는 것을 싫어하여 대부분 밖으로 내보냈으니, 공이 경상도 관찰사가 되고 심도(沁都 강화도)의 유수가 된 것은 실로 배척당한 것이었다.

조정으로 돌아오자, 대관(臺官)인 오명준(吳命峻)이 상소하여 김진규(金鎭圭) 공을 논하고 권세가 높은 척리(戚里 임금의 외척)들을 극구 배척하였다. 그러자 공은 편안히 있을 수가 없어서 글을 올려 면직을 청하였다. 활인서 제조(活人署提調)를 겸하고 병조 참판과 도승지, 대사간, 예조 참판과 공조 참판, 부총관, 동지의금부사(同知義禁府事)와 지성균관사(知成均館事)를 역임하였다.

천거로 평안도 관찰사가 되었는데, 이때 관서 지방에 거듭 흉년이 들어서 공사(公私) 간의 창고가 모두 텅 비었다. 공은 임금을 뵙고 하직하던 날에 강화도로 옮겨올 쌀 중에 본 도(道)에 있는 것을 남겨두어 구휼에 보태도록 청하였고, 또 감영에 저축하고 있는 은전(銀錢)과 강화도의 목면(木綿)을 꾸어주어 팔아서 이익을 내게 할 것과, 또 해서(海西)의 배에 실려 있는 곡식을 옮겨올 것을 청하였다. 그리고 또 스스로 4만여 섬의 곡식을 비축해서 여러 고을의 인구를 계산하여 나눠주었으며, 남은 것은 별도로 진휼고(賑恤庫)에 보관해 두어 비상사태에 대비하게 하였다.

한해(旱害)가 다시 혹독해지자, 상은 성안의 굶어 죽은 백성들을 치제(致祭)하게 하였는데, 공이 급히 장계를 올리기를 "5년 동안 진휼을 시행한 것을 보면 관서 지방이 매우 심하니, 청컨대 본 도의 남쪽과 북쪽에 별도로 제사에 쓸 향(香)을 내려 억울하게 죽은 영혼들을 위로하소서."라고 하였다.

또 군정(軍丁)을 뽑는 정사에 유념해서 장정(壯丁) 1만여 명을 얻어 10부(部)의 병사로 개편하고 요군(遼軍)의 기병(騎兵)과 아울러 나누어 좌대(左隊)와 우대(右隊)를 만드니, 관서 지방의 군제(軍制)가 비로소 일정한 규칙이 있게 되었다. 가까스로 구휼을 마치자 여러 병폐가 분분하게 일어나니, 공은 문서를 정돈하여 오래된 병폐를 깨끗이 개혁하였는데, 좌의정 윤지선(尹趾善)의 상소로 인하여 삭탈관직과 문외출송을 당하기까지 하였다.

이보다 앞서 흉년으로 인하여 나라에서 관찰사가 쌍가마 타는 것을 금하였는데, 마침 오랑캐 사신을 맞이하느라 쌍가마로 예의를 갖추었다. 이때 공도 여러 사람을 따라 가마를 탔으니, 홀로 금령을 범한 것이 아니었다. 기영(箕營 평안도의 감영)에 있는 천류고(泉流庫)는 사행(使行)에 책응(策應)하기 위하여 만든 것인데, 옛 규정에는 재화를 증식하여 이것을 비용으로 사용하였다. 옥당(玉堂 홍문관)의 관원인 윤지인(尹趾仁)이 이러한 것들을 트집 잡아 공을 모함하려고 상소를 올려, 천류고의 별장(別將)인 이징문(李徵文)이 용만(龍灣 의주(義州)) 사람에게 2만 냥을 빌려 주었다고 논하고 관찰사를 경책(警責)할 것을 청하였다. 그래서 도(道)에 명하여 조사하게 했는데, 임금께 계문(啓聞)할 적에 재화의 출납에 모두 분명한 근거가 있자, 마침내 공을 모함할 계책을 쓰지 못하였다.

다시 서용(敍用)되어 도승지와 예조 참판, 한성부 좌윤에 제수되었으나, 모두 사양하여 체직되었다. 지평(持平) 이탄(李坦)이 윤지인의 상소를 인습(因襲)해서 10여 년 동안의 관찰사의 중기(重記)[135]를 찾아내어 엄하게 조사하여 벌을 시행할 것을 청하였다. 그리고 필선(弼善)인 정시윤(丁時潤)이 이탄의 뒤를 이어 일어났는데, 말이 더욱 흉악하고 도리에 어긋났다. 응교(應敎) 이건명(李健命) 공이 상소를 올려 그 정상을 말하니, 상이 옳게 여겼다.

대사헌과 호조·공조의 참판을 역임하고 부사(副使)로 연경(燕京)에 갔었는데 중간에 동중추(同中樞)에 제수되었다. 돌아와서 한성부 좌윤과 우윤(右尹), 병조 참판, 부제학, 이조 참판에 제수되었다. 이때 종제인 지재공(趾齋公)[136]이 글을 올려 시의(時議)를 거스르니, 윤지선과 송징은(宋徵殷) 등이 "외척은 요직에 있어서는 안 된다."라고 하여 말이 몹시 위태롭고 험악하였다. 공이 간절히 사직하며 말하기를 "옥당에서 논하여 아뢴 것이 신 등에게 약석(藥石)이 되지 않음이 없으니, 매번 공론을 들을 때마다 두려워 위태로운 줄을 알고 있습니다. 그러니 괴원(槐院 승문원)과 주사(籌司 비변사)의 여러 임무를 일체 면직해주실 것을 청합니다."라고 하고서 상소문을 거의 열 번 올렸는데, 엄한 어명에 압박을 받아서 억지로 나와 명에 응했다가 곧바로 또다시 인입(引

135 중기(重記) : 사무를 인계할 때 전하는 문서를 말한다.

136 지재공(趾齋公) : 지재는 민진후(閔鎭厚, 1659~1720)의 호로, 자는 정순(靜純)이다. 아버지는 여흥부원군 민유중(閔維重)이며, 어머니는 송준길(宋浚吉)의 딸이다. 인현왕후(仁顯王后)의 오라비이며, 송시열의 문인이다.

入)하였다.[137] 대사성과 이조 참판, 동지성균관사(同知成均館事)로 바뀌었다가 발탁되어 병조판서 겸 비국유사(兵曹判書兼備局有司)와 우부빈객(右副賓客), 사역원 제조(司譯院提調)로 승진하였다.

공은 누적된 피로로 병이 생겨 급한 말미를 청하였으나, 허락을 받지 못하였다. 상이 특별히 궁중의 액례(掖隷 하인)를 보내어 타락죽(駝駱粥)을 하사하고 병을 문안하였다. 인현왕후를 위해서 의약청(議藥廳)을 설치할 적에 병을 무릅쓰고 문후(問候)하는 반열에 참여하였으나, 봉직(奉職)하지는 못하였다. 호서와 영남의 병사(兵使)가 오랫동안 후임을 차출하지 못하자, 대신(大臣)이 병조의 차관(次官 참판)으로 하여금 장관(長官 판서)과 의논해서 차임해서 보낼 것을 청하였는데, 공이 또다시 글을 올려서 차관이 문의하는 일을 중지시키고 급히 병조 판서의 직명을 체차해서 국가의 체통을 보존할 것을 청하였다.

오랜 뒤에 대신(大臣)이 아뢴 말로 인하여 체직되었다. 도헌(都憲)으로 있다가 이조판서 겸 상의원제조(吏曹判書兼尙衣院提調)에 제수되었다. 가을에 판의금부사(判義禁府事)로 발탁되었다. 이때 과거(科擧)의 옥사가 있었는데, 옥에 갇힌 죄수 중에 피혐(避嫌)하여 조사해서는 안 되는 자가 있었다. 그래서 공이 상소하여 정세(情勢)를 아뢰자, 임금이 해임할 것을 허락하였다.

공은 예전에 앓던 풍비(風痺)가 갑자기 발병해서 거주하던 백문(白門 서문(西門)) 밖 집의 정침(正寢)에서 별세하였는데, 경진년(1700) 8월 24일이니, 출생한 병술년(1646)으로부터 향년 55세이다. 부음(訃

137 인입(引入)하였다 : 잘못된 일에 대하여 인책(引責)하고 출사하지 않았음을 이른다.

音)이 알려지자, 상은 매우 슬퍼하시고 특별히 초상과 장례에 쓰는 여러 비용을 하사하였다. 동궁(東宮)은 또 관판(棺板)을 가려 보내게 하고 궁관(宮官)을 보내어 조문하였다. 인현왕후는 병환이 더욱 심하였는데, 중관(中官 내시)을 보내어 위문하였다. 3개월이 지나 여주(驪州) 삼전동(三田洞) 임좌(壬坐)에 장례하였다. 뒤에 큰 아들이 원종공신(原從功臣)에 참여됨으로 해서 의정부 영의정에 추증되었다.

공은 풍채가 좋고 수염이 아름다웠으며 기국과 도량이 장중(莊重)하였다. 가정의 훌륭한 가르침에 무젖어 법도를 잘 따랐으며 집안에서 행실이 순수하고 독실하였다. 거듭 상(喪)을 치르면서 모부인(母夫人)이 몹시 슬퍼하다가 병환이 들자, 공은 밤낮으로 부축하여 간호하고 몸소 약 수발을 들었다. 큰 상을 당하자 궁벽한 산중에서 삼년상을 치렀는데, 온갖 화를 다 겪어 집안의 생계가 매우 곤궁하였으나, 상식(上食)을 올리고 곡하고 가슴을 치며 슬퍼하는 마음과 예문(禮文)을 모두 지극히 하였다.

아우와 매씨(妹氏)가 어렸는데 이들을 이끌고 가르치며 많은 사랑을 주었고, 아우가 또 요절하여 유복자가 있었는데 자기의 소생보다 더 사랑하여 돌보아 길렀다. 백씨(伯氏)가 아들이 없으니, 찬성공(贊成公)은 공의 첫째 아들을 양자로 삼았으나 장가들기 전에 요절하였다. 공에게 이때 남은 아들이 승수(承洙) 하나뿐이었으므로, 여러 부형들은 차마 또다시 양자로 내보내라고 하지 못했으나, 공은 말씀하기를 "종사(宗事)가 중하니, 나는 설령 후사가 없더라도 차라리 반부(班祔)[138]를 하겠다."라고 말하니, 사람들이 모두 감탄하였다.

138 반부(班祔) : 방친(傍親)으로서 후사가 없는 사람을 종가에 부(祔)하여 제사함

노봉공(老峯公)이 서쪽 변방에 위리안치(圍籬安置)되었는데 흉한 무리들이 막 형률을 더 높일 것을 청하였다.[139] 공은 안부를 살피기 위해 황급히 달려가다가 도중에 병을 얻었으나, 걸음을 조금도 멈추지 않았다. 종제인 단암공(丹巖公)[140]과 험한 길을 함께 갔는데, 단암공이 조금이라도 몸조리하기를 청했으나, 끝내 듣지 않았다. 단암공이 평소 이 일에 대해 말씀하기를 "이분의 지극한 효성은 미칠 수가 없다."라고 하였다. 노봉공의 병환이 위독하자, 공은 노봉공의 아들인 문효공(文孝公)[141]과 함께 밤낮으로 곁에서 간호하면서 3년 동안 띠를 풀지 않았다. 부인이 산후병으로 위험하였는데 돌볼 겨를이 없었고, 태어난 아이

을 이른다.

139 노봉공(老峯公)이……청하였다 : 1689년 기사환국으로 남인이 집권하자 민정중이 노론의 중진들과 함께 관지을 삭탈당하고 평안도 북단의 벽동(碧潼)에 위리안치되었는데, 이후로 1년 동안 사헌부와 사간원에서 계사(啓辭)를 50차례 이상 올려 민정중을 안율(按律)하여 처치해야 한다고 청한 일들을 가리킨다. 《국역숙종실록 15년 7월 19일》《承政院日記 肅宗 15年 8月~16년 8月》

140 종제인 단암공(丹巖公) : 단암은 민진원(閔鎭遠, 1664~1736)의 호로, 여양부원군 민유중(閔維重)의 아들이며 인현왕후의 오라비이다. 송시열의 문인으로, 1691년(숙종17) 문과에 급제하였으나 인현왕후의 유폐로 등용되지 못하다가, 1694년 갑술옥사 후에 등용되어 좌의정 등을 지냈다. 영조의 탕평 정국 때에도 계속해서 노론의 선봉으로 소론을 배척하였으며, 《숙종실록》·《경종실록》 등의 편찬에 참여하였고, 《단암주의(丹巖奏議)》·《연행록(燕行錄)》 등을 저술하였다. 영조의 묘정에 배향되었으며, 시호는 문충(文忠)이다.

141 아들인 문효공(文孝公) : 문효는 민정중의 아들인 민진장(閔鎭長, 1649~1700)의 시호로, 자는 치구(稚久)이다. 1686년(숙종2) 별시 문과에 장원급제하고, 호조 판서, 우의정 등을 지냈는데, 성품이 온화하고 후덕하여 당쟁 속에서도 마찰이 적었다. 효성이 지극하여 사후에 정문(旌門)과 시호를 받았다.

가 2살이 될 때까지 얼굴을 한 번도 보지 못하고 뒤에 요절했다는 소식만 들었다.

공은 지극한 효성과 경건함으로 선조를 받들고 먼 선조를 제사하였으며, 말년에 기이한 병환에 걸렸으나 반드시 크고 작은 제향(祭享)에 참여하였다. 고복(臯復 초혼(招魂)하여 발상(發喪)함) 하루 전이 조비(祖妣)의 기일이었는데, 새벽에 일어나 사당에 절하였다.

평소에 말씀을 빨리하거나 얼굴빛을 갑자기 바꾸는 경우가 없었고 남의 잘잘못을 말씀하지 않았으며, 남과 각축(角逐)하는 일이 적었다. 매번 가문이 너무 지나치게 융성함을 우려해서 옥을 손에 잡은 듯 가득한 물그릇을 받든 듯이 조심하고 조심하였다. 여러 번 전조(銓曹 이조)를 맡았는데 가문이 물처럼 깨끗하였고, 공청에서 물러나오면 종일토록 묵묵히 앉아 책을 보시며 말씀하기를 "조심스럽고 질박한 선조의 가풍을 잃을까 두렵다."라고 하였다.

그러나 평소 의논이 꼿꼿해서 음과 양이 소멸하고 자라나는 기미와 선(善)과 이(利), 공(公)과 사(私)의 구분을 엄정하게 변별하여 반드시 끝까지 말씀하시고는 하였는데, 비록 여러 사람의 노여움을 촉발하더라도 조금도 동요하지 않았다. 선부(選部 이조)에 있을 적에 조정의 의논이 몇 갈래로 나누어졌는데, 공은 공평한 마음을 견지해서 근거 없는 의논에 동요되지 않으니, 당파가 다른 동료들도 또한 탄복하기를 "현세에서 유일하게 볼 수 있는 사군자(士君子)이다."라고 하였다.

서북 지방의 변경을 염찰(廉察)할 적에 작은 진(鎭)과 보(堡), 궁벽한 마을과 오지(奧地)도 빠짐없이 두루 살폈다. 북쪽(함경도)에 있을 적에 병으로 직임을 감당할 수 없었는데도 부축을 받아 가며 임무를 수행하자, 관인(館人)이 걱정이 되어 힘써 만류하였으나 잠시도 쉬고

자 하지 않았다. 이는 진실로 자기 한 몸을 돌보지 않고 마음과 힘을 다하여 애쓴 충절(忠節)이지만, 말질(末疾 수족이 마비되는 중풍)이 또한 이로부터 시작되었다.

여러 경서(經書)를 해박하게 보아서 글을 거의 다 외웠고, 비록 질병으로 몸져눕거나 문서 처리로 바쁘더라도 손에서 책을 놓은 적이 없었다. 그리고 글을 읽다가 흔연히 마음에 맞는 내용이 있으면 채필(彩筆)을 가지고 점을 찍으니, 단연(丹鉛)이 곁에서 떠나지 않았다.[142] 시문(詩文)을 매우 좋아해서 글을 지으면 반드시 전아(典雅)하고 풍부하고 굳셌는데, 조금도 자랑하지 않았으므로 세상에 아는 자가 적었다.

검약이 몸에 배어 삼베옷을 입고 해어진 자리를 사용하니, 생활이 빈한한 선비와 같이 고적(孤寂)하였다. 연경에 갔을 적에 한 권의 책도 사오지 않았고, 우리나라와 저쪽에서 준 전별금(餞別金)을 모두 사용하지 않고 그대로 봉함하여 돌려주니, 상개(上价 정사(正使))인 상국(相國) 서문중(徐文重)이 감탄하여 "민공(閔公)은 누가 알까 두려워하는 청백함[143]이 있다."라고 칭찬하였다.

배위인 정경부인(貞敬夫人) 연일 정씨(延日鄭氏)는 좌찬성에 추증된 상징(尙徵)의 따님이니, 우의정으로 시호가 충정공(忠貞公)인 유성(維城)이 조고이다. 신묘년(1711)에 별세하여 공의 묘 왼쪽에 부장하였다. 아들 종수(宗洙)는 일찍 요절하였고, 승수(承洙)는 현감인데 백

142 채필(彩筆)을……않았다 : '채필'은 색채가 있는 붓이란 뜻으로, 주사(朱砂)로 만든 주묵(朱墨) 등을 이르며, '단연(丹鉛)'은 글을 검토하고 교정할 때 사용하는 주사(朱砂)와 연분(鉛粉)을 가리킨다.

143 누가……청백함 : 청백하면서도 그 청백함을 밖으로 드러내지 아니하여 누가 행여 자신의 청백함을 알까 염려함을 말한다.

씨에게 출계(出系)하였으며, 응수(應洙)는 우의정이다.

장방(長房 장자)의 아들은 현감 백형(百亨)이고, 딸은 도정(都正) 이수(李綏)와 판서 이정보(李鼎輔), 현감 홍계중(洪啓重), 부사(府使) 이권중(李權中), 현감 송익흠(宋益欽)에게 출가하였다. 차방(次房)의 아들은 대사간 백행(百行)과 승지 백창(百昌)이다. 백형의 양자인 태혁(台爀)은 판서이고, 백행의 양자인 제열(濟烈)은 정랑(正郎)이고, 백창의 아들은 바로 제열이다. 백창의 계자(繼子)는 판서 명혁(命爀)이다. 태혁의 아들은 진사 치승(致昇)과 치항(致恒), 치명(致明)이다. 제열이 또 아들이 없으니, 계자는 감찰(監察) 치은(致殷)이다. 명혁의 아들은 치은과 참판 치문(致文)이다. 나머지는 다 기록하지 않는다.

공은 규장(圭璋)과 같은 훌륭한 자질[144]로 주석(柱石)과 같은 중망(重望)을 쌓아 문학과 경륜이 충분히 군주의 덕을 보필하고 국가를 편안히 할 수 있어서 점점 소금과 매실, 배와 노의 계합(契合)[145]이

144 규장(圭璋)과……자질 : '규장'은 제후가 조회할 때 잡는 옥의 일종으로, 순결하고 고상한 인품이나 자질을 비유하는바, 《시경》 〈대아(大雅) 권아(卷阿)〉에 "장중하고 헌앙하며 규장과 같으며 훌륭한 명망이 있으니, 개제(愷悌)한 군자를 사방에서 기강으로 삼으리라.〔顒顒卬卬, 如圭如璋, 令聞令望. 豈弟君子, 四方爲綱.〕"라고 한 데서 온 말이다.

145 소금과……계합(契合) : 나라를 경륜할 재주를 갖추고 있어서 군주를 보필할 인물에 부합함을 비유한 것으로, 《서경》 〈열명 하(說命下)〉에서 온 말이다. 은(殷)나라 고종(高宗)이 부열(傅說)을 발탁하여 재상을 맡기면서 "술을 만든다면 그대가 누룩이 되고, 국에 간을 맞춘다면 그대가 소금과 매실이 되어라.〔若作酒醴, 爾惟麴蘖; 若作和羹, 爾惟鹽梅.〕"라고 하였고, 또 "큰 내를 건널 경우에 너를 배와 노로 삼을 것이고, 심한 가뭄이 들 경우에 너를 장맛비로 삼을 것이다.〔若濟巨川, 用汝作舟楫; 若歲大旱, 用汝作霖雨.〕"라고 하였다. '계합'은 군주와 신하의 의견이 일치함을 이른다.

있었다. 그런데 처음에는 당인(黨人)들의 시기를 면치 못해서 영화로운 벼슬길에서 머뭇거리며 오로지 물러나 은둔하는 의리를 가슴속에 품었고, 끝내는 수명이 짧아서 온축된 포부를 다 펴지 못하였으니, 어찌 세교의 성쇠(盛衰)에 관계되지 않겠는가.

나는 늦게 태어나서 비록 문하(門下)에 나아가 공의 덕스러운 모습을 뵙지는 못하였다. 그러나 삼가 선철들의 의논하는 말씀을 듣건대, 공이 종씨(從氏)인 충문공(忠文公 민진후(閔鎭厚)), 문충공(文忠公 민진원(閔鎭遠)), 문효공(文孝公 민진장(閔鎭長)) 세 분과 함께 선(善)한 사류(士類)의 영수(領袖)가 되어 자취를 이어서 영재(英才)를 드러내어 함께 왕실을 도왔다 하니, 나는 덕의(德義)와 풍범(風範)을 마음속으로 매우 흠모하였다. 최근에 참판 민치문(閔致文) 군이 외람되이 묘소의 명문을 부탁하니, 병들어 죽을 날이 가까워 붓과 마음이 모두 썩어서 성대한 아름다움을 형용하지 못하나, 삼가 대강을 뽑아서 명문을 짓는다. 명문은 다음과 같다.

아, 아름다운 조정이여	猗歟熙朝
평소 세신을 중하게 여겼네	素重世臣
훌륭하신 민씨 집안이여	允矣閔宗
대대로 위인이 나왔네	代出偉人
후한 덕으로 광채를 전하여	德厚流光
후손들에게 넉넉한 공덕을 남겼네	垂裕後昆
공이 또다시 우뚝이 탄생하니	公又挺生
문채와 자질이 모두 훌륭하였네	文質彬彬
효도를 옮겨 나라에 충성해서	移孝而忠

실천하여 알고 진실로 믿었네[146]	迪知忱恂
문장은 임금의 정사를 도울 만하고	辭賁黼黻
재주는 경륜을 펼칠 만하였네	才抱經綸
금화[147]에서 좋은 말씀 아뢸 적에	啓沃金華
강직하게 바른 말씀 다 하였네	諤諤昌言
평안도에서 정사를 펼 적에는	賦政藩臬
다리가 있는 따뜻한 봄이었네[148]	有脚陽春
청백함을 사람들이 알까 두려워함은	淸畏人知
선대의 아름다움을 따른 것이었네[149]	先美是遵

146 실천하여……믿었네 : 이 내용은 옛날 훌륭한 신하들이 구덕(九德)의 행실을 실천하여 알고 참으로 믿고서 그것을 군주에게 고하고 가르쳤던 것을 인용하여, 민진주도 임금을 섬길 적에 이렇게 하였음을 말한 것이다. '구덕'은 현자가 갖추어야 할 아홉 가지 덕목을 이르는바, 그 내용은 관대하면서도 장중한 것〔寬而栗〕, 유순하면서도 꼿꼿한 것〔柔而立〕, 삼가면서도 공손한 것〔愿而恭〕, 잘 다스리면서도 공경하는 것〔亂而敬〕, 익숙하면서도 굳센 것〔擾而毅〕, 곧으면서도 온화한 것〔直而溫〕, 간략하면서도 절도가 있는 것〔簡而廉〕, 강건하면서 독실한 것〔剛而塞〕, 강용(彊勇)하면서 의를 좋아하는 것〔彊而義〕이다. 《書經 立政, 皐陶謨》

147 금화(金華) : 금화전(金華殿)과 같은 말로, 한(漢)나라 때 미앙궁(未央宮) 안에 있던 궁전인데, 성제(成帝)가 일찍이 이곳에서 《상서(尙書)》와 《논어(論語)》 등의 강론을 들었다. 후대에는 이로 인하여 경연(經筵)이나 서연(書筵)을 뜻하는 말로 쓰였는데, 여기서는 임금을 측근에서 모시면서 간언할 수 있었던 조정의 관직을 두루 가리킨다.

148 다리가……봄이었네 : 당(唐)나라의 명재상인 송경(宋璟, 663~737)이 일찍이 백성을 지극히 사랑하여 정사를 펼치는 곳마다 화기(和氣)가 감돌고 평안해지자, 사람들이 그에 대해 "다리가 있는 따뜻한 봄이다.〔有脚陽春.〕"라고 찬탄하였다. 《開元天寶遺事 卷下》 여기서는 민진주가 평안도 관찰사로 정사를 잘 펼쳐 따사로운 은택이 두루 베풀어진 것을 비유하였다.

평탄할 때나 험난할 때나 절개를 변치 않으니	夷險一節
성상은 공의 순수함을 믿으셨네	聖倚其純
교묘한 말로 비방하는 자들이	彼鼓簧者
가슴속으로 욕하고 눈을 부릅떴으나	胸詬目瞋
공의 덕에 하자가 없으니	我德不瑕
더욱더 그 참됨을 알 수 있었네	彌見其眞
선비가 좋은 시대를 만나	惟士遭際
형통함과 어려움을 골고루 겪었는데	備經亨屯
시작을 궁구하고 끝을 탐구해보면	原始要終
명성과 실제가 본디 순박하였네	名實自醇
전형의 직책을 맡아서	總銓秉衡
능히 공훈을 드러냈네	克著勞勳
성주의 돌아보심에 머뭇거려서	遲徊眷顧
차마 벼슬을 그만두지 못하였네	未忍停身
바른 덕의 징표는	貞德之符
자신을 감추어 진중하는 것이었네	遵晦自珍

149 청백함을……것이었네 : 위(魏) · 진(晉) 시대에 청백함으로 이름이 났던 호질(胡質, ?~250)과 호위(胡威, ?~280) 부자의 고사를 원용하여, 민진주의 청백함이 선대의 훌륭한 가풍을 이어받은 것임을 말하였다. 호위가 안풍 태수(安豐太守)와 서주 자사(徐州刺史) 등을 역임하며 선정을 베풀고 내직으로 옮기자, 호질 부자의 청백함을 익히 알고 있던 진 무제(晉武帝)가 호위에게 누가 더 청백한지 물으니, 호위가 "신이 못합니다.…신의 아비는 남이 알까 두려워하였으나 신은 남이 알아주지 않을까 염려하니, 이것이 신이 훨씬 못한 이유입니다.〔臣父淸恐人知, 臣淸恐人不知, 是臣不及遠也.〕" 라고 하였다. 《晉書 卷90 胡威列傳》

공손함을 지극히 하여 지위를 보존하니　致恭存位

겸손함이 영롱한 옥처럼 빛났네[150]　謙光孚尹

하늘은 어찌하여 어진 신하를 남겨두지 않았는가　胡不憖遺

푸른 하늘에 유감이 있네　有憾蒼旻

만일 그 선정을 끝까지 다 베풀었다면　苟究厥施

나라를 살리고 백성을 장수하게 하였겠지　活國壽民

훌륭한 명성이 무궁하니　令名無窮

선비들이 모두 칭송하네　頌在衿紳

엄숙하고 엄숙한 여주의 산에　肅肅驪岡

무덤이 우뚝이 솟아있네　堂斧嶙峋

내가 명시를 지어서　我述銘詩

무궁한 후세에 고하노라　庸告無垠

150 공손함을……빛났네 : 민진주가 높은 지위에 처하여 공로가 있으면서도 겸손하여 그 지위가 보존되고 덕이 더욱 빛났음을 이르는바, 《주역》 〈계사전 상(繫辭傳上)〉의 "겸(謙)은 공손함을 지극히 하여 그 지위를 보존하는 것이다.〔謙也者, 致恭, 以存其位者也.〕"와 〈겸괘(謙卦) 단(彖)〉의 "겸은 높고 빛나며 낮으나 넘을 수가 없으니, 군자의 끝마침이다〔謙, 尊而光, 卑而不可踰, 君子之終也.〕"는 내용을 원용한 표현이다. 원문의 '부윤(孚尹)'은 《예기》 〈빙의(聘義)〉에, 공자가 옥돌보다 옥이 더 귀하게 여겨지는 까닭을 설명하면서 "옥의 광채가 사방으로 통달함은 신(信)이다.〔孚尹旁達, 信也.〕"라고 한 데에 보인다.

하곡 임공 묘지명 병서○병오년[151]

下谷任公墓誌銘 幷序○丙午

서재(西齋) 임공(任公)[152]에게 시구(時九)라는 훌륭한 아드님이 있었으니, 자는 성보(成甫)에 서하(西河) 사람으로, 스스로 '하곡 거사(下谷居士)'라 하였다. 서재공이 원릉(元陵 영조(英祖)의 능호) 병오년(1726)에 장령(掌令)으로 항거하는 상소를 올려서 신임의리(辛壬義理)[153]를 통렬히 아뢰었는데, 여러 소인배에게 모함을 받고서 평안도 순안(順安)으로 유배 갔다가 정미년(1727)에 제주목(濟州牧)의 대정현(大靜縣)으로 위리안치되었다. 그러자 공은 신문고(申聞鼓)를 쳐서 억울함을 신원(伸冤)하였으나, 흉도(兇徒)들이 복계(覆啓)하지 않았

151 병오년 : 1846년(헌종12)으로, 매산의 나이 71세 되던 해이다.

152 서재(西齋) 임공(任公) : 서재는 임징하(任徵夏, 1687~1730)의 호로, 자는 성능(聖能), 본관은 풍천(豐川)이다. 1713년(숙종39) 진사가 되고 1721년(경종1) 사헌부 지평, 사간원 정언 등을 지내다가 신임사화로 삭직을 당하였다. 1725년 노론이 다시 집권하자 장령으로 기용되었고, 1727년 소론이 집권하면서 제주도에 위리안치되었다. 1729년 사헌부의 요청으로 다시 친국(親鞫)을 받을 적에 끝까지 왕의 각성을 촉구하며 항거하다가, 언관을 벌주면 안 된다는 전통에도 불구하고 왕권의 확립과 국가기강을 세운다는 명분으로 여덟 차례의 고문을 받은 끝에 옥사하였다. 정조 때 관직이 복구되고 이조 참판에 추증되었으며, 시호는 충헌(忠憲)이다. 《매산집》 권46에 임징하의 행장이 실려 있다.

153 신임의리(辛壬義理) : 신축년(1721, 경종1)과 임인년(1722) 두 해에 걸쳐 노론(老論), 소론(少論) 간에 뒷날 영조(英祖)가 되는 연잉군(延礽君)의 세제(世弟) 책봉과 대리청정(代理聽政) 문제를 둘러싸고 대립하다 신임옥사(辛壬獄事)가 일어났는데, 이때 노론이 내세운 명분을 말한다. 신임옥사에 대한 자세한 내용은 164쪽 주13 참조.

다.

무신년(1728)에 서재공이 체포를 당했는데, 이때 감형관(監刑官)을 곧바로 내려 보내 처형하자는 의견이 있었다. 공은 울부짖으며 빨리 달려가서 3일 만에 해상(海上)에 도착하여 배를 세내어 급히 건너갔는데, 태풍을 만나 익사할 뻔하였다. 9월에 또 임금이 행차할 때 하소연하자, 상(上)은 더욱 노하여 평안도 철산(鐵山)으로 유배하도록 명하였다. 길을 떠날 적에 공은 〈공무도하사(公無渡河辭)〉와 〈사축시(四祝詩)〉를 지어서 슬픔을 폈다. 기유년(1729) 2월에 사면을 받았다.

경술년(1730) 7월에 서재공이 항양(桁楊 옥중)에서 별세하자, 공은 아산(牙山)의 옛 집으로 반장(返葬)하고 마침내 죄를 지은 폐인처럼 살다가 일생을 마쳤다. 처음 공이 적소(謫所)에 있을 적에 서재공이 편지를 보내어 지식이 이미 정립되었다고 인정하고 이어서 스스로 몸을 천금처럼 보존해서 문호(門戶)를 유지하라고 권면하였다. 그리고 아들들을 영결하는 편지에 이르기를 "아무개는 성질이 구차히 영합하지 않는다."라고 하였고, 또 세부(世父 백부(伯父))에게 올린 편지에는 "이 아이의 타고난 성품이 나약하지 않고 또 일찍 환란을 겪어서 담력이 더욱 크고 뜻이 더욱 웅장합니다."라고 하니, 사람들은 모두 "부자간의 지기(知己)이다."라고 하였다.

정조(正祖) 병신년(1776)에 서재공의 관작이 회복되었고, 순묘(純廟) 때에 특별히 이조 참판에 추증되어 가슴속의 억울함이 모두 펴졌으나, 구원(九原)에서 다시 살아날 수가 없으니, 슬프다.

고조(高祖) 휘 환(瞍)은 생원으로 참찬에 추증되었으니, 우재(尤齋) 송 선생(宋先生)이 그 무덤에 묘표(墓表)를 지었다.[154] 증조 휘 홍망(弘望)은 지중추부사(知中樞府事)이니, 송 선생이 철석간장(鐵石肝腸)이라고 허여하였고, 미호(渼湖) 김문경공(金文敬公)이 그 묘의 명문(銘文)을 지었다.[155] 조고 휘 호(澔)는 호가 수죽(瘦竹)이며, 선고는 휘가 창하(昌夏)이고, 선비(先妣)인 장수 황씨(長水黃氏)는 정랑(正郞)으로 판서에 추증된 처신(處信)의 따님이다.

수죽공(瘦竹公)의 아우 휘 형(泂)은 집의(執義)를 지냈는데, 경종 때에 기탄없이 말씀을 다하여 '어미가 아들 때문에 귀해진다.'는 말을 논척하였다.[156] 휘 징하(徵夏)를 낳으니 이분이 서재(西齋)이고, 정부인(貞夫人)에 추증된 배위 광산 김씨(光山金氏)는 판서 진구(鎭龜)의 따님이니 바로 공의 본생조(本生祖)와 부모이시다. 공은 숙종 30년 갑신년(1704) 9월 30일에 출생해서 임오년(1762) 12월 25일에 별세하니, 향년이 59세이다. 계미년(1763) 2월 아산현 남쪽 가장곡(可藏谷) 오좌(午坐)에 장례하였다.

154 우재(尤齋)……지었다 : 우재는 송시열(宋時烈)의 또 다른 호로, 송시열이 지은 임환의 묘표는 《송자대전(宋子大全)》 권197의 〈생원임군묘표(生員任君墓表)〉이다.

155 미호(渼湖)……지었다 : 미호는 김원행(金元行)의 호이고, 문경공(文敬公)은 그의 시호인바, 김원행이 지은 임홍망의 묘갈명은 《미호집(渼湖集)》 권17의 〈지중추부사임공묘갈명(知中樞府事任公墓碣銘)〉이다.

156 어미가……논척하였다 : '어미가 자식 때문에 귀해진다'는 말은 서자가 지위를 계승한 경우 그 생모 또한 아들로 인하여 지위가 높아진다는 뜻으로, 당시 소론 일파가 경종의 생모인 장희빈(張禧嬪)을 추존하기 위해 근거로 내세운 말인데, 임형(任泂)이 이를 논척한 것이다. 《춘추공양전(春秋公羊傳)》 은공(隱公) 원년의 "어머니는 자식 덕분에 귀해지는 것이다."라는 내용에 근거하여, 후궁의 자식이라도 아버지의 뒤를 이어 즉위하면 그 생모의 지위가 높아져 사후에 존호를 추상할 수 있게 되었으나, 경종의 생모인 장희빈은 인현왕후 민씨를 저주하다가 처형되었으므로 존호(尊號)를 올리지 못한다고 논척한 것이다. 관련 내용은 본권의 〈사헌부집의임공묘지명(司憲府執義任公墓誌銘)〉에 보인다.

배위인 함안 조씨(咸安趙氏)는 승지(承旨) 영세(榮世)의 따님이니, 사덕(四德)[157]이 모두 드러나 육친(六親)[158]들이 다 칭송하였다. 공보다 2년 먼저 출생하고 6년 뒤에 별세하여 공의 묘에 부장하였다. 6남 1녀를 낳았다. 아들은 효백(孝白), 제백(悌白), 충백(忠白)과 음직으로 동추(同樞)인 신백(信白)과 형백(珩白), 후백(後白)인데, 충백과 형백은 모두 양자로 나갔고, 딸은 진사(進士) 이희경(李羲敬)에게 출가하였다.

태증(泰增), 태흥(泰興), 태승(泰昇)은 장방(長房)의 소생인데, 태흥은 차방(次房)에 양자로 갔다. 태동(泰東)과 태송(泰松)은 삼방(三房)의 소생이고, 태춘(泰春), 태문(泰文), 태민(泰民), 태린(泰隣)과 수사(水使) 태순(泰淳)은 사방(四房)의 소생이고, 태악(泰岳)과 현령(縣令)인 태노(泰魯)는 오방(五房)의 소생이고, 태구(泰龜), 태룡(泰龍), 태봉(泰鳳)은 계방(季房)의 소생이며, 외손은 이문재(李文在)이다. 증손과 현손 이하는 기록하지 않는다.

공은 수순한 덕과 독실한 행실, 큰 도량과 해박한 지식이 있고 또 용모가 풍염(豐艷)하여 풍채에 광채가 나니, 사람들이 발돋움하여 보지 않는 이가 없었고 일찍부터 공보(公輔)의 명망[159]을 받았다. 젊었을

157 사덕(四德) : 부인이 갖추어야 할 네 가지 덕목으로, 정숙한 행실과 유순한 마음씨인 부덕(婦德), 단장(端莊)하고 공손한 용모인 부용(婦容), 얌전한 말씨인 부언(婦言), 길쌈, 바느질 등의 솜씨인 부공(婦功)을 이른다. 《周禮 天官 九嬪》

158 육친(六親) : 해설이 일정하지 않으나, 일반적으로 부모(父母)·형제(兄弟)·처자(妻子) 등 여섯 친척을 이른다.

159 공보(公輔)의 명망 : 대신이 될 것이 기대되는 명성과 인망을 이른다. 공보는 삼공(三公)과 사보(四輔)를 아우르는 말로, 삼공은 영의정·좌의정·우의정을 이르

때 충정공(忠定公) 이홍술(李弘述)[160]을 방문하자, 이공은 좌우의 측근을 물리치고 특별히 공을 존경하고 예우하였다. 사람들이 그 이유를 묻자, 이공이 말씀하기를 "후일에 우리 자손들이 이 사람에게 훈도(薰陶)를 입을 것이다."라고 하였으며, 공을 본 여러 소인들은 모두 말하기를 "만약 임아무개가 요직을 담당하면 우리들은 틀림없이 살아남을 자가 없을 것이다."라고 하였으니, 사람들에게 존경을 받고 꺼림을 받음이 이와 같았다.

지은 문장이 부섬(富贍)하고 청신(淸新)해서 예원(藝苑 문단)의 여러 공에게 칭찬과 장려를 받았다. 회헌(悔軒) 조문간공(趙文簡公) 관빈(觀彬)[161]은 공에게 지음(知音)으로 의탁하였고, 동시대의 선비들이 글을 지어 성상(聖上)의 모함을 변론하고 난신적자(亂臣賊子)를 토벌할 경우[162] 그 글이 대부분 공의 손에서 나왔는데, 이때 공의 나이가

고, 사보는 전의(前疑)·후승(後丞)·좌보(左輔)·우필(右弼)로 군주의 측근에서 보필하는 신하들이다.

160 충정공(忠定公) 이홍술(李弘述) : 충정은 이홍술(1647~1722)의 시호로, 자는 사선(士善), 본관은 전주(全州)이다. 중종의 일곱째 아들 덕흥대원군(德興大院君)의 후손이다. 1674년(현종15) 무과에 급제하고 총융사, 포도대장 겸 오위도총부도총관 등을 역임하였다. 노론의 사대신(四大臣)의 한 사람인 김창집(金昌集)과 가까운 사이였고 신임사화(辛壬士禍) 때 옥사하였다.

161 회헌(悔軒) 조문간공(趙文簡公) 관빈(觀彬) : 회헌은 조관빈(趙觀彬, 1691~1757)의 호이고 문간(文簡)은 시호로, 자는 국보(國甫), 본관은 양주(楊州)이다. 노론 사대신인 조태채(趙泰采, 1660~1722)의 아들로, 1714년(숙종40) 증광 문과에 병과로 급제하고, 대사헌 및 여러 조의 판서와 대제학을 역임하였다. 일생을 아버지 조태채의 신원을 위해 보냈고 저서로 《회헌집》 등이 있다.

162 성상(聖上)의……경우 : '성상을 모함했다'는 것은 경종(景宗)이 일찍 죽은 것에 대해 영조(英祖)가 관련이 있다고 모함함을 이른다. '난신적자(亂臣賊子)'는 나라를

겨우 약관이었다고 한다. 유고(遺稿)가 집에 보관되어 있다.

공의 선대는 명분과 의리, 풍절(風節)을 지키며 대대로 가문을 이어 왔고, 공이 또 걸출하여 능히 선대의 아름다움을 이었으니, 만약 조정에서 모범이 되고 왕의 교화를 보좌할 수 있었다면, 한기(韓琦)와 범중엄(范仲淹)[163]이 공업(功業)을 계승한 것에 뒤지지 않았을 터인데, 일찍 세상의 화(禍)를 당해 일생동안 불우하여 천지(天地)를 포괄할 수 있는 뜻을 조금도 드러내지 못하였으니, 이 때문에 지사(志士)들이 한스러워하는 것이다.

그러나 이 아버지가 없었으면 이런 아들이 없었을 것이요, 이 아들이 없었으면 이런 아버지가 없었을 것이다. 아버지는 충성하고 아들은 효도해서 임금과 어버이의 은혜에 보답하고 부자간의 분수를 다한 경우는 공의 부자에게 해당되니, 어찌 곤궁함과 통달함으로 논할 수 있겠는가. 뛰어난 충성과 순수한 효도가 장차 백세(百世)에 전해져 불후할 것이니, 여기에서 밝은 하늘이 반드시 회복될 것임을 징험할 수 있다.

공의 현손(玄孫)인 헌회(憲晦)가 공의 3대의 글을 청하기에 불초가

어지럽히는 나쁜 신하로, 당시 신임사화를 일으켰던 소론 계열의 과격파를 이른다.

163 한기(韓琦)와 범중엄(范仲淹) : 한기(1008~1075)와 범중엄(范仲淹, 989~1052)은 북송(北宋) 초기의 명신들로, 함께 인종(仁宗) 경력(慶曆) 연간의 신정(新政)을 주도하였고 서하(西夏)의 침략을 막고 오랫동안 병사(兵事)를 맡으면서 명성을 쌓아 '한범(韓范)'이라 불렸으며, 조정에서 구양수(歐陽脩) 등과 함께 군자의 붕당이라고 자칭하며 경력당의(慶曆黨議)를 일으켜 내정개혁에 힘쓴 인물이다. 한기는 자가 치규(稚圭), 호가 공수(贛叟), 시호가 충헌(忠獻)으로, 1027년(인종5) 진사시에 급제하고 벼슬이 우복야(右僕射)에 이르렀으며, 사후에 위국공(魏國公)에 봉해졌다. 범중엄은 자가 희문(希文), 시호가 문정(文正)으로, 1015년(진종8)에 진사로 출사하고 벼슬이 참지정사(參知政事)에 이르렀다.

염치를 무릅쓰고 부응했었는데,[164] 또다시 공의 묘소에 쓸 지문(誌文)을 청하니, 감히 늙었다고 사양할 수가 없어서 마침내 붓을 잡고 명문을 짓는다. 명은 다음과 같다.

충의의 가문에	忠義之門
훌륭한 아들 됨이 쉽지 않은데	爲子未易
아, 공이 우뚝이 태어나서	繄公挺生
보통 사람보다 크게 뛰어났네	拔出倫類
살든 죽든 간에	庶幾生死
힘과 사려를 다하였네	盡力盡思
거둥하는 임금님께 피눈물을 흘리며	瀝血叩蹕
억울함을 하소연하여도 풀지 못하였네	籲冤莫遂
백 번 죽어도 후회하지 아니하여	百死不悔
아버지의 뜻을 밝히려 하였네	用明父志
푸른 하늘은 아득히 멀고	玄天幽遠
귀신의 이치 망연히 어둡네	鬼神茫昧
여묘하면서 측백나무를 부여잡았고	廬墓攀柏
육아편을 폐하였네[165]	蓼莪爲廢

164 3대의……부응했었는데 : 임시구(任時九)의 3대는 선고 임징하(任徵夏), 조부 임형(任泂), 증조부 임홍망(任弘望)인데, 현전하는 《매산집》의 간행본과 필사본에는 증조부에 대한 글은 보이지 않는다. 임징하의 행장은 권46의 〈사헌부장령증이조참판임공행장(司憲府掌令贈吏曹參判任公行狀)〉이고 임형의 묘지명은 권39의 〈사헌부집의임공묘지명(司憲府執義任公墓誌銘)〉이다.

165 여묘하면서……폐하였네 : 중국 삼국 시대 위(魏)나라의 왕부(王裒)의 고사를

몸은 궁색하여도 도는 형통하였으니 身否道亨
이것이 바로 대인이라오 是爲大人
천도가 매우 밝아서 乾道孔昭
가는 곳마다 모두 펴지니 無往不伸
공의 양 대가 成公兩世
효자와 충신이 되었네 孝子忠臣
이에 아름다움을 于以揭美
우뚝한 영인산에 게시하네 有屹靈仁
내가 그 대강을 모아서 我撮其大
신명에게 질정하노라 用質明神

원용하여, 임시구가 부친의 상(喪)에 몹시 애통해하였음을 말한 것이다. 원문의 '반백(攀柏)'은 '반백비호(攀柏悲號)'의 줄인 말인데, 왕부는 부친인 왕의(王儀)가 사마소(司馬昭)의 손에 억울하게 죽자, 묘소 곁에 초막을 짓고 여묘하면서 조석으로 묘소 곁에 있던 측백나무를 부여잡고 곡하니, 나무가 말라죽었다 한다. 그리고 왕부가 《시경》 〈소아(小雅) 육아편(蓼莪篇)〉의 "슬프다 우리 부모여, 나를 낳아 얼마나 고생하셨나.〔哀哀父母, 生我劬勞.〕"라는 대목을 읽을 때마다 참형(斬刑)을 당한 부친을 생각하며 눈물을 흘리곤 하였으므로 수업 받는 문인들이 아예 〈육아편〉을 폐하였던 고사가 있다. 《晉書 卷88 王裒列傳》《小學 善行》

정읍 현감 심공 묘지명 병서○정미년[166]

井邑縣監沈公墓誌銘 幷序○丁未

제헌(霽軒) 심 선생(沈先生)[167]은 문학과 덕업이 사림의 모범이 되었는데, 두 아드님을 두었으니, 문영(文永)과 헌영(獻永)이다. 큰 아드님은 선친의 뜻과 일을 계승하여 세상에 유명한 학자가 되었고, 작은 아드님 또한 능히 아름다움을 이어갔다. 그리하여 구헌(瞿軒) 심사동(沈師東) 공이 일찍이 말씀하기를 "우리 집안에 젊은 학자가 있다."라고 하였으니, 이는 작은 아드님을 두고 말씀한 것이었다.

공은 자가 중현(仲賢)이고 처음 자는 계징(季徵)이니, 청송 심씨(青松沈氏)는 고려 때 위위 승(衛尉丞)을 지낸 휘 홍부(洪孚)로부터 시작되었다. 조선조에 들어와 휘 덕부(德符)가 좌의정으로 청송백(青松伯)에 봉해지니, 이로부터 명망과 덕이 대대로 이어졌다. 휘 선(璿)에 이르러 경기도 관찰사였는데, 광릉(光陵 세조(世祖)) 초년에 관직을 버리고 스스로 지조를 시켰다. 두 번 전하여 좌참찬(左參贊) 휘 광언(光彦)에 이르러 정암(靜庵) 조문정공(趙文正公 조광조(趙光祖))을 사사하였고, 을사사화(乙巳士禍)에 절개가 드러나니, 이분이 공의 9대조이시다. 증조는 휘 정벽(廷璧)이고, 조고는 휘 사증(師曾)이니, 2대가 모두

166 정미년 : 1847년(헌종13)으로, 매산의 나이 72세 되던 해이다.

167 제헌(霽軒) 심 선생(沈先生) : 제헌은 심정진(沈定鎭, 1725~1786)의 호로 자는 일지(一志)이다. 1753년(영조29) 사마시에 합격하고 1774년에 부솔(副率)에 제수되어 세손(世孫)인 정조를 가르쳤는데, 강설(講說)에 뛰어나 칭송을 받았다. 벼슬은 지중추부사(知中樞府事)에 이르렀다.

숨겨진 덕이 있었다.

제헌공은 휘가 정진(定鎭)이니 벼슬이 사어(司禦)이고, 배위인 파평 윤씨(坡平尹氏)는 동중추(同中樞) 득수(得壽)의 따님이다. 문영(文永)을 낳았는데 종숙부(從叔父) 재진(載鎭)에게 출계(出系)하였고, 족제(族弟)인 통덕랑 휘 인진(寅鎭)의 아드님 헌영(獻永)을 데려다가 후사로 삼으니, 통덕랑 공은 바로 현감 휘 중주(重周)의 아드님이고, 승지 휘 지한(之漢)과 참봉 휘 제(梯)는 그 고조와 증조 2대가 되신다.

승지공이 혼조(昏朝 광해군)를 당해서 나이 16세에 상소하여 윤인(尹訒) 등을 참형에 처할 것을 청하였는데, 뒤에 급제하여 청현(淸顯)의 관직을 역임하였다. 창봉공은 호가 덕암(德庵)이니, 깊은 학식으로 유일(遺逸)로 천거되어 관직에 제수되었으나, 취임하지 않았다. 현감공은 한천(寒泉 이재(李縡))을 사사하여 경학과 덕망으로 사우(士友)들에게 추앙을 받았다. 통덕랑 공의 배위인 남양 홍씨(南陽洪氏)는 현감 언복(彦復)의 따님이니, 이분이 공의 본생모(本生母)가 되신다.

계유년(1813) 사마시(司馬試)에 합격하고, 기묘년(1819)에 처음 벼슬해서 장릉 참봉(莊陵參奉)이 되었다가 신사년(1821)에 체직하고, 임오년(1822)에 휘경원 감조관(徽慶園監造官)에 차임되었다. 계미년(1823)에 관(棺)을 감독한 공로로 6품으로 승진하고, 갑신년(1824)에 사옹원 주부(司饔院主簿)에 제수되었다가 의금부 도사(義禁府都事)와 형조의 좌랑·정랑, 경모궁 영(景慕宮令), 휘경원 영(徽慶園令)으로 옮겼다.

경인년(1830)에 정읍 현감으로 나갔는데, 신묘년(1831)에 수토병(水土病)을 이기지 못하여 갑자기 병환이 위독해졌다. 막 고향으로 돌아오려고 했었는데 마침 가장 낮은 고과(考課) 성적을 받으니, 공은 기뻐하면서 말씀하기를 "내 계책이 이루어지게 되었다." 하고는 가마를 타고 직하(稷下)의 옛 집으로 돌아왔다. 을미년(1835) 정월 16일에 수춘(壽春 춘천)의 고향집에서 고종명(考終命)하였으니, 출생한 병신년(1776) 2월 19일로부터 향년이 60세이다. 이해 4월 6일에 수춘의 고은동(古隱洞) 자좌(子坐)에 장례하였다.

배위인 광산 김씨(光山金氏)는 두응(斗膺)의 따님이니, 정숙하고 신중하고 인자하고 선량하여 부녀자의 범절을 모두 구비하였다. 공보다 1년 먼저 태어나고 공보다 18년 먼저 별세하여 고양(高陽)의 귀계리(歸溪里) 계좌(癸坐)에 장례하였다.

2남 3녀를 낳았으니, 아들은 낙용(樂容)과 낙흥(樂興)이고, 딸은 홍일순(洪一純), 서상훈(徐相薰), 이겸소(李謙沼)에게 출가하였다. 계배인 나주 정씨(羅州丁氏)는 의익(義翊)의 따님이니, 두 아들 낙청(樂淸), 낙원(樂元)을 두었다. 낙용은 아들이 없으며, 낙청은 아들이 노집(魯集)이고 두 딸은 조의종(趙懿鍾)과 서명보(徐蓂輔)에게 출가하였다. 낙흥의 아들은 노재(魯在)이고 딸 하나는 어리다. 낙청의 아들 노집은 출계(出系)하였고 딸은 어리다.

공은 타고난 자품이 특이하여 겨우 부모의 품에서 벗어나자 이미 어버이를 섬길 줄 알아 차마 어버이 곁을 떠나지 못하였다. 양자로 가서는 효도와 공경이 더욱더 돈독하여 오순암(吳醇庵)과 조하서(趙荷棲)[168] 등 제공(諸公)의 칭찬을 받았다. 백씨(伯氏)인 거관재(居觀齋

168 오순암(吳醇庵)과 조하서(趙荷棲) : 순암은 노주 오희상의 아버지인 오재순(吳載純, 1727~1792)의 호이고, 하서는 조경(趙璥, 1727~1789)의 호이다. 오재순은 자가 문경(文卿)으로, 1772년(영조48)에 탕평정시(蕩平庭試)에 급제하고, 정조의 총애

심문영(沈文永)) 공과 종질(從姪)인 호은공(壺隱公)에게 수학하였는데, 독려하기를 기다리지 않고 능히 스스로 힘써 공부하였다.

병오년(1786) 큰 상(喪)을 당하였을 적에 아직 성동(成童)이 못 되었으나, 예를 성인(成人)처럼 집행하였다. 관직을 얻으면 녹봉이 살아생전에 미치지 못한 것을 지극한 한으로 여겼으며, 백씨(伯氏 맏형)를 아버지처럼 섬겼다. 항상 백씨가 일찍 세상을 떠나 뜻과 사업을 끝마치지 못한 것을 애통해해서 왕왕 눈물을 흘렸다.

성품이 온화하고 후덕하고 인자하고 선량해서 남과 교유할 적에 친소(親疏)와 귀천(貴賤)에 상관없이 자기 마음속에 있는 것을 다 털어놓았으며, 노비들이 속이고 은폐하는 것을 보면 반드시 의리로 타일러서 고치게 하였고, 이 마음을 곤충과 초목에까지 미루어서 반드시 온전한 삶을 이루어주고자 하였다. 항상 자손을 가르칠 적에 '막 겨울잠을 자고 나온 벌레를 죽이지 말고, 한창 자라나는 나무의 가지를 꺾지 말라.'고 하였으니, 동포(同胞)의 인(仁)[169]이 돈독함을 알 수 있다.

평소에 어눌한 사람처럼 말씀을 잘하지 못하였으나, 의(義)와 이

를 받으면서 오랫동안 문형(文衡)을 맡고 전조(銓曹)를 맡았다. 저술에 《주역회지(周易會旨)》, 《완역수언(玩易隨言)》, 《성학도(聖學圖)》, 《순암집》 등이 있다. 조경은 초명은 준(琝)이고, 자는 경서(景瑞), 본관은 풍양(豐壤)으로, 1763년(영조39) 문과에 급제한 후 부제학, 형조 판서 등을 역임하였다. 《문헌비고》 편집에 관여하였으며, 효성이 지극하여 고향에 정문이 세워졌다. 저서로 《하서집》이 있으며, 시호는 충정(忠定)이다.

169 동포(同胞)의 인(仁) : 만물을 나와 일체로 여기는 어진 마음이라는 뜻으로, 송나라 장재(張載)의 〈서명(西銘)〉의 "하늘을 아버지라 칭하고 땅을 어머니라 칭하니 …… 백성은 나의 동포이고 물건은 나와 함께 있는 동무들이다.〔乾稱父, 坤稱母,……民吾同胞, 物吾與也.〕"라는 말을 원용한 것이다. 《古文眞寶後集 卷10》

(利)를 분석할 때에는 일도양단(一刀兩斷)하듯이 명료하였으며, 일상생활에서는 성품이 즐겁고 편안하고 진솔하였으나, 남이 교만하고 아첨하는 것을 보면 마치 자기 몸이 더럽혀질 것처럼 여겼다. 대대로 내려오는 가업(家業)이 없어서 거처할 집이 없고, 3일 동안 부엌에서 불을 때지 못하여 끼니를 거르는 경우가 있었으며, 겨울에도 덮을 만한 것이 없어서 시권(試卷)으로 사용한 얇은 종이로 몸을 덮고 누워 자고는 하였다. 보통 사람들은 그 고통을 감내하지 못하는데, 공은 항상 화락하였다.

관청에 있을 적에 《소학》과 《심경(心經)》등의 책을 직접 가지고 가서 공무의 여가에 외우고 연구하는 것을 멈추지 않았고, 절대로 남의 집에 찾아가지 아니하여 남과 어울리는 일이 드물었다. 정읍의 습속은 남을 속이고 송사를 잘하였는데, 공은 법으로써 제재하고 인(仁)으로써 구제하였다. 몸가짐을 검약하게 단속해서 가솔(家率)들을 데리고 가지 않았고, 준례로 바치는 승려의 종이를 탕감해주고 시장 상인에게서 구매하여 사용하니, 이웃 고을에서 취하여 법으로 삼았다.

선비들을 권장하여 문풍(文風)이 크게 진작되었고 창고를 털어 곤궁한 사람들을 구제해서 정치를 잘한다는 명성이 길에 가득하여 한 해를 회계하면 충분한 효과가 있었다. 오래도록 인도하면 교화가 거의 이루어질 수 있었으나, 조예(鑿枘)[170]처럼 세상과 잘 맞지 못하여 그 성취를 보지 못했으니, 애석하다. 공은 늙어서도 학문을 좋아하여, 곤궁하게

170 조예(鑿枘) : '조'는 둥근 구멍이고 '예'는 모난 자루로, 서로 합하지 않아 끼워 맞출 수 없다는 뜻의 '원조방예(圓鑿方枘)'의 줄인 말인데, 흔히 세상과 뜻이 맞지 않아 포부를 이루지 못함을 비유하는 말로 쓰인다.

거처한다하여 학업을 폐한 적이 없었다.

일찍이 노주(老洲) 오문원공(吳文元公 오희상(吳熙常))과 대은(大隱) 이봉수(李鳳秀)[171] 공을 따라서 도의(道義)를 강마(講磨)하니, 선철이 '남의 선을 칭찬할 적에 반드시 그 부형과 사우에 근본을 둔다.'[172]는 것이 어찌 옳은 말이 아니겠는가. 시문(詩文)이 돈후(敦厚)하고 굉박(宏博)해서 문장의 법도에 연연하지 않았으나 지취(旨趣)가 절로 높았다. 그러나 또한 시문을 짓는 것을 좋아하지는 않았다. 《장재산고(莊齋散稿)》가 집에 보관되어 있다.

불초는 영월(寧越)로 공을 따라가서 여러 명승지(名勝地)를 차례로 구경하고, 자규루(子規樓)와 배견정(拜鵑亭)[173]에 이르러서는 함께 눈

171 대은(大隱) 이봉수(李鳳秀) : 대은은 이봉수(1778~1852)의 호로, 자는 자강(子岡), 본관은 연안(延安)이다. 영서(穎西) 임로(任魯)·노주 오희상 등에게 수학하였으며, 홍직필과 절친하였다. 1805년(순조5) 증광 생원시에 합격하고, 1812년 세마(洗馬)가 되었으며, 의령 현감 등을 지냈다.

172 선철이……둔다 : 선철은 동파(東坡) 소식(蘇軾)을 가리킨다. 이 내용은 《논어》 〈공야장(公冶長)〉에 공자가 자천(子賤)을 평하면서 "군자답다 이 사람이여! 노(魯)나라에 군자가 없었다면 이 사람이 어디에서 이러한 덕을 취하였겠는가?"라고 칭찬하였는데, 주자의 《집주》에 "다른 사람의 선을 칭찬할 적에 반드시 그 부형과 사우에 근본을 두어 말하는 것은 후덕함이 지극한 것이다.〔稱人之善, 必本其父兄師友, 厚之至也.〕"라고 한 소식의 말에 보인다.

173 자규루(子規樓)와 배견정(拜鵑亭) : 자규루는 단종(端宗)이 영월에 유배되었을 적에 자주 올라 자규시(子規詩)를 읊어 심정을 토로하였던 누대이고, 배견정은 단종의 장릉(莊陵)에 딸려있는 정자이다. 자규루는 원래 1428년(세종10)에 영월 군수 신숙근(申叔根)이 창건하여 매죽루(梅竹樓)라고 부르던 건물인데, 단종이 영월군 남면(南面) 광천리(廣川里) 국지산(菊芝山) 밑에 있는 청령포(淸泠浦)로 유배된 해 여름에 홍수가 범람하자 관풍헌(觀風軒)으로 거처를 옮겨 지내면서 자주 매죽루에 올라 자규시를 읊

물을 흘리고 왕왕 오열하여 목이 쉬기도 하였다. 의기(意氣)가 서로 감응함이 이와 같았으니, 단지 동갑의 정의(情誼)와 혼인의 우호(友好)[174] 때문에 서로 각자의 취향을 잊은 것만이 아니었다.

불초는 사람을 매우 많이 겪었으나, 질박함과 순진함을 간직하여 천성(天性)을 공과 같이 온전히 보전한 자는 드물었다. 서글프게도, 지금 세상은 유자(儒子)의 행실이 땅에 떨어져 사람들이 잘난 체하고 약삭빨라 자신을 내세우니, 공과 같은 사람을 얻어서 이런 자들을 경계하고 싶으나 공을 되살릴 수가 없다. 존망(存亡)에 대한 감회가 있으니, 명문을 어찌 사양할 수 있겠는가. 명문은 다음과 같다.

인생의 지극한 즐거움은	人生至樂
어진 부형이 있는 것이니	有賢父兄
공의 조예와 성취는	繄公造就
가정에서 얻은 것이네	得諸家庭
효도와 공경이 근본이 되어서	孝悌爲本
여러 아름다움이 이루어졌네	衆美乃成
공의 패옥이 찬란하고	我佩陸離
공의 옷이 향기롭네	我服芳馨
능히 시례의 훌륭한 가르침을 전하여	克傳詩禮

었으므로 후인들이 자규루로 개칭하였다고 한다.

174 동갑의……우호(友好) : 두 사람이 모두 병신년(1776)에 태어났고 심헌영의 딸과 매산의 아들 홍일순(洪一純)이 결혼하여 사돈 관계가 되기 때문에 이렇게 말한 것이다.

덕스러운 명성을 길이 보전하네	以永德聲
아, 침묵하고 드러내지 않으니	吁嗟嘿嘿
누가 청렴하고 곧음을 알겠는가	誰知廉貞
내가 이분을 생각하니	我懷伊人
홀로 신령스러운 성정을 간직하였네	獨葆性靈
한스럽구나 공이 되살아나	恨不起公
세상의 의범이 되지 못함이	爲世儀刑
고은동의 언덕에	古隱之岡
우뚝한 무덤이 있으니	有恤其塋
옛 친구가 행실을 기술해서	故人述行
저 깊은 무덤에 넣노라	納諸玄扃
이로써 후세에 고하노니	庯告來世
영원히 이 명문에서 징험하리라	永徵斯銘

학생 유공 묘지명 병서○병오년[175]

學生劉公墓誌銘 幷序○丙午

《예기》에 "스승을 섬길 적에 좌우로 나아가 봉양해서 부지런히 일하여 죽음에 이른다."라고 하였는데, 군주와 어버이에게도 이와 똑같다.[176] 그러므로 말하기를 "백성은 세 분의 은혜로 살아간다. 한결같이 섬겨야 하니, 오직 이분들이 있는 곳에 목숨을 바쳐야 한다."[177]라고 한 것이다. 공자(孔子)가 광(匡) 땅 사람들에게 곤궁을 당하실 적에 안자(顔子 안회(顔回))가 말씀하기를 "선생님이 살아계시니 제가 어찌 감히 죽겠습니까." 하였는데, 주자가 해석하기를 "공자가 불행히 난(難)을 만나셨으면, 안회는 반드시 목숨을 버리고 난에 달려갔을 것이다." 하였으니,[178] 이것이 "살아가게 해준 분에게 죽음으로 보답한다."[179]는 것이다. 사우(師友) 간의 도리가 없어진 지가 오래이니, 이 의리를

175 병오년 : 1846년(헌종12)으로, 매산의 나이 71세 되던 해이다.

176 예기에……똑같다 : 인용한 내용은 사제(師弟) 간의 의리를 말한 것으로, 《예기》〈단궁 상(檀弓上)〉에 "스승을 섬김에 면전에서 대놓고 간함도 없고 은미하게 간함도 없으며, 어느 때 어느 곳에서나 가까이에서 봉양하되, 죽을 때까지 부지런히 섬기며, 돌아가시면 심상 삼년을 한다.〔事師, 無犯無隱, 左右就養, 無方, 服勤至死, 心喪三年.〕"라고 보이는데, 원전에 함께 실려 있는 군주와 어버이를 섬기는 도리도 이와 같기 때문에 '군주와 어버이에게도 이와 똑같다.'고 한 것이다.

177 백성은……한다 : 이 내용은 《국어(國語)》〈진어1(晉語一)〉에 보이는 난공자(欒共子)의 말인데 《소학》〈경신(敬身)〉에도 실려 있다.

178 공자(孔子)가……하였으니 : 이 내용은 《논어》〈선진(先進)〉에 보인다.

179 살아가게……것이다 : 이 내용은 《국어》〈진어1(晉語一)〉에 보인다.

아는 자는 오직 북청(北靑)의 유여호(劉汝豪) 공일 것이다.

처음에 유공은 덕양산(德陽山) 산중에서 문정공(文正公) 도암(陶菴 이재(李縡)) 이 선생(李先生)에게 수학하였는데, 3년 만에 무신란(戊申亂)[180]을 만나서 문하의 제자들이 모두 급히 달아났다. 선생은 공에게 고향으로 돌아가 부모를 보살펴드릴 것을 권하였으나, 공은 수긍하지 않고 말하기를 "북쪽 지방은 도적의 난리가 미치지 아니하여 우리 부모는 근심할 것이 없으니, 저는 다만 스승이 계시는 곳에서 목숨을 바치는 의리가 있음을 알 뿐입니다. 가령 선생이 말고삐를 잡고 왕을 호종(護從)하신다면, 저는 마땅히 사생(死生)을 함께 할 것입니다."라고 하였다. 그리고 선생이 분문(奔問)[181]하려고 도성에 들어가자, 공은 검을 차고 따라가서 잠시도 선생의 곁을 떠나지 않았으며 《맹자》를 잠시도 그치지 않고 읽으니, 사람들이 모두 우러러보았다.

난리가 평정되자, 공은 선생을 따라 덕양산으로 돌아왔다. 몇 달 뒤에 선생이 횡역(橫逆)을 만나 장차 깊은 산중으로 들어가려고[182] 생

180 무신란(戊申亂) : 무신년(1728, 영조4) 3월에 일어난 반란으로, 소론(少論)과 남인(南人)의 일부 세력이 영조와 노론(老論)을 제거하고 밀풍군(密豐君) 이탄(李坦)을 추대하고자 일으켰던 난이다. 1724년에 경종의 승하로 영조가 즉위하여 김일경(金一鏡) 등이 제거되고 노론 정권이 들어서자, 일부 소론들이 남인들을 포섭하여 반란을 도모해 비밀 조직을 결성하였는데, 영조가 1727년에 정미환국(丁未換局)으로 탕평책을 실시함에 따라 서울의 많은 소론들이 이탈하였다. 이에 초조해진 지방의 세력들이 이인좌(李麟佐)를 대원수로 삼고 거병하였는데, 한때 청주성을 점령하는 등 기세를 떨치고 도성을 향해 진격하였으나 10여 일만에 안성(安城)과 죽산(竹山)에서 관군에게 격파당하고 이인좌 등 수뇌부가 체포되어 평정되었다.

181 분문(奔問) : 군주가 위기에 처했을 때 신하가 궁궐이나 행재소(行在所)로 달려가 군주의 안후를 묻는 것이다.

도(生徒)들을 사절하여 보내자, 공은 울면서 하직하기를 "제가 뒤에 남아있고자 한 것이 아니라, 감히 떠나가지 못한 것입니다."라고 하였다. 선생이 글을 지어 전송하기를

"외롭게 태어나 천리 밖에서 나그네가 되었다가, 하루아침에 변란을 만나자 의연(毅然)히 한 목숨을 바쳐 지키고 떠나지 않았네. 내가 확삭(矍鑠)[183]하나 오직 화를 멀리해야 하므로 능히 손잡고 함께 떠나가지 못하니, 그대가 나를 저버린 것이 아니라 내가 그대를 저버린 것이네. 그대가 고향으로 돌아가서 부모를 섬길 적에 한결같이 《소학》을 스승으로 삼은 뒤에야 참으로 나를 저버리지 않는 것이네."[184]

라고 하였다. 또 시(詩)를 지어주기를 "골짝에서 나온 꾀꼬리는 그칠 데를 알고 봄이 되자 기러기는 돌아갈 줄을 아네. 호미질을 할 때에도 항상 《소학》을 끼고 잠시도 몸에서 떠나게 하지 말라.〔出谷鶯知止, 乘春雁識歸. 鋤時帶小學, 造次莫相違.〕"고 하니, 공은 스승의 가르침을 가슴속에 새기고 책을 밤낮으로 열심히 읽었다.

그러다가 신해년(1731) 정월 21일에 별세하니, 출생한 을유년

182 몇 달……들어가려고 : 반란에 가담하여 역모죄로 잡힌 이지시(李之時)가 자신이 곧 사형에 처해질 줄 알고는 공초에서 평소 원한을 품고 있었던 이재(李縡), 김진옥(金鎭玉), 장붕익(張鵬翼)을 무고한 일이 있었는데, 이지시의 무고가 곧 거짓임이 밝혀졌으나, 이재는 이와 같은 일이 언제 진정될지 알 수 없어서 몇 달 뒤에 깊은 산으로 들어가려고 하였는바, 이를 두고 한 말이다.《承政院日記 英祖 4年 4月 25日》《華泉集 卷15 祖考陶菴先生墓小誌》

183 확삭(矍鑠) : 노인의 기력이 정정하다는 뜻으로, 원문의 '삭(索)'은 '삭(鑠)'을 음차하여 쓴 것으로 보인다.

184 외롭게……것이네 : 이 내용은 《도암집(陶菴集)》 권25 〈서증유여호(書贈劉汝豪)〉에 보인다.

(1705) 7월 13일과의 거리는 27세가 된다. 북청 치소(治所)의 규회사(圭會社) 종고대(鍾鼓臺) 자좌(子坐)에 장례하였다.

공은 자가 도열(道悅)이니, 계통이 강릉(江陵)에서 나왔다. 조고는 휘가 선립(先立)이고, 선고는 휘가 흥원(興元)이다. 배위인 김해 김씨(金海金氏)는 묘소 왼쪽에 부장하였다. 아들은 유삼(有三)이고 손자는 택규(宅奎)이고 증손은 봉채(奉彩)와 일채(日彩)이며, 나에게 명문을 청한 자는 현손(玄孫)인 윤회(允晦)이다.

나는 젊어서 도암 선생의 글을 읽고는 공이 북학(北學)을 한 진량(陳良)[185]이 됨을 일찍부터 알고 있었으나, 불행하게도 단명하여 뜻과 사업을 온전히 성취하지 못했으니, 애석하다.

아! 사람에게는 세 가지 큰 윤리가 있는데 스승의 가르침을 얻어야 비로소 군주에게 충성하고 어버이에게 효도할 줄을 알아 사람이 제대로 살아가게 해준 은혜에 보답하는 도리를 다할 수 있으니, 스승이 군주와 어버이에게 공(功)이 있음이 이와 같다.

공(公)은 능히 스스로 힘써 북을 쳐 학생들을 모아 책 상자를 열고 학업을 공손히 익혔고,[186] 환난(患難)과 위급한 상황을 당하자 죽기를

185 북학(北學)을 한 진량(陳良) : '북학'은 북쪽으로 가서 더 높은 학문을 배운다는 뜻으로, 전국(戰國) 시대 초(楚)나라 사람 진량이 주공(周公)과 공자의 도를 좋아하여 북쪽 중국(中國)에 가서 공부하여 그곳 학자들보다 더 뛰어났는데, 맹자가 호걸스러운 선비라고 칭찬하였다. 여기서는 이것을 인용하여 함경도 북청에 살던 유여호가 경기도 덕양산으로 이재를 찾아가 공부하여 걸출한 인물이 되었음을 빗댄 말이다. 진량에 대한 내용은 《맹자》 〈등문공 상(滕文公上)〉에 보인다.

186 북을……익혔고 : 옛날 태학(太學)에서 학기 초에 수업을 재개할 때 학생들이 행했던 의식으로, 《예기》 〈학기(學記)〉에 보이는데, 여기서는 유여호가 스승을 찾아가 공경히 배운 것을 비유하였다.

맹세하고 딴 마음을 먹지 아니하여, 사생(師生)이 된 자가 이로써 안정되어 세교(世敎)와 백성의 떳떳한 윤리에 보탬이 있었으니, 이것이 어찌 공 한 분의 영광일 뿐이겠는가. 이는 공의 평생의 대절(大節)이니, 나머지는 모두 생략해도 된다. 명문은 다음과 같다.

진실로 문덕이 있는 문정공이여	允文文正
세상의 유종이 되셨네	爲世儒宗
선비들의 마음을 도야하여	陶冶士心
광대하게 덕을 베풀었네	廣大寬容
법도가 이미 바르니	規矱旣正
그 틀에 따라 네모지고 둥글어졌네	方圓應形
절로 은괄[187]이 있어서	自有檃括
습관이 천성과 더불어 이루어졌네	習其性成
애석하게도 공은 수명이 짧아	惜公無年
세상에 크게 울리지 못하였네	未叩大鳴
스승이 계신 곳에서 목숨을 바쳐	所在致死
하늘의 떳떳한 도리를 도왔네	願扶天經
윤리와 의리를 크게 밝혀서	弘闡倫義
사생 간에 부끄러움이 없었네	無愧師生

187 은괄(檃括) : 기울어지고 굽은 것을 바로잡는 틀로 '도지개'라고도 하는데, 여기서는 스승이 제자의 자질에 따라 훈도하여 지나친 행위를 교정함을 이른다. 《淮南鴻烈解 卷19 修務訓》

매산집

제40권

묘지명 墓誌銘

예조 참판으로 이조 판서에 추증된 이공 묘지명

병서○병오년[1]

禮曹參判贈吏曹判書李公墓誌銘 幷序○丙午

정종대왕(正宗大王 정조(正祖))이 30년 동안 동궁(東宮)에서 덕(德)을 기르며 동궁의 관리들을 널리 선발하여 계옥(啓沃)[2]의 도움을 받을 적에 당대에 명망이 뛰어난 인물을 다 뽑았다. 남곡(南谷) 이공(李公) 휘 진형(鎭衡)은 그중에서도 뛰어난 분인데, 공은 공명(功名)에 잘 처신해서 덕을 시종으로 한결같이 지켜 살아서는 영화를 누리고 죽어서는 애도를 받았으니, 아! 아름답다.

공은 자가 평중(平仲)이니, 계통이 영릉(英陵 세종(世宗))의 별자(別子)인 밀성군(密城君) 휘 심(琛)으로부터 나왔다. 사복시 정(司僕寺正)에 추증된 휘 상윤(尙胤)과 남원 부사(南原府使)로 이조 참의에 추증된 휘 정량(廷亮)과 이조 참판에 추증된 휘 용(墉)은 바로 공의 증조와 조고와 선친이 되니, 3대의 추증은 공의 귀함 때문이었다. 참판공이 군수를 지낸 동래 정씨(東萊鄭氏) 형진(亨晉)의 따님에게 장가들어 경종(景宗) 3년 계묘년(1723) 3월 7일에 참의공의 경산(慶山) 임소

1 병오년 : 1846년(헌종12)으로, 매산의 나이 71세 되던 해이다.

2 계옥(啓沃) : 신하가 자기의 식견으로 임금이나 세자를 잘 계도(啓導)하는 것을 이른다. 《서경(書經)》 〈열명(說命)〉에 은(殷)나라 고종(高宗)이 재상인 부열(傅說)에게 "그대의 마음을 열어 나의 마음을 적시라.〔啓乃心, 沃朕心.〕"라고 한 데서 유래하였다.

(任所)에서 공을 낳았다.

계유년(1753) 생원시에 합격하였는데, 창방(唱榜)한 지 겨우 10일 만에 정시(庭試) 병과(丙科)에 급제하고 백씨(伯氏) 참판공[3]과 동방급제(同榜及第)하여 당(堂)에 오르니, 국학(國學)과 사방의 선비들이 빙 둘러 모여 말하기를 "오늘날의 문장(文章)이다."라고 하고는 다투어 보면서 기뻐하였다. 갑술년(1754) 괴원(槐院 승문원(承文院))에 예속되고, 정축년(1757)에 천거로 승정원 주서(承政院注書)가 되었는데, 모두 기주관(記注官)의 재주가 있다고 칭찬하였다.

무인년(1758) 약원(藥院 내의원(內醫院))에 직숙(直宿)한 공로로 6품으로 승진해서 내직으로는 병조의 좌랑과 정랑, 사간원의 정언(正言)과 헌납(獻納)과 사간(司諫), 사헌부의 지평(持平)과 장령(掌令)과 집의(執義), 홍문관의 교리(校理)와 부응교(副應敎), 춘방(春坊 세자시강원(世子侍講院))의 사서(司書)와 필선(弼善)과 보덕(輔德), 종부시와 봉상시의 정(正), 통례원의 통례(通禮)를 지냈으며, 외직으로는 제원 찰방(濟原察訪)과 태천 현감(泰川縣監), 경상 도사(慶尙都事)를 지냈다. 이는 바로 당하관(堂下官)의 이력인데, 춘방의 관직을 가장 오랫동안 지냈다.

경진년(1760)에 현륭원(顯隆園 사도세자(思悼世子))이 온천(溫泉)에 행행(幸行)할 때 동궁의 관료로 배종하였고, 신사년(1761)에 언관으로 동궁을 입대(入對)해서 경계하는 말씀을 올린 것이 많았다. 제원 찰방에 부임한 지 4개월 만에 역로(驛路)가 되살아났다. 태천(泰川)

3 백씨(伯氏) 참판공 : 공조 참판을 지낸 이진항(李鎭恒, 1721~?)으로, 자는 경백(經伯)이다.

고을을 다스릴 적에 청렴하고 위엄이 있어서 형벌을 베풀지 않고도 아전과 백성들이 모두 복종하니, 부임한 지 겨우 열 달 만에 유애비(遺愛碑)[4]가 세워졌다.

영남 지방에서 시험을 관장하였는데 선비들이 모두 공평함을 칭송하였고, 법연(法筵 경연(經筵))에서 시강(侍講)할 적에 임금에게 말을 살피고 간언(諫言)을 올리게 하는 덕을 넓혀 퇴폐한 풍속을 쇄신할 것을 청하였으며, 강하는 글을 통해 경계의 말씀을 올리자, 영조가 가납(嘉納)하였다. 궁관(宮官)에 있은 지 4년 만에 건릉(健陵 정조(正祖))의 지우(知遇)를 받아 아침저녁으로 강마(講磨)하고 좌우에서 보도(補導)하였다.

이때 동궁이 어려움과 위태로움을 만났는데, 추기(樞機)[5]를 경계하여 이연(离筵)[6]에서 주고받은 말을 입 밖으로 내지 않았다. 영조가 승하하자, 고부 주청사(告訃奏請使)의 서장관(書狀官)으로 연경에 갔는데, 상은 하교하기를 "이(李) 아무개는 바로 내가 춘궁으로 있을 때의 관료인데, 강학할 때 내가 고문(顧問)한 바가 많다. 지금 만 리 길을

4 유애비(遺愛碑) : 선정(善政)을 베푼 관리에게 그 지방 백성들이 은혜를 기리기 위해 세운 선정비(善政碑)를 이른다.

5 추기(樞機) : 추(樞)는 문의 지도리이고 기(機)는 쇠뇌의 오늬를 먹이는 곳인바, 중요한 기관으로 곧 말을 가리킨다. 《주역》 〈계사전(繫辭傳)〉에 "말과 행실은 군자의 추기이다.〔言行, 君子之樞機.〕"라고 보이며, 이천(伊川) 정이(程頤)는 〈언잠(言箴)〉에서 "하물며 이것(말)은 몸의 추기이니, 전쟁을 일으키기도 하고 우호를 내기도 한다.〔矧是樞機, 興戎出好.〕"라고 하였다.

6 이연(离筵) : 세자에게 경사(經史)를 강의하고 교육하는 자리를 말한다. 서연(書筵) 또는 주연(胄筵)이라고도 한다.

떠나는데, 늙고 병든 것이 안타깝다." 하시고는 인삼과 약재, 별반전(別盤纏 별도로 주는 노자)을 지급하라고 명하였다. 공은 자신을 청백하고 신중하게 단속해서 행장(行裝)이 쓸쓸하니, 일행이 두려워하여 조심하였다.

복명(復命)하기 전에 동벽(東壁)[7]에 제수되었고, 책봉을 마친 일로 인하여 통정대부(通政大夫)의 품계에 올라 노비와 전결(田結)을 하사받고 승정원 동부승지에 제수되었다가 여러 번 전직하여 우승지에 이르렀다. 그 사이에 병조의 참의와 참지, 호조의 참의를 지냈다. 무술년(1778) 영조의 영정을 영희전(永禧殿)에 봉안할 적에 예방승지(禮房承旨)를 맡은 공로로 가선대부(嘉善大夫)에 올라 좌승지에 제수되고 공조참판 겸 동지의금부사(工曹參判兼同知義禁府事)에 제수되었다.

상은 공이 연로한데도 자식이 없음을 가엽게 여겨 특명으로 공의 종형(從兄)의 아들 긍연(兢淵)을 데려다가 양자로 삼게 하고, 인하여 하교하기를 "경은 바로 기쁨과 슬픔을 국가와 함께하는 사람인데 지금 비로소 후사가 있으니, 내 마음이 매우 기쁘다." 하니, 공은 대답하기를 "부자(父子)가 있은 뒤에 군신(君臣)이 있는 것이 바로 인륜의 차례인데,[8] 신의 부자는 마침내 군신이 있은 뒤에 부자가 있게 되었습니다."라

7 동벽(東壁) : 홍문관의 4품 이상인 직제학(直提學), 전한(典翰), 응교(應敎), 부응교(副應敎)를 가리킨다.

8 부자(父子)가……차례인데 : 《주역(周易)》 〈서괘전(序卦傳)〉에 "천지가 있은 뒤에 만물이 있고, 만물이 있은 뒤에 남녀가 있고, 남녀가 있은 뒤에 부부가 있고, 부부가 있은 뒤에 부자가 있고, 부자가 있은 뒤에 군신이 있고, 군신이 있은 뒤에 상하가 있다.〔有天地然後有萬物, 有萬物然後有男女, 有男女然後有夫婦, 有夫婦然後有父子, 有父子然後有君臣, 有君臣然後有上下.〕"라고 보이므로 이렇게 말한 것이다.

고 하였다. 다시 좌승지에 제수되었다.

기해년(1779) 강화도 유수가 되었는데, 상은 인견(引見)하고 음식을 하사하고서 영광스러운 운한(雲漢 왕의 시문(詩文))을 다음과 같이 내렸다.

남곡산인 또한 세상 사람의 심정이니	南谷山人亦世情
강화도를 안찰하러 가는 길에 깃발이 빛나네	沁州出按耀旗旌
사랑스럽게 오사모 쓴 예쁜 아이가 무릎에 앉았고	佳兒繞膝烏紗喜
영광스러운 왕의 고명에 늙은 부인이 활짝 웃네	老婦開顏紫誥榮
공명이 나의 힘 때문이라고 말하지 마오	莫道功名由我力
하늘의 해가 그대의 정성 비춘 것을 알아야 하네	從知天日照君誠
아득한 길에 잠시의 이별 오히려 염려스러우나	莽蒼少別猶關念
낙양성에 복사꽃 만발할 때 돌아올 것이네	歸趁桃花滿洛城

공은 은혜로운 지우(知遇)에 감격하여 한마음으로 봉직하였다. 그리하여 봉급을 털어서 축성(築城)하는 공사를 견고히 하고 어물 값을 올려서 헐값으로 매매되는 병폐를 바로잡았는데, 그 기간이 백 일도 되지 않았다.

이때 조정에서 강화도가 통어영(統禦營)을 겸했다 하여 정이품(正二品)을 유수(留守)로 삼을 것을 의논하니, 상은 교체되는 것을 안타까워하여 개성 유수(開城留守)로 옮겨 제수하였다. 이 지역은 재화의 이익이 풍부하여 관청에 벼슬하는 자들 대부분이 뇌물에 의한 정사를 공공연히 행하였는데, 공은 몸가짐을 청렴하고 근엄하게 하였고 겸하여 절약을 실천해서 폐단이 많은 기존의 정사를 바꾸어, 습속(習俗)이 거의 혁파되었다. 상은 공의 병이 위독하다는 말을 듣고는 관찰사에게 명하여 병의 차도를 묻게 하고 이어서 어찰(御札)을 내려주고 인삼과 약재를 하사하였으며, 또 공의 아들에게 명하여 역마를 타고 가서 간호하게 하였다.

얼마 후 승지에 제수되어 부름을 받고 돌아왔으며, 한성부 우윤(漢城府右尹)과 대사헌, 호조참판 겸 도총부총관(戶曹參判兼都摠府副摠管)을 역임하였으며, 전설사(典設司)와 선공감(繕工監)의 제거(提擧)가 되었다. 경자년(1780) 다시 도승지에 제수되고, 예조 참판으로 동지경연실록사(同知經筵實錄事)를 겸하였으며, 주사(籌司 비변사)의 당상에 차임되고 경기도 관찰사에 제수되었다. 경기도는 사무가 매우 많았으나, 마치 한직(閑職)에 있는 듯이 노련하게 처리하여 목소리와 기운을 크게 소비하지 않고도 여러 일이 절로 다스려졌다. 전재(田災)[9]를 인정해 줄 것을 청하여 세금을 억울하게 내는 백성들이 없고, 죄수들을 자세히 살펴 감옥에 억울한 죄수가 없게 되니, 일 년이 되기도 전에 도 전체가 편안하였다.

신축년(1781) 병으로 사직하고 대사헌에 제수되었는데, 또다시 병으로 체직되었다. 상은 여러 번 진귀한 약재를 하사하였고, 조정에 임어하여서는 누차 말씀과 전교에 드러내어 측은하고 가련하게 여겼는데, 이해 9월 1일에 별세하니 향년이 59세였다.

병이 위독했을 적에도 정신이 희미해지지 않고 평소와 똑같이 아드님에게 명하기를 "군주의 은혜가 하해(河海)와 같이 넓은데 털끝만큼도 보답하지 못하였으니, 이것이 한스럽다."라고 하고는 이어서 절구

9 전재(田災) : 재해를 입은 토지의 전세(田稅)를 면제해주는 것을 말한다.

한 수를 불러 쓰게 하기를 "갑자기 가을 매미 따라 바삐 껍질을 벗으니, 옥 같은 하늘 은 같은 바다 참으로 아득하네. 신령스러운 바람은 떠나가는 나의 소매를 우선 재촉하지 말라, 임금의 은혜 보답하지 못한 한 하나가 길기도 하네.〔忽逐秋蟬脫殼忙, 瑤天銀海正蒼茫. 靈飆且莫催征袂, 未答君恩一恨長.〕" 하고는 마침내 더 이상 다른 말씀은 하지 않고 오직 대궐의 소식을 두세 번 물었으니, 이때 산실청(産室廳)을 설치한 지가 이미 기년이 지났기 때문이었다.

부음이 알려지자, 상은 전교하시기를

"이 사람은 바로 내가 옛날 동궁으로 있을 때의 관료이다. 병이 비록 오랫동안 지속되었으나 뜻밖에 갑자기 서거했다는 부음을 들으니, 놀랍고 슬픈 마음을 어찌 말로 다 하겠는가. 즉시 호조로 하여금 원래의 부의(賻儀) 외에 갑절의 수량을 더 지급하게 하라. 또 잠저(潛邸 동궁)에 있을 때의 궁료(宮僚)가 서기하면 의례히 귀후서(歸厚署)의 관판(棺板)을 지급하였으니, 이 사람에게 이 준례를 어찌 아낄 수 있겠는가."

라고 하고는 준례를 참조하여 제사(題辭)를 매겨 지급하며 준례에 의거하여 조문하고 치제(致祭)하라고 명하였는데, 치제할 때에는 하교(下教)를 기다리라고 명하였다. 또 전교하시기를

"내가 글공부에서 득력(得力)한 것은 이 궁료에게 힘입은 바가 크고 지금까지도 받아 사용하여 도움을 받은 것이 적지 않다. 더구나 갑오년(1774)과 을미년(1775) 간에 만일 이 궁료가 입을 조심하고 기미를 살피지 않았더라면, 역신(逆臣)인 심상운(沈翔雲)의 '온실 나무와 같다.'는 말이 반드시 대리청정(代理聽政)하기 전에 나왔을 것이다.[10] 《명의록(明義錄)》[11]에는 이 사람의 이름이 비록 등재되지 않았

으나 공(功)을 실로 잊기 어려웠는데, 아! 이제 이미 끝났구나. 구원(九原)에 있는 사람을 살려 일으키기 어려우니, 내 미처 정경(正卿 판서)의 자리에 두지 못한 것이 애석하다. 지금 특별히 판서로 추증하노라."

하시고는 이조 판서로 추증하고 겸직을 준례와 같이 내렸다.

3개월이 지난 무신일에 양주(楊州)의 북두천(北斗川) 건좌(乾坐)에 장례하였다. 소상(小祥) 하루 전에 상은 직접 제문을 지어서 사제(賜祭)하였는데, 그 내용은 다음과 같다.

경은 인간 세상에	卿在人間

10 갑오년과……것이다 : '갑오년(1774, 영조50)과 을미년(1775) 간'은 당시 세손인 정조가 건강이 좋지 않았던 영조의 왕위를 잇기 위해 대리청정을 받을 무렵으로, 세손은 진작부터 권력의 핵심을 장악하고 있던 외척 세력의 협박 속에서 대리청정과 왕위 계승을 저지당하고 있었는데, 이때에는 정도가 더 심하였다. 세손은 홍국영(洪國榮)과 서명선(徐命善) 등에게 비호를 받으며 끝내 을미년 12월에 대리청정을 시작하였는데, 대리청정하던 12월 21일에 심상운(沈翔雲)이 시무책을 올리면서 세손의 측근에 '온실의 나무'를 말하지 않을 자가 있는지를 물어 세손의 측근 궁료들을 축출하려고 하였다. 심상운은 외척의 중심 세력인 정후겸(鄭厚謙), 홍인한(洪麟漢) 등이 끌어들인 인물로, 병신년(1776) 정조가 왕위에 오르고서 이 무리들을 대대적으로 처벌하였는바, 이 내용은 이러한 상황에서 나온 말이다. '온실의 나무'는 한나라 성제(成帝) 때 박사(博士)였던 공광(孔光)이 온실전(溫室殿)과 궁중에 심겨 있는 나무가 무슨 나무냐는 어떤 사람의 질문에 묵묵부답한 데서 유래하여 궁중의 비밀스러운 일을 가리키는 말로 쓰인다. 《英祖實錄》《正祖實錄》《漢書 卷81 孔光傳》

11 명의록(明義錄) : 김치인(金致仁, 1716~1790) 등이 1776년에 정조가 왕위에 올라 세손의 대리청정을 반대하던 홍인한(洪麟漢), 정후겸(鄭厚謙) 등을 사사(賜死)한 일을 기록한 책이다.

과객처럼 잠시 있었는데	寄如過客
몸을 거두어 하늘로 돌아가니	斂歸太空
매미가 껍질을 벗은 것과 같네	蟬脫其殼
홀로 충군애국을 하여	獨有忠愛
죽거나 살거나 지조가 견고하였네	生死固結
임종할 때 지은 시 한 편은	臨化一詩
참된 충심에서 흘러 나왔네	赤腔流出
내가 세손일 때부터	予從貳邸
경을 얻어 친구로 삼았는데	得卿爲友
어렵고 위태로운 상황에도	時維囏危
아침저녁으로 좌우에서 보조하였네	昕夕左右
어리석은 듯이 자신을 거두어 감추어	卷懷如愚
맑은 지조가 혼탁한 세상에 물들지 않았네	涇不渭濁
작고한 다음 달에 내려준 세 가지 은전[12]이	次月三節
어찌 공적에 대한 보답이라고 하겠는가	豈曰酬績
별세한 뒤에 추증을 해서	歿後貤贈
비로소 평소의 기약에 부응하였네	始副常期
소탈한 흉금과 명쾌한 언변으로	疏襟爽語
나를 흥기시킨 자가 누구인가	起予者誰
궁중의 연회에서 취한 몸을 부축하였는데	宮筵扶醉

12 작고한……은전 : 정조가 부음을 듣고서 호조로 하여금 원래의 부의(賻儀) 외에 갑절의 수량을 더 지급하게 한 것과, 귀후서(歸厚署)의 관판(棺板)을 지급하게 한 것과, 준례에 의거하여 조문하고 치제(致祭)한 것 세 가지를 가리킨 것으로 보인다.

고개를 드는 잠깐 사이에 옛 자취가 되었네　俛仰成塵
열 줄의 제문에 술 한 잔을 올려　十行一酌
군신 간의 의리를 표하노라　表予君臣

계묘년(1783) 봄에 상은 또 다음과 같이 하교하였다.[13]

"을미년(1775)과 병신년(1776) 간의 일을 어찌 차마 말하겠는가. 흉악한 무리와 난신의 무리들이 마음으로 결속해서 좌우에서 엿보고 밤낮으로 선동하니, 나를 두려움에 떨게 하고 협박한 것이 거의 끝이 없었다. 그래서 내가 여러 달 동안 옷을 벗고 잠을 자지 못하였는데, 지금 그 일을 돌이켜 생각해보면 마음속으로 놀라고 꿈속에서도 놀란다.

당시에 증 판서 이(李) 아무개와 같은 자가 나의 궁료가 되어서 한마음으로 왕실을 보좌하여 근심하고 애를 태운 것이 얼굴과 눈에까지 드러났다. 그래서 성질을 참는 의리로써 나를 인도하고 어려움에 대처하는 방도로써 나를 권면하니, 그 성대한 충심이 나를 감동시키기에 충분하였다. 비록 화를 일으키려고 갖은 계책을 쓰는 적당(賊黨)이라 하더라도 능히 그의 무한한 충심을 간파할 수가 없었다.

그러다가 몇 년 이래로 세상의 변고가 거듭 발생해서 별별 일이 다 있었는데, 경수(涇水)가 깨끗한 위수(渭水) 때문에 더 혼탁해지지 않고 향기 나는 훈초(薰草)가 악취 나는 유초(蕕草) 때문에 변하지 않듯이 시종(始終) 한 절개를 지켜서 어디에 처하든 더욱 견고했

13 계묘년……하교하였다 : 이 전교는《정조실록(正祖實錄)》7년 2월 11일의 기사에 그대로 보인다.

으니, 비록 그를 일러 깜깜한 밤의 밝은 별이라고 하더라도 실제보다 지나치다고 볼 수 없다. 그래서 나는 경의 덕을 두터이 여겨 잊지 못하고 그리는 마음 더욱 깊어져 장차 팔좌(八座)[14]의 품계로 올려서 쇠퇴한 세속 사람들을 경계하고 면려하려고 했었는데, 결행하지 못하였다.

별세한 뒤의 추증에 비로소 내가 평소 마음먹었던 것을 사용하니, 매번 이런 생각이 들 때면 서글프고 애석한 마음을 이길 수가 없다. 지난 번 치제(致祭)할 때 이미 나의 뜻을 보였는데, 백성의 윤리가 점점 어두워지고 사람들의 마음이 안정되지 못한 이러한 때에 증 판서와 같은 자를 어느 곳에서 얻을 수 있단 말인가.

아! 국가에 시호를 내리는 은전(恩典)이 없다면 모르지만, 그렇지 않다면 이러한 인물에게 내려주지 않고 어떤 사람에게 내려주겠는가. 증 판서 이(李) 아무개에 대해 홍문관으로 하여금 시호를 의논하게 하라. 나의 이 전교는 바로 경 자신의 한 편의 행적이니, 또한 굳이 시장(諡狀)을 기다려서 시호를 지을 필요가 없으므로 일체(一體) 다 알도록 하라."

하고는 시호를 '충간(忠簡)'이라 하였으니, 여기에서 공의 군신간의 관계를 알 수 있다.

공은 타고난 자품이 특이하고 눈빛이 사람을 쏘아보듯 강렬하였다.

14 팔좌(八座) : 재신(宰臣)의 반열에 있는 여덟 명의 고위 관료를 이르는 말로, 각 시대마다 지칭하는 바가 약간씩 다른데, 동한(東漢) 시대에는 육조(六曹)의 상서(尙書)와 영(令)과 복야(僕射)를 가리켰다. 조선 시대에는 흔히 판서를 가리키는 말로 쓰였다.

참의공(參議公)이 특별히 사랑하여 말씀하기를 "반드시 우리 가문을 번창하게 할 것이다." 하였다. 여러 아이들과 장난하며 놀이할 적에 반드시 스스로 장수가 되어서 아이들을 법도 있게 단속하였다. 6세에 모친상을 당하고서 마땅한 양육을 받지 못하여 마침내 고질병을 얻었다. 9세에 처음으로 취학(就學)하였는데, 밝은 지혜를 천성으로 타고 나서 책을 반 권도 읽기 전에 큰 진보가 있었다.

이때 도암(陶菴) 이 선생(李先生)[15]이 참의공을 방문하였다가 공이 높은 재주가 있다는 말을 듣고는 반성하도록 말로 꾸짖기를 "9세인데도 아직 《사략(史略)》을 읽고 있는가. 나로 하여금 크게 부끄럽게 한다."하니, 공은 잠을 자고 밥을 먹는 것을 잊을 정도로 분발하여 학문에 힘썼다.

차츰 자라자 문예(文藝)가 크게 진전하여 경서(經書)와 사서(史書)를 널리 꿰뚫었으며, 음양(陰陽)과 술수(術數), 손(孫)·오(吳)[16]의 병서(兵書)에 널리 통달하였다. 또 필법의 요해(要解)를 터득하여 일찍이 종이를 허비하지 않고서도 초서(草書)와 해서(楷書)에 모두 체격(體格)을 이루었다. 부친상을 당하여 몸을 훼손해서 거의 생명을 잃을

15 도암(陶菴) 이 선생(李先生) : 도암은 이재(李縡, 1680～1746)의 호로, 자는 희경(熙卿), 다른 호는 한천(寒泉), 본관은 우봉(牛峰)이며, 김창협(金昌協)의 문인이다. 1702년(숙종28) 알성 문과에 급제하고 벼슬이 대제학을 거쳐 좌·우참찬에 이르렀다. 예학(禮學)에 밝았으며, 외암(巍巖) 이간(李柬)의 학설을 계승한 낙론(洛論)을 주도하여 한원진(韓元震) 등의 호론(湖論)을 반박하였다. 시호는 문정(文正)이며, 저서로는 《도암집》 등이 있다.

16 손(孫)·오(吳) : 춘추 시대 제(齊)나라 손무(孫武)와 전국 시대 위(衛)나라 오기(吳起)의 병칭으로, 병법가(兵法家)를 대표적으로 일컫는 말이다.

뻔하였으나, 또한 학업에 힘쓰기를 폐하지 않았다.

공은 경학(經學)을 근본으로 삼아 시문(詩文)과 공령(功令 과거(科擧))의 글을 지었는데, 또한 전심(專心)하지 않아도 잘하였으나 즐거워하는 바가 여기에 있지 않았다. 평소 독서하고 연찬(硏鑽)하기를 밤낮을 다하도록 그치지 않았고, 기억하고 외는 것을 잘하여 읽었던 여러 책을 외울 경우에 수십 일이 지나도 그치지 않으니, 총명함이 이와 같이 뛰어났다.

기국(器局)과 도량(度量)이 활달(豁達)해서 기쁨과 노여움을 겉으로 나타내지 않았으나, 남의 옳지 못함을 보면 장차 자신이 오염될 것처럼 여겼다. 편안하고 고요하고 소탈하고 과묵하였으나, 혹 술자리에서 술을 마시다가 취하면 격앙(激昂)되고 강개(慷慨)한 목소리로 천고(千古)의 일을 담론(談論)하였는데, 장강대하(長江大河)를 터서 바다로 주입하듯이 통창(通暢)하였다.

과거에 급제한 지 수십 년에 구차히 당세에 영합(迎合)하지 않아서 기구(崎嶇)하고 영락(零落)하였으나 조금도 개의하지 않았으며, 한 그릇의 밥과 표주박의 음료도 여러 번 걸렀으나 집식구에게 살림살이를 묻지 않았고, 때를 편안히 여기고 순하게 대처하여 즐거움으로 근심을 잊었다.

그러다가 우항(遇巷)에 이르러서는[17] 보살펴주시는 성상의 은혜가 융숭해서 경월(卿月)[18]의 지위에 올라 벼슬길이 크게 열렸으나, 몸을

17 우항(遇巷)에 이르러서는 : 우항은 군주를 골목에서 만난다는 뜻으로, 주인공이 세손인 정조를 보좌할 때를 이르는바, 《주역》 〈규괘(睽卦) 구이(九二)〉에 "군주를 골목에서 은밀히 만나면 허물이 없으리라.〔遇主于巷, 无咎.〕"고 한 데에서 온 말이다.

단속하기를 빈한(貧寒)하고 검소하게 해서 생활이 곤궁할 때와 다름이 없었다. 항상 사치함과 검소함의 어려움과 쉬움[19]을 들어서 아드님을 경계하였고, 평소 자신을 감추고 숨겨서 조금도 드러내지 않도록 노력하였다.

상이 매번 찬탄하시기를 "경은 '있어도 없는 듯하고, 가득해도 빈 듯하다.'[20]고 이를 만하다." 하고, 항상 요우(僚友)로 대하여 번번이 이름을 부르지 않고 '남곡(南谷)'이라고 불렀으니, 집이 남산 아래에 있어서 이것으로 호를 삼았기 때문이다. 사양하고 받는 데 엄격해서 서도(西道) 수령의 비단[21]을 물리치고 역관(譯官)들의 재화(財貨)[22]를

18 경월(卿月) : 재신(宰臣)의 고위 관료를 이르는 말로 시대마다 지칭하는 바가 약간씩 다른데, 조선 시대에는 흔히 판서를 지칭하는 말로 쓰였다. 《서경》 〈홍범(洪範)〉에 "임금은 해를 살펴야 하고, 경은 달을 살펴야 하며, 낮은 관리들은 날을 살펴야 합니다.〔王省惟歲, 卿士惟月, 師尹惟日.〕"라는 데에서 온 말이다.

19 사치함과……쉬움 : 검소한 데로 들어가기는 어렵고 사치한 데로 흐르기는 쉽다는 말로, 이 내용은 송(宋) 나라 장지백(張知白, ?~1028)의 "검소함으로부터 사치함에 들어가기는 쉽고, 사치함으로부터 검소함에 들어가기는 어렵다.〔由儉入奢易, 由奢入儉難.〕"라는 말을 원용한 것이다. 《古今事文類聚 別集 卷18 儉約 貴亦尙儉》

20 있어도……듯하다 : 증자(曾子)가 안연(顔淵)의 겸허한 덕성(德性)을 칭찬한 말로 《논어》 〈태백(泰伯)〉에 보인다.

21 서도(西道) 수령의 비단 : 《세종실록(世宗實錄)》 〈지리지(地理志)〉에 따르면 서북 지역의 특산물이 비단을 짜는 명주였는데, 서도인 황해도와 평안도의 수령이 비단을 뇌물로 많이 이용했던 것으로 보인다. 황해도는 24개 군현 가운데 15개 고을이 유명 산지이고, 평안도는 41개 군현 모두가 생산지였으며, 함경도는 함흥·영흥·정평·고원·안변·덕원·문천·이원·홍원·북청·단천·길주·명천 등지가 주요 산지였다.

22 역관(譯官)들의 재화(財貨) : 조선 시대 중국으로 가는 사신(使臣)과 그 원역(員役)들에 대해 중국에서도 인정하는 사무역(私貿易) 자금의 정액(定額)이 팔포(八包)

배척하였다.

강화 유수로 있을 적에 내려진 임금의 교서에 "왕명을 받들고 연경에 갔을 적에 얼음과 황벽나무 같은 깨끗한 지조[23]가 드러났다."는 말씀이 있었는데, 공은 기뻐하지 않으며 말씀하기를 "내가 연행(燕行)에서 나귀 한 마리를 사왔으니, '얼음과 황벽나무'라는 말이 부끄럽지 않겠는가."라고 하였다. 백악산(白岳山)에서 복거(卜居)하였는데 혹자가 깊고 궁벽함을 혐의하자, 공이 말씀하기를 "옛 사람은 저택을 마련할 적에 궁벽한 곳에 정했으니,[24] 어찌 의도한 뜻이 없었겠는가."라

였는데, 처음에는 팔포의 물화를 관에서 지급하였다가 조선 후기에 와서는 스스로 마련해 가는 것을 허용하는 제도로 바뀌었고 그 허용 대상도 원역으로 한정되었는바, 원역 가운데 특히 역관(譯官)이 사무역의 중심이 되어 부를 축적할 수 있었다. 이로 인해 많은 역관들이 재화를 뇌물로 이용하였던 것으로 보인다. 포(包)는 일정한 양으로 포장된 인삼(人蔘)을 헤아리는 단위로, 처음 은화(銀貨)로 가져가던 것이 세종 연간 이후 금지되고 인삼으로 대신하게 되었다. 이때 기본 단위가 10근이었으나 사무역의 이익이 많아지면서 인조(仁祖) 대 이후로는 1인당 80근까지 가져갈 수 있도록 허용되었고 이를 팔포라고 부르게 되었다. 그 후 현종(顯宗) 대에 다시 인삼이 귀해지면서 은화로 바꾸어 80근 정도에 해당하는 은화 2000냥을 1인당 팔포의 기준으로 삼고 당상관에게 1000냥을 더 인정해 주었다. 그러나 영·정조 연간에는 은화도 귀해져 팔포를 채우기도 힘들게 되자 다시 인삼이나 피잡물(皮雜物) 등을 섞어 가져가도록 하였다. 이에 따라 1797년(정조21)에는 허용되는 인삼의 양이 120근까지 늘어났고, 이후로 급격하게 증가하였다. 《度支志 外篇16 八包事實》《萬機要覽 財用編5 燕行八包》

23 얼음과……지조 : 원문의 '빙벽(氷蘗)'은 얼음물을 마시고 쓰디쓴 황벽나무(소태나무)를 씹는다는 뜻으로, 절조를 굳게 지키면서 청백하게 사는 것을 비유한다.

24 저택을……정했으니 : 이 내용은 한(漢)나라의 재상 소하(蕭何)가 항상 궁벽한 곳에다 전택(田宅)을 마련하여 담장도 두르지 않고 살면서 "후세에 어진 자손이 나오면 나의 검소함을 배울 것이요, 불초한 자라도 세력가에게 빼앗기는 일이 없을 것이다."라고 말한 고사를 인용한 것이다. 《史記 卷53 蕭相國世家》

고 하였다.

배위인 정부인(貞夫人) 밀양 박씨(密陽朴氏)는 좌윤(左尹) 필정(弼正)의 따님인데, 부인의 규범을 모두 갖추었다. 공보다 4년 뒤에 태어났고 공보다 8년 뒤에 별세하였는데, 상(喪)을 당하자 왕이 특별히 내탕고(內帑庫)에 명해서 후하게 부조하게 하였으니, 특별한 예우였다. 공의 묘 왼쪽에 부장하였다.

긍연(兢淵)은 문과 급제하고 승지(承旨)를 지냈는데, 2남 3녀를 두었다. 아들 근(根)은 생원시에 장원했는데, 정조가 선조(先祖)를 생각하여 후손을 등용해 주어 벼슬이 군수이고, 본종(本宗 큰집)에 양자로 갔다. 주(株)는 둘째 아들로서 공의 제사를 주관하였는데, 또한 조용(調用)을 명하였으나 미처 관직을 제수하기 전에 별세하여 교관(教官)에 추증되었다. 딸은 정락수(鄭樂綏), 김노준(金魯俊), 조재방(趙在昉)에게 출가하였다. 교관의 아들은 희청(熙淸)으로 지금 직장(直長)이고, 사위는 서유회(徐有會)이다. 군수의 양자인 희은(熙殷)은 지금 현감이고, 사위는 홍재승(洪在承)이다. 희청은 3녀를 두었으니, 희청의 세 사위는 유진정(兪鎭鼎), 박최하(朴寂夏), 유진구(兪鎭球)이다. 현감의 두 아들은 헌요(憲堯), 장요(章堯)이고, 두 딸은 어리다.

공은 신체가 허약하였으나 성품과 도량이 존엄(尊嚴)하여 마치 솜으로 쇠를 싼 듯하였다. 그러므로 영조 말년을 당하여 붕당(朋黨 시파(時派)와 벽파(僻派))이 만들어지고 세도(世道)가 모두 상실되어 위태로운 형상이 이극(貳極)[25]에까지 미쳤을 적에, 기미를 살펴 은밀히 돕고 힘

25 이극(貳極) : 두 번째로 높은 자리라는 뜻으로 태자나 세자를 가리키는데, 여기에는 당시 세손이었던 정조를 가리킨다.

을 다해 조호(調護)해서 칼날을 드러내지 않고 목적한 바를 묵묵히 성취하여 끝내 사태를 편안하게 만들었다. 이것이 《주역》 〈건괘(蹇卦) 육이(六二)〉에 이른바 '왕의 신하가 국가의 어려움에 충성을 다하는 것은 자신의 몸을 위한 것이 아니다.'라는 것이 아니겠는가.

또 동료였던 권흉(權兇)[26]에게 몸의 지조를 잃지 않고 외로이 짝할 무리가 없이 확연(廓然)히 독립하여 세상의 더러운 때에 물들지 않았다. 그리고 현명한 군주와 어진 신하가 뜻이 잘 맞아 세상에 보기 드문 한 번의 만남을 이루었는데, 총애 받는 것을 놀란 것처럼 여겨 겸손하고 공손하고 조심하였으니, 마땅히 무궁한 후세에 훌륭한 명성을 드리울 것이다.

공은 평소 말씀하기를 "병약하여 물러나 직접 농사지을 수가 없어서 마침내 유사(有司)를 속이고 요행으로 과거에 급제함을 면치 못했으니, 이후부터는 모두 내 분수 밖의 일이다."라고 하고는 벼슬길에 오른 뒤에 겪은 일들을 기록하여 《외물록(外物錄)》이라고 이름하였으니, 벼슬이 외물이 됨을 안다면 누가 능히 벼슬을 얻고 잃는 데에서 교만하

26 동료였던 권흉(權兇) : 세자시강원의 동료였던 홍국영(洪國榮, 1748~1781)을 가리킨다. 이진형이 필선(弼善), 보덕(輔德)으로 있을 때, 홍국영은 겸문학(兼文學), 겸사서(兼司書)로 시강원의 동료였는데, 정조 즉위 후 세도정치를 자행하다가 축출되었다. 홍국영은 자가 덕로(德老), 본관이 풍산(豐山)이다. 영조 때에 문과에 급제하여 승문원 부정자를 거쳐 세자시강원 설서(說書)·사서(司書)가 되었고, 벽파(僻派)의 탄압 속에서 훗날 정조가 되는 세손을 보호한 공로를 세웠다. 정조가 즉위한 뒤에 두터운 신임을 받아 동부승지를 지내고 도승지에 올라 대제학, 대사헌 등을 역임하였으나 누이동생을 정조의 빈(嬪)으로 들이고, 은언군(恩彦君) 이인(李裀)의 아들인 담(湛)을 완풍군(完豐君)에 봉하여 왕의 후계자로 삼기를 도모하는 등 세도정권의 유지에 힘쓰다가 효의왕후(孝懿王后) 독살 시도가 발각되어 축출되었다.

고 방자하여 절개를 잃게 하겠는가.

사대부가 헌면(軒冕)[27]의 영화만 알고 물러나 쉬는 즐거움을 알지 못한다면 취생몽사(醉生夢死)[28]와 무엇이 다르겠는가. 공이 평소 맹세하고 원한 것은 장차 사직(辭職)을 청하여 물러나 강호(江湖)에서 살면서 만년을 즐기려고 한 것이었는데, 끝내 이루지 못하였다. 그러나 공의 고상한 마음과 심원한 운치를 여기에서 또한 상상할 수 있다.

나는 공과 누대(累代)의 우호(友好)가 있어서 공의 풍절(風節)을 일찍부터 칭송하였는데, 공의 증손인 희청이 조고(祖考)인 승지공의 행장을 가지고 와서 나에게 말하기를 "지금 세상에 우리 할아버지를 가장 잘 아는 분으로는 오직 선생이 살아계신데, 선생께서 또 노년이 되셨으니, 지금 명문을 짓지 않는다면 장차 어떻게 아름다운 덕을 후세에 천양(闡揚)할 수 있겠습니까." 하였다. 나는 적임자가 아니라고 사양하였으나 끝까지 사양하지 못하여 마침내 병을 무릅쓰고 명문을 짓는다. 명은 다음과 같다.

강직하고 강직한 이공이여　　　侃侃李公

27　헌면(軒冕) : 높은 관리가 타는 초헌(軺軒)과 머리에 쓰는 면류관을 뜻하는바, 높은 벼슬이나 이에 따르는 부귀영화를 비유한다.

28　취생몽사(醉生夢死) : 정신이 흐리멍덩하여 죽는 날까지 마치 취몽(醉夢) 중에 있는 것처럼 아무 의미 없이 일생을 보내는 것을 뜻하는 말로, 명도(明道) 정호(程顥)가 "간사하고 허탄하고 요망하고 괴이한 말들이 서로 다투어 일어나서 생민(生民)의 귀와 눈을 가리고 온 천하를 더럽고 혼탁한 데에 빠트리므로, 아무리 고명한 재지(才智)를 소유한 자라도 보고 들은 데에 얽매여서 취생몽사의 지경이 되어 스스로 깨닫지 못한다.〔醉生夢死, 不自覺也.〕"라고 한 데서 온 말이다. 《二程文集 卷12 明道先生行狀》

계통이 왕족에서 나왔네　出自天潢
정조를 만나　遭逢正廟
충성과 현량함을 바쳤네　效厥忠良
정조는 말씀하시기를　正廟曰咨
아, 그대의 함장[29]을 가상히 여기노라　嘉乃含章
세자궁에서 아침저녁으로　朝夕承華
계도함이 크게 드러났네　啓迪孔彰
을미년과 병신년을 만나서　屬時乙丙
세도가 현황이 되었네[30]　世道玄黃
기미를 분별하고 그림자를 살펴서　辨幾察影
소양[31]을 곁에서 도왔네　夾介少陽
궁내의 일을 밖으로 누설하지 않고　內言不出
스스로 거두고 감추었네　用自斂藏
위태로움을 편안함으로 전환하니　轉危爲安

29 함장(含章) : 아름다운 자질을 속에 간직하고 밖으로 표출하지 않는다는 뜻으로, 《주역》 〈곤괘(坤卦) 육삼(六三)〉에 "아름다움을 속에 품고 있어 곧은 덕을 지킬 수 있다. 혹 나라의 일에 종사하여 이룸이 없더라도 끝내는 좋아질 것이다.〔含章可貞, 或從王事, 无成有終.〕"라고 한 데서 온 말이다.

30 을미년과……되었네 : '을미년(1775, 영조51)과 병신년(1776, 정조즉위년)'은 세손인 정조가 외척 세력에 의해 협박을 받으며 가까스로 즉위한 때이고, '현황(玄黃)'은 《주역》 〈곤괘(坤卦) 상륙(上六)〉에 "용이 들에서 싸우니, 그 피가 검고 누렇다.〔龍戰于野, 其血玄黃.〕"라고 보이는데, 싸움으로 인해 검고 누런 피가 사방에 뿌려진 모습을 비유한 것인바, 이 내용은 정조 즉위 때의 어지러운 상황을 묘사한 것이다.

31 소양(少陽) : 소양궁(少陽宮)의 줄임말로, 세자가 거처하는 동궁(東宮)의 별칭이며, 또한 동방(東方)을 가리키는 말이다.

정성이 푸른 하늘을 감동시켰네	誠格穹蒼
군자가 신밀하여	君子愼密
끝내 곧은 절개를 길이 지켰네	乃終永貞
평탄하나 험난하나 절개 변치 않아	夷險一節
성명한 군주에게 지우를 받았네	受知聖明
때에 따라 힘을 기르고 몸을 감추어서	遵養時晦
행실을 가다듬고 명예를 세우니	砥行立名
무엇으로 이것을 이루었는가	何以致此
전심하여 경서를 연구하였기 때문이네	玩心硏經
떳떳한 도가 바루어져 백성들이 흥기하니[32]	經正民興
어찌 선하지 않으리오	何用不臧
이 때문에 명철한 사람들이	所以明哲
휘황하게 두루 비추었네	旁燭煌煌
천구와 운로[33]에서	天衢雲路
벼슬이 크게 진보할 참이었는데	進步將將
하루아침에 세상을 싫어해서	一曙厭世

32 떳떳한……흥기하니 : 이 내용은 《맹자》 〈진심 하(盡心下)〉의 "군자는 떳떳한 도를 회복할 뿐이니, 떳떳한 도가 바루어지면 서민이 선(善)에 흥기하고 서민이 흥기하면 사특함이 없어질 것이다.〔君子反經而已矣. 經正則庶民興, 庶民興, 斯無邪慝矣.〕"라는 구절을 원용한 것이다.

33 천구(天衢)와 운로(雲路) : '천구'는 걸릴 것 없는 공중이라는 뜻으로, 벼슬길이 훤히 트여 있음을 비유하는바, 《주역》 〈대축(大畜) 상구(上九)〉에 "저 하늘 거리이니, 형통하리라.〔何天之衢, 亨.〕"라고 보이는데, 그 〈상전(象傳)〉에 "'저 하늘 거리'라는 말은 도(道)가 크게 행해진다는 것이다."라고 풀이하였다. '운로'는 청운로(靑雲路)와 같은 말로 벼슬길을 뜻한다.

신을 벗듯 바삐 세상을 하직하였네	脫屣其忙
하늘은 어찌 조금 더 수명을 늘려주어	胡不少假
임금을 돕는 것을 끝내게 하지 않았는가	用卒贊襄
은혜로운 윤음이 거듭 내려와	恩綸荐降
공의 후손을 거두어 주고 죽은 공을 돌보았네	收存恤亡
임금님이 옛날을 추억하시니	宸情追舊
더 오래도록 공을 잊지 못하시네	彌久不忘
조정의 신하들을 일일이 선발해보지만	歷選在廷
공에게 필적할 사람이 드물다오	鮮與儔匹
처음 마음이 연하[34]에 있어서	烟霞初心
강호에서 만년을 보내려 하였네	江湖晩節
천사만종[35]의 부귀를	千駟萬鍾
자기 것이 아닌 외물로 여겼네	視以外物
이것이 바로 공이 평소에	是公平生
스스로 마음속에 간직한 것이었으나	中自蘊結
임금님의 특별한 대우에 감동하여	感戴殊遇
차마 곧바로 결별하지 못했네	未忍便訣
옥 같은 하늘과 은 같은 바다에	瑤天銀海
유한이 그치지 않네	遺恨不滅

34 연하(烟霞) : 안개와 노을이라는 말로, 풍광이 뛰어난 산수(山水)나 한적하게 지낼 수 있는 자연을 비유한다.

35 천사만종(千駟萬鍾) : '천사'는 4천 필(匹)의 말 또는 4필의 말이 끄는 천대의 수레이고, '만종'은 많은 녹(祿)인바, 부귀 또는 부귀한 사람을 비유한다.

우뚝한 북두천의 산에	有屹斗岡
그윽한 묘소가 있네	有幽其室
밝고 밝은 구천의 길에	炯炯窮泉
깊고 넓은 혈성이네	濊濊腔血
내 명문이 아첨하지 아니하여	我詞不諛
백세의 후대에 질정할 수 있네	百世是質

응와 윤공 묘지명 병서○병오년

凝窩尹公墓誌銘 幷序○丙午

문간공(文簡公) 지암(止庵) 김 선생(金先生)[36]이 여주(驪州)에서 도학을 강(講)할 적에, 고(故) 동지중추부사(同知中樞府事) 윤공(尹公)이 맨 먼저 사사하여 지성으로 복종하고 섬기니, 당시 문하에 있는 선비들이 매우 많았으나 선생은 홀로 공의 독실함을 인정하였다. 그리고 또 말씀하기를 "세상이 시끄럽고 민심이 혼란한데 친분이 있는 사람들을 묵묵히 분변해보니, 오직 윤군이 가장 믿을 만하다." 하시고는 공의 호를 '응와(凝窩)'라고 지어주었는데, 이는 《중용(中庸)》의 '지덕응도(至德凝道)'[37]의 뜻을 취한 것이다.

공은 종신토록 이것을 가슴 속에 새겼다. 선생의 가화(家禍)가 매우 심하자, 공은 항상 마음이 근심스럽고 슬퍼서 손녀를 선생의 증손에게 시집보내어 그 문호(門戶)를 유지하게 하니, 선생이 공을 가장 신임한 것이 어찌 구차히 그러한 것이었겠는가. 고인(古人)이 말하기를 "죽은

36 문간공(文簡公) 지암(止庵) 김 선생(金先生) : 문간과 지암(止庵)은 김양행(金亮行, 1715~1779)의 시호와 호로, 자는 자정(子靜), 또 다른 호는 여호(驪湖), 본관은 안동이다. 김수항(金壽恒)의 증손이고 민우수(閔遇洙)의 문인으로, 벼슬에 뜻을 두지 않고 오직 학문 연구에 전념하여 성리학을 비롯해 예학과 역학에도 조예가 깊었다. 이조 판서에 추증되었으며, 저서에 《지암집》이 있다.

37 지덕응도(至德凝道) : 《중용장구(中庸章句)》 제27장의 "지극한 덕이 있는 사람이 아니면 지극한 도가 이루어지지 않는다.〔苟不至德, 至道不凝焉.〕"라는 구절을 축약한 말이다.

자가 다시 살아나도 살아있는 자가 부끄러움이 없다."[38]라고 하였는데, 공이 실제로 이러한 면모가 있었다.

공은 휘가 취동(聚東)이고 자가 여오(汝五)이고 관향이 해평(海平)이니, 시조 군정(君正)이 고려 고종(高宗)을 섬겨서 벼슬이 상서 좌복야(尙書左僕射)에 이르렀다. 본조에 들어와서 휘 두수(斗壽)는 해원부원군(海原府院君)이고 시호가 문정공(文靖公)으로, 중흥(中興)의 원훈(元勳)이 되었는데,[39] 문익공(文翼公)인 휘 방(昉)을 낳으니, 2대가 모두 원보(元輔 영의정)가 되었다.

휘 이지(履之)를 낳으니, 판돈녕부사(判敦寧府事)로 시호가 정효공(貞孝公)인데, 이분이 공의 5세조(世祖)이다. 공조 좌랑으로 이조 참의에 추증된 휘 점(坫)과 사복시 정(司僕寺正)에 추증된 휘 세장(世長)

38 죽은……없다 : 춘추 시대 진 헌공(晉獻公)이 임종을 앞두고, 세자 신생(申生)을 폐위하고 여희(驪姬)의 아들인 해제(奚齊)나 탁자(卓子)에게 군위(君位)를 물려주려고 이들의 스승인 순식(荀息)에게 "선비는 어떻게 하면 신의(信義)가 있다고 할 수 있는가?"라고 묻자, 순식이 "설사 죽은 사람이 다시 살아 돌아온다고 해도 산 사람이 자신이 한 말에 부끄러움을 느끼지 않는다면 신의가 있다고 할 수 있을 것입니다.〔使死者反生, 生者不愧乎其言, 則可謂信矣.〕"라고 대답한 데에 보인다. 《春秋公羊傳 僖公 10年》

39 중흥(中興)의 원훈(元勳)이 되었는데 : 윤두수(尹斗壽, 1533~1601)는 1590년(선조23) 명나라에 가서 종계변무(宗系辨誣)한 공으로 광국훈(光國勳) 2등에 녹훈(錄勳)되고 해원군(海原君)에 봉작되었다. 1592년 왜란 때에는 개성으로 어가(御駕)를 호종하여 우의정으로 해원부원군에 봉해졌으며, 1594년에는 광해군을 호종하여 삼도도체찰사(三道都體察使)가 되어 거제에서 왜적을 격파하였다. 이후 관직이 영의정에 오르고 난중에 선조를 호종하고 문안사·원접사·주청사 등에 임명되어 명나라와의 외교를 담당한 공으로 1604년(선조37) 호성 공신(扈聖功臣) 2등에 봉해졌는바, '중흥의 원훈(元勳)'은 윤두수의 이러한 행적을 일컬은 것이다.

과 진사(進士)로 이조 참의에 추증된 휘 수(洙)와 이조 참판에 추증된 휘 득량(得良)은 바로 공의 고조와 증조, 조고와 선친인데, 3대가 추증된 것은 공 때문에 추은(推恩)을 받은 것이었다.

참판공은 지극한 행실이 있었는데 문화 유씨(文化柳氏) 장봉(長鳳)의 따님에게 장가드니, 유씨는 여사(女士)였다. 여러 아들에게 학문을 직접 가르쳤는데, 영조 3년 정미년(1727) 2월 18일에 공을 낳았다.

공은 타고난 자품이 도(道)에 가까워서 어릴 적에 과일을 따다가 부상을 당하고는 다시는 험한 놀이를 하지 않았다. 일찍이 부종(浮腫)을 앓아서 위험한 지경에 이르러 의원들이 모두 손을 쓰지 못하였다. 유씨 부인이 꿈에 한 노인이 금 그릇을 주며 말하기를 "병든 아이에게 이것을 주면 병이 나을 것이니, 근심하지 말라." 하였는데, 다음 날부터 공의 병이 나았다.

수업(授業)을 하자 침잠(沈潛)하여 연구하는 것을 좋아하니 공부를 독려할 필요가 없었고, 장성해서는 더욱 각고의 노력을 기울였으며, 일찍이 공령(功令 과문(科文))을 사절하고 오로지 성리학에 정진하였다. 온양(溫陽)의 온천(溫川)과 환성(歡城 성환(成歡))의 사이에 복거하여 몸을 감추고 편안히 지내며 스스로 수행하였고, 경학(經學)에 힘쓰고 예(禮)를 연구하였는데 거의 침식을 잊고 밤을 새워가며 전심전력으로 공부하였다.

이로부터 훌륭한 명성이 날로 드러나니, 관찰사 홍병찬(洪秉纘) 공이 사문(斯文)에 중망(重望)을 받는다는 명목으로 조정에 천거하여 계묘년(1783)에 정릉 참봉(貞陵參奉)에 제수되었다. 혹자가 벼슬자리에 나오지 말 것을 권하자, 공은 나와서 명에 응하며 말씀하기를 "출세와 은둔은 오직 의(義)를 살펴서 결정하는 것이니, 내가 어찌 명예를 따져서 하겠는가."라고 하였다.

경모궁(景慕宮)의 봉사(奉事), 군자감(軍資監)과 사옹원(司饔院)의 직장(直長), 사복시 주부(司僕寺主簿), 사헌부 감찰(司憲府監察)을 역임하였다. 정미년(1787)에 용인 현령(龍仁縣令)에 제수되었는데, 곤궁한 백성들을 구휼하고 부역을 감면하며 선비에게 시험을 실시하고 강학(講學)을 권면하니, 부임한 지 겨우 3개월 만에 조처한 것이 대부분 이미 볼 만한 성과를 이루었다.

이때 경기도 관찰사가 사적인 감정을 품고 고과(考課)를 하등에 두자, 공은 고향으로 돌아가 은둔하였다. 곤궁하여 한 그릇의 밥과 한 표주박의 음료도 여러 번 걸렀으나, 도에 맛을 들여 절로 여유로웠고 세간의 영욕(榮辱)과 애환(哀歡)을 전혀 마음속에 두지 않았다.

기미년(1799)에 원로를 추중하는 은혜를 입어서 통정대부(通政大夫)의 품계로 오르고 첨지중추(僉知中樞)에 제수되었으며, 병인년(1806)에 팔순으로 가선대부 동지중추(嘉善大夫同知中樞)에 올랐다. 무진년(1808) 7월 2일에 졸하니, 향년이 82세였다. 9월에 장단(長湍)의 오음리(梧陰里) 정좌(丁坐)에 장례하니, 선영을 따른 것이다.

배위인 성주 현씨(星州玄氏)는 약순(若淳)의 따님이니, 공보다 1년 먼저 출생하고 공보다 19년 먼저 별세하여, 연산(連山) 덕목리(德目里) 술좌(戌坐)에 장례하였다. 유순하고 정숙하고 자애로워서 일을 자기 마음대로 처리하는 것이 없었으며, 또한 가산(家産)의 유무를 가지고 남편에게 누를 끼치지 않았다.

딸 하나만 두어 공의 중씨(仲氏)인 휘 태동(台東)의 아들 영렬(英烈)을 데려다가 양자로 삼았고, 딸은 이운원(李運源)에게 출가하였다. 영렬의 아들 치린(致麟)은 지금 괴산 군수(槐山郡守)로 있고, 사위 김

인근(金仁根)은 은일(隱逸)로 벼슬하여 관직이 장령(掌令)이니, 바로 지암(止菴) 선생의 증손자이다. 이운원의 네 아들은 호수(浩秀), 희수(熹秀), 후수(厚秀), 미수(美秀)이고, 두 사위는 박제일(朴齊日), 정해수(鄭海壽)이다. 치린의 세 아들은 기선(冀善), 익선(翼善), 대선(戴善)이고, 김병우(金炳愚)와 민영위(閔泳緯)는 장령의 아들과 사위이다.

공은 효도와 우애가 천성에서 타고나서 양친을 받듦에 뜻을 봉양하는 정성을 지극히 하였고, 거상(居喪)할 적에 혹 상차(喪次)를 떠나게 되면 우거(寓居)하는 곳에 허위(虛位)[40]를 설치하고 아침저녁으로 곡하여 슬프게 사모하는 마음을 폈는데, 이는 공이 의리로 일으켜서[41] 능히 정(情)과 예(禮)에 만족스럽게 한 것이었다. 여러 형을 아버지처럼 섬겼는데, 분가하게 되자 차마 멀리 떠나가지 못하고 항상 왕래하여 매우 다정하게 지냈다.

일찍이 온 집안이 전염병을 만나서 영원(鴒原)[42]의 상(喪)을 거듭 당하여 초상에 위태롭고 불안하였으나, 장례를 잘 경영하여 정(情)과

40 허위(虛位) : 상이 아직 끝나지 않았을 때 다른 곳에서 거처할 경우 그곳으로 신주를 모셔올 수 없으므로 그 대신 임시로 차려 놓는 신주가 없는 신위를 말한다.

41 의리로 일으켜서 : 예문(禮文)에 없는 경우라도 의리에 합당하면 예를 새로이 만드는 것으로, 《예기》 〈예운(禮運)〉에 "예라는 것은 의리의 실제이니, 의리에 합당하면 그 예가 비록 선왕(先王)이 예를 만든 때에 있지 않았더라도 의로써 일으킬 수 있는 것이다.〔可以義起.〕"라고 보인다.

42 영원(鴒原) : 할미새로 형제를 비유하는바, 《시경》 〈소아(小雅) 상체(常棣)〉의 "들판에 있는 할미새처럼 급하고 어려울 땐 형제들이 돕는다네. 늘 좋은 벗이 있다 해도 그저 길게 탄식할 뿐이라오.〔鶺鴒在原, 兄弟急難. 每有良朋, 況也永歎.〕"라는 데에서 유래한 것이다.

예문(禮文)에 유감이 없었으며, 고아가 된 조카와 종증손을 가르치고 길러서 성장하여 자립하게 하였다.

평소 일찍 일어나서 의관을 정제(整齊)하고 책상 앞에 무릎 꿇고 앉아서 밤낮으로 책을 보니, 집안사람들이 감히 소리 내어 웃지 못해서 규문 안이 조정과 같이 정숙하였다. 교우의 도를 중하게 여겨서 남과 교유할 적에 반드시 성신(誠信)을 다하고 간격 없이 진솔하게 지냈으며, 저속한 말을 입 밖으로 내지 않고 흐트러진 모습을 몸으로 보이지 않았다.

남의 선(善)을 보면 자신이 소유한 것처럼 좋아하면서도 잘못을 하면 면전에서 지척(指斥)하니, 좋아하지 않는 사람들도 간혹 있었으나 돌아보지 않았다. 오래 확충하고 수양하여 능히 독실하게 실천하니, 동(動)하고 정(靜)하고 말하고 침묵하는 사이에서 증험해보고 일상생활에서 미루어 보면, 여유작작하여 절로 도리에 어긋남이 없었다.

일찍이 말씀하기를 "나는 재주가 노둔(魯鈍)하다." 하고 남이 한 번에 하면 자신은 백 번에 하는 공력[43]을 써서, 독서할 적에 반드시 자구(字句)마다 연구하고 찾아서 정심(精深)하게 함을 힘쓰고 광박(廣博)하게 함을 힘쓰지 아니하여, 반드시 스스로 터득하고자 하고 옛것에 집착하지 않았다. 그리하여 성명(性命)의 깊은 이치와 전주(箋註)의 분분한 내용과 우리 동방 제현(諸賢)의 논저(論著)를 연찬하지 않음이 없어서 그 귀추(歸趨)를 모두 다 알았다. 이를 통해서 의심스러운 뜻을

43 남이……공력 : 남보다 훨씬 더 많은 노력을 기울이는 공력을 이르는바, 《중용장구》 제20장의 "남이 한 번에 능하거든 나는 백 번에 하며, 남이 열 번에 능하거든 나는 천 번에 한다.〔人一能之, 己百之, 人十能之, 己千之.〕"라는 구절을 원용한 것이다.

차기(箚記)하고 사우(士友)들과 왕복하며 논변해서 털끝만한 부분까지 치밀하게 분석하여 분명히 알 때까지 그치지 않았는데, 자신의 견해만을 고집하지 않아 남의 견해가 옳으면 자기를 버리고 남을 따랐다.

여러 경서(經書)에 공력을 쓰지 않음이 없었으나, 특히 《중용》과 《대학》을 좋아하여 항상 밤마다 돌려가며 외웠다. '미발(未發)'을 논하여 말씀하기를

"정(靜)과 미발은 분별이 있는 듯하니, 대체(大體)를 가지고 말하면 통틀어 '정'이라고 말하나, 자세히 분석하면 미발은 바로 정(靜)한 가운데 고요하여 동하지 않고 밝아서 어둡지 않음을 말한 것이다. 하늘의 명(命)으로 사람이 되면 원초의 미발에는 성인(聖人)과 범인(凡人)이 다르지 않으나, 계신(戒愼)의 공부에 깊고 얕음이 있음으로 말미암아 비로소 현격히 달라져서 중인(衆人)은 하늘이 명(命)한 본성을 보존하지 못하여 미발의 중(中)이 없다."

라고 하였다. 그리고 '명덕(明德)'을 논하여 말씀하기를

"'허령불매(虛靈不昧)' 네 글자가 이미 명덕의 뜻을 충족하고 있는데, 만약 체(體)와 용(用)을 아울러 말하지 않으면 뜻을 자세히 구비하지 못하기 때문에 반드시 여러 이치를 갖추고 만사에 응함을 겸하여 말씀하였다.[44] 후대 유자(儒者)들은 장자(張子 장재(張載))의 '심통성정(心統性情)'이란 말씀에 끌어와 맞추고자 하나, 장자의 이 말씀은

44 명덕(明德)을……말씀하였다 : '허령불매'는 허령하고 어둡지 않은 심체(心體)를 말한 것으로, 《대학》의 '명덕'에 대한 《집주》에 "명덕이란 사람이 하늘에서 얻은 것으로 허령하고 어둡지 않아 여러 이치를 갖추고 만사에 응하는 것이다.〔明德者, 人之所得乎天而虛靈不昧, 以具衆理而應萬事者也.〕"라고 보인다.

명덕을 가리킨 것이 아니다. 율곡(栗谷)의 〈심성도(心性圖)〉에 '정(情)' 자를 제거하고 '심(心)과 성(性)'만 합쳐 말씀한 것이 명백하여 근거할 만하다."

라고 하였으니, 이것은 모두 묵묵히 알고 마음에 통하여 여러 선현들의 말씀을 절충(折衷)한 것이었다.

평소 경세제민(經世濟民)하는 것을 좋아하여 말씀하기를 "정전(井田)은 갑자기 시행하기가 어렵고 오직 한민명전(限民名田)[45]이 고금(古今)에 통행할 수 있는 것이다." 하였다.

공은 당세의 명현들과 두루 사귀었으니, 병계(屛溪),[46] 미호(渼湖),[47] 지암(止菴 김양행), 대재(大齋),[48] 죽암(竹巖)[49]을 높여 섬겼는데 지암에

45 한민명전(限民名田) : 동중서(董仲舒)가 한 무제(漢武帝)에게 청한 제도로, 백성들에게 나누어 주는 농지를 인원수에 따라 일정 토지 이상을 소유하지 못하게 제한하는 정책이다. 《資治通鑑 卷33 漢紀 孝成皇帝》

46 병계(屛溪) : 윤봉구(尹鳳九, 1683~1767)의 호로, 자는 서응(瑞膺), 본관은 파평(坡平), 시호는 문헌(文獻)이다. 유일(遺逸)로 천거되어 벼슬이 공조 판서에 이르렀다. 수암(遂菴) 권상하(權尙夏)의 문인으로 강문팔학사(江門八學士)의 한 사람이다. 남당(南塘) 한원진(韓元震)과 함께 호론(湖論)을 이끌었다.

47 미호(渼湖) : 김원행(金元行, 1702~1772)의 호로, 자는 백춘(伯春), 또 다른 호는 운루(雲樓), 본관은 안동(安東)이다. 당숙인 김숭겸(金崇謙)에게 입양되어 종조부 김창협(金昌協)의 손자가 되었다. 도암(陶菴) 이재(李縡)의 문인으로, 그의 사상은 대체로 김창협의 학설을 답습하여 주리(主理)와 주기(主氣)의 절충적인 입장에 서 있었다. 그의 학통을 이은 제자로는 아들 김이안(金履安)과 박윤원(朴胤源), 오윤상(吳允常), 홍대용(洪大容), 황윤석(黃胤錫) 등이 있다. 시호는 문경(文敬)이며, 문집에 《미호집》이 있다.

48 대재(大齋) : 유언집(兪彦鏶, 1714~1783)의 호로, 자는 사호(士鎬), 본관은 기계(杞溪)이며, 수암 권상하와 도암 이재의 문인이다. 유일(遺逸)로 천거되어 세자시강원

게 의지하였고, 성담(性潭)[50]과 평호(萍湖),[51] 근재(近齋),[52] 동포(東圃)[53] 등은 친구로 삼았는데 근재에게 도움 받은 것이 많았다. 후배들을 지도할 적에 반드시 입지(立志)를 권면하되 먼저 실제를 힘쓰기를 요구하여 말씀하기를 "성실하여 거짓이 없음을 나는 유대재(兪大齋 유언집(兪彦鏶))에게서 보았다."라고 하여, 배우는 자들에게 말씀했을 뿐만 아니라 스스로 힘써서 평생토록 덕을 진전하는 부신(符信)으로 삼았다.

자의(世子侍講院諮議)에 제수되었고 벼슬이 이조 참의에 이르렀다.

49 죽암(竹巖) : 윤득관(尹得觀, 1710~?)의 호로, 자는 사빈(士賓), 본관은 해평(海平)이다. 1738년(영조14) 식년 진사시에 합격하고 교부(敎傅) 벼슬을 지냈다. 기원(杞園) 어유봉(魚有鳳)에게 경전을, 담옹(澹翁) 박창원(朴昌元)에게 시를 배웠다. 젊어서는 성균관에서 시로 이름을 날렸으나, 노년에는 경전에 몰두하였는바, 그의 문집인 《죽암집》에는 예설(禮說)과 복식 제도와 관계된 서찰이 많다.

50 성담(性潭) : 송환기(宋煥箕, 1728~1807)의 호로, 자는 사동(子東), 본관은 은진(恩津), 시호는 문경(文敬)이며 우암 송시열의 5대손이다. 1762년(영조38) 생원시에 합격하고, 벼슬이 예조 참판에 이르렀다. 인물성에 대한 호락(湖洛)의 논쟁 때 남당 한원진의 설을 지지하였다.

51 평호(萍湖) : 이상목(李商穆, 생몰년 미상)의 호로, 자는 경사(敬思), 본관은 전주(全州)이다. 성리학을 공부하기 위해 끝내 관직에 나아가지 않았는데, 김원행은 이상목의 자질을 두고 "기질이 순후(淳厚)하고 아름다우며, 마음을 쓰고 힘을 쓰는 것이 자세하고 확실하다. 내가 사람들을 많이 보아왔지만 이와 같은 사람은 아직 보지 못했다."라고 극찬하였다.

52 근재(近齋) : 박윤원(朴胤源, 1734~1799)의 호로, 자는 영숙(永叔), 시호는 문헌(文獻)이다. 1792년 학행으로 천거되어 선공감역(繕工監役)에 임명되었으나 사퇴하고, 평생 성리학 연구에 전념하여 김창협·이재(李縡)·김원행의 학통을 계승한 적전(嫡傳)이 되었으며, 다시 문하의 매산에게 학통을 전수해 신응조(申應朝)·임헌회(任憲晦) 등으로 이어지는 조선 후기 성리학의 중요한 학파를 형성하였다.

53 동포(東圃) : 인물 정보가 자세하지 않다.

배우는 자들이 공을 거처하는 곳에 따라 '분계 선생(汾溪先生)'이라 칭하였다.

공은 문장을 지을 적에 아름답게 꾸미는 것을 일삼지 않고 조리가 통창(通暢)하기를 힘썼으며, 서독(書牘)에 더욱 뛰어났다. 여러 경서에 모두 질서(疾書)[54]가 있었으나 대부분 산일(散佚)되었고, 《용학집설(庸學集說)》과 《상제례휘고(喪祭禮彙考)》와 시문(詩文)이 집안에 보관되어 있다.

아! 공은 성품이 엄격하고 뜻이 확고하였으며 기운이 안정되고 말씀이 엄숙하였다. 소싯적에는 성품이 조급하였으나 노년에 이르러서는 부드럽고 자애롭게 변하여 얼굴빛과 웃음이 온화하였으니, 도가 있는 군자임을 알 수 있었다. 일찍부터 사우(師友)의 보익(補益)을 받아서 문로(門路)가 순정(醇正)하였고, 말년에는 존양(存養)의 공력을 축적하여 고명(高明)한 학문을 성취하였다.

정신이 쇠하지 않아 덕을 진전하고 업을 닦음이 더욱 뛰어나서 남은 세월이 부족함을 거의 알지 못했으니, 이는 독실하게 믿으면서도 배우기를 좋아하고 죽음으로 지키면서도 도를 잘하는 자[55]에게 부끄러울

54 질서(疾書) : 책을 읽거나 무엇을 생각하다가 어떤 생각이 떠오를 경우 이것을 잊기 전에 빨리 적어두는 것을 이른다. 북송의 학자인 횡거 장재는 밤에 잠자리에 들었다가도 의리에 대해 새로 깨달은 것이 있으면 즉시 일어나서 기록하곤 하였는데, 주자가 지은 〈횡거선생찬(橫渠先生贊)〉에 "정밀하게 사색하고 힘껏 실천하며, 묘하게 계합하는 것이 있으면 바로 기록하였네.〔精思力踐, 妙契疾書.〕"라고 보인다. 《朱子大全 卷85 六先生畫像贊》

55 독실하게……자 : 이 내용은 《논어》 〈태백(泰伯)〉에 보이는바, 성인의 가르침을 돈독하게 믿으면서도 배우기를 좋아하며 죽기를 각오하고 지키면서도 올바른 길을 찾아간다는 뜻이다.

것이 없는 점이다. 지조를 굽혀 녹사(祿仕)를 하고 이로써 자신을 숨겨서 자신과 세상을 모두 잊어 하늘을 원망하고 사람을 탓하는 바가 없으니, 세상 사람들은 혹 공이 현자(賢者)들과 함께 등용되어 온축한 바를 펴지 못한 것을 서글퍼하고 애석해 한다. 그러나 고인(古人)이 이르기를 "나를 아는 자가 드물다."[56]라고 하였다. 나는 공이 남에게 자신을 알아주기를 바라지 않아서 다른 사람들이 공을 위하여 귀함을 이루어준 것을 귀하게 여기니, 이것이 공이 된 이유일 것이다.

옛날 우리 조고(祖考)이신 목사공(牧使公 홍선양(洪善養))이 성품이 염정(恬靜)하여 교유(交遊)하는 분이 적었으나 유독 공과는 서로 덕과 의리로 믿었으니, 다만 동갑의 정의(情誼)와 동료의 인연 때문만은 아니었다. 내가 일찍이 공의 문하에 들어가 보고 감동하여 가르침을 청하자, 공은 옛 친구의 어린 손자라 하여 특별히 위로하여 어루만져주셨으니, 그때 가르쳐 주신 것이 귀에 가득하다. 비록 내가 이것을 전하여 익히지 못했으나, 또한 어찌 차마 잊겠는가.

공의 사손(嗣孫)인 군수군(郡守君)이 공의 덕행을 기록하여 나에게 주면서 말하기를 "우리 할아버지 묘소에 아직도 묘지명이 없는데, 세상에 덕을 아는 분이 없습니다. 만약 덕을 아는 분에게 나아가서 부탁하고자 한다면 그대 외에 누가 있겠습니까."라고 하였다. 나는 머뭇거리며 감히 감당하지 못했는데, 거듭 간청해 마지않으니, 어찌 끝내

56 나를……드물다 : 이 내용은《노자》제70장에 "나를 아는 자가 드물면 내가 귀해진다. 그러므로 성인은 갈옷을 입고 보옥을 품는다.〔知我者希, 則我者貴. 是以聖人被褐懷玉.〕"라고 보이는바, 재덕(才德)을 지닌 채 세상에 알려지지 않은 인재들을 비유하는데 쓰이는 말이다.

사양해서 돌아가신 분을 거듭 저버릴 수 있겠는가. 다음과 같이 명을 짓는다.

위의가 훌륭한 윤공이여	棣棣尹公
참으로 큰 선비였네	允矣弘儒
몸과 정신이 깨끗하니	形神淸瑩
산택에 거주하며 야위었네[57]	山澤之癯
기국이 비범하게 높으니	氣宇竦峭
소나무와 대나무처럼 곧았네	松筠之貞
일찍 스스로 과거 공부를 그만두어	蚤自停身
성인의 도를 과정으로 삼았네	聖門是程
도가 있는 분에게 나아가 바로잡아서	就正有道
명과 성[58]에 뜻을 다하였네	竭志明誠

57 산택에 거주하며 야위었네 : 벼슬을 마다하고 은거한 선비를 말하는바, 《한서(漢書)》 〈사마상여전 하(司馬相如傳下)〉의 "산택에 거하는 신선 같은 유자들은 모습이 매우 야위어서 제왕이 기대하는 신선이 아니다.〔列仙之儒居山澤間, 形容甚臞, 此非帝王之仙意也.〕"라는 구절에서 원용한 것이다.

58 명(明)과 성(誠) : 사리를 분명히 아는 것을 '명'이라 하고, 마음에 거짓이 없고 지극히 진실한 상태를 '성'이라 하는바, 성현의 경지에 이르기 위한 지(知) 공부와 행(行) 공부를 이른다. 《중용장구》 제21장에 천도(天道)와 인도(人道)를 설명하면서 "성실함으로 말미암아 밝아지는 것을 성(性)이라 하고 밝아짐으로 말미암아 성실해지는 것을 교(教)라 하니, 성실하면 밝아지고 밝아지면 성실하게 된다.〔自誠明, 謂之性; 自明誠, 謂之教, 誠則明矣, 明則誠矣.〕" 하였는데, 성(性)은 배우지 않고 본성대로 하는 것으로 천도인 성인(聖人)을 이르고, 교(教)는 가르침을 받아야 비로소 선행을 하는 인도의 현인(賢人)을 이른다.

인연에 따라 녹사로 은둔하니	隨緣祿隱
행적은 굽혔으나 도는 형통하였네	跡屈道亨
은거하고자 한 초년의 뜻을 급히 이루어	亟遂初服
예법을 행하고 경서를 연구하였네	服禮硏經
광대한 참된 즐거움으로	陶陶眞樂
자신의 성령을 길렀다오	養我性靈
광악산은 높고	廣嶽岧嶢
분수는 깨끗하네	汾水淸泠
이곳에서 은둔하여 도를 이루니	遵晦凝道
명성이 드러나지 않겠는가	不顯其名
높고 밝아 영종하니	高朗令終
이치를 매우 밝게 분간해서였네[59]	有融昭明
연세는 구순 가까이 이르렀고	壽躋九耋
직위는 참판에 올랐으며	位班貳卿
훌륭한 손자와 증손이	有美孫曾
능히 전형을 이어가니	克紹典型
하늘이 공의 베풂에 보답해서	惟天報施
끝없이 계도하고 보우한 것이네	啓佑無疆
삼달[60]의 기운이 불후하여	三達不朽

59 높고……분간해서였네 : '영종(令終)'은 '마침을 잘함'의 의미로, 좋은 명성을 남기고 편안히 죽는 것을 이르는바, 이 표현은 《시경》 〈대아(大雅) 기취(旣醉)〉의 "이치를 매우 밝게 분간하니 고명하여 영종하리로다.〔昭明有融, 高朗令終.〕"라는 말을 원용한 것이다.

60 삼달(三達) : 삼달존(三達尊)으로, 사람들이 공통적으로 높이는 세 가지인 관작

백세에 훌륭한 빛을 남기네	百世流光
내가 정직한 말로 명문을 지어	矢辭于銘
경건히 묘소에 올리노라	虔薦玄堂
찬란한 군자여	有斐君子
끝내 잊을 수 없네	終不可忘

〔爵〕, 연치〔齒〕, 덕망(德望)을 가리키는바, 《맹자》 〈공손추 하(公孫丑下)〉에 "천하에 공통으로 높이는 것이 세 가지가 있으니 관작과 연치와 덕망이다. 조정에서는 관작보다 더 높은 것이 없고, 거주하는 지방에서는 연치보다 더 높은 것이 없고, 세상을 돕고 백성을 다스림에는 덕망보다 더 높은 것이 없다."라고 보인다.

연재 이공 묘지명 병서○병오년

衍齋李公墓誌銘 幷序○丙午

내가 젊은 나이에 근재(近齋) 박윤원(朴胤源) 선생을 사사하였는데, 선생은 은둔하여 덕을 길러서 문도(門徒)를 가르치는 것을 좋아하지 않으셨다. 내가 일찍이 문하의 선비 중에 더불어 배울 만한 자를 묻자, 선생은 말씀하시기를 "나의 내종매(內從妹)의 아들인 이승연(李升淵) 군이 여러 경서를 자기 말처럼 외고 자기 몸을 처자(處子)를 지키듯이 하니, 내가 기대하고 바라는 바가 매우 크다."라고 하시니, 나는 진실로 이때 공을 묵묵히 인정하였다.

하루는 공이 선생의 집을 찾아왔는데, 서로 보고서 마음에 거슬림이 없으니,[61] 더욱더 선생이 칭찬하고 장려한 것이 구차히 그러했던 것이 아님을 믿게 되었다. 공의 상을 당하자 내가 제문을 지어서 슬픈 정을 폈는데, 공의 두 아드님이 또다시 묘지명을 청하였다. 두 아드님은 솔선수범하시는 공의 가르침을 익혀서 편안하고 검약하게 지조를 지키니, 그 말이 더욱 믿을 만하였다. 마침내 행장을 살펴보고서 다음과

61 서로……없으니 : 원문은 '상시막역(相視莫逆)'으로, 《장자(莊子)》〈대종사(大宗師)〉의 "자사(子祀), 자여(子輿), 자리(子犁), 자래(子來) 네 사람이 함께 얘기하기를 '없음을 머리로 삼고 삶을 등뼈로 삼고 죽음을 꽁무니로 삼을 자가 누구일까? 누가 죽음과 삶, 존재와 소멸이 한 몸이라는 것을 알 수 있을까? 그러한 사람이 있다면 내가 그와 더불어 벗을 하리라.' 하였다. 네 사람이 서로를 보고 웃고서 마음에 거슬림이 없으니, 마침내 서로 벗이 되었다.〔四人相視而笑, 莫逆於心, 遂相與爲友.〕"라는 말에서 유래하였다.

같이 서술한다.

공은 자가 문계(文階)이고 처음 휘는 뇌연(雷淵)이니, 일찍이 응제(應製)를 받아서 대궐에 들어가 임금을 뵈었는데, 정조께서 개명(改名)할 뜻을 은미하게 보이시니, 바꾼 것이 바로 지금의 휘이다. 공은 계통이 선원(璿源)에서 나왔으니, 세종의 별자(別子)인 광평대군(廣平大君) 휘 여(璵)가 시조로, 종친(宗親)[62]이 다하였는데도 벼슬이 대대로 이어졌다.

임천 군수(林川郡守) 휘 담(湛)과 돈녕 도정(敦寧都正)으로 이조 참의에 추증된 휘 현윤(顯允)과 영평 현령(永平縣令)으로 이조 참판에 추증된 휘 입중(立中)과 군위 현감(軍威縣監) 휘 의화(義和)는 바로 공의 4대조이다. 현감공이 기계 유씨(杞溪兪氏)에게 장가드니, 통덕랑 언공(彦公)의 손녀이고, 장헌공(章憲公) 명홍(命弘)의 증손녀이며, 농암(農巖) 김문간공(金文簡公) 창협(昌協)이 그 외조부이시다.

공은 총명하고 지혜로운 자품을 타고나서 겨우 5세에 부모가 시험 삼아 "비의 다리가 몇 개인고?" 하고 묻자, 뜰에 내려가서 처마의 낙숫물을 세어서 대답하였다. 장성하자, 간재(艮齋) 홍의영(洪儀泳) 공[63]

62 종친(宗親) : 임금의 4대손까지의 친족을 이르는바, 5대손부터는 종친에서 제외된다. 임금의 4대손까지는 종친으로서의 명예직인 군(君), 정(正), 수(守), 영(令) 등의 관작이나 종정경(宗正卿) 등 종친부(宗親府)의 관직에만 임명될 뿐이다. 5대손부터는 일반 양반과 마찬가지로 정무직(政務職)을 비롯한 여러 실직(實職)에서 벼슬할 수 있다.

63 간재(艮齋) 홍의영(洪儀泳) 공 : 간재는 홍의영(1750~1815)의 호로, 자는 정칙(正則), 본관은 남양(南陽)이다. 1783년(정조7) 증광문과에 급제하고 북평사(北評事)·교리 등을 지냈다. 가화(家禍)로 인해 벼슬길에 나가는 것을 단념하고 글씨에 정성을 기울여 행서와 초서에 뛰어났다. 저서에 《북관기사(北關記事)》, 《성학집요삼십삼찬

에게 수학하였고, 근재(近齋)에게 찾아가서 질정하여 사우들에게 추중(推重)을 받았다. 임자년(1792)에 사마시에 합격하고 갑자년(1804)에 익릉 참봉(翼陵參奉)에 제수되었으나 돌아가신 모친의 길제(吉祭) 전이라 하여 취임하지 않았다.

경오년(1810)에 제릉 참봉(齊陵參奉)에 제수되었다가 의금부 도사와 종묘서 직장(宗廟署直長)으로 승진하고, 상의원 별제(尙衣院別提)와 장악원 주부(掌樂院主簿)로 전직하였다. 다시 의금부 도사에 제수되었다가 호조 좌랑과 영희전 영(永禧殿令)과 남부 영(南部令)과 장영전 영(長寧殿令)과 전생서 판관(典牲署判官)으로 옮겼다.

정축년(1817)에 목천 현감(木川縣監)으로 나가니, 고을이 가난하고 아전들이 곤궁해서 창고에 저장한 곡식이 없었다. 공은 조처를 잘하여 부들 채찍[64]을 사용하는 노고도 들이지 않고 누적된 포흠(逋欠)으로 비었던 곳간을 완전하게 채웠고, 세금은 기일이 되기 전에 거두었으며, 옛것을 수리하고 폐지된 것을 일으켜서 온갖 일이 모두 바르게 되었다. 가뭄을 만나 기우제를 지낼 때마다 번번이 신령한 감응이 있자, 이웃 고을의 백성들이 모두 그 정성에 감복하여 자기 관아에 아뢰어서 목천(木川)을 본받아 기도할 것을 청하였다. 재임한 지 4년 만에 정사가 깨끗하고 송사(訟事)가 줄어들었으며 명령이 행해지고 금하는 것이 그쳐졌으며, 간악(奸惡)한 것을 다스리고 완악(頑惡)한 것을 징계해서

(聖學輯要三十三贊)》이 있다.

64 부들 채찍 : 때려도 아프지 않는 부들 가지로 만든 채찍을 말한다. 후한(後漢)의 유관(劉寬)이 남양 태수(南陽太守)가 되었는데, 관리와 백성들이 잘못을 저지르더라도 형벌 대신에 부들 채찍으로 다스려서 스스로 부끄러움을 느끼게 하여 감화시켰다. 《後漢書 卷55 劉寬列傳》

사악한 자들을 스스로 숨죽이고 살게 하였다. 그리고 관서(官署)를 다시 짓고 마을의 많은 부역을 개혁하니, 관찰사가 공평하고 사사로움이 없다고 칭찬하기까지 하였다.

이웃 고을에 의심스러운 옥사가 있어 오랫동안 해결하지 못하였는데, 관찰사가 공에게 심리(審理)를 맡기자 실증(實證)을 확보하여 억울함을 갚아주니, 모든 사람들이 신명(神明)하다고 칭찬하였다.

현(縣) 안에는 공의 일가친척이 많았다. 부임한 뒤에 이들과 더불어 한 차례 잔치하여 술을 마셨고 세시(歲時)의 명절(名節) 때면 번번이 선물을 보냈는데, 자기의 집무실에 출입하지 말 것을 약속하였다. 외갓집의 선영이 목천현 안에 있으니, 그 생신날이 되면 큰 제사를 진설하여 성묘를 했는데, 매년 지내는 것을 원칙으로 하였다. 외고조인 장헌공(章憲公)의 묘소에는 생전에 타시던 가마가 있었는데, 공이 다시 수리하기 위하여 관아로 수송해 왔다. 그런데 다음 날 가마를 매달았던 곳이 갑자기 무너졌으니, 또한 기이한 일이다.

내외의 관직에 있을 적에 일찍이 털끝만큼도 법을 어기지 않았고, 집안 식구들에게 경계하기를 "관청의 일은 사람에게 달려 있으니, 뜻이 맞지 않으면 떠나간다." 하였다. 끝내 강직하여 흔들리지 않음으로 인해서 관찰사에게 미움을 받게 되자 공이 조용히 사직하여 체직되니, 아전과 백성들이 떠나가는 것을 애석히 여겼고 오래 지나도록 더욱 그리워하였다.

계미년(1823)에 장인(匠人)을 감독한 공로로 인하여 병술년(1826)에 장악원과 사옹원의 주부(主簿)에 제수되었고, 정해년(1827)에 군자감 판관(軍資監判官)에 제수되니, 이해는 바로 공의 회갑이었다. 회갑 날에 제문을 가지고 어버이 묘에 슬픔을 고하자, 집안사람들이 감히

"오늘이 회갑 날입니다."라고 말하지 못하였으니, 마땅히 비통함이 배(倍)가 되기 때문이었다.[65]

유씨(兪氏) 부인이 어린 자식을 잃고 슬퍼하자, 공은 곁을 떠나지 않고서 얼굴빛을 자세히 살펴보고 밤이면 반드시 얼굴을 매만져 눈물이 흘렀는가를 검사하였으니, 효성을 천성으로 타고남이 어릴 때부터 이미 이러하였다. 매번 좋은 문장을 읽으면 번번이 언해(諺解)로 해석하여 어머니에게 들려드렸다. 그러다가 상을 당하였는데, 매번 병환이 들었던 날이 되면 휘일(諱日)과 똑같이 슬퍼하였다. 그리고 기년(期年)에 영좌(靈座)를 철거하고는 아침저녁에 상식(上食)으로 올리는 쌀을 모아 삭망(朔望)의 제물을 갖추고서 마침내 이후에도 폐하지 말라고 명하니, 상생(象生)을 하는 끝없는 효심(孝心)[66]에 사람들이 탄복하였다.

헌간공이 중풍이 들어 몸이 마비된 지 8년 만에 집안에 남은 재물이

65 회갑 날에……때문이었다 : 회갑이 되었으나 부모가 살아계시지 않으므로 이날을 당하면 마음이 더욱 서글퍼서 차마 잔치하고 즐길 수 없음을 말한 것이다. 《이정유서(二程遺書)》 권6에 "부모가 살아 계시지 않는 사람은 자신의 생일에 슬픔이 배나 심하니, 다시 어찌 차마 술자리를 베풀고 풍악을 울려 즐거워할 수 있겠는가. 만약 부모가 모두 살아 계시다면 잔치를 열어도 괜찮다.〔人無父母, 生日當倍悲痛, 更安忍置酒張樂以爲樂? 若具慶者可矣.〕"라고 보인다. 이것은 이천(伊川) 정이(程頤)의 말인데, 《소학》 〈가언(嘉言)〉에도 실려 있다.

66 상생(象生)을……효심(孝心) : '상생'은 궤연(几筵)을 이르는데 망자가 살아생전에 사용했던 기물들을 진열하여 살아있을 때를 그대로 본뜬다 하여 붙여진 이름이고, 원문의 '불궤(不匱)'는 다함이 없다는 뜻으로 지극한 효성을 의미하는바, 모친이 죽은 이후에도 살아있을 때처럼 효심이 다하지 않고 이어졌음을 표현한 것이다. 《通典 卷49 時享薦新附》 《詩經 大雅 旣醉》

없었으나 맛있는 음식을 지극히 공양하였으며, 전후(前後)로 부친과 모친의 상(喪)을 치를 적에 이척(易戚)[67]을 모두 구비하였다. 양친의 회갑 때 국상(國喪)과 관청의 재앙을 만나 술잔을 들어 축수(祝壽)하지 못한 것을 종신(終身)의 한으로 삼았다. 중부(仲父)인 동추공(同樞公)의 회갑 때에는 옷을 새로 만들고 음식을 장만하고는 친척들을 모아서 집안에서 잔치를 하였는데, 장만하는 어려움을 알지 못하게 하였으니, 이는 부모에 대한 효성을 미루어 넓힌 것이다.

두 매씨(妹氏)와 우애가 매우 돈독해서 매번 선대의 법을 외고 서로 경계하기를 "부모가 돌아가셔서 의지하고 찾아갈 곳이 없다. 원컨대 우리 세 사람이 만일 숨이 붙어 있으면 마땅히 차례로 죽을 것이니, 먼저 죽는 사람은 저절로 아무것도 모르겠지만 뒤에 있는 자가 어찌 차마 그냥 내버려둘 수 있겠는가." 하였다. 그리고 큰 매씨(妹氏)가 자식이 없는 것을 가엽게 여겨서 비록 하찮은 물건이라도 반드시 나누어 주어 많이 윤택해지게 하였다. 과부이던 막내 누이가 남편의 상에 순절하자, 고아가 된 생질을 자기의 소생처럼 가르쳐 길렀고, 정려문(旌閭門)을 미처 보지 못한 것을 지극히 애통해 하였다.

공의 백씨(伯氏) 내외가 모두 일찍 죽고 후손이 없자, 현감공이 종중(宗中) 사람들에게 물어서 공을 후사로 삼았으나, 공은 제사를 주관하여 축(祝)을 읽을 적에 '효(孝)' 자를 쓰지 않았으니, 비록 예(禮)에

67 이척(易戚) : 상례(喪禮)에 있어서 '이(易)'는 예법에 따라 형식적으로 잘 치르는 것을 이르고 '척(戚)'은 슬퍼하는 마음이 가득한 것을 이르는바, 《논어》 〈팔일(八佾)〉의 "상례는 형식적으로 잘 치르기보다는 차라리 슬퍼하는 마음이 가득해야 한다.〔喪與其易也, 寧戚.〕"는 공자의 말씀에서 유래한 것이다.

지나친 일이지만 또한 종통(宗統)을 중하게 여겼음을 볼 수 있다.

공은 순조(純祖) 기축년(1829) 4월 26일에 별세하니, 출생한 정해년(1767)으로부터 헤아려보면 63세가 된다. 처음 과천(果川) 반포리(盤浦里)에 장례하였다가 무술년(1838) 11월 4일에 용인(龍仁) 기일면(器日面) 지일리(遲日里) 묘좌(卯坐)로 이장하였다.

배위인 반남 박씨(潘南朴氏)는 생원(生員) 사영(師永)의 따님이니, 2남 1녀를 낳았다. 아들은 인행(寅行), 인영(寅寧)이고, 딸은 홍직주(洪稷周)에게 출가하였다. 준하(俊夏)는 장방(長房 큰 아들)의 소생이고, 예하(禮夏)와 김기수(金夔秀)의 아내와 아직 시집가지 않은 딸은 차방(次房 작은 아들)의 소생이다.

공은 타고난 자품이 도(道)에 가깝고 게다가 학문을 좋아하였으며, 집안에서 효도하고 우애하여 은혜와 의리를 능히 돈독히 하였고, 관청에서 교화를 이룰 적에 실로 위엄과 사랑을 겸하였다. 또 은거하여 지조를 지키면서 자신을 수양하고 당세에 영합(迎合)하기를 구하지 않아서 세상에 공을 아는 자가 적으니, 이것이 바로 공이 훌륭한 분이 되는 이유인 것이다.

평소 예서(禮書) 읽기를 좋아하였는데, 말년에는 복희씨의 《주역》을 좋아하여 수괘(需卦)의 '연(衍)' 자[68]를 얻어 서재에 편액하고는 이를 자호(自號)로 삼고 나에게 기문(記文)을 요청하며 말하기를 "나는 '연(衍)' 자로 처세하겠다." 하였다. 또 《논어》에 "유익함이 없으니,

68 수괘(需卦)의 연(衍)자 : 《주역》 〈수괘 구이(九二) 상(象)〉에 "모래에서 기다림은 너그러움으로 중(中)에 있기 때문이니, 비록 다소의 말이 있으나 길함으로 마치리라.〔需于沙, 衍, 在中也, 雖小有言, 以吉, 終也.〕"라고 한 데에 보인다.

배우는 것만 못하다. 이것이 나의 근심이다."[69]라는 한 구를 취하여 자리 오른쪽에 써 붙이고는 스스로 경계하고 아들을 가르쳤다.

문장은 경학(經學)을 근본으로 삼아 후세에 전할 만한 것이 많았는데, 선대의 문헌이 모두 일실(逸失)되었다는 이유로 문집을 정리해서 보관하지 않았다. 옛날에 이른바 '행실을 갈고닦고 명예를 세운 선비는 염치를 알고 예와 겸양을 닦아서 구차하게 얻는 것을 이롭게 여기지 않고 구차하게 남을 따라 부화뇌동하지 아니하여, 오직 의리에 따라 처신한다. 이 때문에 이러한 사람은 얻기가 매우 어렵고, 얻는다면 매우 소중히 여길 만하다."라고 했으니, 공이 여기에 딱 맞는 분이 아니겠는가. 이 때문에 묘지명을 지을 만한 것이다. 명은 다음과 같다.

이분이 수양하기를 좋아하여	曰若人之好修兮
선철들이 남긴 가르침을 사모하였네	慕往哲之遺敎
육경을 외워 스스로 기뻐하여	誦六籍而自怡悅兮
말과 행실을 돌아보니 독실한 군자였네[70]	顧言行其慥慥
벼슬과 학문을 함에 모두 여력이 있었으니[71]	繄仕學之相優兮

69 유익함이……근심이다 : 이 내용은 《논어》 〈위령공(魏靈公)〉의 "나는 하루 종일 먹지 않고 밤새도록 자지 않고 생각해 보았으나 모두 유익함이 없었으니, 배우는 것만 못하다.〔吾嘗終日不食, 終夜不寢以思, 無益, 不如學也.〕"라는 말과 〈술이(述而)〉의 "덕이 닦이지 못함과 학문이 강습되지 못함과 의를 듣고 옮겨가지 못함과 불선을 고치지 못하는 것이 바로 나의 걱정거리이다.〔德之不修、學之不講、聞義不能徙、不善不能改, 是吾憂也.〕"라고 보이는데, 매산은 이 두 구를 합하여 한 구라고 한 것으로 보인다.

70 말과……군자였네 : 이 내용은 《중용장구》 제13장의 "말할 때는 행할 것을 돌아보고 행할 때는 말을 돌아보니, 군자가 어찌 독실하지 않겠는가.〔言顧行, 行顧言, 君子胡不慥慥爾?〕"라는 구절을 원용한 표현이다.

뜻이 따뜻하게 입고 배불리 먹는 데 있지 않았네　　志不存乎溫飽

목천 지방에 따뜻한 봄을 펴서[72]　　布陽春於百里兮

울부짖는 백성에게 웃음을 돌려주었네　　回號咷而爲笑

슬프게도 시운을 만나지 못하여　　哀時命之不遘兮

난봉이 탱자나무와 가시나무에 깃들어 있었네[73]　　棲鸞鳳於枳棘

홀로 깨끗하고 꼿꼿하여 세속을 따르지 않으니　　獨耿介而不隨俗兮

어찌 자신의 법도를 고치려고 했겠는가　　夫安肯改錯其繩墨

오직 편남이 구름을 가릴 정도로 컸는데도　　惟楩枏其蔽雲兮

일찍이 장석에게 팔리지 못하였네[74]　　曾不售乎匠石

71 벼슬과……있었으니 : 주인공이 벼슬하면서 여력이 있으면 부지런히 학문을 하고 학문을 하면서 여력이 있으면 벼슬을 하여 벼슬과 학문을 더욱 유익하게 하였다는 말로, 《논어》 〈자장(子張)〉의 "벼슬을 하면서 여력이 있으면 학문을 하고, 학문을 하면서 여력이 있으면 벼슬한다.〔仕而優則學, 學而優則仕.〕"는 구절을 원용한 것이다.

72 따뜻한 봄을 펴서 : 수령으로 선정(善政)을 베푼 것을 이른다. 당나라의 명재상인 송경(宋璟)이 일찍이 태수(太守)가 되어 백성들을 사랑하고 아끼자, 당시 사람들이 "다리가 달려 있어 돌아다니는 봄이다."라고 하여 '유각양춘(有脚陽春)'이라고 부른 고사를 원용한 것이다.

73 난봉(鸞鳳)이……있었네 : 현사(賢士)가 낮은 관직에 몸담고 있음을 비유한 말이다. 후한(後漢) 때 고성 영(考城令) 왕환(王渙)이 엄한 정사를 숭상하다가, 그 고을 포(蒲)의 정장(亭長)인 구람(仇覽)이 덕으로 사람을 교화시킨다는 말을 듣고, 그를 주부(主簿)로 삼고서 말하기를 "주부는 진원(陳元)이라는 사람의 죄를 듣고서 법으로 엄벌하지 않고 그를 교화시켰다 하던데, 매와 같은 맹렬한 뜻이 부족한 것이 아닌가?" 하였다. 구람이 말하기를 "응전은 난봉만 못합니다." 하므로, 왕환이 사과하고 그를 보내면서 "가시나무는 난봉이 깃들 곳이 아니니, 백 리 고을이 어찌 대현이 있을 곳이리오.〔枳棘非鸞鳳所棲, 百里豈大賢之路?〕"라고 했던 데서 유래하였다. 《後漢書 卷106 循吏列傳 仇覽》

74 오직……못하였네 : '편남(楩枏)'은 좋은 재목감이 되는 편나무와 녹나무이고 '장

옥돌은 본래 단단하고 옥은 본래 질박한데	碝自脛而玉自璞兮
누가 믿고 닦아서 이름을 이룰까	孰信修而成名
세속의 때에 물들지 않았으니	不獲世之滋垢兮
내가 홀로 청렴하고 곧은 생애를 기술하노라	吾獨述其廉貞

석(匠石)'은 좋은 돌이나 훌륭한 재목을 알아보고 재단하여 쓰는 노련한 장인인바, 편남이 크게 자라 구름을 가릴 정도로 훌륭한 재목이 되었으나 알아봐주는 장석이 없어서 쓰이지 않았다는 말로, 주인공이 크게 쓰이지 못하고 작은 벼슬만 했던 것을 빗대었다.

송도 나공 묘지명 병서○병오년

松島羅公墓誌銘 并序○丙午

옛날 장릉(長陵 인조(仁祖))의 세대에 국가가 거듭 큰 난리를 치렀는데, 나해륜(羅海崙) 공이 두 번이나 창의(倡義)해서 피로 얼굴을 적시고 하늘에 맹세하고는 몸을 돌아보지 않고 분발하여 군주의 위급함에 달려갔다. 비록 난리가 평정되어 흉도(凶徒)가 해산하고 화의(和議)가 이루어져 퇴각함으로써 당대에 공렬(功烈)을 이루지 못했으나, 하늘과 땅이 뒤바뀐 것[75]을 애통해하여 스스로 종신토록 지조를 지킴을 달게 여기고 늠름하게 바다로 뛰어드는 기풍[76]이 있었다. 공이 이처럼 꿋꿋이 지켰던 일은 천하와 후세에 드러낼 만하니, 어찌 거룩하지 않겠는가.

75 하늘과……것 : 중화의 명나라가 망하고 오랑캐의 청나라가 천하를 차지한 엄청난 변혁을 비유한 말이다.

76 바다로 뛰어드는 기풍 : 절개를 지키기 위하여 바다로 뛰어들어 죽는 기풍을 이른다. 전국 시대 제(齊)나라의 고사(高士)인 노중련(魯仲連)이 뛰어난 재주를 지녔으나 얽매여 사는 것을 싫어하여 벼슬하지 않고 조(趙)나라에 은거하고 있었다. 이 사이에 진(秦)나라가 조나라를 공격하여 수도 한단(邯鄲)을 포위하자, 여러 제후들이 진나라를 두려워하여 감히 조나라를 구원하지 못하였다. 위(魏)나라의 안희왕(安釐王)이 조나라를 구원하고자 하였으나 진나라의 위협을 두려워하여 출군하지 못하고, 신원연(新垣衍)이라는 변사(辯士)를 조나라에 보내 진나라 임금을 황제로 섬기면 포위를 풀 것이라는 계책을 말하게 하였는데, 이 말을 들은 노중련이 "포악한 진나라가 방자하게 황제를 칭한다면 나는 차라리 동해에 빠져 죽겠다."라는 뜻을 밝힌 고사에서 온 말이다. 《史記 卷83 魯仲連鄒陽列傳》

공은 자가 응숙(應淑)이고 호가 송도(松島)이고 계통이 나주(羅州)에서 나왔으니, 고려조의 감문위(監門衛) 상장군(上將軍) 휘 부(富)를 시조로 삼는다. 조선조에 휘 진(璡)이 있었으니, 호조 판서에 제수되었으나 의리를 높여 벼슬하지 않았다. 고조 일손(逸孫)은 기묘사화(己卯士禍)의 명현(名賢)이고, 증조 창(昶)은 한림(翰林)이고, 조고 사음(士愔)은 주부(主簿)이고, 선고(先考) 덕겸(德謙)은 참의(參議)에 추증되었다. 참의공은 충렬공(忠烈公) 덕헌(德憲)[77]과 실로 종부형제(從父兄弟)가 되고, 선비 풍산 홍씨(豐山洪氏)는 참봉(參奉) 한신(漢信)의 따님이다.

공은 모습이 아주 기특하고 비범하였으며, 문장이 일찍 성취되어서 수은(睡隱) 강항(姜沆) 공에게 수학(受學)하여 깊이 인정을 받았다. 15세에 정유재란(丁酉再亂)을 당하여 공이 두 어버이를 모시고 덕룡산(德龍山) 속에 숨었는데, 참의공이 학질(瘧疾)을 앓아서 소간을 먹고 싶어 하였다. 공이 밤길로 옛집에 돌아가서 송아지를 끌고 오다가 왜적을 만나 붙잡히자, 공이 꾸짖기를 "내가 어버이 병환을 위해서 위험을 무릅쓰고 여기까지 왔으니, 누군들 부모가 없겠는가. 나를 해치지 말라." 하니, 왜적들이 감탄하기를 "참으로 효자이다." 하고 붙들어서 호

77 충렬공(忠烈公) 덕헌(德憲) : 충렬은 나덕헌(羅德憲, 1573~1640)의 시호로, 자는 헌지(憲之), 호는 장암(壯巖)이다. 1603년에 무과에 급제한 후 선전관을 거쳐 이괄(李适)의 난 때 도원수 장만(張晚)의 휘하에서 종군하였다. 안현(鞍峴) 전투에서 큰 공을 세워 진무 원종공신(振武原從功臣)에 봉해졌고, 길주 목사(吉州牧使), 의주 부윤 등을 역임하였다. 1636년에 춘신사(春信使)로 심양에 갔다가 황제를 참칭(僭稱)한 청나라 조정의 국서를 받았다고 탄핵 당하여 백마산성(白馬山城)에 유배되었다. 뒤에 누명이 벗겨져 유배에서 풀리고 삼도통어사로 특진되었다.

송하였다.

난이 끝난 다음 집에 돌아오니, 종들이 모두 달아나고 없었다. 공은 몸소 땔감을 채취하고 쌀을 져다가 맛있는 음식으로 양친(兩親)을 공양하기를 게을리하지 않았다. 장성하자, 스스로 분발해서 종제(從弟)인 남간(南磵) 해봉(海鳳) 공과 함께 부지런히 강습(講習)하여 선대의 가업을 계승하였다. 장성해서도 여전히 아내가 없었는데 혹자가 장가들기를 권하자, 말씀하기를 "효(孝)는 처자 때문에 쇠해지니,[78] 나는 장가들기를 원하지 않는다."라고 하였다. 김선(金璇) 공은 그러한 뜻을 훌륭하게 여겨서 자기 아우 참봉 여(璵)의 따님을 그에게 시집보냈다.

무신년(1608)에 고경리(高敬履) 공이 우계(牛溪 성혼(成渾))와 송강(松江 정철(鄭澈))의 모함을 변론하다가 금고(禁錮)를 당하자, 공이 박준철(朴濬哲) 공과 더불어 글을 지어서 억울함을 하소연하니, 바른 사람을 붙들고 간사한 사람을 배척하는 의리가 분명하게 빛났다. 이때 혼조(昏朝 광해군(光海君))를 만나서 윤리가 무너져 끊기니 벼슬길에 나아가는 것을 체념하였으나, 어버이 봉양을 위하여 사람들을 따라 과거를 보았다. 일찍이 한 번 초시(初試)에 합격하고 성시(省試 진사(進士) 회시(會試))를 통과하였는데, 당시 사람들에게 시기를 받아 학적(學籍)에서 제명되었지만 공은 조금도 개의하지 않았다.

병진년(1616)에 참의공의 병환이 위독하니, 공은 밤에도 띠를 풀지 않고 정성을 다하여 약 수발을 하였으며, 자신이 대신 죽기를 기원하였다. 상을 당하자, 예제(禮制)보다 더 슬퍼하여 몸을 훼손하였고, 3년 동안 여묘(廬墓)를 하였는데, 눈물이 떨어지자 풀이 말랐고 절하고

78 효(孝)는……쇠해지니 : 이 내용은 《설원(說苑)》 권10 〈경신(敬愼)〉에 보인다.

곡한 곳에는 겨울의 눈이 먼저 녹았다. 상을 마치자, 대부인(大夫人)의 연세가 이미 90세였다. 공은 곁에서 간호하고 봉양하였는데, 혹 일이 있어 외출하게 되면 심하게 춥거나 무덥거나 많은 비가 오더라도 정해 놓은 시간을 어기지 않고 돌아왔다. 그리고 무릎 곁에서 온화한 모습으로 항상 어린아이와 같은 장난을 하여 기쁘게 해드렸다.

갑자년(1624)에 진사에 합격하였는데, 어머니의 뜻에 따라 잔치를 베풀 적에 모친을 업고 색동옷을 입고 춤을 추니, 보는 자들이 감동하고 기뻐하였다. 얼마 후 역적 이괄(李适)이 배반했다는 말을 듣고는 고을의 선비들과 함께 강개(慷慨)하여 격문(檄文)을 돌려 군량(軍糧)을 모으고 의병을 일으켜 무리들과 맹세하였으니, 이 사실이 《갑자모의록(甲子募義錄)》[79]에 기록되어 있다.

경오년(1630)에 모친상을 당하였는데 이전의 부친상과 똑같이 예를 집행하였다. 상복을 벗자, 울며 말씀하기를 "지금 이후로 내가 누구를 위해서 봉양하겠는가. 우리 왕이 병이 없기를 빌고 바랄 뿐이다."라고 하였으니, 이는 또 효도를 옮겨서 충성을 한 하나의 단서이다.

병자년(1636)에 청나라 사람들이 들어와 침략해서 대가(大駕)가 파천(播遷)하자 공은 또다시 의병을 일으킬 것을 도모하였는데, 나주

79 갑자모의록(甲子募義錄) : 갑자년(1624) 이괄의 난 때 영광(靈光)의 사인(士人) 신유일(辛惟一)이 전주(全州), 김제(金堤) 등 전라도의 12고을에 격문을 돌려 의병을 일으키고 군량미를 모집했을 때의 전말을 기록한 책으로, '나주(羅州)' 조에 나해륜에 관한 기록이 보인다. 이 책은 1760년경에 전라도 유생 이국좌(李國佐) 등이 공동으로 편찬하였는바, 윤봉구(尹鳳九)의 〈호남모의록서(湖南募義錄序)〉와 김원행(金元行)의 〈갑자모의록서(甲子募義錄序)〉가 실려 있는 1권의 목판본 《호남모의록》이 현재 국립중앙도서관에 소장되어있다.

목사(羅州牧使) 오준(吳竣)이 공을 의병장으로 삼으니, 이는 백성들의 바람을 따른 것이다. 공은 아들 경(儆)을 군관(軍官)으로 삼고, 의병청(義兵廳)을 객사에 마련하여 밤낮으로 군대를 다스리고 한 도(道)에 격문을 돌리니, 열사(烈士)들이 운집(雲集)하였다.

정축년(1637) 정월에 길을 따라 공주(公州)에 이르니, 의병 도원수(都元帥) 기옹(畸翁) 정공(鄭公)[80]이 진(陣)에 남아 공을 기다리고 있었다. 더불어 군대의 일을 논하였는데, 정공이 말하기를 "만일 의병장이 모두 그대와 같다면 적은 평정할 거리도 못 된다."라고 하였다. 얼마 후에 화친(和親)이 이루어지자, 공은 북쪽을 향하여 통곡하며 말씀하기를 "살지 않는 것만 못하다."라고 하였다.

가을에 어떤 사람이 궁문(宮門)에 써 붙이기를 "삼강이 이미 끊어지니 나라가 뒤따라 망했네. 공론은 천추의 세월토록 한청[81]에 부끄러우리.〔三綱已絶國隨亡, 公議千秋愧汗青.〕"라고 하였다. 공은 이 시를 보고 팔뚝을 어루만지며 말씀하기를 "애석하다. 이 사람이 미리 좋은 계책을 아뢰지 못해서 오늘의 일에 이르렀구나."라고 하였으니, 이 뜻은 당시에 국가를 도모하는 자들이 음우(陰雨)를 대비하지 못한 것[82]을

80 기옹(畸翁) 정공(鄭公) : 기옹은 정홍명(鄭弘溟, 1592~1650)의 호인 기암(畸菴)을 달리 칭한 것으로, 자는 자용(子容), 또 다른 호는 삼치(三癡), 본관은 영일(迎日)이다. 송강(松江) 정철(鄭澈)의 아들이고 송익필(宋翼弼)·김장생(金長生)의 문인이다. 1616년(광해군8) 증광 문과에 급제한 뒤 청요직을 두루 거치고 대제학에 이르렀다. 고문(古文)에 밝고 학문은 김장생의 학통을 계승하였다. 시호는 문정(文貞)이며, 저서로 《기암집》이 있다.

81 한청(汗青) : 고대에 청죽(青竹)을 불에 구워 속에 있는 수분이 빠져나오게 해서 글을 쓰기에 편리하고 좀이 슬지 않게 만든 죽편으로, 여기에 주로 역사를 기록하였기 때문에 사서(史書)를 이르는 말로 쓰였으며, 곧바로 역사(歷史)를 가리키기도 하였다.

가지고 깊은 한으로 삼은 것이었다. 이로부터는 입을 다물고 세상사를 말씀하지 않았다.

경진년(1640)에 효릉 참봉(孝陵參奉)에 제수되었는데 의리에 입각하여 취임하지 않았다. 오직 자손들을 가르침에 있어서는 사소한 잘못도 용서하는 법이 없었으므로 여러 아들들이 모두 성취함이 있어서 차례로 승상시(升庠試)[83]에 합격하였다. 항상 선(善)을 실천할 것을 경계하여 말씀하기를 "나의 자손들은 이것을 체행하고 길이 생각해서 황천(皇天)과 귀신(鬼神)에게 죄를 얻지 말아야 한다."라고 하였다.

인조가 승하하자, 공은 아침저녁으로 곡림(哭臨)[84]하고 거친 삼베옷을 입고 삼베로 만든 띠를 착용하고서 마치 어버이 상과 같이 하였다. 주구(珠邱)[85]를 정하자, 두 아들을 데리고 흠위(廞衛)[86]에 달려가 곡하

82 음우(陰雨)를……것 : 유사시를 대비하여 미리 국방을 튼튼히 하지 못함을 이르는바, 《시경》 〈빈풍(豳風) 치효(鴟鴞)〉의 "비가 오기 전 날씨가 좋을 때에 저 뽕나무 뿌리를 거두어다가 창문을 칭칭 감는다면, 지금 이 아래에 있는 사람들이 혹시라도 감히 나를 업신여기겠는가.〔迨天之未陰雨, 徹彼桑土, 綢繆牖戶, 今此下民, 或敢侮予?〕"라는 구절을 원용한 표현이다.

83 승상시(升庠試) : 생원・진사시(生員進士試)의 다른 이름으로, 승학시(升學試) 또는 승보시(陞補試)라고도 부른다. 성균관 대사성이 사학(四學) 유생에게 매년 10회의 시험을 보여서 성적이 우수한 자는 생원・진사시의 복시에 바로 응시하도록 하는 소과 초시(小科初試)의 하나인데, 시험과목은 부(賦) 1편과 고시(古詩) 1편이다. 뽑는 인원은 모두 10인이다. 《大典會通 卷3 禮典 諸科》

84 곡림(哭臨) : 초상이 났을 때 여러 사람이 모여서 정해진 때에 슬피 곡하는 것을 말한다.

85 주구(珠邱) : 임금의 능침을 뜻하는바, 순(舜) 임금의 무덤에 새가 날아와 구슬을 떨어뜨린 것이 쌓여서 언덕을 이루었다는 고사에서 온 말이다. 《拾遺記 虞舜》

86 흠위(廞衛) : 임금이나 왕후의 장례 행렬에 쓰던 기구(器具)를 말하는데, 여기서

였다. 이때 공은 오랫동안 학질(瘧疾)을 앓아 집안사람들이 가지 말라고 간하였으나, 듣지 않고 말씀하기를 "부자(父子)가 천 리 먼 길을 달려와서 곡하였으니, 신하의 도리를 다하였구나. 내 마음이 편하다."고 하였다.

항상 어버이가 살아계실 때에 가난 때문에 가볍고 따뜻한 옷을 장만해드리지 못했다 하여 종신토록 통한(痛恨)으로 여겼으니, 노년에 이르러 집이 좀 여유가 생겼어도 여전히 비단 옷을 입지 않았고, 염할 때 비단과 명주를 쓰지 말라는 경계를 남겼다.

공은 날마다 반드시 일찍 일어나서 관(冠)과 옷깃을 정돈하여 몸가짐을 매우 조심하였다. 마을사람들을 성실로 대우하고 후생들에게 학문과 효제(孝悌)를 권면하였으며, 평소 말씀하기를 "사람의 도리는 효도를 첫 번째로 여기는데 효도를 군주에게 옮기면 충성이 되니, 충과 효에서 잠시라도 떠날 수 있겠는가." 하였으니, 동시대에 독행(篤行)을 논하는 자들이 번번이 공을 으뜸으로 삼았다.

기해년(1659) 10월 22일에 별세하니, 출생한 만력(萬曆) 계미년(1583) 7월 14일과의 거리를 계산해 보면 77세가 된다. 나주(羅州) 서쪽 장흥동(長興洞) 자좌(子坐)에 장례하였는데, 김씨 부인과 묘역은 같으나 봉분이 달랐으니, 선영을 따른 것이다.

공은 4남을 두었으니, 희(僖), 경(儆), 민(僶)은 모두 진사이고 다음은 선(僐)이며, 서출(庶出)은 보(保)와 근(僅)이다. 희의 아들 천로(天老), 천정(天鼎), 천형(天衡)은 모두 진사이고 천심(天心)은 생원이다. 선의 아들 천추(天樞)는 생원이고, 천추의 아들 이계(以桂)는 생원

는 장례 행렬을 가리킨다.

이다. 증손 이하는 모두 기재하지 않는다.

아! 공은 먼 지역의 포의(布衣)로서 하루아침 창졸간에 단지 기개와 의리에 격동되어 오직 군주가 있음만 알고 자기 몸이 있음을 알지 못하여 시퍼런 칼날에 달려가기를 평온한 땅을 달리듯 하였으니, 이것이 이른바 '먼저 큰 것을 세운다.'[87]는 것일 것이다.

공은 부모에게 깊은 애정이 있어서 기미를 알고 해(害)를 멀리 피해서 병화(兵禍)가 시끄럽게 일어났을 때에도 수수(瀡瀡)의 봉양[88]을 빠뜨리지 않았으며, 심지어는 교활한 왜적마저도 감동시켰다. 또 6년 동안 여묘하면서 몸을 훼손하여 거의 생명을 잃을 뻔하였는데, 중니(仲尼)께서 말씀하시기를 "효라는 것은 군주를 섬기는 것이다."[89]라고 하였으니, 효는 충성을 기다려서 완성됨을 알 수 있다. 군주와 어버이의 은혜에 보답하고 군주와 신하의 의리를 밝힘에 있어서 공은 거의 부끄러울 것이 없다.

금성(錦城 나주(羅州))에 서라(西羅)와 동라(東羅)의 명칭이 있으니, 서라는 바로 공의 후손들이 사는 곳이다. 무신년의 변고[90]에 동라에서

87 먼저……세운다 : 이 내용은 《맹자》 〈고자 상(告子上)〉에 보이는 말로, 마음에 큰 의리를 먼저 확립하면 작은 것인 귀와 눈 등의 욕망에 휘둘리지 않는다는 뜻이다.

88 수수(瀡瀡)의 봉양 : 부드럽고 맛있는 음식으로 부모를 봉양하는 것이다. '수수'는 전분을 음식에 섞어 부드럽게 만드는 조리법의 일종으로, 《예기》 〈내칙(內則)〉에 부모를 음식으로 봉양하는 방법을 말하면서 "근(菫), 환(荁), 분유(枌楡)의 날 것과 말린 것을 잘 조리하여 부드럽게 하고 기름진 것으로 맛있게 한다.〔菫荁枌楡免薨, 瀡瀡以滑之, 脂膏以膏之.〕"라고 보인다.

89 효라는……것이다 : 이 내용은 《대학장구》 전(傳) 9장에 보인다.

90 무신년의 변고 : 무신난(戊申亂)으로, 무신년(1728, 영조4)에 소론 강경파와 남인 일부가 경종(景宗)의 죽음에 영조와 노론이 관계되었다고 주장하면서 일으킨 난이다.

는 혹 반역을 따랐으나, 서라에서는 반역과 순종의 의리를 크게 분별하였으니, 공이 충효의 풍교(風敎)와 덕업(德業)으로 후손들에게 큰 덕을 남겨주지 않았다면 어찌 능히 이와 같을 수 있었겠는가. 공의 7세손인 석면(錫冕)이 공의 유사(遺事)를 가지고 나를 찾아와서 묘지(墓誌)를 청하니, 내가 늙어서 연참(鉛槧)[91]을 물리쳤으나, 공의 이름이 인멸되어 전하지 못함을 슬퍼하여 병을 무릅쓰고 명문을 짓는다. 명은 다음과 같다.

훌륭하고 훌륭한 나씨 집안에	抑抑羅宗
정기가 모여 충렬공을 낳았네	篤生忠烈
공이 또다시 충렬공을 계승하니	公又繩武
이 숙부에 이 조카였네	是叔是姪
나라를 위하여 의병을 일으켜서	爲國倡義
풍절을 다시 드날렸네	再揚風節
공을 미처 이루기 전에	功未及遂
하늘과 땅이 훼손되고 찢어졌네[92]	乾坤毁裂
땅에 뿌릴 수 없게 되었으니	無地可灑
그것은 몸속에 가득한 뜨거운 피였네	滿腔熱血
세상을 피하여 몸을 숨기니	將身逃隱

이인좌(李麟佐)가 중심이 되었기에 '이인좌의 난'이라고도 한다.

91 연참(鉛槧) : 글씨를 쓰는 납 가루와 나무판자라는 뜻으로, 붓과 종이를 비유하는 말인데, 여기서는 글 짓는 것을 뜻한다.

92 하늘과……찢어졌네 : 명나라가 오랑캐에게 망하여 청나라가 됨을 표현한 것이다.

봉필[93]에서 은둔하였네	遵晦蓬蓽
근본이 있었으니	本之則存
백행의 근원인 효성이었네	百行是源
자식들을 가르쳐 본받게 해서	教誨式似
시와 예로 가문을 창성하게 하였네	詩禮昌門
가문이 영화로움을 고하니	門闌告榮
세 아들에 일곱 손자였네	三子七孫
천도가 보시해서	天道報施
그 덕이 영원히 칭송되네	載永德聲
충효를 가르치니	課忠責孝
후손에게 넉넉한 덕을 남겼네	于後遺贏
남쪽 지역에 기강이 되니	有紀南國
공과 더불어 이름을 다툴 자 누구인가	疇與爭名
높고 높은 장흥동 산에	崔崔興岳
도끼와 같은 무덤이 있네	若斧其塋
글을 새겨 실제를 기재하여	琢辭載實
묘소에 드리우니	用納玄扃
준걸한 선비들이여 힘써	勖哉髦士
공을 본받을지어다	緊公是程

93 봉필(蓬蓽) : '봉문필호(蓬門蓽戶)'의 줄인 말로 쑥대나 싸리로 만든 문이라는 뜻인데, 가난하여 누추한 집을 이른다.

중주 이 선생 묘지명 병서○정미년[94]

中洲李先生墓誌銘 幷序○丁未

중주(中洲) 이 선생(李先生)이 스승의 자리를 버리신 지 36년이 될 때에 사손(嗣孫)인 윤수(胤秀)가 묘지명을 나에게 청하였는데, 나 또한 일찍이 선생에게 가르침을 받은 자이니, 의리상 감히 사양할 수가 없어서 마침내 서술한다.

선생은 휘가 직보(直輔)이고 자가 유종(維宗)이다. 처음 휘는 성보(城輔)이고, 관향은 연안(延安)이니, 당나라 중랑장(中郎將) 무(茂)를 시조로 삼는다. 좌의정 문충공(文忠公) 휘 정귀(廷龜)와 이조 판서 문정공(文靖公) 휘 명한(明漢)과 예조 판서 문숙공(文肅公) 휘 일상(一相)에 이르러 3대가 계속해서 문형(文衡)을 맡으니, 굳이 여기서 기록할 필요가 없다. 문숙공이 휘 해조(海朝)를 낳았는데, 관찰사로 큰 명망을 입었으나 단명(短命)에 구애되어서 뜻과 사업을 끝까지 채우지 못하였고, 이분이 휘 도신(度臣)을 낳았는데 판서에 추증되니, 바로 선생의 조고와 선친이다. 선비(先妣)인 안동 김씨(安東金氏)는 처사(處士) 언겸(彦謙)의 따님이고, 문충공(文忠公) 수항(壽恒)이 그 증조이시다.

중부(仲父)의 강서(江西) 임소(任所)[95]에서 선생을 낳았는데, 단정

94 정미년 : 1847년(헌종13)으로, 매산의 나이 72세 되던 해이다.

95 중부(仲父)의 강서(江西) 임소(任所) : 중부는 이직보의 둘째 아버지인 이숭신(李崇臣)으로, 1736년(영조12)부터 1739년까지 평안도 강서 현령(江西縣令)을 지냈다.

하고 후중하고 총명하고 지혜로우니, 식자(識者)들이 이미 크게 받을 그릇[96]인줄 알았다. 6세에 부친을 여의었는데 성동(成童)과 같이 가슴을 치며 곡하였고 일찍이 장난을 치지 않았으며, 8세에 시를 짓기를 "밝은 달이 푸른 바다에서 떠오르니 맑은 빛이 만 리에서 온다.〔明月出滄海, 淸光萬里來.〕" 하니, 재종형(再從兄) 진암공(晉菴公)[97]이 매우 소중하게 기대하여 말하기를 "내가 미칠 수 있는 바가 아니다."라고 하였다.

차츰 자라면서는 뜻을 가다듬어 밤낮을 그치지 않고 독실하게 학문에 정진하였으며, 문장을 지을 적에 붓을 잡으면 도도(滔滔)하여 흐르는 물과 같으니, 화려한 명성이 날로 드러나 동시대의 유명한 석학들이 교분을 맺기를 원하였다. 이때 여러 종형(從兄)들이 모두 높고 현달한 지위에 있었는데, 선생에게 나라를 위하여 진취(進取)할 것을 권하였고, 매양 시험에 나갈 때마다 시원(試院)에서 번번이 물색하여 선생을 찾아내었는데, 선생은 마침내 과거에 응시하지 않았다.

모친상을 당하였을 적에 몸을 훼손하여 수척해져서 거의 생명을 잃을 뻔하였으나, 오히려 거친 밥을 먹고 삼년상을 마쳤다. 이때 미호(渼

《承政院日記 英祖 12年 6月 1日, 15年 5月 14日》

96 크게 받을 그릇 : 큰 일을 맡을 수 있는 군자의 기국(器局)을 이르는바, 《논어》 〈위령공(衛靈公)〉의 "군자는 작은 것으로 알 수는 없으나 큰 것을 받을 수 있고, 소인은 큰 것을 받을 수는 없으나 작은 것으로 알 수 있다.〔君子, 不可小知而可大受也; 小人, 不可大受而可小知也.〕"라고 한 공자의 말을 인용한 것이다.

97 재종형(再從兄) 진암공(晉菴公) : 진암은 이천보(李天輔, 1698~1761)의 호로, 자는 의숙(宜叔), 시호는 문간(文簡)이다. 1739년 알성 문과에 급제하고, 이조와 병조의 판서, 영의정 등을 지냈다. 저서로 《진암집》이 있다.

湖 김원행(金元行))와 지암(止菴 김양행(金亮行)) 두 선생이 세상의 유종(儒宗)이 되셨는데 중주 선생이 종학(從學)하니, 두 선생은 우리의 도가 의탁할 사람이 있다고 인정하였다. 임진년(1772)에 미호 선생의 상을 당하고, 여강(驪江)에서 지암을 종학하여 전일한 마음으로 복종하여 섬기면서 새벽부터 저녁까지 곁에서 떠나지 않았으며, 비록 객지에서 곤궁하게 살면서 어려운 일을 여러 번 겪었으나, 태연히 대처하였다.

갑진년(1784) 선공감 감역(繕工監監役)에 제수되었으나 나아가지 않았고, 을사년(1785) 익위사 부솔(翊衛司副率)에 제수되었는데 잠시 나아갔다가 체직하였다. 신해년(1791) 동몽교관(童蒙教官)에 제수되고 임자년(1792) 천거로 경연관(經筵官)에 제수되자 상소하여 사양하니, 성상은 융숭하고 간곡한 비답을 내려 유시하였다.

여러 관직을 역임하고 함경도 도사(咸鏡道都事)와 사헌부의 지평(持平)과 장령(掌令)에 제수되었다. 을묘년(1795) 고성 군수(高城郡守)에 제수되고 또다시 특별한 유시가 내려오자, 선생은 선철(先哲)들이 내직을 사양하고 외직에 거한 의리를 원용(援用)해서 마침내 명에 사은숙배하였는데, 인대(引對)할 적에 하유(下諭)하시기를 "지금 경연(經筵)에서는 한창 의원을 맞이해서 병인(病因)을 묻는 중이다. 병인은 허(虛)와 실(實), 한(寒)과 열(熱)의 차이가 있고, 약(藥)에는 군(君)과 신(臣), 좌(佐)와 사(使)의 구별이 있다. 내가 약석(藥石)의 말을 듣고 싶노라."[98] 하자, 선생은 수령(守令)은 감히 유신(儒臣)의

98 군(君)과……싶노라 : 군과 신(臣), 좌(佐)와 사는 약물의 조제 원칙을 4가지 역할로 나누어 배정한 것인바, 정조가 경연에 참석한 신하들에게 약석이 되는 간언을

예우를 감당할 수 없다 하여 굳이 사양하였다.

성상의 하교가 더욱 간절하자, 선생은 지경(持敬 공경을 지킴)의 설을 간략히 아뢰고서 또 "요(堯)·순(舜)의 심법(心法)이 원래 여기에서 벗어나지 않으니, 실로 이것을 잘 행하시면 요·순이 되는 것도 어렵지 않을 것입니다. 군주가 성스러우면 신하가 정직하니, 훌륭한 사람이 없음을 걱정할 것이 없습니다."라고 아뢰니, 상은 칭찬하고 감탄하고는 명하여 음식을 하사하게 하였다.

선생이 글을 남겨놓고 돌아가자, 성상은 우악(優渥)한 비답을 내려 역관에게 명해서 전유(傳諭)하여 만류하게 하였고, 곧바로 장령에 제수하였다. 병진년(1796)에 글을 올려 집의(執義)를 사양하니, 비답에 이르시기를 "지난해 여름에 한 번 접견을 하니 몹시 기다리던 마음이 다소 위로되었는데, 갑자기 곧바로 돌아가서 항상 매우 섭섭하였다. 산림의 거취를 스스로 경솔히 하고 싶지 않겠지만, 세신(世臣)의 의리 또한 이와 같이 무관심할 수가 없으니, 속히 올라와서 지난번 경연에서 못다 말한 경륜을 계속 아뢰라."라고 하였다. 이어서 동부승지로 발탁하고 유시하시기를 "가까운 반열에 둔 것은 화려한 직함을 주려는 것이 아니다. 더구나 지난번 고향을 찾아갔을 때에 반드시 다시 조정으로 불러들이려고 하였는데, 내 정성이 경을 감동시키지 못해서 그대가 아직도 마음을 되돌리기를 지체하고 있다." 하시고는 예조 참의와 이조

빠짐없이 듣고자 함을 비유한 것이다. '군과 신, 좌와 사'는 질병의 주된 증상을 치료하는 약물인 군약(君藥), 군약의 작용을 보조하는 약물인 신약(臣藥), 부수적인 증상을 치료하거나 군약의 부작용을 제거하는 약물인 좌약(佐藥), 약물의 효능을 병소(病所)에 전달하거나 약물 간의 작용을 조화시키는 약물인 사약(使藥)을 이른다.

참의를 제수하였다.

이때 하서(河西 김인후(金麟厚))와 중봉(重峯 조헌(趙憲)), 신재(愼齋 김집(金集)) 세 현자를 문묘의 무(廡 행랑)에 배향할 것을 청하는 의논이 있어서 산림에 숨어 덕을 닦는 선비들과 이것을 강명(講明)하게 하였는데, 성균관의 유생들이 편지를 써서 선생에게 질문하고 또 돈암서원(遯巖書院)에 사계(沙溪 김장생(金長生))와 신재를 나란히 배향한 것을 증거로 삼으니,[99] 선생이 "훌륭한 일이다."라고 대답하였다. 돈암서원에 신재를 사계에게 배향한 것과 문묘에 배향하는 것과는 다소 다른데, 성균관의 유생들이 경솔하게 끌어다가 비유하였고 선생의 권위를 의거하려고 장주(章奏)에 올리기까지 하였다.

성상은 엄한 하교를 내려 장차 하서(河西)만 배향하게 하려고 선생에게 명하여 가서 살피게 하니, 선생은 예전의 일로 스스로 인책하여 감히 대답하지 못하였다. 낭시 의논이 시끄럽게 일어나 선생이 세 분을 문묘에 함께 배향하는 것을 옳게 여기고 하서만 배향하는 것을 그르게 여긴다고 오인하니, 대신이 파직을 청하기까지 하였다. 그러나 겨울에 성상은 다시 경연관(經筵官)의 직함을 명하고 별유(別諭)를 내렸으며,

99 하서(河西)와……삼으니 : 당초 유생들이 김인후(金麟厚), 조헌(趙憲), 김집(金集) 세 사람을 문묘에 배향하기를 청하였을 적에 부자(父子)를 함께 배향하는 예가 없다는 이유로 김집의 배향이 받아들여지지 않자, 뒤에 돈암서원(遯巖書院)에 김장생(金長生)과 김집 부자를 함께 배향한 것을 예로 든 것을 가리킨다. 《承政院日記 正祖 20年 6月 22日, 8月 2日, 11月 19日》 돈암서원은 충남 논산시 연산면(連山面)에 있는 서원으로, 1634년(인조12) 김장생을 추모하기 위해 세웠으며 1660년(현종1)에 사액된 서원인데, 김장생을 주향(主享)으로 하고 그의 아들 김집과 송준길(宋浚吉), 송시열(宋時烈) 등을 추가 배향하였다. 《承政院日記 肅宗 20年 6月 22日》

곧바로 예조 참의에 제수하고 후회하고 깨달았다는 하교를 여러 번 내리고는 경연관으로 하여금 전하여 알리게 하였다. 선생은 감격하여 눈물을 흘리고 상소를 올려서 자신의 잘못을 아뢰었다.

정사년(1797)에 원자(元子 왕세자)가 곧 취학(就學)하게 되었다하여 우유선(右諭善)에 제수하였으며, 품계를 올려 공조 참판을 제수하고 뒤이어 대사헌에 의망(擬望)하여 들이라는 명이 있었다. 곧바로 도승지를 제수하고 사관을 보내어 불렀으며 또 사관에게 함께 오도록 명하였는데, 사관이 그대로 머물러 해를 넘겼다. 성상의 글이 다섯 차례 내려와서 융숭하고 간곡히 권면하자, 선생은 사관을 도로 거두어들일 것과 병을 조리하고서 올라가 대답하게 해줄 것을 청하니, 경영관의 직함을 풀어주는 것을 허락하여 선생의 마음을 편안하게 해주시면서도 자주 올라올 시기를 물으며 별유(別諭)를 계속 내렸다.

3월에 조정에 나아가자, 성상의 예우가 매우 융숭해서 성궁(聖躬)을 계옥(啓沃)하는 책임[100]과 원량(元良 왕세자)을 보도(輔導)하는 책임을 내려주시고 머물기를 간곡히 권면하였으며, 음식물과 땔나무와 숯을 보내주시고 하인을 보내어 조석으로 문안하고 음식을 하사하였다. 내전(內殿)에서도 또한 이와 같이 하였고, 또 장복(章服)과 품계에 맞는 권자(圈子)[101]를 하사하여 품복(品服)을 갖추어 사은숙배하라고 하교

100 성궁(聖躬)을 계옥(啓沃)하는 책임 : '성궁'은 임금의 몸을 가리키는바, 신하가 충심을 다하여 임금을 계도하고 보좌하여 선도(善道)로 유도하는 경연관을 뜻한다. '계옥(啓沃)'은 《서경》 〈열명(說命)〉에 은(殷)나라 고종(高宗)이 부열(傅說)에게 "네 마음을 열어 내 마음에 대도록 하라.〔啓乃心, 沃朕心.〕"라고 한 말에서 유래하였다.

101 장복(章服)과……권자(圈子) : '장복'은 품계에 따라 예복에 해, 달, 별 등의 도안을 수놓는 것을 말한다. '권자'는 망건(網巾)에 다는 장식으로, 관자(貫子)라고도 하는

하였다.

선생이 강력히 사양하였으나 허락하는 명을 받지 못하자, 원자궁(元子宮)에 나아가 예를 행하여 개강(開講)하고 이어서 조강(朝講)에 참여하여 《중용》을 강하였다. 이때 선생은 아뢰기를

"《중용》의 요지는 오로지 신독(愼獨)에 있습니다. 소리도 없고 냄새도 없음[102]은 불현독공(不顯篤恭)[103]의 묘(妙)함을 형용한 것으로 천덕(天德)의 극치에까지 이르며 상천의 일〔上天之載〕로써 끝맺었는데, 그 근본을 궁구해보면 신독에서 처음 시작하여 매우 적은 것을 쌓고 기미(幾微)에서 성찰하여[104] 한 생각도 태만함이 없어야 비로소 천도(天道)에 부합할 수 있습니다."

하고는 이어서

데, 대개 3품 이상은 품계에 맞춰서 금(金)이나 옥(玉)을 사용하여 꽃 모양으로 만들어 달며 4품 이하는 양각(羊角)을 사용한다.

102 소리도……없음 : 상천(上天)의 일이 소리도 없고 냄새도 없다는 말로, 《중용장구》 제33장의 끝에 "덕은 가볍기가 터럭과 같다고 하였는데 터럭은 오히려 비교할 만한 것이 있으니, 상천의 일은 소리도 없고 냄새도 없다는 표현이 지극하다 할 것이다.〔德輶如毛, 毛猶有倫, 上天之載, 無聲無臭, 至矣.〕"라는 구절로 마무리하였다.

103 불현독공(不顯篤恭) : '불현'은 드러나지 않는 심원(深遠)한 덕이고, '독공'은 스스로 공경을 독실히 하는 것인바, 《중용장구》 제33장의 "《시경》에 '드러나지 않는 덕을 제후들이 본받는다.'라고 하였으니, 이 때문에 군자가 공손함을 돈독히 하면 천하가 고르게 다스려진다.〔詩曰: 不顯惟德, 百辟其刑之. 是故君子篤恭而天下平.〕"라는 구절을 인용한 것이다.

104 기미(幾微)에서 성찰하여 : 마음이 동(動)할 때의 성찰 공부를 말한 것으로, 《중용장구》 제1장의 "숨어 있는 것보다 더 드러나는 것이 없으며 미미한 것보다 더 뚜렷한 것이 없으므로 군자는 혼자만 아는 마음을 삼간다.〔莫見乎隱, 莫顯乎微, 故君子愼其獨也.〕"라는 구절을 원용한 것이다.

"계구(戒懼)[105]는 정(靜)과 동(動)을 관통하고, 신독은 한 생각이 처음 나오는 곳에서 말하는 것입니다. 미발(未發)의 경계는 실로 형용하기가 어려우니 조금이라도 공력을 쓰고자 하면 곧 이발(已發)에 귀결됩니다.[106] 선유(先儒)의 이른바 '밝고 밝게 모두 있다.'는 것과

105 계구(戒懼) : 계신(戒愼)과 공구(恐懼)의 합칭인바, 《중용장구》 제1장에 "도(道)라는 것은 잠시도 떠날 수 없는 것이니, 떠날 수 있으면 도가 아니다. 그러므로 군자는 자신이 보지 않을 때에도 경계하고 삼가며, 소리를 듣지 않을 때에도 두려워하고 조심하는 것이다.…기뻐하고 노하고 슬퍼하고 즐거워하는 정(情)이 아직 발하지 않았을 때 치우침이 없는 상태를 중(中)이라 하고, 그 정이 발하여 모두 절도에 맞는 것을 화(和)라 하니, 중이라는 것은 모든 이치가 이를 통해 나오므로 천하의 큰 근본이며, 화라는 것은 가는 곳마다 그렇지 않음이 없으므로 천하의 공통된 도이다.〔道也者, 不可須臾離也, 可離非道也. 是故君子戒愼乎其所不睹, 恐懼乎其所不聞.……喜怒哀樂之未發, 謂之中, 發而皆中節, 謂之和, 中也者, 天下之大本也, 和也者, 天下之達道也.〕"라고 보인다.

106 미발(未發)의……귀결됩니다 : '미발'은 희로애락(喜怒哀樂)의 정(情)이 발하지 않은 상태를 가리키며, '이발(已發)'은 사물에 감응하여 마침내 정이 발하는 때를 말하는바, 미발의 경계 지점은 말로 설명하기가 쉽지 않다는 뜻이다. 《이정유서(二程遺書)》 권18 〈이천선생어(伊川先生語)〉 82조에 소병(蘇昞)이 희로애락이 미발 시에 중을 구할 수 있는지〔喜怒哀樂未發之前求中可否〕에 대해 묻자, 이천(伊川) 정이(程頤)가 "불가능하다. 희로애락이 발하기 전에 구하려고 생각하면 또 생각하는 것이 된다. 생각하는 순간 이미 발한 것이고, 발하면 화라고 해야지 중이라고 할 수 없다.〔不可. 旣思於喜怒哀樂未發之前求之, 又却是思也. 旣思卽是已發, 纔發, 便謂之和, 不可謂之中也.〕"라고 미발의 경계에 대해 대답하였는데, 이후 주자도 〈답여자약서(答呂子約書)〉에서 "《이정유서》 가운데 '생각하기만 하면 곧 이발이다.'라고 한 한 구절로 말하면, 또 능히 자사가 말씀하지 않은 뜻을 발명하였으니, 이는 희로애락이 발하기를 기다리지 않고 단지 생각하는 바가 있기만 하면 곧 '이발'임을 말한 것이다. 이 뜻이 이미 지극히 정미하여 '미발'의 경계를 설파한 것이 십분 지극하니, 더 이상 더할 수가 없을 것이다.〔至遺書中: 才思卽是已發一句, 則又能發明子思言外之意. 蓋言不待喜怒哀樂之發, 但有所思, 卽爲已發, 此意已極精微, 說到未發界, 至十分盡頭, 不復可以有加矣.〕"라고 하여 그 형

'정신이 밝게 깨어 이 속에 있다.'는 것과 '항상 조관(照管)한다.'는 것이 형용을 잘한 것입니다."[107]

하였다. 또 말씀하기를

"송나라 신하 팽귀년(彭龜年)이 말하기를 '군주는 하늘입니다. 군주에게 하늘과 같지 못한 점이 한 터럭만큼 있는데도 신하가 간하지 않으면 이것은 군주를 하늘로 섬기지 못하는 것이니, 이것이 바로 크게 불충(不忠)한 것입니다.'[108]라고 하였습니다. 그리고 선정신(先正臣) 이이(李珥)는 말하기를 '도통(道統)이 임금에게 있으면 도가 한 시대에 행해지고 은택(恩澤)이 후세에 흘러 전해진다.'[109] 하였으니, 이것이 신이 전하에게 바라는 것입니다."

라고 하였다. 그러자 상은 가상히 여겨 감탄하였다.

상소를 올려 사직하고 돌아가겠다고 청하면서 우러러 성덕(聖德)을

용의 어려움을 드러낸 것이 보인다. 《朱子大全 卷48》

107 선유(先儒)의……것입니다 : 선유가 말한 세 가지 내용은 《정조실록(正祖實錄)》 22년 4월 5일 기사에 이직보-실록에는 초명인 이성보(李城輔)로 되어있다-가 김창흡(金昌翕)이 어유봉(魚有鳳)에게 답한 편지에 보인다고 말하였는데, 실제로 《삼연집(三淵集)》에는 권21의 〈답이현익(答李顯益)〉에 보인다. 이 가운데 '밝고 밝게 모두 있다.〔昭昭具在〕'는 것은 북송의 학자 여대림(呂大臨)이 이천 정이에게 마음이 미발일 때의 상태를 설명한 말에 보이고, '정신이 밝게 깨어 이 속에 있다.〔惺惺在這裏〕'는 것은 주자가 '계신(戒愼)'과 '공구(恐懼)'를 설명한 말에 보이며, '항상 조관한다.〔常著照管〕'는 것은 주자가 《대학》의 '명명덕(明明德)'을 설명한 말에 보인다. 《二程文集 卷10 伊川文集 書啓》《朱子語類 卷62 中庸》《朱子語類 卷15 大學》

108 군주는……것입니다 : 이 내용은 송나라 팽귀년(彭龜年, 1142~1206)의 〈논인주당동순천도소(論人主當動循天道疏)〉에 보인다. 《止堂集 卷3》

109 도통(道統)이……전해진다 : 이 내용은 《율곡전서(栗谷全書)》 권26 〈성학집요(聖學輯要) 성현도통(聖賢道統)〉에 보인다.

권면하고서 또 말씀하기를

"명분과 의리가 엄숙하지 못해서 사람의 뜻이 평안하지 못하고, 도학(道學)이 점점 쇠미해져서 부정한 학설이 멋대로 행해집니다. 언로(言路)가 열리지 않아서 군주의 눈과 귀가 가려지면, 염치와 예방(禮防)이 날로 쇠퇴하고 사치(奢侈)가 날로 치성(熾盛)해서 경솔하고 천박한 습관을 수습할 수가 없습니다."

라고 하여 그 내용이 수 천 글자에 이르렀다.

상은 우대하는 비답을 내리고 이어서 승지에게 명하여 함께 돌아오라고 하였으며 뒤에 다시 대사헌을 제수하였다. 경신년(1800)에 시강원 찬선(侍講院贊善)을 제수하였다. 세자의 책봉 예식을 행하려 할 적에 특별히 예조 참의를 보내서 함께 오게 하였는데, 은혜로운 말씀이 매우 간곡하였다.

선생은 감히 담당할 수 없는 하교가 있다 하여 부득이 명령을 받들어서 성담(性潭) 송공(宋公)[110]과 함께 동시에 부르는 명에 달려가자, 하교하시기를

"사부(師傅)와 유선(諭善)이 지난번 개강(開講)할 때에 빛나게 함께 했는데,[111] 지금 경사로울 때에 또 황발(黃髮)이 나란히 나와서 우리 빈료(賓僚 시강원의 벼슬아치)의 의식을 아름답게 꾸며 사대부들이 광채가 크게 빛남을 보게 되니, 나의 마음이 참으로 매우 다행스럽게

110 성담(性潭) 송공(宋公) : 성담은 송환기(宋煥箕, 1728~1807)의 호로, 자세한 내용은 307쪽 주50 참조.

111 사부(師傅)와……했는데 : 1797년에 송환기와 이직보를 원자의 사부와 우유선(右諭善)으로 정중히 불렀을 때를 이른다. 《正祖實錄 21年 1月 22日》

여긴다. 더구나 삼보(三輔)의 구경(九卿)의 품계가 덕이 있는 원로에게 합당하지 않은가."[112]

하시고는 두 유현(儒賢)에게 품계를 올리도록 명하여 선생을 우참찬(右參贊)에 제수하자, 선생은 상소하여 사양하였다.

또 두 유현의 자손에게 초사(初仕)를 제수하고는 서로 부축하여 입시(入侍)하라고 명하였는데, 임금의 돌아보심이 매우 융숭하고 하사품이 많으니, 보고 들은 자들이 감동하지 않음이 없었으며, 선생은 황송하여 감읍(感泣)하였다. 예식이 끝나자 상소를 올려 돌아갈 것을 고하니, 상소문은 대략 다음과 같다.

"요(堯) 임금과 탕(湯) 임금 때에 여러 해의 재앙이 있었으나,[113] 굶어죽은 백성들이 없었던 것은 저축해 둔 물자가 많고 오랫동안 대비했기 때문입니다. 그런데 지금은 나라 안팎의 창고가 텅 비어 있습니다. 영둔전(營屯田)이 넓은 지역을 차지하여 백성들의 생활이 곤란을 겪고 불필요한 관직을 많이 두어서 창고의 녹봉을 계속 유지하기 어려우니, 만약 큰 흉년을 만나면 백성들이 거의 다 죽을

112 삼보(三輔)의……않은가 : '삼보'는 한나라 때 장안(長安)을 경조(京兆), 풍익(馮翊), 부풍(扶風) 세 구역으로 나누고서 이를 삼보라고 한 데서 유래하여 조선의 한성부(漢城府), 광주부(廣州府), 수원부(水原府)를 가리키는 것으로 보이며, '구경(九卿)'은 정2품에 해당하는 육조(六曹)의 판서와 의정부의 좌·우 참찬(參贊) 및 한성부 판윤을 합쳐서 이르는 말인바, 이때 겸찬선 송환기와 찬선 이직보를 각각 종1품과 정2품으로 올리면서 여기에 빗댄 것이다.《正祖實錄 24年 2月 2日》

113 요(堯) 임금과……있었으나 : 한(漢)나라 조착(晁錯, 기원전200~기원전154)이 한 문제(漢文帝)에게 올린 〈논귀속소(論貴粟疏)〉에 "요 임금과 우 임금 때에는 9년 동안 홍수가 났었고, 탕 임금 때에는 7년 동안 가뭄이 들었습니다.〔堯、禹有九年之水, 湯有七年之旱.〕"라고 보인다.《漢書 卷24上 食貨志》

것입니다.

사치가 너무 많은 것 또한 재물을 소모하는 길이니, 비록 내각(內閣 규장각)에서 책을 간행하는 일과 여러 도(道)에서 공물(貢物)을 진상하는 비용 같은 것이더라도 모두 정지하거나 줄이시고, 특별히 관찰사와 수령들을 뽑아서 백성을 구휼하는 은택을 극진히 베풀어 은택이 아래로 도달하게 하소서."

상은 모두 가납(嘉納)하였고, 또다시 승지를 보내어 떠나가는 것을 만류하였다. 사람들은 "내각과 장용영(壯勇營)에 대해 말하는 것은 세상에서 기휘(忌諱)하는 것이다."라고 생각하여 선생을 위해 위태롭게 여기지 않는 이가 없었으나,[114] 선생은 이 말을 듣고 태연하였다.

상이 일찍이 경영관에게 유시(諭示)하기를 "여강(驪江)의 유현(儒賢)[115]은 용모가 장대(壯大)하고 언론이 엄숙하고 장중하니, 금세(今世)의 유자(儒者)들이 비견할 바가 아니다."라고 하였다.

6월에 정조가 승하하니, 선생은 놀라고 애통하여 숨이 끊어질 지경이었는데, 광주(廣州)에 나아가서 최복(衰服)을 받고 돌아왔다.

순조(純祖)가 사위(嗣位)하여 선생을 대사헌과 이조 판서에 제수하

114 사람들은……없었으나 : 정조는 세손 시절부터 도서 수집과 책 간행에 지대한 관심을 가지고 있었으며, 왕권 강화를 위해 국왕의 호위를 전담하는 부대 창설을 계획하였는데, 그 결과로 만들어진 것이 교서관(校書館)을 통합하여 만든 내각(內閣 규장각)과 국왕 친위 부대인 장용영(壯勇營)이었는바, 사람들이 그 관리와 존폐에 대해 선불리 논하는 것을 피하였기 때문에 이렇게 말한 것이다.

115 여강(驪江)의 유현(儒賢) : 여강은 경기도 여주(驪州)를 가리키는바, 이때 이직보의 본가(本家)가 여주 상동리(上洞里)에 있었기 때문에 정조가 이렇게 칭한 것이다. 《承政院日記 正祖 24年 2月 7日, 純祖 卽位年 8月 7日》

였는데, 대신(大臣)이 정조와의 이름을 혐의하여 고칠 것을 청하는 주문(奏文)을 올리자, 선생은 소(疏)를 올려 이름을 고쳤다.[116] 또다시 대사헌과 이조 판서를 제수하고 은혜로운 유시를 더욱 정중하게 내리니, 선생은 위로하는 말씀을 올리고 입시(入侍)하였다.

동조(東朝)가 수렴청정하였는데,[117] 선생을 인견(引見)하고 오열하며 선왕이 예우한 뜻과 당시 국세(國勢)의 위태로움을 말씀하고서 머물러 있기를 간곡히 권면하였다. 선생은 울음을 삼키고 감읍(感泣)하며 아뢰기를

"송나라 신하 소식(蘇軾)이 선인태후(宣仁太后)가 선제(先帝)의 유의(遺意)로 내린 유시를 받들고는 자기도 모르게 실성통곡하였습니다.[118] 그런데 지금 신이 억누르고 있는 충정(衷情)은 실로 소식보다

116 대신(大臣)이……고쳤다 : 정조의 이름인 '祘' 자는 본래 음이 '산'이었는데, 1796년(정조20)에 간행한 《규장전운(奎章全韻)》에는 '성'으로 음을 개정하였다. 이에 따라 정조의 사후에 이성(李祘)과 음이 같은 이성(尼城)과 이성(利城)을 노성(魯城)과 이원(利原)으로 개칭하기도 하였는데, 초명인 이성보(李城輔)의 이성(李城)이 정조의 이름과 연음(連音)이 같기 때문에 이름을 고치고자 이직보가 올린 상소가 실록에 보인다. 《承政院日記 純祖 卽位年 9月 7日》《純祖實錄 卽位年 8月 29日》 매산이 말한 대신은 누구인지 자세하지 않다.

117 동조(東朝)가 수렴청정하였는데 : 동조는 태후나 대비(大妃)를 이르는 말로, 한(漢)나라 때에 황태후가 거처하던 장락궁(長樂宮)이 황제의 거처인 미앙궁(未央宮)의 동쪽에 있었기 때문에 이렇게 칭하게 되었다. 여기서는 순조 즉위 때부터 3년 동안 수렴청정하였던 정순왕후(貞純王后)를 가리킨다.

118 송나라……실성통곡하였습니다 : 소식(蘇軾, 1037~1101)은 구법당(舊法黨)에 속하여 신법(新法)을 주장하던 왕안석(王安石)과 대립하였는데, 신법당의 의견을 따랐던 신종(神宗)이 붕어하고 철종(哲宗)이 즉위하여 신종의 모후인 선인태후(宣仁太后)가 수렴청정을 하자, 다시 조정에 들어와 예부 낭중(禮部郎中) 등을 거쳐 한림학사(翰

백배나 더합니다.”

하고는 이어서 어린 왕을 보호하는 절도와 보도(輔導)하는 방법을 아뢰니, 동조가 한동안 눈물을 흘렸다.

선생이 교외에 나가서 왕의 장례 행렬을 맞이하여 곡하고 능소(陵所)에 가서 복토(復土)[119]를 기다려 글을 올리고 돌아왔는데, 상은 승지를 보내어 만류하고는 이어서 병세를 간호하도록 명하였다.

신유년(1801)에 다시 대사헌과 이조 판서, 사포서 제조(司圃署提調), 지돈녕(知敦寧)을 제수하였다. 임술년(1802)에 특별히 선생의 아들 교원(敎源)을 용인 현감(龍仁縣令)으로 제수하고 이어서 매우 간곡히 유시하자, 선생이 부주(附奏)[120]로 사례하는 글을 올렸다. 또다시 성균관 좨주(成均館祭酒)를 제수하자, 상소하여 미호(渼湖)와 지암(止菴), 늑천(櫟泉 송명흠(宋明欽)) 세 현자에게 시호를 내릴 것을 청하니, 상은 이를 윤허하고 또다시 특진관(特進官)을 제수하였다.

을축년(1805) 정순왕후(貞純王后)가 승하하자, 선생은 교외로 나아가서 성복(成服)하고 글을 올려 위로하였다. 순조가 마마를 앓자 선생은 교외에서 안후를 받들었는데, 성상의 안후가 편안히 회복된 뒤에

林學士)에 시독(侍讀)을 겸하게 되었다. 철종 원우(元祐) 2년(1087) 소식이 금중(禁中)에서 숙직할 때에, 평소 소식을 아끼던 선인태후가 그를 불러 편전(便殿)에 입대(入對)하게 하고는 “그대가 갑자기 높은 벼슬에 이른 것은 선제(先帝)의 뜻이었다.”고 하면서 독려하며 함께 눈물을 흘리고는 차를 하사하고 어전에 있던 금련촉(金蓮燭)을 빼어 주었다는 일화가 전해진다. 《宋史 卷338 蘇軾列傳》

119 복토(復土) : 산릉의 광중(壙中)을 파내고 하관(下棺)한 다음, 파낸 흙으로 다시 관 위를 메우고 봉분을 만들어 능묘를 세우는 것을 말한다.

120 부주(附奏) : 이미 내린 교지(敎旨)에 부대(附帶)하여 상주(上奏)함을 이른다.

돌아와서 글을 올려 경하의 뜻을 아뢰었다. 정묘년(1807)에 나이가 만 70세가 되었다 하여 의복감과 음식물을 보내주었고, 무진년(1808)에 특별히 유시하여 독서하는 선비를 천거하라고 명하자, 송계간(宋啓幹)과 김직순(金直淳)을 천거하여 이들 두 사람이 다 유현(儒賢)에 뽑히니, 선생이 글을 올려 사례하는 뜻을 아뢰었다.

신미년(1811)에 원자(元子) 시강원의 우유선(右諭善)에 제수되었는데, 이때 선생은 산수(山水)의 경치가 아름답다 하여 큰 아들의 무주(茂朱) 임소(任所)에 갔다가 그대로 머물고 있었다. 이해 9월 8일에 관사(官舍)에서 고종명(考終命)하니, 향년이 74세였다. 부음이 알려지자, 상은 크게 슬퍼하여 조회 보는 것을 이틀 동안 그치고 부의(賻儀)를 더 많이 내렸으며 승지를 보내어 치제(致祭)하였다. 태학(太學 성균관)의 선비들은 신위를 설치하여 거애(擧哀)하였고, 문인(門人)들은 머리에 마질(麻絰)을 두르고 소복(素服)을 입었다.

11월 14일에 충주(忠州) 주천리(舟川里) 묘좌(卯坐)에 장례하였는데, 뒤에 유신(儒臣)의 말로 인하여 시장(諡狀)을 기다리지 않고 시호를 내리니, '도덕이 높고 문견이 넓다.〔道德博聞〕', '밤낮으로 경계했다.〔夙夜儆戒〕'는 두 시법(諡法)을 사용해서 '문경(文敬)'이라는 시호를 내렸다.

선생은 천성이 도에 가까워 9세에 《중용》을 읽고서 말씀하기를 "내가 어이하면 나의 몸이 중화(中和)의 덕을 지극히 해서 천지가 자리를 잡고 만물이 길러지는 성대함을 보겠는가."[121] 하고는 이어서 기쁜 마음

121 내가……보겠는가 : 《중용장구》 제1장의 "중(中)과 화(和)를 지극히 하면 천지가 제자리를 편안히 하고 만물이 잘 생육될 것이다.〔致中和, 天地位焉, 萬物育焉.〕"라

에 무도(舞蹈)하기를 그치지 않았다. 어려서 아버지를 잃고 질병이 심하였으나 오히려 능히 분발하여 각고해서 경사(經史)와 백가(百家)를 널리 통달하고 음양과 율력(律曆)도 연구하여 터득하지 않은 것이 없었다.

학문할 적에 오로지 내면에 마음을 써서 일찍이 《논어》의 안연(顔淵)과 중궁(仲弓)이 인(仁)을 물은 두 장[122]을 여름 세 달을 마치도록 끊임없이 외우고 연구하였다. 또 《논어》의 〈향당(鄕黨)〉편[123]을 가지고 수신(修身)하는 참된 말씀으로 삼고, 말씀하기를 "성인의 공경이 천지를 감동시켰으니, 이는 내가 힘써 행해야 하나 능하지 못한 것이다." 하였다. 《상서(尙書)》를 가장 좋아하여 "몸과 마음에 간절한 점은 간혹 사서(四書)보다 더하다."라고 하였다.

여러 경서를 읽을 적에 언해(諺解)에 구애되지 않았고, 항상 남이 알까 두려워하듯이 스스로 자신을 감추었다. 삼달존(三達尊)[124]이 모

는 구절을 읽고 자신의 마음을 표현한 말이다.

122 안연(顔淵)과……장 : 《논어》 〈안연〉 제1장에 안연이 공자에게 인(仁)을 묻자, 공자는 '자신의 사욕을 이겨 예로 돌아감〔克己復禮〕'를 말씀해주었고, 다시 그 조목에 대하여 묻자, 공자가 "예가 아니면 보지도 듣지도 말하지도 움직이지도 말라.〔非禮勿視, 非禮勿聽, 非禮勿言, 非禮勿動.〕" 하였으며, 제2장에 중궁(仲弓)이 인에 대하여 묻자, 공자가 "밖에 나가서는 큰 손님을 본 듯이 하고, 백성을 부릴 때에는 큰 제사를 받들듯이 하며, 자기가 하고 싶지 않은 일을 남에게 베풀지 말라.〔出門如見大賓, 使民如承大祭, 己所不欲, 勿施於人.〕" 하였는데, 이것을 가리킨다.

123 향당(鄕黨)편 : 《논어》의 열 번째 편으로, 공자가 일상생활 속에서 실천한 언행을 기록한 것인바, 말씀과 행실이 자연스럽게 예(禮)에 맞았던 성인을 배우기 위해 학자들이 잠심해서 읽어야 할 편으로 알려져 있다.

124 삼달존(三達尊) : 누구나 공통적으로 높이는 세 가지 높은 것으로, 연치와 벼슬과

두 높았는데 스승의 도로 자처하지 않아서 사람들에게 속수(束脩)의 예(禮)를 허락하지 않았으나,[125] 후진(後進)들을 지극정성으로 계도하여 잘하는 사람을 가상히 여기고 잘하지 못하는 사람을 가엽게 여겼다.

평소 늘 말씀하기를 "성인(聖人)과 미치광이의 구분이 단지 하나의 생각에 달려 있으니,[126] 배우는 자가 무엇이 이로운 것이고 무엇이 해로운 것인지를 알면 버릴 것과 취할 것을 구분하기가 쉽다." 하였고, 《서경》의 "하늘은 사사로이 친애하는 사람이 없고 능히 공경〔敬〕하는 사람을 친애한다."[127]는 말을 인용하여 말씀하기를 "공경은 바로 성인의 가르침 중에 제일의 의리이니, 잠시도 그칠 수가 없다."고 하였다.

또 말씀하기를 "일상생활 중에 일호(一毫)의 인욕(人慾)도 마음속에 없어야 비로소 공부할 수 있는 터전이 갖추어진다. 만일 그렇지 못하면 기름에 조각하고 얼음에 그림을 그리는 것과 같아서 진실하게 득력(得

덕망을 이른다. 《孟子 公孫丑下》

125 사람들에게……않았으나 : '속수(束脩)'는 열 개의 육포 묶음으로, 제자가 되려고 스승에게 올리는 폐백 중에서 가장 약소한 것을 비유하는바, 스승을 자처하여 공개적으로 제자를 받지 않았다는 말이다. 속수는 《논어》〈술이(述而)〉의 "수(脩) 한 속(束) 이상을 가지고 와서 집지(執贄)의 예를 행한 사람에게는 나는 가르쳐 주지 않은 적이 없었다."라는 구절에서 유래하였다. 한 속(束)은 포 열 개이다.

126 성인(聖人)과……있으니 : 성인과 미치광이의 구분은 능히 생각을 하느냐 하지 못하냐에 달려있음을 말한 것으로, 《서경》〈다방(多方)〉의 "성인도 생각함이 없으면 미치광이가 되고, 미치광이도 능히 생각하면 성인이 된다.〔惟聖罔念作狂, 惟狂克念作聖.〕"는 말을 원용한 것이다.

127 하늘은……친애한다 : 이 내용은 《서경》〈태갑 하(太甲下)〉 제1장에 이윤(伊尹)이 탕왕(湯王)의 손자인 태갑에게 고한 말에 보인다. 이윤은 상(商)나라의 탕왕을 도와 천하를 통일하였으며, 성탕이 별세한 후에 성탕의 손자인 태갑이 즉위하여 방탕한 짓을 자행하자 그를 추방하였다가 개과천선한 뒤에 다시 황제로 복위(復位)시켰다.

力)할 토대가 없게 된다." 하고는 매번 맹자(孟子)가 성선(性善)을 말씀한 것과 공명의(公明儀)가 주공(周公)은 나의 스승이라고 말한 것[128] 등을 예로 들어서 정성스럽고 친절하게 가르쳤다. 그러므로 선생의 지도를 한 번 받으면 모든 사람들이 감동하고 깨달았다.

덕(德)을 진전시키고 학업(學業)을 닦는 절도를 한결같이 주자가 이루어 놓은 법을 따랐고, 예(禮)를 논할 때에도 반드시 주자의 《가례(家禮)》에 의거하고 한 번도 억측하여 결단하지 않았다.

부친을 일찍 여읜 것을 종신(終身)의 근심으로 삼아서, 의복에는 채색 단을 두르지 않았고 음식은 두 가지의 맛있는 것을 겸하여 먹지 않았고 음악을 듣지 않았으며, 매번 기일(忌日)이 되면 초상 때와 같이 곡하고 목욕재계하고서 동이 틀 때까지 있었는데, 고령(高齡)에 이르러서도 이와 같은 정성과 예를 폐하지 않았다.

항상 '몸이 벼슬에 나아가지 않으면 말을 하지 않는다.'는 경계를 지켜서 심지어 헌의(獻議)하라는 명에도 응하지 않았으나, 충성과 사랑을 천성으로 타고나서 경연에 나아갔다가 물러나 돌아갈 것을 고할 적에는 번번이 권면하는 말씀을 아뢰었다. 그 은미한 말씀과 지극한 의논이 당대의 병폐에 매우 적중하여 비난하는 말이 들끓었으나, 화복(禍福) 때문에 마음이 동요되지 않았다.

128 맹자(孟子)가……것 : 이 내용은 《맹자》 〈등문공 상(滕文公上)〉의 "등문공이 세자로 있을 때에 초(楚)나라로 가기 위하여 송(宋)나라를 지나다가 맹자를 뵈었는데, 맹자가 성(性)이 선(善)함을 말씀하면서 그때마다 반드시 요와 순을 일컬었다.〔孟子道性善, 言必稱堯舜.〕"는 말과, 춘추 시대 노(魯)나라의 현인(賢人)인 공명의(公明儀)가 "주공이 '문왕은 나의 스승이다.'라고 했으니, 주공이 어찌 나를 속이셨겠는가.〔文王我師也, 周公豈欺我哉?〕"라고 한 말을 원용한 것이다.

정조가 공의 외로운 충심(衷心)을 살펴 크게 포용해주시어 고금에 드문 은혜와 예우로 거의 매달마다 문안하고 물건을 하사하시니, 은혜를 베푸시는 뜻이 두루 흡족해서 지극하지 않음이 없었다. 선생은 매번 왕이 보낸 사람을 대할 때마다 부복(俯伏)하여 눈물을 흘리며 말씀하기를 "형편없는 천한 신하가 성념(聖念)을 번거롭게 하여 죄가 더욱 무겁다."고 하였다.

일찍이 멀리 건릉(健陵 정조의 능)의 소나무와 측백나무를 바라보면 터져 나오는 오열을 절로 이기지 못하여 옆 사람들을 감동시켰다. 순조의 안후가 편안치 못하다는 말을 듣고는 애를 태우며 날을 지새웠으며, 임종할 때에도 마치 잠꼬대를 하는 것처럼 간곡한 말씀을 계속하였는데, 내용이 모두 성상의 안후를 살피는 것이었다. 일찍이 현인을 등용하는 것을 국가에 보답하는 방도로 여겼는데, 민치복(閔致福)[129]을 미처 천거하지 못하여 유소(遺疏)[130]를 초(草)하고자 하였으나 병이 심하여 결행하지 못하였다.

항상 밤마다 〈이소경(離騷經)〉과 〈출사표(出師表)〉, 문산(文山)의 시[131]를 외웠는데, 그때마다 강개함이 격렬해져 절로 그칠 수 없었다.

129 민치복(閔致福) : 1766~1814. 자는 원리(元履), 호는 확재(擴齋), 본관은 여흥(驪興)이다. 지암(止菴) 김양행(金亮行)의 문하에서 수학하였고, 노주(老洲) 오희상(吳熙常)과 학문적으로 교유가 많았다. 1789년(정조13) 사마시에 합격하고 동몽교관, 남평 현감(南平縣監) 등을 지냈다. 오희상이 지은 묘지명이 전한다. 《老洲集 卷16 擴齋閔公墓誌銘》

130 유소(遺疏) : 신하가 죽음을 앞두고 임금에게 올리는 상소를 이른다.

131 이소경(離騷經)과……시 : 〈이소경〉은 전국 시대 초 회왕(楚懷王)의 충신(忠臣)인 굴원(屈原)이 소인(小人)들의 참소로 조정에서 쫓겨나 늪가를 배회하면서 근심

관생와(觀生窩) 민공(閔公)[132]과 입택(笠澤)[133]에서 배를 띄우고 노닐다가 영릉(寧陵)의 뜻과 일[134]을 언급하게 되면 이어서 눈물을 몇 줄기 흘리고는 하였다.

과 울분을 표현한 초사(楚辭)의 이름이다. 〈출사표(出師表)〉는 촉한(蜀漢)의 제갈량(諸葛亮)이 위(魏)나라의 조비(曹丕)를 토벌하기 위하여 군대를 출동시키면서 올린 표문(表文)으로, 제갈량의 우국충정이 절절하게 표현되어있어 지사(志士)들의 눈물을 자아내게 하는 작품으로 유명하다. 문산(文山)은 남송(南宋) 말기의 충신인 문천상(文天祥, 1236~1282)의 호이다. 그는 남송의 승상(丞相)이 되어 나라를 부흥시키려고 온 힘을 다하였으나, 나라는 끝내 원(元)나라에 패망하고 자신은 사로잡혔는데, 원나라 세조(世祖)의 끊임없는 회유에도 두 조정을 섬길 수 없다는 의리로 끝까지 굴하지 않다가 옥중에서 태연히 사형을 받았다. 그가 지은 시는 〈정기가(正氣歌)〉이다. 이 작품은 문천상이 옥중에서 맹자의 호연한 정기를 본받아 자신의 충절을 표현한 5언 고시로, 《문산집》 권20에 실려 있다. 《宋史 卷418 文天祥列傳》

132 관생와(觀生窩) 민공(閔公) : 관생와는 민이현(閔彝顯, 1750~1793)의 호로, 자는 공저(公著), 본관은 여흥(驪興)이다. 민우수(閔遇洙)의 손자이고, 민치복의 종숙부이다. 1777년(정조1) 학행(學行)으로 천거되어 명릉 참봉(明陵參奉), 사헌부 장령 등을 지냈다. 사학(史學)과 경제 방면에 능통하였으며, 저서로 《관생와유고》가 있다.

133 입택(笠澤) : 몇 가지 사항을 근거해보건대 현재 여주시 근처를 흐르는 남한강의 이칭이었던 것으로 보이는바, 이직보의 본가가 여주에 있었다는 것이 첫 번째 증거이다. 다음으로 여강(驪江)을 배경으로 지은 신광수(申光洙, 1712~1775)의 《석북집(石北集)》 권5 〈섬강방법정동주부하신륵사(蟾江訪法正同舟浮下神勒寺)〉와 김려(金鑢, 1766~1821)의 《담정유고(藫庭遺藁)》 권3 〈춘숙여강증이징군(春宿驪江贈李徵君)〉 등의 작품에 입택이 언급되어있기 때문이다. 그리고 효종의 능이 여주의 남한강 인근에 있는데, 이 글에 민이현(閔彝顯)과 이곳에서 뱃놀이를 할 적에 그 능을 보고 효종의 뜻과 일을 얘기하면서 눈물을 흘렸다는 내용도 있기 때문이다.

134 영릉(寧陵)의 뜻과 일 : 영릉은 효종(孝宗)을 가리키는바, 그 뜻과 일은 청나라에 대한 복수를 위해 북벌(北伐)을 계획한 것을 가리킨다. 이 계획은 효종이 일찍 승하함으로 해서 실현되지 못하였다.

평소 자신을 겸손하게 낮추는 것을 법도로 삼아서 남을 대할 적에 정성스럽고 화락하여 담소하는 것을 싫어하지 않으니, 향당(鄕黨) 사람들이 기뻐하고 복종하지 않는 이가 없었다. 신분과 학덕이 자기보다 높은 사람들은 모두 당(堂) 아래로 내려가서 맞이하고 전송하여 매우 겸손히 예를 집행하였다. 혹자가 중도를 넘어선 예인 것 같다고 하자, 선생은 말씀하기를 "기만(欺瞞)한 죄가 크기 때문에 나이와 지위가 더 높아질수록 마음은 더 조심하고 두려워할 뿐이다."라고 하였다.

매번 한 글자의 편지도 도성으로 들이지 않은 고인(古人)의 행적을 가슴속에 새겨서, 비록 친척과 친구라도 일찍이 상대방이 먼저 편지를 보내지 않으면 또한 문자로 응대하고자 하지 않고, 말씀하기를 "내가 이미 헛된 명예를 도둑질하고 또 문장의 권형(權衡)을 독차지했으니,[135] 반드시 조물주에게 용납되지 못할 것이다." 하여, 떳떳한 예(禮)를 가지고 물어도 답하지 않았다. 평소에 저술을 일삼지 않았는데, 산문 원고 몇 권이 집안의 책 상자에 보관되어 있을 뿐이다.

선생은 명문가에서 출생하여 일찍 정관재(靜觀齋)와 지촌(芝村)의 유풍을 인어 들었고,[136] 또 미호와 지암 두 선생을 만나 의귀(依歸)할

135 문장의 권형(權衡)을 독차지했으니 : 이직보는 홍문관의 문형을 담당한 적이 없는데, 왜 이 말을 했는지는 전말이 자세하지 않다.

136 명문가에서……들었고 : 정관재(靜觀齋)와 지촌(芝村)은 이직보의 종증조(從曾祖)인 이단상(李端相, 1628~1669)과 종조(從祖)인 이희조(李喜朝, 1655~1724)의 호인바, 명문가인 연안 이씨 집안에서 태어나 정관재와 지촌과 같은 명망 있는 선조의 유풍을 배우며 자랐다는 말이다. 이단상은 자가 유능(幼能), 호가 정관재(靜觀齋)·서호(西湖)로, 1649년(효종 즉위년) 정시 문과에 병과로 급제하여 청요직을 두루 역임하고 1655년 사가독서를 하였으며, 효종이 죽고 정국이 변하자 두문불출하고 학문에만 전념하였다. 시호는 문정(文貞)이고 저서로는 《정관재집》 등이 있다. 이희조는 자가

스승으로 삼아서 전습(傳習)하는 일에 마음을 전일하게 쏟았다. 선(善)과 이(利)의 기미를 살펴서 일찍 스스로 과거에 응시하지 않고 사장(詞章)의 과거 공부를 그만두었으면서도 마음에 품은 뜻을 상실할까 염려하였다.

성리학의 심오한 내용에 대해 침잠하고 연구하였으나 또한 감히 자기의 견해를 확신하지 않고 스승의 말씀을 믿었으며, 은둔하여 조용히 스스로 수양해서 자신의 성정(性情)을 길렀고, 본원을 한결같이 탐구하여 공효를 거두었으니, 진실로 옛날에 이른바 '심학(心學 마음을 닦는 학문)'이라는 것이다.

공자의 문하에서 사람을 가르친 것이 모두 마음을 보존하고 성(性)을 기르는 일이었으나 다만 이것을 분명하게 말씀하지 않았는데, 맹자에 이르러서 특별히 이것이 하늘을 섬기는 것임을 말씀하였다.[137] 마음이라는 것은 사람의 신명(神明)이고 성이라는 것은 사람의 태어난 이치이니, 모름지기 밥을 먹거나 숨을 쉴 때에도 마음을 보존하고 성을 길러야 비로소 본심이 항상 밝아서 천리가 절로 온전해지니, 이것이 바로 우리가 죽을 때까지 해야 할 일이다.

선생은 이미 학문(學問)에 정밀하고 또 안으로 수양하는 공부에 전

동보(同甫), 또 다른 호는 간암(艮菴)으로, 이단상의 아들이다. 1680년(숙종6) 유일(遺逸)을 지내고 해주 목사(海州牧使)와 이조 참판 등을 거쳐 1719년 대사헌을 지냈다. 1721년(경종1) 신임사화로 영암(靈巖)에 유배되었다가, 철산(鐵山)으로 이배 도중 정주(定州)에서 죽었다. 시호는 문간(文簡)이며 저서로 《지촌집》이 있다.

137 맹자에……말씀하였다 : 이 내용은 《맹자》 〈진심 상(盡心上)〉의 "마음을 보존하여 성을 기름은 하늘을 섬기는 것이다."〔存其心, 養其性, 所以事天也.〕"라는 것을 가리킨다.

일하여 점차적으로 돈독하고 허정(虛靜)하여 인(仁)에 익숙한 근본에 이르렀으니, 이것이 영세(永世)에 본보기가 되는 이유이다. 마음을 잡아서 오래도록 수양하면 기운이 온화해지고, 기운이 온화해지면 온순하고 관대해서 바라보는 자들이 나쁜 생각이 사라지고 분노가 해소되며, 오래도록 체찰(體察)하면 이치가 밝아지고 이치가 밝아지면 풍간(諷諫)하여 인도함이 자세하고 성실해져서 듣는 자들이 마음으로 깨닫고 생각이 바뀐다. 이것이 바로 주자가 덕성을 함양시킨 참된 가르침인데 선생이 이것을 소유하였으니, 어찌 이치를 귀로 듣고 바로 입으로 말하는 자가 헤아려 의논할 수 있는 것이겠는가.

선생은 일찍이 허위(虛僞)의 병폐를 통렬히 징계하여 말씀하기를 "학문이 비록 좋은 것이지만 오직 자질이 아름다운 자만 할 수 있다. 자질이 아름답지 못한 자는 할 수가 없고 다만 자기 몸을 해치고 세도(世道)를 손상시킬 뿐이다."라고 하였으니, 그 뜻이 은미하다.

영재(寧齋) 오공(吳公)[138]은 공의 기상을 찬양하기를 "풍범(風範)이 단정하고 의젓하니, 동시대에 비견할 자가 없다."라고 하였고, 족자(族子) 술원(述源)[139]은 "진실로 옛날의 일민(逸民)[140]이다." 하였고, 족손

138 영재(寧齋) 오공(吳公) : 영재는 오윤상(吳允常, 1746~1783)의 호로, 자는 사집(士執), 본관은 해주(海州)이다. 대제학을 지낸 순암(醇菴) 오재순(吳載純)의 아들이고 노주 오희상의 형으로, 김원행(金元行)의 문하에서 배웠다. 학문이 뛰어나고 행실이 효성스럽고 경전(經傳)을 탐독하였는데, 37세의 나이에 요절하였다. 저서로 《영재유고》가 있다.

139 족자(族子) 술원(述源) : 족자는 족질(族姪)로, 이직보의 족숙(族叔)인 이우신(李雨臣, 1670~1744)의 손자 이술원(李述源)을 가리키는바, 음보로 벼슬하여 좌부승지(左副承旨), 성천 부사(成川府使) 등을 지냈다.

(族孫)인 봉수(鳳秀)[141]는 "효제(孝悌)가 신명(神明)과 통하고 작록(爵祿)이 마음속에 들어가지 않아서 진실한 마음과 행실이 얼굴에 나타나고 등에 가득하다." 하였다. 이 세 현자는 공의 덕을 깊이 알았기 때문에 마침내 말씀이 이와 같았으니, 여기에서 선생의 진면목을 살펴볼 수 있다.

배위인 정부인(貞夫人) 함양 박씨(咸陽朴氏)는 첨지(僉知) 진규(晉揆)의 따님이다. 1남 1녀를 낳았으니, 교원(敎源)은 교리(校理)이고, 사위는 현감 송계형(宋啓馨)이다. 교리의 양자는 윤수(胤秀)이고, 난수(蘭秀), 운수(芸秀)와 김동기(金東箕), 원석우(元錫愚)의 처는 측실의 소생이다. 송씨 사위의 양자는 대희(大熙)이다. 윤수의 아들은 면우(冕愚)이며, 사위는 원재홍(元在弘), 송신희(宋臣熙), 민영년(閔泳年)이다. 나머지는 모두 어리다.

나는 일찍부터 공의 훌륭한 모습을 받들었으나, 뜻과 사업이 황폐하여 중망(重望)에 부응하지 못해서 항상 부끄러운 마음을 품고 있었다. 그런데 지금 조석(朝夕) 간에 죽음을 마주하고서 마침내 몽매한 식견과 썩은 붓을 가지고 대군자(大君子)의 도덕을 찬양하니, 스스로 부끄러움을 모르는 뻔뻔스러운 사람인줄 알지만 이것이 아니면 어떻게 선생의 감격스러운 지우(知遇)에 보답하겠는가. 마침내 명문을 짓는다.

140 일민(逸民) : 학문과 덕행이 있으면서도 세상에 나와 벼슬하지 않고 묻혀 지내는 사람을 이른다.

141 족손(族孫)인 봉수(鳳秀) : 이봉수(李鳳秀, 1778~1852)로, 자는 자강(子岡), 호는 금계(襟溪)이다. 이희조의 현손이고, 임로(任魯), 오희상(吳熙常) 등에게 수학하였으며, 세마(洗馬)와 의령 현감 등을 지냈다. 매산이 지은 묘지명이 있다. 《梅山集 卷40 襟溪李公墓誌銘》

명은 다음과 같다.

연안 이씨의 훌륭함은 우리나라에서	李於東族
더불어 다툴 가문이 없네	莫之與京
삼 대가 사원에서	三世詞垣
맹약을 주관하고 문형을 잡았네[142]	主盟提衡
그 복록을 이어받아	載其茀祿
도학으로 계속 이름이 났네	繼以道鳴
능히 전통을 이은 분이 있으니	克纘厥緖
바로 선생이었네	曰惟先生
선생의 자질은	先生之質
순수하고 깨끗하고 곧았네	純粹淸貞
어려서 용맹하게 전진함에 뜻을 두어	幼志勇往
성인을 법으로 삼았네	聖人是程
효와 공경을 근본으로 삼으니	孝悌爲本
근본이 확립되어 도가 생겼네	本立道生
자나 깨나 인을 구하여	寤寐求仁
인의 도가 이루어졌네	仁道斯成
덕을 진전하고 학업을 쌓아	進德居業

142 삼 대가……잡았네 : 사원(詞垣)은 문단을 가리키며, '맹약을 주관하고 문형을 잡았다'는 것은 대제학을 지냈다는 말로, 이직보의 5대조인 이정귀(李廷龜, 1564~1635), 4대조인 이명한(李明漢, 1595~1645), 3대조인 이일상(李一相, 1612~1666)이 모두 대제학을 지냈기 때문에 이렇게 말한 것이다.

그 성실함을 세웠네[143]　用立其誠

천리를 체인하여　體認天理

성정을 부지런히 길렀으며　務養性情

묵묵히 공경하고 장중한 모습으로　端拱無言

자신의 참된 즐거움을 길렀네　養我眞樂

다만 마음을 다해 실천한 것은　只輸顔氏

안씨가 심재를 얻은 것이었네[144]　心齋是得

자신을 못 속의 용처럼 잠겨 감추었으나　潛藏淵龍

명성은 구고에서 우는 학처럼 알려졌네[145]　聲聞皐鶴

143 덕을……세웠네 : 이 내용은 《주역》 〈건괘(乾卦) 문언(文言)〉의 "군자는 덕을 진전하고 업을 닦으니, 충신은 덕을 진전하는 방법이고 말을 함에 성실함을 세움은 업을 쌓는 방법이다.〔君子進德修業. 忠信, 所以進德也; 修辭立其誠, 所以居業也.〕"라는 말을 원용한 것이다.

144 마음을……것이었네 : 안씨(顔氏)는 공자(孔子)의 제자인 안회(顔回)를 가리키고, 심재(心齋)는 마음의 재계를 말한 것으로, 안회가 일찍이 공자에게 마음을 재계하라는 가르침을 듣고 말하기를 "저는 집이 가난하여 여러 달 동안 술도 마시지 않고 훈채(葷菜)도 먹지 않았으니, 이것을 재계라고 할 수 있겠습니까?" 하자, 공자는 "이것은 제사 때의 재계이지, 마음의 재계가 아니다." 하였다. 안회가 다시 "마음의 재계란 무엇입니까?"라고 묻자, 공자는 "너는 뜻을 전일하게 하고서 귀로 듣지 말고 마음으로 들을 것이며, 마음으로도 듣지 말고 기(氣)로 들어라. 듣는 것은 귀에서 그치고 마음은 부합하는 데서 그치지만, 기는 텅 비어서 온갖 것을 다 포함한다. 오직 도는 텅 비운 곳에 모이니, 텅 비우는 것이 바로 마음의 재계이다.〔若一志, 無聽之以耳, 而聽之以心; 無聽之以心, 而聽之以氣. 聽止於耳, 心止於符, 氣也者虛而待物者也. 唯道集虛, 虛者心齋也.〕"라고 했는데, 이 내용은 송대의 학자 여대림(呂大臨)이 지은 시의 "안씨는 홀로 공자 문하에서 전공한 일이 없었으니, 나는 다만 안씨처럼 마음을 비우는 데 정성을 쏟으리라.〔獨立孔門無一事, 只輸顔氏得心齋.〕"는 구절을 원용한 것이다. 《莊子 人間世》《近思錄 卷2 爲學》

임금이 공경과 예우를 지극히 해서 致敬盡禮

부들로 싼 바퀴와 옥백으로 초빙하니[146] 蒲輪玉帛

급박한 이후에 출사하였으나 迫而後出

대번에 초복을 이루었네[147] 遽遂初服

훌륭한 말씀과 성대한 의논으로 昌言宏論

인군의 마음을 바로잡으니 君心是格

천덕과 왕도의 요점은 天德王道

신독에 있다는 것이었네[148] 要在愼獨

145 자신을……알려졌네 : 못 속에 잠겨있는 용처럼 은거하여 자신을 감추고 수양하였으나 그 덕이 멀리까지 알려졌음을 말한 것인바, 이 내용은 《주역》 〈건괘(乾卦) 문언(文言)〉의 "초구 효사에 '잠겨 있는 용이니 쓰지 말라.'라고 한 것은 무슨 말인가? 공자가 말씀하기를 '이는 용의 덕을 가지고 은둔한 자이니, 세상에 따라 변하지도 않고 명성을 이루려고도 하지 않아, 세상에 은둔하여도 근심하지 않으며, 남들로부터 인정을 받지 못하여도 근심하지 않는다. 좋은 세상을 만나면 도(道)를 행하고 좋지 않은 세상을 만나면 은둔해서 뜻이 확고하여 뽑을 수 없는 것이 잠겨 있는 용이다.' 하였다.〔初九曰: 潛龍勿用, 何謂也? 子曰: 龍德而隱者也, 不易乎世, 不成乎名, 遯世无悶, 不見是而无悶. 樂則行之, 憂則違之, 確乎其不可拔, 潛龍也.〕"라고 한 것과, 《시경》 〈학명(鶴鳴)〉의 "학이 구고의 늪에서 우니, 그 소리가 하늘에 들린다.〔鶴鳴于九皐, 聲聞于天.〕"는 것을 원용한 것이다. 구고는 깊은 연못이다.

146 임금이……초빙하니 : 군주가 공경과 예우를 다하여 현자(賢者)를 부지런히 초빙함을 이른다. 부들로 감싼 바퀴와 옥백은 모두 옛날에 군주가 현자를 초빙할 때에 사용한 예물이다.

147 대번에 초복(初服)을 이루었네 : 초복은 출사(出仕)하기 전에 입던 의복인바, 임금의 극진한 예우를 받고 급박하게 벼슬자리에 나아갔지만 곧바로 벼슬을 그만두고 벼슬하기 전의 생활로 돌아갔다는 말이다. 굴원(屈原)의 초사(楚辭)인 〈이소경(離騷經)〉에 "물러나 장차 다시 나의 초복을 행하리라.〔退將復修吾初服.〕"라고 한 데서 온 말이다.

왕이 말씀하기를 옳구나 王曰兪哉
그대의 말이 공적을 이룰 만하니 乃言底績
숨김없이 통창하게 열어서 洞開不諱
정성스러운 마음을 전부 말하라 하시니 俾竭悃臆
풍운의 만남[149]이 風雲際會
고금에 보기 드문 것이었네 曠絶今昔
세 조정에서 빈사가 되어[150] 賓師三朝
한 나라의 원로가 되었네 耇造一國
낭봉[151]으로 충성을 바치니 囊封獻忠
스승의 덕을 계승한 것이었네 用述師德
선생의 평생을 개괄하면 概厥平生
몸과 이름이 모두 높았는데 身名俱卓
누가 이 내용을 훌륭한 사관에게 고해서 疇諗良史
선생의 심학을 천명할 것인가 闡厥心學

148 천덕(天德)과……것이었네 : 원래 이 내용은 정자(程子)의 말씀인데, 주인공이 일찍이 임금에게 신독(愼獨)을 강조하였기 때문에 이렇게 말한 것이다. '천덕'은 자신의 덕을 닦는 것으로 명명덕(明明德)에 해당하고, '왕도(王道)'는 왕도정치를 백성들에게 베푸는 것으로 신민(新民)에 해당한다. 《近思錄》

149 풍운의 만남 : 원문의 '풍운제회(風雲際會)'는 어진 임금과 뛰어난 신하가 만나는 것을 뜻하는바, 《주역》 〈건괘(乾卦) 문언(文言)〉의 "구름은 용을 따르고 바람은 범을 따른다.〔雲從龍, 風從虎.〕"라는 데서 온 말이다.

150 세……되어 : 이직보는 정조와 순조 때 빈사(賓師)가 되었는데, 여기에 정순왕후의 수렴청정 시기도 포함시켜 '세 조정'이라고 말한 것으로 보인다.

151 낭봉(囊封) : 봉사(封事)와 같은 말로, 임금에게 상소문을 올릴 적에 누설을 방지하기 위해 밀봉하는 것을 이른다.

주천의 산에	舟川之山
광채가 찬란하니	光氣紛郁
고요한 묘소에	有侐幽堂
공목이 울창하네	有鬱拱木
비석에 사실을 새겨 넣어	琢辭載實
상전벽해의 변고에 대비하니	用備陵谷
준걸한 선비들이여 힘써	勖哉髦士
백세토록 본받을지어다	百世是式

진사 박공 묘지명 병서○정미년

進士朴公墓誌銘 幷序○丁未

한양의 남쪽 마을에 독행(篤行)의 군자가 있으니, 바로 박공(朴公) 휘 정원(鼎源)으로, 자가 성수(聖受)이다. 공은 타고난 자질이 특이하여 3살 때까지도 젖을 끊지 아니하여 아우와 함께 젖을 먹었는데, 젖의 양이 고르지 못함을 염려해서 어머니에게 청하기를 "형제가 각자 하나씩 빨아서 아우를 굶지 않도록 해주시기를 원합니다."라고 하였다. 7세에 아우와 함께 마마를 앓아서 위독하였다. 어머니가 전심으로 공을 보살피느라 아우의 병을 간호할 겨를이 없자, 공은 괴롭게 신음하는 중에도 오히려 "저는 괜찮은데, 어찌 아우를 구원하러 가지 않으십니까?"라고 말하였다.

부모를 깊이 사랑하여 병환에 약시중을 들 적에 잠을 자고 밥 먹는 것을 폐하기까지 하였으며, 부친상을 당했을 때에는 3년 동안 거친 밥을 먹어 몸이 훼손되어서 거의 생명을 잃을 뻔하였다. 졸곡이 되어서도 계속해서 조석전(朝夕奠)을 지냈고, 소상(小祥)을 지낸 뒤에도 아침저녁으로 절을 행하니, 비록 이는 지나친 예이지만 선조의 법을 따른 것이었다.

모부인이 이질(痢疾)을 앓자 대변이 단지 쓴지 맛을 보았고 밤이면 북극성(北極星)에 기도하여 자기가 대신 죽게 해달라고 소원하였으며, 돌아가시자 이전의 부친상과 똑같이 거상(居喪)하였다. 공은 날이 새도록 돌아가신 부모님을 생각해서[152] 드러나고 존재하는 듯 마음에 잊지 않으니,[153] 평소의 언행과 운명할 때의 유훈을 자세히 기록하여 제목을《거가잡의(居家雜儀)》라고 하였다. 탈상(脫喪)하고 나서도 계속해서 복침(復寢)을 하지 않았으며,[154] 매일 새벽마다 가묘에 배알(拜謁)하고 초하루와 보름에는 성묘하였는데, 70세가 될 때까지도 곡(哭)을 폐하지 않았다.

기일에는 초상 때와 똑같이 하여 흘린 눈물이 자리를 가득 적셨고, 비록 큰 병환이 있더라도 고기를 먹지 않았으며, 산소에 가면 소나무와 가래나무를 어루만지고 목메어 울면서 차마 그곳을 떠나가지 못하였다. 직접 묘소에 심은 아름다운 나무들이 무성하게 자라 빽빽한 숲을 이루었는데, 묘소가 바라보이는 곳에 누각을 세우고 '척호(陟岵)'[155]라

152 날이……생각해서 : 이 내용은《시경》〈소아(小雅) 소완(小宛)〉의 "작은 저 명구가 훨훨 날아 하늘에 이르네. 내 마음 근심스러우니, 옛 선인을 생각하노라. 날이 새도록 잠을 이루지 못하여 부모님 두 분을 그리워하노라.〔宛彼鳴鳩, 翰飛戾天. 我心憂傷, 念昔先人. 明發不寐, 有懷二人.〕"라는 구절을 원용한 것이다.

153 드러나고……않으니 : 부모를 제사함에 정성을 지극히 하여서 마치 부모의 모습이 드러나고〔著〕 존재하는〔存〕 듯하게 됨을 이르는바,《예기》〈제의(祭義)〉에 "제사하는 날 방에 들어가면 애연(僾然)히 미치 자리에 있는 듯하며, 주신(周旋)하여 문을 나오면 숙연(肅然)히 그 목소리가 들리는 듯하며, 문을 나와서 들으면 개연(愾然)히 그 탄식하는 소리가 들리는 듯하다. 이런 까닭에 선왕의 효는 부모의 안색을 눈에서 잊지 않고 그 소리를 귀에서 끊지 않고 그 심지와 기욕을 마음에서 잊지 않는다. 사랑을 지극히 하면 존재하고 정성을 지극히 하면 드러난다. 드러나고 존재하는 듯하여 마음에 잊지 않으니, 어찌 공경하지 않을 수 있겠는가.〔是故先王之孝也, 色不忘乎目, 聲不絶乎耳, 心志嗜欲不忘乎心. 致愛則存, 致慤則著, 著存不忘乎心矣, 夫安得不敬乎?〕"라는 말을 원용한 것이다.

154 탈상(脫喪)하고……않았으며 : '복침(復寢)'은 평소 부인과의 잠자리를 회복한다는 뜻인바, 예법상 상기(喪期)를 마치고 나면 복침해도 되는데 부모를 잃은 슬픔이 그치지 않아서 차마 복침하지 않았다는 말이다.《禮記集說 喪大記》

155 척호(陟岵) : 민둥산에 올라간다는 뜻으로,《시경》〈위풍(魏風)〉의 편명인바,

고 편액한 다음, 손수 〈육아(蓼莪)〉 시[156]를 병풍에 써서 종신토록 사모하는 마음을 붙였다.

공은 과부가 된 누이를 위해서 이웃에 집을 마련해 주었다. 사는 집은 달랐으나 밥은 함께 먹었으며, 맛있는 음식을 나누어 먹었고 적은 것이라도 나누어 가졌다. 고아가 된 생질(甥姪)을 가르치고 길러서 제때에 시집가고 장가들게 해주었다.

막내아우와 담장 하나를 사이에 두고 살면서 우애가 매우 돈독하였는데, 당시에 두 집의 개가 서로 젖을 물려주니, 사람들은 이것을 북평왕(北平王)의 고양이와 안풍(安豐)의 닭[157]에 비견하였다. 또 막내아우를 위해서 고향에 집터를 마련할 적에 땅을 더 많이 떼어 주었으며, 서적을 구입하고 기물을 만들 적에 반드시 두 벌을 갖추어 나누었다. 한 철이나 한 달 동안 격조(隔阻)하면 아우 생각에 근심스러워 잠을 못 이루었고, 제철에 새로 나온 맛있는 어물과 과일을 일부러 사람을 보내어 갖다 주었으며, 일찍이 〈소완(小宛)〉 시[158]를 아우의 집 벽에

이 시는 효자가 부역을 나가서 어버이와 형제를 잊지 못하는 심정을 노래하였다.

156 육아(蓼莪) 시 : 육아는 《시경》 〈소아(小雅)〉의 편명으로, 이 시는 부모 생전에 효도를 다 하지 못한 자식의 애통한 심정을 노래하였다.

157 북평왕(北平王)의……닭 : '북평왕의 고양이'는, 당나라 때 북평왕 마수(馬燧, 726~795)의 집에 있는 암고양이 두 마리가 같은 날 함께 새끼를 낳았는데, 암고양이 하나는 바로 죽어 그 새끼들이 젖을 먹지 못하고 울기만 하자, 다른 암고양이가 그 새끼들을 제 우리로 끌어다 제 새끼와 같이 젖을 먹여 기른 고사를 가리킨다. 《唐宋八大家文鈔 卷10 昌黎文鈔 猫相乳》 '안풍(安豐)의 닭'은, 당나라 때 수주(壽州) 안풍현(安豐縣) 사람 동소남(董邵南)이 효성이 지극하여 기르는 가축들도 감화를 받았는바, 어미 개가 먹이를 구하러 가서 돌아오지 않자 어미 닭이 강아지에게 먹이를 구해준 고사를 가리킨다. 《小學 善行編 董生行》

써서 서로 권면하고 경계하였다.

둘째 누이가 역병에 죽자, 공은 자식과 조카를 데리고 가서 쇠를 녹일 듯한 열기와 찜통 같은 무더위에도 작은 방에서 정성을 다하여 상을 치르고 유감이 없게 장송(葬送)하였다.

종학(從學)하는 족질(族姪) 중에 역병에 걸려 위독한 자가 있었는데, 모든 사람들이 그곳을 나와 우거(寓居)할 것을 권하자, 공은 말씀하기를 "저 사람이 나를 매우 가까운 친족으로 의지하였는데, 내가 어찌 차마 길을 가는 타인처럼 대하겠는가." 하고는 의원과 약을 써서 구제하였다. 이때 사방의 이웃에 역병의 기운이 치성(熾盛)하였으나 유독 공의 집만 탈이 없으니, 사람들은 신명이 도와준 것이라고 칭송하였다.

거듭된 흉년을 만나자, 쌀 한 말 값이 100전(錢)이었는데 공은 3개월의 시마복(緦麻服)과 대공복(大功服)·소공복(小功服)의 친척[159]을 계산해서 가호마다 곡식 한 섬을 주고, 이어서 의창법(義倉法)을 따라서 봄에는 구휼하고 가을에는 저축하여 흉년을 대비하였다. 장인인 정공(鄭公)이 임소에서 죽자, 수의(襚衣)를 올리고 관 만드는 일을 감독하여 인정과 예의에 흡족하도록 힘썼다. 그리고 처남인 정공의 큰 아들이 뒤이어 죽자, 공은 장사(葬事)를 도왔는데 지극한 정성을 쓰지 않음이

158 소완(小宛) 시 : 《시경》 〈소아(小雅)〉의 편명으로, 이 시는 형제가 서로 노력하여 부모를 욕되게 함이 없기를 경계한 작품이다

159 시마복(緦麻服)과……친척 : 시마복은 오복(五服) 가운데 가장 짧은 3개월 동안 복을 입는 관계의 친족으로, 팔촌에 해당한다. 대공복(大功服)은 9개월 동안 복을 입는 관계인 종형제, 출가 전의 종자매(從姊妹), 중자부(衆子婦), 중손, 중손녀, 질부, 남편의 조부모, 남편의 백숙부모, 남편의 질부 등을, 소공복(小功服)은 5개월 동안 복을 입는 관계인 종조부모, 재종형제, 종질, 종손 등을 이른다.

없었다. 처남의 두 고아를 길러 자기 아들과 함께 공부하게 하였는데, 부인이 죽은 후에도 은혜와 사랑을 처음과 똑같이 하였다. 이것이 대략적인 공의 행적이다.

공은 젊어서 공령(功令 과문(科文))을 공부하여 경오년(1810)에 처음 진사에 합격하였으나, 영감(永感)[160]한 뒤에는 더 이상 과거에 응시하지 않고, 경서(經書)와 역사책을 가지고 스스로 즐거워하여 서적을 서가에 가득 쌓아놓고 책 속에 푹 빠져 지냈다. 아들을 의로운 방법으로 가르치되 몸소 솔선하여 계도하였다.

을사년(1845) 6월 13일에 별세하니, 출생한 정유년(1777)으로부터 69세가 된다. 용인(龍仁)의 기곡(器谷) 반월리(半月里)에 장례하였다가 정미년(1847)에 그 위쪽으로 몇 걸음 떨어진 갑좌(甲坐)의 땅으로 이장하였다.

공은 계통이 반남(潘南)에서 나왔는데, 문정공(文正公) 휘 상충(尙衷)과 평도공(平度公) 휘 은(訔) 2대가 크게 현달하였다. 평도공에게 아들 휘 강(薑)이 있었는데, 금천군(錦川君)에 봉해졌고 청백리에 뽑혔다. 4대를 지나 휘 찬(璨)에 이르러 제용감 직장(濟用監直長)을 지냈는데, 문장과 덕행으로 이름이 드러났으며 혼조(昏朝)의 금용(金墉)의 변고[161]에 관직을 버리고 절개를 지켰다. 이분이 휘 대상(大相)을 낳았

160 영감(永感) : 부모를 모두 여의고서 평생 슬퍼함을 이른다.

161 혼조(昏朝)의 금용(金墉)의 변고 : '혼조'는 광해군을 이르고 '금용(金墉)의 변고'는 인목대비(仁穆大妃)의 유폐(幽廢)를 말한다. 인목대비는 1618년(광해군10) 폐위되어 서궁(西宮), 즉 경운궁(慶運宮)에 유폐되었다. 금용은 본래 중국 하남성(河南省) 낙양현(洛陽縣)의 성(城)으로 위(魏)나라 명제(明帝)가 만든 궁인데, 그 후에 사마사(司馬師)가 위주(魏主)인 방(芳)을 폐위시켜 이곳으로 옮기게 하였고, 진(晉)나라의

는데 감찰(監察)을 지냈다. 또 2대를 지나 휘 홍등(鴻登)에 이르러 또한 독실한 행실로 한 고을에 이름이 났다. 도암(陶菴 이재(李縡)) 이 선생(李先生)이 향음주례(鄉飮酒禮)를 행할 적에 여러 사람들이 추대하여 빈상(賓相 빈객을 인도하는 사람)으로 삼았으니, 이분이 공의 증조이다. 조고 휘 환(晥)은 도암 선생을 사사하여 스스로 《소학(小學)》과 사서(四書)로 몸을 다스렸고, 선고 휘 사영(師永)은 생원인데 또한 학문을 쌓고 문학을 익혔다. 선비(先妣)인 해주 오씨(海州吳氏)는 재박(載博)의 따님으로, 숙헌공(肅獻公) 빈(翻)이 그 선조인데, 부덕(婦德)과 모의(母儀)가 모두 세상 사람들의 본보기가 되었다.

공의 배위인 영일 정씨(迎日鄭氏)는 선고가 생원 염(濂)이니, 좌윤 수송(壽松)이 그 증조이다. 남편을 순종하여 받들고 시부모를 조심하여 섬겼으며 크고 작은 집안의 일이 모두 법도에 맞으니, 안팎의 종족(宗族)들이 칭찬하였다. 정유년(1777)에 출생하여 병술년(1826)에 별세하였는데, 처음에 수원(水原) 태촌(台村)에 장례하였다가 공의 새 묘소로 옮겨 부장하였다. 아들 종영(宗英) 하나를 낳았고, 종영의 아들은 담수(聃壽)이다.

공은 타고난 자품이 밝고 민첩하며 효성과 우애가 천성에서 나왔다. 초상과 제사에 슬픔과 공경을 다하여 자성(粢盛), 변두(籩豆)와 같은 제물을 일정한 장소에 별도로 저축해 두었고, 새로 생긴 음식은 천신(薦新)하기 전이면 비록 다른 사람이 선물한 것이더라도 먹지 않았다. 피복(被服)이 검소하여 혹 때가 끼고 해지기도 하였으나, 재계하는

양후(楊后), 민회태자(愍懷太子), 가후(賈后)를 폐하여 모두 이곳에 유폐시킨 사례가 있었다.

날에는 반드시 몸을 씻고 머리를 감고 새 옷을 입었으며, 노복들도 또한 정결하게 하여 제사를 올렸다. 항상 집안사람들에게 경계하기를 "종자(宗子)가 된 자가 영락(零落)하여 복록을 잃고 재앙을 부르는 경우가 많은 것은 능히 정성을 다하여 제사를 올리지 못하기 때문이다." 라고 하였다.

면례(緬禮)[162]의 일을 경영하고서 신위(神位)마다 묘소에 대한 위토(位土)를 두어 제반 비용을 종가의 물건으로 충당하지 않았다. 그리고 자기는 검소하게 하고 남은 넉넉하게 하니, 모든 초상과 장례에 공에게 의뢰해서 경영하는 자 또한 한두 사람이 아니었다. 공은 용모가 단정하고 미목(眉目)이 수려하였으며 수염과 머리털이 웅건하게 자라고 있어서 항상 세속을 초탈하여 은거하고자 하는 생각이 있는 듯하였다.

일찍이 임금이 새로운 은전(恩典)으로 준례에 따라 인척에게 높은 관직을 제수하였다.[163] 이에 제수된 자가 요로(要路)를 담당하여 공에게 도타운 정의(情意)를 보였으나, 공은 사양하고 두 번 다시는 그 사람에게 가지 않았으니, 권세와 이익을 멀리함이 이와 같았다. 함부로 남과 교유하지 않아서 오래 사귈수록 더욱 공경하였으며, 만일 자신의 말과 행실을 돌아보지 않는 자가 있으면 그와 더불어 말하지 않았다. 손님이 오면 함께 술을 마시며 간곡한 정의를 폈으나 취기가 오른 뒤에도 공손한 모습을 유지하였다. 그리고 고금의 일을 평론할 적에 말씀을

162 면례(緬禮) : 무덤을 옮겨 다시 장례하는 일로, 곧 이장(移葬)을 말한다.

163 일찍이……제수하였다 : 정조의 빈(嬪)이 되어 순조를 낳은 수빈(綏嬪) 박씨(朴氏)가 반남 박씨 박준원(朴準源)의 딸인바, 이 내용은 수빈 박씨의 가까운 친족들에게 높은 벼슬을 제수해준 것을 가리킨 것으로 보인다.

강직하게 하거나 의논을 격렬하게 하지 않았으나, 또한 세속의 때에 오염되지 않았다. 이 때문에 두려워하고 복종하지 않는 사람이 없었다.

일찍이 큰 아들에게 《논어》를 가르치면서 말씀하기를 "시의적절하게 조처하고자 하면 모름지기 《논어》를 읽어야 된다."라고 하였다. 글씨를 잘 썼으나 또한 예쁘게 쓰려고 하지 않았고, 천문(天文)과 지리(地理)를 널리 연구하였으나 잡술(雜術)을 믿지 않았다. 평소 말씀하기를 "어버이의 장례를 치를 적에 묘지(墓地)는 반드시 산과 물이 모인 곳으로 구해야 하니, 사람의 자식이 된 자가 이것을 몰라서는 안 된다." 라고 하였다.

일찍이 서재를 '존양재(存養齋)'라 편액하고 또 '수정재(守靜齋)'라고 하였으니, 이는 공이 스스로 수행(修行)한 실제이다. 자하(子夏)가 이르기를 "남들은 비록 그 사람을 배우지 않았다 하더라도 나는 반드시 그 사람을 배웠다 하겠다."[164]라고 하였으니, 학자 중에 공과 같이 진실한 마음과 진실한 행실을 한 자가 거의 없다. 저 명예만 좇고 실제를 망각하는 자들이 어찌 공에게 부끄러움이 없겠는가. 혹 공이 선행을 하였으나 보답을 받지 못하고 경륜을 저축하였으나 능히 베풀지 못했다 하여, 운명을 주관하는 신에게 유감을 갖는 자도 있다.

그러나 효도와 공경은 바로 사람의 양귀(良貴)[165]이니, 만 가지 선과

164 남들은……하겠다 : 이 내용은 《논어》 〈학이(學而)〉에 보인다.

165 양귀(良貴) : 사람이 태어나면서부터 본래 간직하고 있는 고귀한 덕성을 이르는 바, 《맹자》 〈고자 상(告子上)〉에 "천작(天爵)이 있고 인작(人爵)이 있으니, 인의와 충신을 행하고 선(善)을 좋아하여 게을리하지 않음은 천작이고, 공경과 대부는 인작이다.……남이 귀하게 해준 것은 참으로 귀한 것이 아니니, 조맹이 귀하게 해준 것은 조맹이 천하게 할 수 있다.〔有天爵者, 有人爵者. 仁義忠信, 樂善不倦, 此天爵也; 公卿

온갖 행실이 효도와 공경으로부터 나온다. 공은 이 효도와 공경에 직분을 다하였으니, 규조(珪組)와 헌면(軒冕)[166]이 똑같이 할 수 있는 바가 아니다. 옛 사람이 말하기를 "비록 만종(萬鍾)의 녹을 쌓아놓고 천사(千駟)의 말을 묶어놓은 고귀한 자라도, 죽는 날에는 효성을 지극히 한 사람들과 나란히 취급되지 못한다."라고 하였으니,[167] 어찌 이 말이 진실이 아니겠는가.

내가 공의 훌륭한 행의(行義)에 익히 감복하고 있는 터에, 공의 손자인 담수(聃壽)가 또 나를 따라 종유하였는데 어버이 명을 받들어 가장(家狀)을 가지고 와서 간절히 명문을 청하였다. 내가 늙고 병들어 거의 죽게 되었다고 여러 번 사양하였으나, 간청이 더욱 독실하므로 마침내 병을 무릅쓰고 서술하고서 명문을 짓는다. 명문은 다음과 같다.

선비가 큰 것을 세워야하니	士立其大
그것은 몸의 지조를 지키는 것이네	曰維守身

大夫, 此人爵也.……人之所貴者, 非良貴也, 趙孟之所貴, 趙孟能賤之.]"라고 보인다. 천작은 사람이 인의의 덕성을 행하여 천연적으로 신분이 높아지는 것이고, 인작은 인위적으로 벼슬을 가한 뒤에 신분이 높아지는 것으로, 양귀가 바로 천작이다. 조맹은 춘추시대 진(晉)나라의 대부로 막강한 권력을 쥐고 있던 가문 출신이다.

166 규조(珪組)와 헌면(軒冕) : '규조'는 제후가 조회할 때 잡는 홀과 인장(印章)을 매는 끈으로 관직에 있는 자를 이르고, '헌면'은 경대부들이 타는 초헌(軺軒)과 착용하는 면류관으로 높은 관작과 봉록을 받는 자를 뜻한다.

167 옛 사람이……하였으니 : 인용한 내용은 당(唐)나라 위징(魏徵)이 편찬한《수서(隋書)》권72〈열전(列傳) 효의(孝義)〉에 보이는바, 아무리 많은 녹과 부귀를 누리는 자라도 죽는 날에는 효성을 다하다 죽은 사람과 똑같은 평가를 받을 수 없음을 말한 것이다.

말세에서는 모두 혼란하여	末路靡靡
능히 자신의 지조를 지키는 자가 드무네	鮮克自珍
누가 우리 공과 같이	疇若我公
덕행이 정성스럽고 신실하겠는가	德行忱恂
대대로 이어온 훌륭한 명망은	奕世聞望
인을 독실히 실천한 것이네	迺篤其仁
힘써 후손을 보살펴 준 도리는	劬燾之理
오직 순수하게 교화하는 것일 뿐이었네	其化惟醇
삼가 어버이를 잘 섬기니	恪愼克孝
이분과 효를 다툴 사람이 없네	無競伊人
집안에서 시행한 정사가	居家之政
향리와 이웃에 모범이 되었네	儀式鄉隣
누가 영달하지 못했다고 말하는가	孰云未達
공의 명성이 크게 드러났네	厥聲孔彰
높은 저 월산에	屹彼月山
고결한 선비가 묻혀 있네	修士攸藏
훌륭한 부인을 따라 장례하니	從以碩媛
아름다운 덕이 공과 똑같네	合德齊芳
못과 언덕이 뒤바뀌더라도	淵丘雖易
생전이든 사후이든 함께 지내시네	死穀偕臧
자손이 훌륭하니	子孫惟肖
하늘에게 장구한 보답을 얻으리라	責報者長
아, 후인들이여	嗟哉後人
나의 명문을 증명할지어다	徵此銘章

금계 이공 묘지명 병서○무신년[168]

襟溪李公墓誌銘 幷序○戊申

금계 선생(襟溪先生) 이공(李公)이 별세하여 장례하자, 두 아드님 면우(勉愚)와 대우(大愚)는 내가 일찍이 공에게 인정을 받았다 하여 외람되이 묘지문을 부탁하였다. 내가 일찍이 공과 약속하기를 "먼저 죽는 자를 위하여 그의 묘지문을 지어주기를 사마광(司馬光)과 범진(范鎭)의 옛 의리와 같이 합시다."[169]라고 했었는데, 이어서 생각해보니 천한 나의 나이가 공보다 몇 살이 더 많았다. 그렇다면 필시 내가 공보다 먼저 죽을 것이니, 내가 죽은 뒤에는 공을 알아 줄 자가 더 이상 없을 것이므로 공을 위하여 생전에 묘지문을 짓고자 하였다. 공도 또한 그것을 승낙했는데, 글을 미처 완성하기 전에 공이 먼저 별세하였다.

지금 마땅히 예전의 약속을 빨리 실천해야 하겠으나, 어리석은 내가 공의 덕을 아는 것이 자세하지 못하여 구차한 말을 기록하게 될까 항상 염려하다보니, 이렇게 어느덧 한 해가 지났다. 돌아보건대 지금 늙고 병들어 죽음이 가까워지고 있어 장차 바람 앞의 촛불이 될 것이니, 또 이 일이 이대로 영원히 끝나버릴까 염려되어 마침내 병을 무릅쓰고

168 무신년 : 1848년(헌종14)으로, 매산의 나이 73세 되던 해이다.

169 먼저……합시다 : 북송(北宋) 때의 사마광(司馬光, 1019~1086)과 범진(范鎭, 1007~1088)이 "살았을 적에는 서로 상대방의 전(傳)을 지어주고, 죽게 되면 묘지명을 지어줍시다.〔生則互爲傳, 死則作銘.〕"라고 약속하였는데, 이후에 사마광은 범진의 전을 지어주었고 범진은 사마광의 묘지명을 지어주었는바, 매산도 금계와 서로 이와 같은 약속을 하였다는 말이다. 《宋史 卷337 范鎭列傳》

서술한다.

공은 휘가 봉수(鳳秀)이고 자가 자강(子岡)이니, 연안 이씨(延安李氏)는 먼 선대로부터 세계(世系)를 이어 세상의 명문(名門)이 되었다. 상국(相國)을 지낸 문충공(文忠公) 휘 정귀(廷龜)와 총재(冢宰 이조 판서) 문정공(文靖公) 휘 명한(明漢)과 종백(宗伯 예조 판서)을 지낸 문숙공(文肅公) 휘 일상(一相)에 이르러 3대가 문형(文衡 대제학)을 맡았는데, 그 덕업이 국사(國史)에 기재되어 있으니 자세히 서술할 필요가 없다.

문정공의 막내아들인 정관재 선생(靜觀齋先生) 문정공(文貞公) 휘 단상(端相)이 비로소 도학(道學)으로 이름이 세상에 드러났다. 문정공에게 두 아들이 있으니, 휘 희조(喜朝)는 대사헌을 지내고 시호가 문간공(文簡公), 호가 지촌(芝村)으로 능히 가학(家學)을 이어서 세상의 종사(宗師)가 되었으며, 휘 하조(賀朝)는 현감을 지내고 이조 판서에 추증되었다. 판서공이 현령을 지내고 찬성(贊成)에 추증된 휘 숭신(崇臣)을 데려다가 후사를 삼았는데, 찬성공은 문숙공의 아드님인 관찰사 휘 해조(海朝)의 아드님이다. 찬성공이 또 후사가 없어서 판돈녕을 지내고 영의정에 추증된 효정공(孝貞公) 휘 민보(敏輔)를 데려다가 양자로 삼았는데, 효정공은 문간공의 아드님인 대사간 휘 양신(亮臣)의 아드님이다. 효정공은 이조 판서 문간공(文簡公) 휘 시원(始源)을 낳았다.

문간공이 군수를 지내고 이조 판서에 추증된 청풍 김씨(淸風金氏) 안묵(安默)의 따님에게 장가들어서 정종(正宗 정조) 2년 무술년(1778) 3월 18일에 공을 낳았다.

공은 선대의 광채를 물려받아 특별한 자품을 타고났다. 어릴 때부터 올바른 가르침을 떠나지 않아 남의 말을 가로채는 일이 없었고 난폭한 행동을 하지 않으니, 보는 자들이 모두 장차 성덕군자(成德君子)가 될 것이라고 칭찬하였다. 6세 때 처음으로 증선지(曾先之)의 《사략(史略)》[170]을 배웠는데, 난해한 부분을 대나무를 단칼에 쪼개듯이 쉽게 해석하였다. 일일이 번거롭게 감독하지 않았는데도 문리가 크게 진전되어서 겨우 성동(成童)이 되었을 때 이미 여러 경서를 널리 통달하였다.

조금 성장하자, 가학(家學)의 정전(正傳)인 정관재와 지촌을 사모해서 성리(性理)의 여러 책을 취하여 두문불출하고 깊이 연구하였다. 정조께서 공이 학문을 좋아한다는 말을 듣고 특별히 《근사록(近思錄)》을 하사하여 더욱 융숭하게 장려하고 권면하였다.

족종조(族從祖)인 중주(中洲) 문경공(文敬公) 직보(直輔)를 사사하여 비로소 경전(經傳)의 성리학으로부터 처세의 대도(大道)에 이르기까지 모든 것을 강론하고 질정하였다. 또 영서(潁西) 임로(任魯) 공과 노주(老洲) 문원공(文元公) 오희상(吳熙常) 등 제현을 종유하였는데, 이분들이 모두 공에게 큰 기대를 갖고서 연배를 따지지 않고 젊은 친구로 대하였다. 또한 일찍이 주암(疇巖) 이의병(李義秉) 공의 처소에 모여 《대학》과 《소학》을 강론할 적에 공이 분명하고 통창(通暢)하게 토론하자, 동석(同席)한 사람들이 귀를 기울여 들었다. 이때 공의 나이가 겨우 약관이었다.

170 증선지(曾先之)의 사략(史略) : 증선지는 송말(宋末) 원초(元初)의 학자이고, 《사략》은 그가 편찬한 편년체(編年體) 역사서로, 《사기》, 《한서》로부터 《신오대사(新五代史)》에 이르기까지 16종의 정사(正史)와 2종의 송대(宋代) 사료(史料)에서 태고로부터 송말까지의 사실(史實)을 간략하게 채집한 것이다.

중간에 어버이 명령에 따라 을축년(1805) 증광시(增廣試)에 응시해서 생원에 합격하였는데, 창방(唱榜)하기도 전에 문간공을 따라 연경(燕京)으로 가서는 곁에서 힘든 일에 종사하였다. 문간공이 음식 드시는 정도를 묵묵히 살펴서 근심과 기쁨이 얼굴빛에 드러나니, 마치 사계(沙溪)가 황강(黃岡)을 살필 때와 똑같았다.[171] 돌아올 적에는 연경의 물건을 한 가지도 갖고 오지 않으니, 역관(譯官)들이 모두 처음 보는 일이라고 칭찬하였다.

임신년(1812)에 익위사 세마(翊衛司洗馬)에 제수되고 시직(侍直)으로 승진하였으며, 활인서 별제(活人署別提)와 사헌부 감찰(司憲府監察), 의빈부 도사(儀賓府都事)를 역임하였다. 병자년(1816)에 의령 현감(宜寧縣監)으로 나갔다가 정축년(1817)에 공주 판관(公州判官)으로 옮겼다. 관찰사가 민원(民願)의 글로 인하여 연임을 청했으나, 공은 장자(長子)의 상을 당하자 벼슬을 내놓고 돌아왔으며, 감찰에 제수되었는데도 응하지 않았다.

기묘년(1819) 익위사 익위(翊衛司翊衛)에 제수되었다. 무인년(1818)에는 유현(儒賢)을 선발하라는 명이 있어서 묘염(廟剡 의정부의 추천)이 공을 추천하였는데, 공이 강력히 사양하여 마침내 그만두었다.[172] 경진년(1820) 의성 현령(義城縣令)에 제수되었다가 1년 만에

171 문간공이……똑같았다 : 문간공은 이희조(李喜朝)의 시호이고, 사계(沙溪)는 김장생(金長生, 1548~1631)의 호이며, 황강(黃岡)은 김장생의 부친인 김계휘(金繼輝, 1526~1582)의 호인바, 이희조가 사신으로 연경에 갔을 적에 이봉수가 따라가서 지극정성으로 봉양한 것이 김계휘가 명나라에 사신 갔을 적에 김장생이 따라가서 행했던 것과 같았음을 이른다. 《同春堂集 卷21 嘉義大夫刑曹參判贈資憲大夫吏曹判書沙溪金先生諡狀》

벼슬을 내놓고 돌아왔다. 또 익위사와 돈녕부 판관(敦寧府判官), 장악원 정(掌樂院正)에 제수되었으나 모두 취임하지 않았다.

정미년(1847) 2월 22일에 감기에 걸려서 지산(芝山)의 정침(正寢)에서 별세하니, 향년이 70세이다. 5월 무오일(戊午日)에 양주(楊州)의 마명동(馬鳴洞) 간좌(艮坐)에 장례하니, 선영을 따른 것이었다.

원배(元配)인 청풍 김씨(淸風金氏)는 돈녕부 도정(敦寧府都正) 명연(命淵)의 따님인데, 규문의 법도를 잘 구비하였다. 공보다 1년 뒤에 태어났고 공보다 55년 먼저 별세하였다. 계배(繼配)인 청송 심씨(靑松沈氏)는 학생 헌지(獻之)의 따님인데, 높은 식견과 유순한 덕이 있었고 재주와 기국(器局)을 겸비하였으므로 공이 '훌륭한 전운사(轉運使)'[173]라고 칭찬하였다. 공보다 2년 먼저 출생하고 공보다 14년 먼저 별세하였다. 3남 1녀를 낳았는데, 아들 현우(顯愚)는 요절하였고, 면우(勉愚)는 공의 계씨(季氏)[174]에게 출계(出系)하였고, 다음은 대우(大愚)이며, 딸은 진사 오경선(吳敬善)에게 출가하였다. 대우의 딸은 어리다.

172 기묘년……그만두었다 : 이 부분은 간지상으로 무인년이 기묘년의 앞에 있어야 할 것으로 보이는데, 이렇게 쓴 이유는 자세하지 않다.

173 훌륭한 전운사(轉運使) : 전운사는 유사시에 식량을 수송하여 조달하는 관원인바, 넉넉하지 못한 집안 살림을 잘 꾸려나가는 아내를 여기에 빗대어 칭찬한 말이다. 북송(北宋)의 학자인 명도(明道) 정호(程顥)·이천(伊川) 정이(程頤) 형제의 집안은 넉넉하지 않은 살림에 식구가 많았으나 어머니 후씨(侯氏) 부인이 현명하게 살림을 잘 꾸려나갔으므로 남편인 정향(程珦)이 아내를 가리켜 "훌륭한 전운사의 재주이다.〔良轉運使才〕"라고 한 데서 온 말이다.《二程全書 卷13 上谷郡君家傳》

174 계씨(季氏) : 이봉수의 아우인 이학수(李鶴秀, 1780~1859)로, 자는 자고(子皐), 호는 단고(丹皐), 시호는 문헌(文獻)이다. 1812년(순조12) 정시 문과에 급제하고 수원부 유수(水原府留守), 공조 판서 등을 지냈다.

공은 모습이 풍후(豐厚)하고 체구가 헌칠하며 성품이 돈후(敦厚)하고 온윤(溫潤)해서 상서롭고 온화한 기운이 온몸에 가득하니, 덕스러운 모습을 보는 자들이 마치 맛좋은 술을 마시다가 자기도 모르게 심취하듯 하였다. 어릴 때부터 자식의 직분을 잘 닦아서 효정공에게 각별한 사랑을 받았다. 효정공의 잠자리를 살피고 명령을 받들며 문자에 응수(應酬)하는 수고를 홀로 맡으니, 효정공이 항상 홀로 수고하는 것을 민망히 여겨 "한 가지 일도 내 뜻을 어기지 않는다."라고 칭찬하였다.

어버이를 섬길 적에 부모의 뜻을 봉양하는 것을 가장 기본으로 삼아 부모의 뜻을 먼저 헤아려 순종하였다. 문간공이 중외(中外)의 관직을 역임하였는데 공이 일에 따라 규간(規諫)을 올리니, 주머니와 상자 속의 책과 같은 도움이 될 뿐만이 아니었다. 문간공은 공의 효성을 자주 칭찬하였고, 큰일을 당하면 반드시 가부(可否)를 물어서 결정하였다.

공은 거창(鉅創)[175]을 거듭 당하고 예를 다하여 거상하였는데, 특별히 복암(服闇)의 경계[176]를 더욱 엄하게 지켰다. 병사(丙舍)에서 상제(喪制)를 지켰는데[177] 비바람이 불어도 폐하지 않고 아침저녁으로 성묘

175 거창(鉅創) : 상처가 크다는 뜻의 창거(創鉅)와 같은 말로, 부모의 상을 비유하는바, 《예기》 〈삼년문(三年問)〉의 "상처가 크면 아무는 날이 오래 걸리고, 아픔이 심하면 낫는 것이 더디다. 3년의 기간을 둔 것은 그 심정에 걸맞도록 예문(禮文)을 만든 것이니, 비통함이 무엇보다도 가장 크기 때문이다.〔創鉅者其日久, 痛甚者其愈遲. 三年者, 稱情而立文, 所以爲至痛極也.〕"라는 데서 온 말이다.

176 복암(服闇)의 경계 : 복암은 남을 속이거나 부정한 일을 하는 것으로, 이것을 하지 말라는 경계인바, 《예기》 〈곡례 상(曲禮上)〉의 "효자는 어두운 데서 일하지 않는다.〔孝子不服闇.〕"라고 한 데서 온 말인데, 이는 상주가 부부간의 잠자리를 함께 하지 않음을 은근히 표현한 것이다.

하여 묘소의 측백나무를 부여잡고 울부짖으니, 듣는 자들이 오열하였다. 큰 슬픔으로 몸을 훼손하여 병을 얻었는데, 음식을 먹을 때조차 권도를 따르지 않아 생명을 거의 잃을 뻔하였다.

상을 마치고서 매번 기일이 되면 초상 때와 같이 곡하였다. 그리고 갑작스러운 병환을 구원하지 못하여 문간공의 유명(遺命)을 받들지 못한 것을 지극한 애통으로 여겨서, 문간공의 수건과 안석이 있던 곳과 수택(手澤)이 남아 있는 것들을 보물처럼 아끼고 보호하여 행여 손상될까 염려하였다. 선조의 제사를 더욱더 삼가서 비록 심한 병이 있더라도 다른 사람에게 대신 시키지 않았고, 제사에 관련된 일은 비록 작은 것 하나도 마음에 흡족하지 않으면 종일토록 몸 둘 곳이 없는 것처럼 불안해하였다. 그러므로 집안사람들이 두려워하고 조심하여 정성을 다하지 않음이 없었다.

처음에 문간공을 선영에 부장하였는데, 공은 항상 이장할 것을 도모하였다. 문간공이 물 한 움큼을 손에 담아 공에게 주는 꿈을 꾸었는데, 묘를 열자 물의 폐해가 매우 심하니, 사람들은 공의 정성이 감통(感通)한 것이라고 하였다. 계부(季父)인 치정공(致政公)[178]을 아버지처럼 여

177 병사(丙舍)에서 상제(喪制)를 지켰는데 : '병사'는 묘소 곁에 있는 여막(廬幕)이나 재실(齋室)을 이르는바, 여막에서 삼년상을 치렀다는 말이다.

178 계부(季父)인 치정공(致政公) : '치정'은 치사(致仕)와 같은 말로, 호조 판서로 치사하여 봉조하(奉朝賀)를 지낸 이조원(李肇源, 1758~1832)을 가리킨다. 이조원은 자가 경혼(景混), 호가 옥호(玉壺)이다. 1792년(정조16) 식년 문과에 장원급제하고 광주부 유수(廣州府留守), 호조 판서 등을 지냈다. 1814년(순조14) 순조의 병환 때 김기서(金基叙)와 함께 순조를 해치려 하였다는 서유규(徐有圭)의 고변(告變)으로 1827년 흑산도에 유배되어 배소에서 별세하였는데, 이 일은 이조원이 당시 풍양 조씨계의 당여(黨與)로 안동 김씨계와 맞서다가 당쟁의 희생이 된 것이다. 이조원은 1835년

겨 새벽 일찍 침소(寢所)에 가서 문안하였다. 치정공이 세상의 화(禍)에 걸려서 먼 섬으로 귀양 가자, 공은 60세의 나이에 병을 무릅쓰고 가서 문안하려고 하였다. 그러나 바다에 도착했을 때에 부음(訃音)이 이르니, 미처 절하고 영결(永訣)하지 못한 것을 평생의 한으로 여겼다.

공은 항상 어버이를 섬기는 효성으로 누님을 섬겨서 질병과 의약과 일상생활을 일일이 살폈고, 맛 좋은 고기를 한 점이라도 누님에게 올리지 않았으면 감히 맛보지 않았으며, 누님의 초상과 장례를 유감이 없도록 도왔다. 생질들을 길러서 성인(成人)으로 자립하게 하였는데, 생질이 요절하고서 홀로 남은 아들이 마마를 앓자, 공은 날마다 의원을 데리고 가서 진찰하여 눈과 서리가 말 머리에 얼어붙을 정도였으나 피곤한 줄을 알지 못하였다.

공은 계씨(季氏)와 천성적으로 우애가 있어서 밥을 함께 지어 먹고 재물을 공유하니, 사람들은 두 몸인 줄을 거의 알지 못하였다. 계씨가 견책을 받고 남쪽으로 귀양 가자, 공은 몹시 쓸쓸하여 하루도 즐거울 날이 없어서 침상(枕上)에서 눈물을 흘려 옆에 자는 가족들을 감읍(感泣)하게 하였다. 제수(弟嫂)가 일찍 고질병을 앓자, 공은 정성을 다하여 구호하였는데, 40년을 하루와 같이 이렇게 하였다.

문간공이 경기도 관찰사로 계실 적에 봉급의 남은 돈을 저축하여 1천 꿰미를 만들었는데, 장차 이것을 쓰려고 했으나 쓸 곳을 미처 말씀하지 못하고 별세하셨다. 공이 종사(宗祀)를 주관하는 종제(從弟)에게 주면서 말씀하기를 "선인(先人)께서 항상 종갓집에 제전(祭田)이 없는 것을 한하셨으니, 아마도 이 때문에 돈을 모으셨을 것이다."라고

(헌종1)에 신원되었다.

하였다.

문간공이 병조 판서로 계실 적에 군관청(軍官廳)에서 재물을 모은 것이 또한 천금에 가까웠는데, 공은 그것을 아직 분가하지 않은 종제에게 주면서 말씀하기를 "선인께서 네가 가난하여 가정을 제대로 꾸리지 못할까 염려하셨으니, 선인의 유의(遺意)가 필시 여기에 있었을 것이다."라고 하였다.

소원(疏遠)한 친족에게도 은혜로운 뜻을 곡진히 하지 않음이 없어서, 초상과 우환이 있을 적에 몸소 가서 구휼하였다. 대종손(大宗孫)이 역병에 걸려 죽자 감히 가까이 가는 사람이 없었으나, 공은 가서 초상을 맡아 처리하고 여러 종족들과 돈을 모아 장례를 치렀다. 또 종부(宗婦)가 죽었을 적에 공은 당시 영남 고을에 있었는데 장사(葬事)를 전력(專力)으로 담당하였다. 이러한 것들은 모두 효성을 미루어 한 것이었다.

공은 사람을 정성으로 대하여 어진 자와 어리석은 자, 귀한 자와 천한 자를 막론하고 모두에게 환심을 얻었으나, 만약 기지(機智)와 권모(權謀)를 부리고 공치사(功致辭)하며 행실이 비루하고 패려(悖戾)한 자가 있으면 말씀과 낯빛을 엄숙하게 하여 장차 그에게 오염될 듯이 하였다. 이 때문에 남에게 원망을 받았으나 또한 후회하지 않고 말씀하기를 "사람이 좋아하고 미워하는 것은 각각 그 부류에 따라 달라진다. 그러므로 성인(聖人)이 선(善)을 좋아하고 불선(不善)을 미워하셨으니,[179] 저들이 나를 비방하는 데에서 또한 내가 훌륭한 내가 됨을

179 사람이……미워하셨으니 : 성인(聖人)은 공자를 가리키는바, 이 내용은 《논어》 〈자로(子路)〉의 "자공(子貢)이 물었다. '고을 사람들이 모두 좋아하면 어떻습니까?'

볼 수 있다."라고 하였다.

또 말을 버리고 사람을 버리는 가르침[180]을 가슴속에 간직하여 일찍이 남을 구차히 칭찬하지 않았으나, 참된 정성으로 향학(向學)하는 자를 보면 마음을 비우고 사랑하고 사모해서 자신의 나이와 덕이 높은 것을 잊고 그를 장려하여 칭찬하기에 겨를이 없었다. 다만 평소 겸양을 숭상하면서 거듭 두려워하고 조심해서 감히 사도(師道)로 자임(自任)하지 아니하여 사방의 학자들을 찾아오지 못하게 하였다. 그러나 만일 배우고자하는 마음으로 오는 이가 있으면 비록 우매하여 지극히 어리석은 질문을 하더라도 반복하여 개도(開導)하였다.

평소 교제를 삼갔고 말년에도 입을 닫고 바깥출입을 중지하여 사람들과 상종하는 것을 단절하였는데, 오직 뜻이 맞는 사람과는 간격 없이

공자께서 '가(可)하지 않다.' 하셨다. '고을 사람들이 모두 미워하면 어떻습니까?'라고 묻자, 공자께서 대답하셨다. '가하지 않다. 고을 사람 중에 선(善)한 자가 그를 좋아하고 선하지 않은 자가 미워하는 것만 못하다.'"라는 말씀을 바탕으로 말한 것이다. 주자는 이 구절에 대해 《집주(集註)》에서 "〈사람은〉 각기 부류에 따라 스스로 좋아하고 미워한다. 이 때문에 선한 자가 좋아하고 악한 자가 미워하지 않는다면 반드시 구차하게 영합하는 행실이 있고, 악한 자가 미워하고 선한 자가 좋아하지 않는다면 반드시 좋아할 만한 실상이 없는 것이다.〔各以類自爲好惡也. 故善者好之, 而惡者不惡, 則必其有苟合之行, 惡者惡之, 而善者不好, 則必其無可好之實.〕"라고 주하였다.

180 말을……가르침 : 이 내용은 《논어》 〈위령공(衛靈公)〉의 "공자가 말씀하기를 '더불어 말할 만한 사람인데도 함께 말하지 않으면 사람을 버리게 되고, 더불어 말할 수 없는데도 그와 함께 말하면 말을 버리게 된다. 지자(知者)는 사람도 잃지 않고 말도 잃지 않는다.' 하였다.〔子曰: 可與言而不與言, 失人; 不可與言而與之言, 失言. 知者不失人, 亦不失言.〕"라는 구절에서 원용한 것이다. 이는 곧 잘 타이르면 잘못을 고칠 수 있는 사람인데도 타이르지 않으면 그 사람을 죄악으로 빠뜨리게 되고, 자포자기하여 남의 말을 듣지 않는 사람인데도 그를 타이르면 자기의 말만 버리게 됨을 말한 것이다.

한 몸처럼 지냈다. 공은 일찍 스스로 과거 공부를 그만두고 자신과 세상 두 가지를 모두 잊었으나, 특별히 가슴에 열혈(熱血)이 가득하였다. 매번 왕실이 고립되어 위태롭고 백성들이 곤궁하게 된 것을 염려할 때마다, 자기 몸에 병이 있는 것처럼 아파하여 울기까지 하였다.

조정의 관료로 있을 적에는 진강(進講)할 때마다 고금의 일을 원용하고 문장의 뜻을 부연하여 온 정성을 다 쏟으니, 공의 순수한 정성에 믿고 감동하였다. 연석의 동료가 아뢰는 것이 혹 경서의 뜻에 어긋나면 공은 반드시 논박하여 바로잡으니, 좌우의 사람들이 모두 귀담아듣고 말하기를 "참으로 훌륭한 강관(講官)이다."라고 하였다.

외직으로 의령현(宜寧縣)에 부임하였을 적에 몇 년 동안 큰 흉년을 만났는데, 마음을 다하여 보살피고 위로해서 흩어진 백성들을 불러 모으고 쌓인 포흠을 면제하였다. 그래서 1년이 되기 전에 백성들이 이전처럼 편안히 지내게 되니, 정사(政事)를 잘한다는 명성이 널리 퍼졌다. 심지어는 전지(田地)를 받아 백성이 되기를 원하여 의령으로 찾아오는 자가 있었고, 공이 돌아갈 적에는 눈물을 흘리며 수레를 잡아당겨서 수레가 가지 못할 정도였다.

의성(義城)은 땅이 크고 재정이 궁핍하며 풍속도 사납고 송사를 잘하여 문서가 산처럼 쌓였는데, 공은 번거로움을 다스리고 어려운 일을 처리할 적에 마치 아무 어려움도 없는 것처럼 판결하여 물 흐르듯이 시원스럽게 처리하였다. 고을에 화전세(火田稅)가 있어서 감영과 고을에서 사사롭게 사용하였는데, 공은 말씀하기를 "공용(公用)은 진실로 없을 수가 없지만 차마 공용을 가지고 자기 몸을 살찌게 하겠는가."라고 하고는 그 세를 모두 면제하고, 감영에 바치는 것은 자기 봉급을 떼어서 보충하니, 백성들이 다시 살아난 듯이 고무되어 말하기를 "고을

이 생겨난 후 처음 있는 일이다."라고 하였다.

아전들이 거만(巨萬)의 포흠한 곡식을 오랫동안 숨겨 두었는데, 공이 말씀하기를 "이것을 고치지 않으면 장차 고을이 없어질 것이니, 한갓 형벌을 시행한들 무슨 유익함이 있겠는가." 하고는 마침내 많은 임무를 주어 소식(稍食 급료)을 적몰(籍沒)하여 보상하게 하니, 몇 년이 지나지 않아 완전하게 채워졌다.

유교(儒敎)의 교화에 유념하였는데, 명망 있는 사람을 가려 강장(講長)을 삼아서 학생들을 인도하는 임무를 맡겼다. 그리고 매월 강회(講會)를 열어 선철들의 훌륭한 행실과 성기성물(成己成物)[181]의 방법을 뽑아서 책문(策文)을 내어 배운 것을 살피니, 선비들이 흥기하고 분발해서 글 읽는 소리가 사방 경내(境內)에 널리 퍼졌다. 공이 임기를 마치고 돌아가자, 선비와 백성들이 비를 세워 덕을 칭송하였다. 의령과 의성 두 고을의 정사는 공에게 대덕(大德) 중의 천류(川流)[182]가 된다.

공은 평소 매일 새벽에 일어나 사당에 배알하고 물러나와 책을 펼쳤는데, 의관을 정제하여 공경하고 공경하였다. 매일 일정한 과정(科程)이 있었는데 연고가 있어서 잠시 폐할 경우 추후에 반드시 보충하고서

181 성기성물(成己成物) : 자기의 덕을 완성하고 그 덕으로 남을 교화시킴을 뜻하는바, 《중용장구》 제25장의 "성(誠)은 스스로 자신을 이룰 뿐만 아니라 남을 이루어 주니, 자신을 이룸은 인이요 남을 이루어 줌은 지(智)이다.〔誠者, 非自成己而已也, 所以成物也, 成己, 仁也, 成物, 知也.〕"라는 구절을 원용한 것이다.

182 대덕(大德) 중의 천류(川流) : 큰 덕 가운데 자잘한 덕임을 뜻하는바, 《중용장구》 제30장의 "만물이 함께 길러져 서로 해치지 않으며, 도(道)가 함께 행하여 서로 위배되지 않는다. 작은 덕은 냇물의 흐름이요 큰 덕은 조화를 도타이 하니, 이것이 천지가 위대함이 되는 까닭이다.〔萬物竝育而不相害, 道竝行而不相悖. 小德川流, 大德敦化, 此天地之所以爲大也.〕"라는 데에서 온 말이다.

말씀하기를 "이와 같이 하지 않으면 공부를 이어나갈 수 없다."라고 하였다. 자신의 몸을 받들어 봉양하기를 매우 소박하게 하여 음식은 맛있는 것을 가려서 먹지 않았고, 피복은 조금이라도 사치하고 화려하면 더러운 진흙이 몸에 묻는 것처럼 여길 뿐만 아니었으며 또한 때가 끼고 해진 옷을 입지 않았으니, 저절로 속된 선비들과 차이가 있었다.

연로해서도 가볍고 따뜻한 옷을 가까이 하지 않고 말씀하기를 "몸에 편안한 것은 마음에 편안한 것보다 못하다."라고 하였다. 그리고 거처하는 방은 일부러 좁고 누추한 것을 취했으나, 도서의 위치가 질서정연하였고 뜰과 집이 한 점의 티끌도 없이 밝고 깨끗하였다.

집안을 다스림에 법도가 있어서 질서가 정연(井然)하여 문란하지 않았는데, "집과 나라로부터 크게는 천하(天下)에 이르기까지 모두 이 도(道)로 다스리니, 한 몸을 능히 건강하게 다스리지 못하면 무슨 일을 하겠는가."라고 하였다. 사양하고 받는 것을 엄격히 하여 터럭 하나도 구차히 취하지 않고 지푸라기 하나도 함부로 허비하지 않았으나, 마땅히 베풀어야 할 경우를 만나면 가산(家産)의 유무를 돌아보지 않고 곳간을 열어 베풀었다. 종갓집이 가난한 것을 애통히 여겨 매번 재물을 보내어 제사를 도왔고, 이것을 말할 때면 반드시 크게 탄식하였다.

자제를 가르칠 적에 덕행을 중요하게 여기고 문예를 가볍게 여겨서 말씀하기를

"선비는 마땅히 식견을 우선으로 삼아야 하니, 저 내(內)와 외(外), 빈(賓)과 주(主)의 구별을 알지 못하여 더럽고 낮은 곳에 처함을 마음에 달게 여겨서 취생몽사(醉生夢死)[183]하는 자는 모두 식견이

183 취생몽사(醉生夢死) : 정신이 흐리멍덩하여 죽는 날까지 마치 취몽(醉夢) 중에

부족해서 그렇게 되는 것이다. 그리고 문장은 비록 작은 기예(技藝)이지만 의리를 근본으로 삼지 않으면 쓸모없는 빈말이 되니, 자기 몸과 마음에 무슨 상관이 있겠는가."

라고 하였다. 또 말씀하기를

"여러 경서(經書)와 염락(濂洛)[184]의 여러 책은 어느 것인들 성인(聖人)이 되는 지남(指南)[185]이 아니겠는가. 그 중에도 의(義)와 이(利)를 판별할 적에 일도양단(一刀兩段)할 수 있는 것으로는 《맹자》와 주자(朱子)의 책만 한 것이 없으니, 이것은 오늘날 많이 읽는 것이 좋다."

라고 하였다.

동복(僮僕)을 부릴 적에 수고롭고 편안함을 고르게 하였고, 굶주리고 추위에 떨 것을 염려하여 그들의 사정을 자세히 살펴 정성스럽고 독실하게 어루만지고 구휼하였다. 이것을 향당(鄕黨)에서도 미루어 실행하니, 사람들이 모두 공의 은혜와 의리에 감복하였다.

공은 평소 멀리 은둔할 생각을 가지고 있었다. 문간공이 일찍이 묘소

있는 것처럼 의미 없이 일생을 보내는 것을 뜻하는 말이다. 자세한 내용은 294쪽 주28 참조.

184 염락(濂洛) : '염계(濂溪)'와 '낙양(洛陽)'을 함께 일컫는 말로, 송(宋)나라의 성리학자인 주돈이(周敦頤)와 정호(程顥)·정이(程頤)가 거주하던 곳인데, 송대의 성리학을 뜻하는 말로 쓰이게 되었다.

185 지남(指南) : 항상 남쪽 방향을 가리키도록 만들어진 수레인 지남거(指南車)의 약칭이다. 황제(黃帝)가 치우(蚩尤)와 탁록(涿鹿)에서 싸울 적에 이 수레(전차)로 싸워 승리하였다고 전해지는데, 후대에 지남은 학문의 방향을 정해주는 중요한 단서나 학문의 지도 혹 지도자를 가리키는 말로 쓰인다.

의 집을 보수하고 사당을 짓고 말씀하기를 "우리 아이는 진구(塵臼)[186]에 마음 쓸 자가 아니니, 나는 이것을 아이에게 물려주겠다."라고 하였으니, 공은 약관 시절부터 가정에서 인정받음이 이와 같았다.

중년에 녹사(祿仕)를 하여 도성 안에서 체류하기도 하였으나, 표방(標榜)[187]을 멀리 피하려고 몸을 지극(枳棘)[188]에 감추었는데, 이 또한 일찍이 3년의 임기를 마치도록 머무른 적이 없었다. 한양에 있을 적에는 정자의 이름을 '대은(大隱)'이라 하였는데, 영지산(靈芝山) 산중으로 돌아갔을 적에는 당(堂) 앞으로 흐르는 두 물이 옷깃을 여민 것 같은 형상이었으므로 배우는 자들이 '금계 선생(襟溪先生)'이라고 불렀다.

공은 불세출의 영명(英明)한 자질을 가지고 집안에 전해오는 훌륭한 학풍을 이어서 일찍부터 인(仁)을 구하고 자기를 위하는[189] 방법을 얻었으니, 타고난 재주가 이미 높은데다 자신을 충실하게 수양하는 데 방도가 있었다. 그러므로 수고롭게 극치(克治)[190]를 하지 않았는데도

186 진구(塵臼) : 속세를 비유하는데, 여기서는 벼슬살이를 가리킨다.

187 표방(標榜) : 고위 관직이나 학자 따위의 명예처럼 내세워 자랑할 만한 것들을 이른다.

188 지극(枳棘) : 가시나무로, 지방의 작은 고을의 수령을 비유한다.

189 자기를 위하는 : 오직 자신의 덕성을 함양하기 위해 공부하는 위기지학(爲己之學)을 말하는 것으로, 남이 알아주기를 바라서 공부하는 '위인지학(爲人之學)'과 상대되는 말이다. 《논어》〈헌문(憲問)〉에 "옛날의 학자들은 자신을 위하는 학문을 하였는데, 지금의 학자들은 남에게 보여 주기 위한 학문을 한다.〔古之學者爲己, 今之學者爲人.〕"라고 보인다.

190 극치(克治) : 사욕(私慾)과 사념(邪念)과 같은 마음의 찌꺼기를 다스려 없애는 것을 말한다.

찌꺼기가 완전히 제거되었고, 말년에 이르러서는 조예와 성취가 명통공부(明通公溥)[191]에 가까웠다.

경황(驚惶) 중이거나 위급한 상황에서도 널리 응하고 곡진히 합당하게 하였으며, 평소 자연스럽게 지내는 중에도 법도가 삼엄하니, 진실로 지극한 덕이 도를 이룬 분[192]이 아니라면 또한 어떻게 이러한 경지에 들 수 있겠는가. 공과 같은 분은 편안하면서도 성숙한 자[193]에 가까울 것이다.

당초 효정공은 덕과 지위가 높은데다 연세와 지위와 덕망의 삼달존(三達尊)을 겸하였고, 문간공은 문학과 명망과 의리로 건릉(健陵 정조(正祖))에게 지우를 받아서 막내아우인 치정공과 번갈아 청현직(淸顯職)에 거하였으므로 가문이 현달(顯達)하고 혁혁하였다.

191 명통공부(明通公溥) : 정(靜)할 때 마음이 비어서 밝고 통하며 동(動)할 때 마음이 곧아서 공정하고 넓어지는 성인(聖人)의 경지를 말하는바, 주돈이(周敦頤)의 《통서(通書)》의 "욕심이 없으면 정할 때에는 마음이 비고 동할 때에는 곧을 것이다. 정할 때에 마음이 비면 밝아지고 밝으면 통하며, 동할 때에 곧으면 공정해지고 공정하면 넓어진다. 밝고 통달하고 공정하고 넓어지면 거의 성인이 될 것이다.〔無欲則靜虛動直, 靜虛則明, 明則通; 動直則公, 公則溥. 明通公溥, 庶矣乎!〕"라는 구절을 원용한 것이다.

192 지극한……분 : 이 내용은 《중용장구》 제27장의 "지극한 덕이 있는 사람이 아니면 지극한 도가 응집되지 않는다.〔苟不至德, 至道不凝焉.〕"는 구절에서 온 것이다.

193 편안하면서도 성숙한 자 : 이 내용은 《이정전서(二程全書)》 권38에 "소요부(邵堯夫 소옹(邵雍)) 집안에서 명도(明道 정호(程顥))에게 묘지명을 부탁하자 명도가 허락하였는데, 부친인 태중(太中)과 아우인 이천(伊川 정이(程頤))은 달가워하지 않았다. 달이 떠있는 뜰을 거닐다가 명도가 말씀하기를 '내가 이미 소요부의 묘지명을 지었다. 소요부의 학문은 편안하면서도 성숙하였다.〔堯夫之學, 可謂安且成.〕'라고 하자 태중이 허여하였다."라고 보인다. 태중은 정향(程珦, 1006~1090)으로, 태중대부(太中大夫)를 역임하였기 때문에 이렇게 불렸다.

공은 묘년(妙年) 시절에 이미 성대한 명망을 받아 세상 사람들이 중시하였으니, 한번 과거에 급제하는 것은 지푸라기를 줍는 것처럼 쉬웠다. 그러나 표연(飄然)히 은둔하여 몸과 명예를 온전하게 보존해서 화(禍)의 그물이 세상을 덮었을 적에도 높이 나는 기러기처럼 화를 당하지 않았으니, 또한 기미를 앎이 신묘하지 않은가.

평소 경세제민(經世濟民)에 뜻을 두었는데 고금(古今)을 참작하고 당세(當世)를 헤아려서 지식과 사려가 통철하였다. 그래서 옳고 그름과 잘잘못을 판단하면 명백하여 사리에 부합(符合)하니, 이러한 능력을 가지고 정사에 시행하였더라면 베푸는 곳마다 두루 미치지 않음이 없었을 것이다. 그런데 종신토록 자신을 거두어 감추어서 왕도(王道)를 펼치는 거룩한 뜻을 세상에 조금도 펴지 못하였으니, 애석하다.

공은 학문할 적에 약관 시절부터 마음을 한곳에만 집중하여 썼고 탁연(卓然)히 성인(聖人)이 되기를 스스로 기약하여 반드시 자기가 하고자 하는 바를 끝까지 다한 뒤에야 그만두었다. 학문하는 절도는 한결같이 낙건(洛建)[194]이 이루어놓은 법을 따라서 종신토록 연구하였는데, 말뜻의 표면에서 묵묵히 깨달은 것은 대부분 고정(考亭)[195]의 글에서 얻은 것이었다.

여러 책을 두루 섭렵하여 읽지 않은 것이 없었으나 반드시 하늘과 인간, 사물(事物)의 이치를 궁구하고자 해서 삼재(三才 천(天)·지(地)·

194 낙건(洛建) : 정주학(程朱學)을 일컫는 말로, 정호(程顥)와 정이(程頤)는 낙양(洛陽)에서 살고 주자(朱子)는 복건(福建)에서 살며 강학하였으므로 이렇게 말한 것이다.

195 고정(考亭) : 복건성(福建省) 건양현(建陽縣)에 있는 지명인데, 주자가 여기에 살았으므로 주자를 칭하는 말로 쓰인다.

인(人))와 만변(萬變)에 이르기까지 두루 침잠하여 손금을 보듯 훤히 꿰뚫었다. 그래서 박문(博文)과 약례(約禮) 두 가지를 다 극진히 하고 체(體)와 용(用)을 모두 원만하게 융합하여 서행하기도 하고 활보(闊步)하기도 하면서 홀로 밝고 환한 마음의 근원으로 나아갔다. 그리하여 정수(精粹)한 기운이 축적되어 성대해져서 외면에 도달하였으니, 바로 공의 의용(儀容)이 찬란하게 빛난 것이다.

문장을 지을 적에는 작가가 되는 것에 급급하지 않았으나 저절로 문장의 궤범(軌範 법칙)에 맞았다. 서독(書牘)에 더욱 뛰어나서 아무리 여러 편에 달하는 많은 양의 편지라도 종이를 잡는 즉시 곧바로 써내려 갔는데, 다시 고치지 않아도 문장과 조리가 모두 훌륭하였으며 왕왕 붓 끝에 혀가 있는 것처럼 도도하여 거침이 없었으니, 이와 같은 분은 참으로 '사달(辭達)'[196]이라고 이를 만하다.

성품이 저술을 좋아하지 않고 저술하여도 또한 수습하지 않았는데, 말씀하기를 "예전 사람이 미처 발명하지 못한 것을 발명했다면 이것은 글로 써서 후세에 남길 만하다. 그렇지 않으면 군더더기이니, 이것은 남의 집에 도배지로 이용될 뿐이다."라고 하였다. 농암(農巖 김창협(金昌協))은 일찍이 정관재(靜觀齋 이단상(李端相)) 선생이 글을 지을 적에 붓 가는대로 쓰고 조금도 꾸미지 않는 것을 가지고 "이와 같은 용맹은 작록(爵祿)을 사양하는 것보다도 더 훌륭하다."라고 칭찬하였다. 공은 정관재 선생을 마음에 좋아하고 복종하며 깊이 우러러서, 마음을 세우

196 사달(辭達) : 자신의 뜻을 사람들에게 잘 전달할 수 있게 말을 하거나 글을 지음을 뜻하는바, 《논어》 〈위령공(衛靈公)〉에 "말을 할 때에는 자기의 뜻이 통하게 하면 된다.〔辭達而已矣.〕"라고 보인다

고 행실을 법도에 맞게 하는 것으로부터 움직이고 멈추고 나아가고 물러가는 것에 이르기까지 어느 것 하나도 선생이 남기신 법도에 부합하지 않음이 없었으니, 이 일도 또한 계술(繼述)[197]의 한 가지이다.

옛날 사마온공(司馬溫公 사마광(司馬光))이 말하기를 "나는 범경인(范景仁 범진(范鎭))과 성(姓)이 같지 않은 형제이다."[198]라고 하였다. 나는 공과 관례(冠禮)를 했을 적에 교분을 맺어 나이 70에 이르도록 평생을 한 몸과 같이 서로 의지하였으니, 몸이 다른 형제와 같을 뿐만이 아니었다. 또 범경인과 사마온공은 오히려 종률(鍾律)의 어긋남이 있었지만[199] 우리 두 사람은 간담(肝膽)이 서로 통하여 한마디 말도 서로 부합하지 않음이 없었다.

나는 공을 떠나보낸 뒤로 그림자가 형체를 잃은 것과 같이 몹시 외로워 노년에 깊은 산중에서 지내며 눈물 마를 날이 없다. 이어서 생각하건대 공이 훌륭한 분임을 아는 자는 동시대의 인물을 차례로 뽑아보면 나 밖에 없다. 나는 애당초 치우(齒友 나이가 비슷한 벗)로 사귀었다가 끝내는 일어나서 공손히 절하여 스승으로 삼고자 하였는데, 지금은

197 계술(繼述) : 선조(先祖)나 선사(先師)의 뜻과 일을 잘 따르고 계승하는 것으로, 《중용장구》의 "효도란 그분의 일을 잘 계승하고 그분의 일을 잘 따르는 것이다.〔夫孝者, 善繼人之志, 善述人之事.〕"라는 구절을 축약한 것이다.

198 나는……형제이다 : 이 내용은 동파(東坡) 소식(蘇軾)이 지은 범진의 묘지명에 보인다. 《東坡全集 卷88 范景仁墓誌銘》

199 범경인과……있었지만 : 사마광과 범진은 서로 교분이 두터웠고 조정의 모든 논의에서 의견이 일치하였는데, 유독 종률(鍾律)의 제도에 있어서는 며칠을 논쟁하여도 끝내 의견 일치를 보지 못하자, 이로써 세상 사람들은 두 사람의 사귐이 구차한 영합이 아니라고 평하였다. 《東坡全集 卷88 范景仁墓誌銘》 종률은 황종(黃鍾)의 12율(律)로, 음률을 이른다.

공의 덕을 기술하여 묘소에 글을 나열하니, 혹시라도 지나치게 칭찬하면 이것은 평생의 지기(知己)를 저버리는 것이다. 후세에 이 묘지명을 읽는 자가 공이 불세출의 참된 유자(儒者)임을 안다면 다행일 것이다. 명문은 다음과 같다.

해동의 명문가 후손으로는	左海世胄
연안 이씨가 혁혁하였네	奕赫延城
명망과 덕이 끊임없이 이어져	振振名德
예원[200]에서 맹약을 주관하였고	藝苑主盟
문정공과 문간공이	文貞文簡
유종으로 이름났네	以儒宗名
공은 수려한 기운 물려받아	維公鍾毓
가문의 명성 크게 떨쳤네	不闡家聲
드높게 성립함이 있었으니	卓乎有立
인효와 고명이었네	仁孝高明
학문은 하늘과 인간의 이치를 꿰뚫고	學貫天人
행실은 가정에서 믿음을 받았네	行孚家庭
안팎을 모두 깨끗하게 수양하여	表裏澄澈
자신의 속마음을 환히 알았네	洞我中扃
오랫동안 축적하여 빛나고 길하니	積久暉吉
혼연히 저절로 이룬 것이네	渾然自成
스승의 전수에 의뢰하지 않고	不資師傳

200 예원(藝苑) : 국가의 외교문서와 문장을 담당하는 홍문관이나 예문관을 가리킨다.

도의 큰 근원을 환히 보았네　洞見大原
마음이 이치와 하나가 되니　心與理會
어찌 글을 쓸 필요가 있겠는가　何用立言
자나 깨나 외고 본받은 것은　寤寐誦法
자양[201]의 이론이요　紫陽緒論
마음에 맹세하고 원한 것은　乃所矢願
반드시 성인을 배우는 것이었네　必學聖人
성리학에 침잠하여　沈潛理藪
깨달은 것이 절륜하였네　悟解絶倫
아름다운 소리와 문장이　韶音令辭
용과 난새처럼 훌륭하였는데　矯若龍鸞
정고함으로 바로잡으니　貞固隱括
평소 행하는 것이 이에 편안하였네　素履乃安
광채를 거두어 감추고서　韜光斂耀
스스로 자기 몸을 보존하였으며　用自存身
높은 관직을 진흙처럼 여기고　泥塗軒冕
부귀를 뜬구름처럼 여겼네　富貴浮雲
밝고 넓은 도에 마음을 두어　玩心昭曠
주·소[202]와 같은 무리가 되었네　周邵與群

201 자양(紫陽) : 주자의 별호로, 주자의 부친 주송(朱松)이 자양산에서 독서하였는데, 뒤에 주자가 복건(福建)의 숭안(崇安)에 살면서 정사(精舍)의 이름을 자양서실(紫陽書室)이라고 한 데서 붙여진 이름이다.

202 주(周)·소(邵) : 염계(濂溪) 주돈이(周敦頤, 1017~1073)와 강절(康節) 소옹(邵雍, 1011~1077)으로, 정호(程顥), 정이(程頤), 장재(張載)와 함께 '북송오자(北宋

높은 산의 바위에 기대어　敧枕巉巖
분분한 세상을 영원히 사절하였네　永謝世紛
허깨비와 같은 영겁의 세월에　百劫幻化
심하게 변천하는 풍륜[203]이지만　桑海風輪
공은 세속을 초탈하여 자재하니　公則自在
명과 실이 더욱 순수하였네　名實彌純
높고 높은 영지산이　峨峨芝岡
천 길 높이 우뚝하네　千仞其尊
사람들이 모두 우러러보니　人皆仰止
마치 시에서 인을 좋아하는 것과 같았네[204]　如詩好仁
인생을 밝고 환하게 잘 마쳐서　昭朗令終
사문에 광채가 있는데　有光斯文
전할 수 없는 것이 있으니　有不可傳
아득하게 깊고 넓은 교화라네　大化冥茫
저 마명동의 산에　馬鳴之山

五子)'로 칭해지는 대표적인 성리학자이다.

203 풍륜(風輪) : 불교의 용어로, 세계를 받치고 있는 땅속의 3륜(輪) 가운데 가장 밑바닥인 대연화(大蓮花)와 향수해(香水海) 아래에 있다는 수레바퀴인바, 전하여 말세의 세상을 뜻하는 말로 쓰인다.

204 시에서……같았네 : 이 내용은《시경》〈소아(小雅) 거할(車舝)〉에 "높은 산을 우러러보고, 큰길을 걸어가도다.〔高山仰止, 景行行止.〕"라고 하였는데, 공자가 이 시에 대해 "시에서 인(仁)을 좋아함이 이와 같도다. 도(道)를 향해 가다가 중도에 쓰러질지언정, 몸이 늙어감도 잊고 햇수가 부족함도 모른 채 매일 부지런히 노력하여 죽은 뒤에야 그만두는 것이다.〔詩之好仁, 如此. 鄕道而行, 中道而廢, 忘身之老也, 不知年數之不足也, 俛焉日有孶孶, 斃而後已.〕"라고 보인다.《禮記 表記》

도끼와 당과 같은 무덤이 있으니[205]	儼若斧堂
신명이 여기에 계신 듯	神期如存
밝은 빛을 뿜어내네	騰有晶光
내가 명문을 지어서	我庸作銘
무덤 속에 넣으니	納于玄窀
맹세코 부끄러운 글을 짓지 않아서	矢無媿辭
공의 진면목에 누 끼치지 않았네	仰累公眞

205 도끼와……있으니 : 이 내용은《예기》〈단궁 상(檀弓上)〉에 자하(子夏)가 말하기를 "옛날에 공자가 말씀하셨다. '나는 봉분이 당(堂)과 같은 것을 보았으며……도끼〔斧〕와 같은 것을 보았으니, 나는 도끼처럼 하는 것을 따르겠다.'〔昔者, 夫子言之曰: 吾見封之若堂者矣……見若斧者矣. 從若斧者焉.〕"라고 한 데서 온 말이다.

종부시 정 황공 묘지명 병서○무신년
宗簿寺正黃公墓誌銘 幷序○戊申

우리 정조(正祖)께서는 성신(聖神)의 자품으로 군주와 스승의 책임을 맡아 여러 왕조(王朝)의 뜻을 우러러 이으셨다. 등극하시자 맨 먼저 규장각(奎章閣)을 세우고는 당대의 재주 있는 인사들과 준걸스러운 영재들을 뽑아 길러서 일과(日課)와 월과(月課)를 실시하였는데, 한 해 단위로 계산해서 고하(高下)를 품평하여 인재를 길러내는 묘용(妙用)을 다하였다. 그중에서도 능산(菱山) 황공(黃公) 휘 기천(基天)은 정조의 지우(知遇)를 가장 많이 받아서 정조가 장차 장려하여 쓰려고 하였으나 끝내 등용하지 못했으니, 애석하다.

공은 명랑함과 지혜로움이 천성으로 이루어져서 6세에 고시(古詩)를 지었는데 "봉황새는 긴 하늘에 날고 기린은 들 가에 놀고 있네. 부자(夫子)가 니구산(尼丘山)에서 태어나니[206] 고금의 사람들이 성현이라고 일컬었네.〔鳳凰飛長天, 麒麟遊野邊. 夫子生尼丘, 古今稱聖賢.〕"라는 구가 있으니, 당시 사람들이 신동(神童)이라고 불렀다. 차츰 자라자, 공령(功令 과거) 공부를 하여 붓을 잡으면 곧장 글을 완성하였으며, 매번 시험장에 나갈 적마다 시권(試卷)을 첫 번째로 올려서 여러 번

206 부자(夫子)가 니구산(尼丘山)에서 태어나니 : 부자는 공자이고, 니구산은 산동성(山東省) 곡부현(曲阜縣)에 있는 산으로, 공자의 아버지 숙량흘(叔梁紇)이 부인 안씨(顔氏)와 함께 니구산에 기도하여 공자를 얻었으므로 이름을 구(丘)라 하고, 자를 중니(仲尼)라 했다는 내용이 《사기》 권47 〈공자세가(孔子世家)〉에 보인다.

발탁되니, 성상의 표창이 융숭하였다.

임자년(1792)에 사마시에 합격하고 응제시(應製試)에서 선발되었는데, 임금이 명하여 얼굴을 들게 하고 유시(諭示)하시기를 "네 시(詩)에 '도도화류요록이(騊駼驊騮騕騄駬)'라고 하였는데, 이 작문은 출처가 어디냐?"라고 물으셨다. 이에 공이 대답하기를 "한(漢)나라 때의 《급취장(急就章)》[207]을 본받아서 지은 것입니다."라고 하니, 전교하시기를 "너는 무신(武臣) 집안의 아들인데 이와 같이 글을 잘 지으니, 특별히 술을 술잔에 가득 채워 하사하겠다."라고 하셨다. 이어서 하교하시기를 "너는 글씨를 잘 쓰는구나." 하시고는 또다시 술잔을 가득 채워주어 마시게 하셨다. 인하여 내각(內閣 규장각)에 들어와 어제시(御製詩)에 이어 글을 짓게 하고 큰 두루마리를 하사하자, 공이 행서(行書)와 초서(草書)로 써서 올리니, 상은 기이한 필법이라고 여러 번 칭찬하셨다.

계축년(1793) 가을에 도기(到記)[208]에서 제2등을 차지하였다. 도기로 사제(賜第)하는 것은 의례히 1등 한 사람만 취했으나, 성상은 특별히 전교하시기를 "이 시권(試券)을 지은 자는 평소 실제로 재주가 있는

207 급취장(急就章) : 원래의 이름은 《급취편(急就篇)》으로, 한(漢)나라 원제(元帝) 때 황문령(黃門令) 사유(史游)에게 명하여 아동의 글자 교육을 위하여 편찬하게 한 습자(習字) 책인데, 첫 편의 '급취(急就)' 두 글자를 가지고 책 이름을 지었다. 《급취편》은 전부 다른 글자를 이용하여 만든 3언, 4언, 7언의 운문으로 되어있고, 성명(姓名), 조직(組織), 생물, 예악(禮樂), 직관(職官) 등의 주제로 이루어진 적은 분량의 백과전서(百科全書)이다.

208 도기(到記) : 성균관에서 공부하는 유생들에게 제술(製述)로써 시험하여 성적이 우수한 1~2명을 뽑아 전시(殿試)에 곧바로 응시할 수 있는 자격을 주었던 도기시(到記試)를 이른다.

자임을 알 수 있다." 하시고는 전시(殿試)에 응시하도록 명하셨다. 방방(放榜)을 하자, 불러 보시고는 말씀하시기를 "가령 공경(公卿)이 너를 등용할 뜻이 없다 하더라도, 내가 어찌 너를 잊겠는가."라고 하셨다.

갑인년(1974)에 초계문신(抄啓文臣)에 뽑혔다. 겨울에 명하여 100구(句)로 부(賦)를 짓게 하였는데, 물시계의 물이 몇 방울 떨어지지 않아서 다 지었다. 어비(御批)하시기를 "온 뜰의 사람들이 모두 감동하고 여러 사람의 무릎이 일제히 굽혀지니, 이와 같이 기이한 재주는 초계문신을 선발한 이후 처음 보는 것이다." 하시고는 시권(試卷)을 등사해서 성균관 유생들에게 보이게 하셨다.

또 전교하시기를 "출륙(出六 참하(參下)에서 육품으로 승급)한 뒤에 마땅히 그릇에 맞게 일을 맡기는 방도가 있을 것이니, 미리 전조(銓曹)로 하여금 알게 하라." 하셨다. 이어서 전교하시기를 "비록 '팔차(八叉)[209]의 아름다운 솜씨'라고 하더라도 실정에 지나치지 않는다."라고 하시고는 《당송팔대가문초(唐宋八大家文鈔)》 한 질을 하사하셨다.

을묘년(1795) 상이 침원(寢園)을 배알하고 돌아오셔서 의궤(儀軌)를 쓰게 할 적에 특별히 공과 조석중(曺錫中)에게 명하여 그 일을 주관하게 하셨다. 한밤중에 입시(入侍)하였는데, 상이 문을 열고 일어나서서 물으시기를 "조모(曺某)인가, 황모(黃某)인가?"라고 하시자, 연신(筵臣)이 황모라고 대답하니, 상이 말씀하시기를 "이 사람은 바로

209 팔차(八叉) : 손을 여덟 번 깍지 낀다는 뜻으로, 시를 빨리 짓는 뛰어난 재주를 말하는바, 당대(唐代)의 시인 온정균(溫庭筠, 약812~약866)이 시를 짓는 데 매우 민첩하여 보통 손을 여덟 번 깍지 끼는 사이에 8운(韻)의 시를 이룬 데서 유래한 말이다. 이 때문에 당시에 온정균을 온팔차(溫八叉)라고 불렀다. 《北夢瑣言 卷4》

황정견(黃庭堅)[210]이다."라고 하셨다.

또 명령을 받들어 칠언배율(七言排律) 50운(韻)을 지어 올렸는데 8각(刻) 만에 이루어 하루에 2만 자의 판본(板本)을 썼다. 상은 일찍이 시폐(時弊)의 책문(策文)을 불러주어 쓰게 하시고서 자구(字句)를 퇴고(推敲)할 적에, 공에게 명하여 좋은 것은 올리고 좋지 못한 것은 지적하게 하였는데, 공이 아뢰면 번번이 말씀하시기를 "네가 바로 백낙천(白樂天)의 늙은 할미[211]이다."라고 하셨다.

무오년(1798)에 선고(先考)이신 병사공(兵使公)이 용천 부사(龍川府使)일 적에 죄수를 놓치고서 금성(金城)에 유배되었는데, 명하여 유배지를 경기의 고을로 바꾸게 하니, 특별한 예수(禮數)였다. 의궤를 인쇄하여 올리자, 전교하시기를 "황모(黃某)가 그동안 동참(同參)했던 사람으로 모임에 참여하지 못하니, 특별히 그의 아버지 황모를 석방하라." 하시고는 즉시 공에게 와서 대기하라고 명하셨다.

초계문신은 나이가 40이 된 자는 의례히 제외하였으나 공은 특별히 빼지 말라고 전교하고서 털가죽으로 만든 뜸 한 장을 하사하고 말씀하시기를 "이것이 비록 해졌지만 내가 항상 깔던 것이니, 그대는 자거나

210 황정견(黃庭堅) : 북송 때 문장가로, 자는 노직(魯直), 호는 산곡도인(山谷道人)이다. 동파(東坡) 소식(蘇軾)에게 수학하여 장뇌(張耒), 진관(秦觀), 조보지(晁補之)와 함께 '소문사학사(蘇門四學士)'로 일컬어졌으며, 소식과 함께 '소황(蘇黃)'이라고 일컬어질 정도로 문장과 행서(行書)·초서(草書)에 모두 뛰어났다.

211 백낙천(白樂天)의 늙은 할미 : 낙천은 당(唐)나라 시인 백거이(白居易)의 자로, 이 내용은 《냉재야화(冷齋夜話)》 권1 〈노구해시(老嫗解詩)〉에 "백락천이 시를 지을 때마다 노파 한 사람에게 뜻을 해석하게 하였다. 이해가 되느냐고 물었을 때 이해된다고 대답하면 그대로 기록하고, 이해되지 않는다고 대답하면 다시 바꿔서 지었다.〔白樂天每作詩, 令一老嫗解之, 問曰: 能否? 嫗曰解則錄之, 不解則又復易之.〕"라고 보인다.

앉을 때 사용하라."라고 하시니, 듣는 자들이 모두 감동하였다.

초계문신의 주강(晝講)에서 장원을 차지하여 6품으로 승진하였다. 친히 도목정(都目政)을 하실 적에 전조(銓曹 이조)의 낭관(郎官)에 의망(擬望)하라고 명하셨는데, 대관(臺官)의 직함을 거치지 않고 곧바로 전조의 낭관에 제수된 것은 전례에 보기 드문 것이었다.

기미년(1799)에 부모의 상을 당하니, 성상이 여러 번 내각의 관리를 통해서 안부를 물으시기를 "내가 항상 너를 생각하고 있는데, 너는 이것을 아느냐?"라고 하셨다. 경신년(1800)에 특별히 쌀과 어물과 반찬과 음식을 하사하시니, 그동안 하사한 주원(廚院)의 진귀한 음식을 이루 다 기록할 수 없을 정도였다.

정조가 승하하시자, 공은 흐느끼다가 한동안 기절하였고, 애통하여 가슴을 치고 발을 구르면서 살고 싶지 않은 것처럼 실의(失意)하였으며, 피눈물이 옷깃을 적셨다. 삼년상을 마치도록 매일 이와 같이 하였는데, 말이 선조(先朝 정조)에 미치면 소리 내어 울며 눈물을 흘리곤 하였다.

신유년(1801) 문사랑(問事郎)[212]에 차임되어 여러 번 과장(科場)에 참여하니, 모두 '신묘한 감식(鑑識)'이라고 칭찬하였다. 임술년(1802)에 강동 현감(江東縣監)으로 나갔는데, 치적이 한 도에서 으뜸이었다. 을축년(1805) 《정조실록(正祖實錄)》의 낭청(郎廳)에 차임되고, 정언(正言)과 지평(持平), 장령(掌令), 종부시 정(宗簿寺正)을 역임하였다.

212 문사랑(問事郎) : 문사낭청(問事郎廳)의 줄인 말로, 죄인을 심문할 때 기록과 낭독을 담당한 임시 벼슬이다.

병인년(1806)에 우의정 김달순(金達淳)을 탄핵하는 대간(臺諫)의 합계(合啓)에 참여하지 않았다 하여 용천(龍川)으로 유배되었고, 한 달이 못되어 고금도(古今島)로 이배(移配)되었는데, 기사년(1809)에 익묘(翼廟)[213]가 탄강(誕降)하자 사면을 받았다. 경진년(1820)에 서용(敍用)되어 경상 도사(慶尙都事)에 제수되자, 은혜로운 명에 한 번 사은숙배하였으니, 이것이 공의 출처의 대략이다.

공은 자가 희도(羲圖)이고 본관이 창원(昌原)이며, 능산(菱山)이 호이다. 그 선대는 중국에서 나왔는데, 고려 때 시중(侍中)을 지낸 휘 충준(忠俊)을 시조로 삼는다. 조선조에 들어와 대대로 큰 관직을 이어왔는데, 휘 위(瑋)에 이르러 봉교(奉教)로서 시대에 미움을 받아 외직으로 평사(評事)에 보임되었고 도승지에 추증되었다. 이분이 휘 입중(立中)을 낳으니, 군수를 지내고 참판에 추증되었다.

3대를 전하여 좌참찬 휘 일하(一夏)에 이르렀는데, 경종조(景宗朝)의 신임사화(辛壬士禍)에 흉당(凶黨)들이 정권을 도둑질하여 이극(貳極 왕세제)이 매우 위태롭자, 공이 항거하는 글을 올려서 미리 화(禍)의 기틀을 꺾으니, 식견이 있는 자들이 이르기를 "저위(儲位 왕세제)가 안전할 수 있었던 데에는 이 상소문이 큰 힘이 되었다."라고 하였다. 이분이 공의 고조이시다. 증조 휘 유사(有師)는 참판에 추증되었는데, 임인사화(壬寅士禍)를 겪고는 진취(進取)에 뜻을 접었다. 조고는 휘가 채(寀)이고, 선고는 휘가 인영(仁煐)이니, 양 대가 모두 병사(兵使)를

213 익묘(翼廟) : 순조와 순원왕후(純元王后)의 소생인 효명세자(孝明世子)로, 아들 헌종이 즉위한 뒤에 익종(翼宗)으로 추존되었다. 1827년(순조27) 순조의 명으로 대리청정을 시작하였으나, 수행한 지 4년 만에 훙서(薨逝)하였다.

지냈다. 선비(先妣) 여흥 민씨(驪興閔氏)는 수사(水使) 백복(百福)의 따님인데, 휘 인조(仁照)와 연안 이씨(延安李氏) 회상(會祥)의 따님이 공의 생부모이시다.

공은 순조 신사년(1821) 8월 20일에 별세하니, 그 출생한 경진년(1760)으로부터 62세가 된다. 광주(廣州)의 선영에 내외분을 부장(祔葬)하였다가 병신년(1836)에 아산(牙山) 형제동(兄弟洞) 계좌(癸坐)로 이장하였다. 배위는 함평 이씨(咸平李氏)이니, 그 선고는 병사(兵使) 응운(膺運)이다. 공보다 1년 먼저 태어났고 공보다 5일 뒤에 별세하였는데, 공의 묘 왼쪽에 부장하였다.

4남 2녀를 낳았는데, 아들은 종최(鍾最), 종찬(鍾粲), 종한(鍾罕), 종호(鍾濩)이고, 딸은 이건(李建)과 생원인 권용규(權用奎)에게 출가하였다. 종최의 아들은 학연(鶴淵)과 무과에 급제한 직연(直淵)이고, 사위는 김현배(金顯培)이다. 종한의 아들은 수연(守淵)이고, 종호의 아들은 우연(愚淵)이다.

공은 특별한 자품을 받고 태어나 보통사람보다 크게 뛰어났다. 어릴 때부터 문장의 요령을 꿰뚫어 환히 알아서 장편과 큰 문장을 지을 때 붓을 휘둘러 이루지 않음이 없었는데, 맑은 정기가 날아 움직여 마치 신명의 도움이 있는 듯하니, 문단(文壇)의 여러 공들이 놀라서 입을 딱 벌리고 기세에 눌려 삼사(三舍)를 물러났다.[214]

그리하여 명성이 온 세상에 진동하여 중국에까지 흘러 들어가니,

214 삼사(三舍)를 물러났다 : 사(舍)는 거리의 단위로 1사는 30리이다. 이는 고대에 전장에서 형세가 밀리면 삼사를 후퇴했던 데서 나온 말로, 여기서는 문단의 문장가들이 황기천의 문장에 미치지 못하여 멀찍이 물러나 양보함을 말한 것이다.

절강(浙江)의 오근(吳瑾)은 찬양하기를 "기운이 청일(淸逸)하면서도 통창(通暢)하고, 운치(韻致)가 공교하면서도 평온(平穩)하다. 타고난 재분(才分)도 우월하고 인위적인 공력도 지극하다."라고 하였다. 그리고 강남(江南)의 손형(孫衡)은 찬양하기를 "도덕을 함축하고 문장에 능하니, 마땅히 이것을 명산(名山)에 보관하여 제대로 평가할 수 있는 사람을 기다려야 한다."라고 하였다.

서법(書法)에도 널리 통달하여, 전서(篆書)와 예서(隷書)는 《석고문(石鼓文)》[215]과 《공묘예기비(孔廟禮器碑)》[216]를 법으로 삼았고, 해서(楷書)는 종요(鍾繇)와 왕희지(王羲之)[217]를 본받았고, 초서(草書)는 장욱(張旭)과 회소(懷素)[218]의 묘리를 터득하였다. 그래서 용이 뛰

215 석고문(石鼓文) : 전서체〔大篆〕의 글자가 북처럼 생긴 돌에 새겨져 있어 '석고문'이라 불리는데, 진(秦)나라 임금이 사냥 가는 장면을 기술했으므로 '엽갈(獵碣)'이라 일컬어지기도 한다. 4언시로 이루어진 작품으로, 중국에서 가장 오래된 석각(石刻) 문자이며, 서예가들에게 전서체를 익히는 중요한 교범으로 여겨져 왔다.

216 공묘예기비(孔廟禮器碑) : 공식 명칭은 《한로상한칙조공묘예기비(漢魯相韓勑造孔廟禮器碑)》이고, 《수공자묘기비(修孔子廟器碑)》, 《한명부공자묘비(韓明府孔子廟碑)》 등으로 불리는 예서(隷書)로 된 비문이다. 비문의 내용은, 한대(漢代)의 노(魯)나라 재상 한칙(韓勑)이 공자묘(孔子廟)을 수리하고 예기(禮器)를 더 늘리자, 관리와 백성들이 공동으로 출자하여 비석을 세워 그의 공덕을 칭송한 것이다. 그래서 《예기비(禮器碑)》로 많이 불리며, 한나라 때 예서 작품 가운데 매우 중요한 본(本)으로 평가받는다.

217 종요(鍾繇)와 왕희지(王羲之) : 모두 중국 서예의 대가로, '종왕(鍾王)'이라 병칭된다. 종요(151~230)는 삼국 시대 위(魏)나라 정치가이자 서예가로, 예서・해서・행서에 뛰어났다. 왕희지(321~379)는 진(晉)나라 회계(會稽) 사람으로, 해서, 행서, 초서에 뛰어났는데, 해서는 종요의 서법을 익혀 자신만의 새로운 서법을 만들었다.

218 장욱(張旭)과 회소(懷素) : 장욱(675~?)은 당대(唐代) 중엽의 서예가로, 초서

어오르는 듯 호랑이가 누워 있는 듯 글씨가 천변만화(千變萬化)하였다. 천 장의 종이와 백 권의 시축을 폭풍과 우레와 같은 기세로 순식간에 붓을 휘둘러 적으니, 옆에서 구경하는 자들이 실색(失色)하였다. 중국 사람인 정숙보(程叔甫)가 공의 글씨를 보물로 보관하면서 말하기를 "낮게 평가하면 회소와 짝할 정도이고 높게 평가하면 왕우군(王右軍 왕희지)을 압도할 정도이니, 천년이 지나도록 없어지지 않을 글씨이다."라고 하였다.

저술이 매우 많았으나 산일(散逸)되고 거두지 못해서 약간의 원고가 집안에 보관되어 있다. 옛날 회남왕(淮南王) 유안(劉安)은 하루아침에 〈이소(離騷)〉의 전(傳)을 지었고, 한(漢)나라 때 매고(枚皐)는 조령(詔令)에 응하여 부(賦)를 지었고, 조자건(曹子建 위(魏)나라 조식(曹植))은 종이를 당겨 글을 지으면 입으로 불러 주는 듯하였고, 중선(仲宣 위(魏)나라 왕찬(王粲))은 붓을 들면 글을 이미 구성해 놓은 듯하였고, 완우(阮瑀 건안칠자(建安七子) 중 한 사람)는 말안장에 앉아서 황제의 제서(制書)를 만들었고, 예형(禰衡 후한(後漢) 헌제(獻帝) 때의 문인)은 밥 먹는 중에 상주문(上奏文)을 초(草)하였다.[219] 이분들이 세상에 유명하였는

로 가장 이름을 떨쳤는데, 광초(狂草)로 명성을 얻고 후세에 큰 영향을 끼쳤다. 회소(725~785)는 당나라 때의 서예가이자 승려로, 동시대의 장욱, 장지(張芝)와 함께 초서로 이름이 높았다.

219 회남왕(淮南王)……초(草)하였다 : 모두 글을 빨리 지었던 인물들로, 이 내용은 《문심조룡(文心雕龍)》 권6 〈신사(神思)〉등 여러 문헌에 실려 전한다. 이 가운데 회남왕 유안(劉安)과 매고(枚皐)의 고사를 살펴보면, 《한서(漢書)》 권44 〈회남형산제북왕전(淮南衡山濟北王傳)〉에는 "황제가 회남왕에게 〈이소(離騷)〉의 전을 짓게 하였는데, 동틀 무렵에 조서를 받고서 조반을 먹을 적에 완성하여 올렸다.〔使爲離騷傳, 旦受詔, 日食時上.〕"라고 보이고, 《한서》 권51 〈매고전〉에는 "매고는 동방삭(東方朔)보다 부를

데, 공과 같이 총명하고 민첩한 분은 마땅히 이들과 같은 반열에 두더라도 조금도 손색이 없으니, 어찌 진실로 고금에 보기 드문 초일한 재주가 아니겠는가.

공은 근신하고 후덕하고 겸손하고 공손하였으며, 본성을 수양하고 고상한 뜻을 지켜서 남과 더불어 지낼 적에 저촉됨이 없었으며, 남의 악한 것을 덮어주고 선한 것을 드날렸다. 자신의 재능을 자랑하지 않고 명예를 구하지 않았으며, 의리와 이익을 밝게 살펴서 한마디 말로 분석하였다. 매번 경서(經書)와 사서(史書)를 열람할 때면 열 줄을 동시에 읽어 내려가고 한 번만 보면 바로 외워서 백가구류(百家九流)[220]를 꿰뚫어 통할(統轄)하지 않음이 없었다. 그중에 《논어》와 삼례(三禮)[221], 《주역》, 《춘추》를 즐겨 읽어서 깊은 이치를 탐색하고 은미한 뜻을 발명하여, 눈으로 보고 마음으로 이해하는 것이 모두 지극하였다.

평소 문을 닫고 깨끗이 청소하고서 손에서 책을 놓지 않았으며, 집안에서 순수하고 독실하게 수행한 것이 모두 경학(經學)을 바탕으로 하였으니, 단지 문예가 절륜한 것으로만 공을 인정하는 자는 참으로 공을 얕게 아는 자이다. 아! 하늘이 단비를 내리고 대화(大化)가 유행하면

더 잘 지었다.……임금이 감회가 있을 때마다 매고에게 부를 짓도록 하였는데, 글을 워낙 빨리 지어 분부를 받는 즉시 지었으므로, 지은 부가 많았다.〔皐爲賦善於朔也.……上有所感, 輒使賦之, 爲文疾, 受詔輒成, 故所賦者多.〕라고 보인다.

220 백가구류(百家九流) : 구류백가(九流百家)와 같은 말로, 다양한 학술 유파를 일컫는다. '구류'는 선진(先秦) 시대에 존재하였던 아홉 가지의 학술 유파로, 유가(儒家)·도가(道家)·음양가(陰陽家)·법가(法家)·명가(名家)·묵가(墨家)·종횡가(縱橫家)·잡가(雜家)·농가(農家)이다.

221 삼례(三禮) : 세 가지 예서로, 《주례(周禮)》·《의례(儀禮)》·《예기》이다.

풀과 나무에 싹이 트고 새들이 힘차게 날아오르니, 이는 성인(聖人)이 하늘과 땅의 화육(化育)을 돕는 것이다.

공은 규운(奎運)[222]을 타고나서 현명한 군주에게 지우를 받았으니, 장차 홍조(鴻藻)[223]를 크게 펼쳐 보불(黼黻)과 생용(笙鏞)[224]의 쓰임에 응하였다면 매우 넉넉한 재능으로 국가의 성대함을 울릴 수 있었을 터인데, 신종(神宗) 때 소식(蘇軾)의 경우[225]와 같이 미처 제대로 등용되지 못하였다.

소식은 끝내 높고 현달함을 이루었으나, 공은 중간에 세상의 화(禍)

222 규운(奎運) : 문운(文運)을 주관하는 규성(奎星)의 운을 말한다. 송나라 태조 건덕(乾德) 5년(967)에 수(水)・목(木)・금(金)・화(火)・토(土)의 오성(五星)이 규수(奎宿)의 분야(分野)에 모였다. 점치는 자들이 훌륭한 인재가 많이 배출되어 문운이 창성할 조짐이라 하였는데, 과연 수많은 학자와 명신이 배출되고 정주학(程朱學)이 일어났다.《宋史 卷2 太祖本紀》

223 홍조(鴻藻) : '홍필여조(鴻筆麗藻)'의 줄인 말로, 웅건하고 화려한 시문이나 필력을 뜻한다.

224 보불(黼黻)과 생용(笙鏞) : '보불'은 옛날 임금들의 대례복(大禮服)에 놓은 수이고, '생용'은 악기인 생황(笙簧)과 대종(大鐘)인데, 조정에서 임금을 보좌하는 귀한 인재를 비유하는 말로 쓰인다. '보(黼)'와 '불(黻)'은 각각 도끼 모양의 흑백색과 아(亞)자 모양의 흑청색(黑青色) 수를 놓은 것이다.

225 신종(神宗)……경우 : 북송(北宋)의 신종이 붕어하고 10세의 철종(哲宗)이 즉위하자, 신법(新法)에 불만을 갖고 있던 조모(祖母)인 선인태후가 섭정을 하게 되었는데, 소식도 한림학사(翰林學士)가 되어 중앙 정계로 복귀할 수 있었다. 원우(元祐) 2년(1087) 어느 날 선인태후가 편전에서 소식을 소견하였다. 이때 선인태후는 소식을 한림학사로 발탁한 이유를 일러 주었는데, 바로 신종이 생전에 소식의 문장을 읽을 때마다 감탄하고 인정하였으나 미처 등용하지 못한 것이라고 하였다. 이 말을 들은 소식은 자신도 모르게 목을 놓아 통곡하였는데, 이 고사를 두고 한 말이다.《宋史 卷338 蘇軾列傳》

를 당하여 기구하고 불우해서 재능을 조금도 세상에 드러내지 못했으니, 어찌 천명이 아니겠는가. 그러나 임금의 칭찬이 매우 찬란하고 화려한 하사품이 끊이지 않아서 영광스러운 지우(知遇)와 은혜로운 성취가 여러 선비들을 손꼽아볼 적에 공보다 더 나은 사람이 아무도 없었으니, 공이 사후에 손에 들고 지하에 가서 고인(古人)을 떳떳하게 만나볼 수 있는 것이다.

나는 공의 거룩한 명성에 탄복하면서도 끝내 한 번도 얼굴을 뵙지 못한 것을 평생의 한으로 여겼고, 종한(鍾罕)이 묘소의 지문을 청한 지도 이미 여러 해가 되었다. 항상 바람 앞의 촛불이 되는 상황이 갑자기 이르러 종한의 소원에 부응하지 못할까 염려하였는데, 마침내 병을 무릅쓰고 명을 짓노라. 명은 다음과 같다.

재주는 덕의 쓰임이 되니	才爲德用
인재를 얻기 어렵다는 말이 맞지 않은가	不然其難
신령함이 배양되어	靈華亭毓
능히 완전한 재목이 태어났네	生材克完
위대하도다 황공이여	偉哉黃公
그릇이 출중하였네	其器槃槃
총명하고 민첩하여	聰穎敏給
붓 끝에 핀 꽃이 찬란하였네[226]	筆花煸爛

226 붓……찬란하였네 : 원문의 '필화(筆花)'는 붓 끝에서 꽃이 피어났다는 뜻의 '필생화(筆生花)'의 줄인 말로, 문학적 재능이 걸출함을 비유하는바, 황기천이 걸출한 문재(文才)를 밝게 드러냈다는 말이다. '필생화'는 '몽필두생화(夢筆頭生花)'에서 온 말로,

현포에 쌓인 옥이요[227] 玄圃積玉
깊은 골짝의 고운 난초였네[228] 幽谷艷蘭
옛날 신동들에 비하면 比古神丱
왕발, 이필, 공융, 왕찬[229]과 같았네 勃泌融粲
문원에 명망을 쌓으니 文苑儲望
모두 등단을 추천하였네 咸推登壇
성주의 지우를 받아서 遭遇聖主
임금님 얼굴에 기쁨이 넘쳤네 喜動天顔
석거각[230]에서 책을 교정하고 校書石渠

오대(五代) 왕인유(王仁裕)의 《개원천보유사(開元天寶遺事)》 권2 〈몽필두생화〉에 "이태백(李太白)이 어릴 적에 쓰던 붓 끝에서 꽃이 피어나는 꿈을 꾸었는데, 이 뒤로 천부적인 재능이 유감없이 발휘되어 천하에 명성을 떨쳤다.〔李太白少時, 夢所用之筆, 頭上生花, 後天才贍逸, 名聞天下.〕"라고 보인다.

227 현포(玄圃)에 쌓인 옥이요 : 현포는 곤륜산(崑崙山) 위에 있는 선경(仙境)으로 아름다운 옥이 많이 쌓여있는바, 이는 정수(精秀)가 축적되었음을 비유한 것이다. 《晉書 卷54 陸機傳》

228 깊은……난초였네 : 《공자가어(孔子家語)》의 "지란은 깊은 숲 속에서 자라는데 사람이 없어도 향기를 풍긴다.〔芝蘭生於深林, 不以無人而不芳.〕"라는 데서 온 말로, 세상이 알아주지 않지만 홀로 향기를 내뿜는 군자나 재주 있는 사람을 상징한다.

229 왕발(王勃)……왕찬(王粲) : 왕발(약650~약676)은 당(唐)나라 초기의 문장가이고, 이필(李泌, 722~789)은 당나라의 명재상이고, 공융(孔融, 153~208)과 왕찬(王粲, 177~217)은 후한(後漢) 때 건안칠자(建安七子)에 속한 인물들로, 모두 역대의 신동을 얘기할 때 대표적으로 비견되는 인물들인데, 보통 시대 순으로 '융찬발필(融粲勃泌)'이라고 인용된다. 《張太岳集 卷35 與南學院吳初泉》

230 석거각(石渠閣) : 한(漢)나라 때의 장서각(藏書閣)의 이름인데, 여기에서는 규장각을 가리킨다.

금란[231]에서 부를 지으니	獻賦金鑾
영화가 발로됨에	英華攸發
총애가 여러 반열에서 으뜸이었네	寵冠群班
칠 일 동안 숨은 표범이	七日隱豹
안개 속에서 아름다운 무늬를 이루었네[232]	遇霧成斑
구포의 상서로운 봉황이	九苞祥鳳
음률에 응하여 소리를 맞추었네[233]	應律和聲
공용이 막 일어나서	功用方興
천구와 운정[234]이 펼쳐졌는데	天衢雲程

231 금란(金鑾) : 옛날에 황궁의 정전(正殿)을 금난전(金鑾殿)이라 하고, 그 곁에 있는 언덕을 금난파(金鑾坡)라 하였는데, 이 금난파가 한림원(翰林院)과 닿아 있기 때문에 한림원을 금파(金坡) 또는 금란이라 하였다. 조선 시대에는 홍문관을 가리킨다.

232 칠……이루었네 : 남산의 흑표범이 자신의 아름다운 무늬를 상하지 않게 하려고 안개비가 내리는 7일 동안 배고픔을 참고 사냥도 하지 않으며 몸을 숨기고 지냈다는 '남산은표(南山隱豹)'의 고사를 원용하여, 자신의 재능을 과시하지 않고 숨겨서 몸을 깨끗이 하였던 황기천을 비유하였다. 《列女傳 陶答子妻傳》

233 구포(九苞)의……맞추었네 : '구포'는 봉황이 가지고 있는 아홉 가지 특징으로 봉황을 비유하기도 하는데, 봉황은 상서로운 동물로 성왕(聖王)이 나와야만 나타나는 새이므로 황기천을 봉황에 빗대어 성왕인 정조를 만난 것을 표현하였다. 이 내용은 《서경》 〈익직(益稷)〉의 "순(舜) 임금의 음악인 소소를 아홉 번 연주하자 봉황새가 와서 거동에 맞춰 춤을 추었다.〔韶簫九成, 鳳凰來儀.〕"라는 구절을 원용한 것이다. '구포'는 입은 함부로 울지 않음〔口包命〕, 마음은 법도에 합함〔心合度〕, 귀는 멀리까지 잘 들음〔耳聽達〕, 혀는 소리의 변화를 잘 냄〔舌詘伸〕, 깃의 색은 문채가 남〔彩色光〕, 벼슬은 붉은 색임〔冠矩朱〕, 발톱은 날카로움〔距銳鉤〕, 소리는 멀리까지 들림〔音激揚〕, 배는 아무 것이나 먹지 않음〔腹文戶〕의 아홉 가지이다. 《初學記 卷30 鳥部》

234 천구(天衢)와 운정(雲程) : '천구'는 걸릴 것 없는 공중이라는 뜻으로, 벼슬길이 훤히 트여 있음을 비유한다. 《주역》 〈대축(大畜) 상구(上九)〉에 "저 하늘 거리이니,

시운이 좋지 못하여	時運不諧
벼슬길이 평탄하지 않았네	坦步失平
의리로써 천명에 대처하여	以義處命
우환에도 평소처럼 행하였네	憂患素行
능력을 백에 하나도 시험하지 못하고	百不一試
은둔하여 일생을 마쳤네	遵晦終生
어찌 선하지 않겠는가	何用不臧
능히 몸과 명예를 보전하였네	克完身名
아름다운 패옥이	瓊琚玉佩
쟁쟁한 소리를 거두었네[235]	收聲琤琤
벽수가 광채를 감추니	璧宿晦彩
대화가 아득히 사라졌네[236]	大化冥冥
높이 솟은 저 인산에	節彼仁山
영령을 거두었네	斂却英靈

형통하리라.〔何天之衢, 亨.〕"라고 했는데, 그 〈상전(象傳)〉에 "저 하늘거리라는 말은 도(道)가 크게 행해진다는 것이다."라고 하였다. '운정'은 청운(青雲)의 길이라는 뜻으로 벼슬길을 뜻한다.

235 아름다운……거두었네 : 벼슬길이 끊겨 조정에서 더 이상 아름다운 글을 짓지 못하게 되었음을 비유한 것이다. 원문의 '옥패(玉佩)'와 '경거(瓊琚)'는 모두 장식용으로 쓰이는 아름다운 옥으로, 훌륭한 시문을 비유하는 말로도 쓰이는바, 한유(韓愈)가 〈제유자후문(祭柳子厚文)〉에서 유종원(柳宗元)의 문장을 칭찬하여 "옥패와 경거로 그 소리를 크게 낸다.〔玉佩瓊琚, 大放厥辭.〕"라고 하였다

236 벽수(璧宿)가……사라졌네 : '벽수'는 28수(宿) 가운데 규수(奎宿)와 더불어 문운(文運)을 주관하는 별이고, '대화(大化)'는 사람의 생명을 비유하는바, 이 내용은 문장에 능하였던 황기천의 죽음을 표현한 것이다.

임금님의 말씀이 없어지지 아니하여　　恩言不泐
유명에 밝게 드러나네　　洞徹幽明
내가 명문을 지어서　　我述銘章
천백 년의 후세에 전하노라　　垂千百齡

증 동몽교관 외암 정공 묘지명 병서

贈童蒙敎官畏庵鄭公墓誌銘 幷序

천지(天地)에 꽉 차고 사해(四海)를 뒤덮고 있는 것은 오직 효(孝)이다.[237] 효는 사랑과 공경에서 시작하여 슬퍼하는 생각을 지극히 하는 데에서 마치는데, 이 또한 여러 가지 방법이 있으나 그 마음은 똑같다. 원수를 잊지 않고 자기의 목숨을 아까워하지 않아서 이치를 통달하고 도(道)를 들은 분으로는 오직 정공(鄭公) 휘 윤교(允喬) 밖에 없을 것이다.

공은 나이 18세일 적에 생부가 윤씨(尹氏) 여자에게 모함을 받아 형틀에서 죽었다. 공은 곧바로 직접 원수를 칼로 찔러 죽이고 집으로 돌아가는 것처럼 편안히 죽으려고 하였으나, 양부모(養父母)가 연로하고 두 아우가 모두 어린 것이 염려스러웠다. 그래서 원통함을 꾹 참고 은둔하여 폐인으로 자처해서 집 밖을 나가지 않고 하늘의 해도 보지 않았다. 그리고 《춘추(春秋)》를 읽다가 복수하여 원한을 씻는 의리를

237 천지(天地)에……효(孝)이다 : 이 내용은 《예기》의 "효란 어떠한 것인가. 이것을 세워 두면 하늘과 땅에 가득 차고, 이것을 펼쳐 두면 사방의 바다에 퍼지고, 후세에 전하면 영원토록 무궁할 것이다. 이것을 밀어서 동해에 이르게 하면 동해와 수준(水準)이 같아지고, 이것을 밀어서 서해에 이르게 하면 서해와 수준이 같아지고, 이것을 밀어서 남해에 이르게 하면 남해와 수준이 같아지고, 이것을 밀어서 북해에 이르게 하면 북해와 수준이 같아진다.〔夫孝, 置之而塞乎天地, 溥之而橫乎四海, 施諸後世而無朝夕, 推而放諸東海而準, 推而放諸西海而準, 推而放諸南海而準, 推而放諸北海而準.〕"라는 증자(曾子)의 말씀을 원용한 것이다. 《禮記 祭義》

보게 되면 번번이 눈물을 흘리곤 하였다.

또 예리한 칼을 주조하여 16년 동안 하루도 빠짐없이 몸에 지니고 살았는데, 어버이가 별세하여 장례를 치르고 아우가 장성하여 대를 이을 수 있게 되자, 마침내 두 아우와 함께 윤씨 여자를 찾아내어 칼로 찔러 죽이고 관아에 자수하여 처분을 청하니, 아침에 복수하고 저녁에 죽기로 맹세하였기 때문이다. 여러 달 동안 옥에 갇혀서 온갖 고통을 겪었는데, 지방 인사들이 일제히 억울함을 하소연하니, 관찰사인 문민공(文敏公) 원인손(元仁孫)[238]이 다섯 고을의 수령을 모아서 심리하여 공을 석방하였다. 이날은 바로 병술년(1766) 5월 19일로, 공의 생일이었다.

이때는 오랜 가뭄으로 사람들이 근심하던 중이었는데 갑자기 큰 비가 시원하게 내리니, 여기에서 하늘과 사람이 감응함이 그림자나 메아리가 호응하는 것보다도 빠름을 징험할 수 있다. 옛 사람이 말하기를 "아버지의 원수와 한 하늘 아래에서 함께 사는 것을 큰 수치로 여기고 창을 베개 삼아서 자는 것을 예에 맞는 것으로 여겨서, 곧바로 죽어도 유감이 없고 예(禮)를 지키고 의(義)를 행한다."[239]라고 한 것을 공이 실로 소유한 것이니, 아! 아름답다.

공은 자가 대천(大遷)이고 관향이 동래(東萊)이니, 고려 때 좌복야

238 관찰사인 문민공(文敏公) 원인손(元仁孫) : 문민(文敏)은 원인손(1721~1774)의 시호로, 이때 전라도 관찰사였다. 《承政院日記 英祖 41年 12月 2日》 원인손은 자가 자정(子靜), 본관이 원주(原州)이다. 1753년 정시 문과에 급제하고, 이조 판서, 우의정 등을 지냈다.

239 아버지의……행한다 : 이 내용은 당나라 유종원(柳宗元)의 〈박복수의(駮復讎議)〉에 보인다. 《柳河東集 卷4》

(左僕射)를 지낸 휘 목(穆)을 시조로 삼아서 큰 벼슬에 오른 분이 대대로 이어졌다. 조선조에 들어와 휘 수홍(守弘)은 이조 판서를 지냈는데, 바로 공의 10대조이시다. 이분이 진사이신 휘 임(任)을 낳았는데, 이때 비로소 김제(金堤)로 이거(移去)하니, 자손들이 이곳에 세거(世居)하였다.

여러 번 전하여 휘 세영(世英)과 휘 동혁(東爀), 휘 천기(天基)에 이르니, 이분들이 공의 3대 선조가 되신다. 선비(先妣)는 청송 심씨(靑松沈氏)이며, 휘 천배(天培)와 나주 나씨(羅州羅氏)는 바로 생부모이다.

공은 향년 89세로 신사년(1821) 5월 29일에 별세하였는데, 묘소가 같은 군의 대산(大山) 유좌(酉坐)에 있다. 배위인 진주 강씨(晉州姜氏)는 필보(必輔)의 따님으로, 공보다 1년 먼저 출생하고 공보다 19년 먼저 별세하였는데, 묘는 치석(雉石) 묘좌(卯坐)에 있다 2남 1녀를 낳았으니, 아들은 재정(載鼎)과 재화(載和)이고, 딸은 문모(文某)에게 출가하였다. 재정의 양자는 규완(奎完)이고, 재화의 아들은 규오(奎五)이다. 규완은 병조(秉朝), 근조(根朝), 영조(寧朝) 3남을 두었고, 규오는 찬하(燦夏), 상하(相夏) 2남을 두었다.

공은 타고난 자품이 도(道)에 가까웠는데, 처음 스승에게 나아가 배울 적에 은미하고 심오한 뜻을 깨달아 곡진하고 넓게 통달하였으며, 집으로 돌아와서는 배운 것을 어머니에게 자신의 말처럼 막힘없이 읊어드렸다. 《증전(曾傳)》〈서문〉의 '속유(俗儒)들의 기송(記誦)과 사장(詞章)'이라는 구[240]를 읽고는 크게 탄식하기를 "기송과 사장은 참된

240 증전(曾傳)……구 : 《증전》은 《대학(大學)》으로, 《대학》을 증자(曾子)의 전술

선비가 할 것이 아니다."라고 하고는 마침내 벼슬길에 나아가는 것을 단념하였다. 그리하여 오로지 이치를 궁구하는 학문에 마음을 쏟아 우뚝이 성철(聖哲)이 되기를 스스로 기약하였으며, 일상생활에서 한결같이 구용(九容), 구사(九思)[241]에 따라 말하고 행동하였다.

천성이 효성스러워 몸소 물고기를 잡고 땔나무를 채취하여 맛있는 음식을 장만해서 부모님을 봉양하여 지극한 정성이 사람들에게 믿음을 받아 널리 퍼지니, 사람들이 모두 감동하였다. 새벽이면 가묘(家廟)에 배알하였고 목욕재계하여 제사를 받들었는데, 고령이 되어서도 폐하지 않고 계속하였다. 두 아우와 먹고 자는 것을 함께하여 잠시도 떨어져 지내지 않아서 규중(閨中)을 엄숙하고 화목하게 하니, 집안과 이웃

(傳述)로 보기 때문에 이렇게 일컫는바, 인용한 내용은 〈대학장구서(大學章句序)〉에 "이로부터 속유(俗儒)들의 기송(記誦)과 사장(詞章)의 익힘은 그 공부가 《소학》보다 배가 되었으나 쓸 데가 없었고, 이단(異端)의 허무(虛無), 적멸(寂滅)의 가르침은 그 고원(高遠)함이 《대학》보다 더하지만 실제가 없었다.〔自是以來, 俗儒記誦詞章之習, 其功倍於小學而無用; 異端虛無寂滅之教, 其高過於大學而無實.〕"라고 보인다.

241 구용(九容), 구사(九思) : '구용'은 군자가 마땅히 지녀야 할 아홉 가지 몸가짐으로, 《예기》 〈옥조(玉藻)〉에 "군자의 발걸음은 무겁고, 손놀림은 공손하며, 눈길은 단정하고, 입은 조용하며, 말소리는 고요하고, 머리 모양은 곧으며, 숨 쉬는 모습은 엄숙하고, 서있는 모양은 덕이 있으며, 얼굴빛은 장엄해야 한다.〔足容重, 手容恭, 目容端, 口容止, 聲容靜, 頭容直, 氣容肅, 立容德, 色容莊.〕"라고 보이며, '구사'는 군자가 마땅히 지녀야 할 아홉 가지 생각으로, 《논어》 〈계씨(季氏)〉에 "볼 때는 밝음을 생각하고, 들을 때는 귀 밝음을 생각하고, 얼굴빛은 온화함을 생각하고, 모습은 공손함을 생각하고, 말할 때는 성실함을 생각하고, 일할 때는 경건함을 생각하고, 의심스러울 때는 질문할 것을 생각하고, 화를 낼 때는 화풀이한 뒤의 어려움을 생각하고, 재물을 얻을 때는 의리에 합당한가를 생각한다.〔視思明, 聽思聰, 色思溫, 貌思恭, 言思忠, 事思敬, 疑思問, 忿思難, 見得思義.〕"라고 보인다.

사람들이 감화되었다. 이는 모두 효를 미루어 간 것이다.

동시대의 여러 학자들과 두루 교유하였고, 늑천(櫟泉 송명흠(宋明欽))과 성담(性潭 송환기(宋煥箕)) 두 학자를 심복하여 섬겨서 두 분에게 칭찬을 받았다. 삼외(三畏)[242]의 뜻을 취하여 서실의 편액을 '외암(畏庵)'이라 하니, 배우는 자들이 '외암 처사(畏庵處士)'라고 칭하였다. 약간의 유고가 세상에 유행한다.[243]

효라는 것은 백행(百行)의 근원이요 만선(萬善)의 근본이다. 공이 아버지를 위하여 원수를 갚은 것은 천성에서 발로되어 몸을 희생하려는 데에 뜻이 있었고 본래 살고자 하는 마음이 없었으니, 원수를 갚고 살 수 있었던 것은 요행일 뿐이다. 공은 성인(聖人)을 배우는 것을 원하였고 한 가지 선(善)으로 이름을 이루고자 하지 않았다. 그러나 억울하고 혹독한 이치가 지극해서 기필코 목숨을 바쳐 뜻을 이루고자 한 것은 공에게 있어서 큰 절개가 되니, 나머지는 모두 생략해도 된다. 주자(朱子)가 말씀하기를 "살아있는 효제〔活孝悌〕가 있고 죽은 효제〔死孝悌〕가 있다."[244] 하였으니, 공이 성취한 것은 살아있는 효〔活孝〕이

242 삼외(三畏) : 《논어》 〈계씨(季氏)〉에 "군자는 세 가지 두려워하는 것이 있으니, 천명을 두려워하고 대인을 두려워하고 성인의 말씀을 두려워한다.〔君子有三畏, 畏天命, 畏大人, 畏聖人之言.〕"라고 한 공자의 말에 보인다.

243 약간의……유행한다 : 목활자로 간행된 4권 2책의 《외암집(畏庵集)》이 현재 국립중앙도서관 및 몇몇 대학 도서관에 소장되어있다. 이 책에는 매산이 신해년(1851)에 지은 서문과 임헌회(任憲晦)가 병자년(1876)에 지은 발문이 실려 있는바, 이전에 유행한 것은 필사본이었을 것으로 보인다.

244 살아있는……있다 : 이 내용은 《주자대전》 권60 〈답증무의(答曾無疑)〉에 "이른바 '효제와 충서'는 비록 일상의 한 가지 일일 뿐이지만, 모름지기 천하의 의리를 살펴 안팎으로 사리를 꿰뚫어 훤히 알면 효제와 충서가 살아있는 것이 되고, 만약 그렇지

니, 어찌 학문의 공(功)이 큰 것이 아니겠는가.

조정에서 처음에는 급복(給復)하였다가 뒤에 또 동몽교관(童蒙教官)을 추증하였다. 이것은 효를 장려하기에 부족하지만 공은 목적한 바가 있어서 한 것이 아니니, 어찌 사후의 이름을 돌아보았겠는가. 후세의 사람들이 공을 표창한 경중을 가지고 조물주에게 따지는 것은 덕을 높이는 바가 아니다.

석하(錫夏)와 철하(哲夏)가 나를 종유하였는데 공의 묘지명을 청하였다. 내가 이미 유고에 서문을 썼으니, 다시 숨겨진 것을 드러내고 그윽한 것을 밝힐 수 있는 여분의 말이 없으나, 삼가 공의 행실에 감동하여 병을 무릅쓰고 명을 짓는다. 명은 다음과 같다.

효는 백성이 실천하는 행실이니 　孝爲民行
하늘의 법이요 땅의 의이네 　天經地義
깊은 사랑을 미루어 지극히 해서 　深愛推極
오치[245]를 갖추었네 　用備五致

않으면 곧 죽은 효제와 충서가 된다.〔所謂孝悌忠恕, 雖只是此一事, 然須見得天下義理, 表裏通透, 則此孝悌忠恕, 方是活物. 如其不然, 便只是箇死底孝悌忠恕.〕"라고 보이는 바, 일상생활 속에서 실천하는 기본적인 덕목인 효제와 충서에서 격물치지(格物致知)의 공부를 지극히 하여 모든 이치의 궁극을 깨닫고 실천할 수 있는 데까지 미루어 나아가야 살아있는 효제와 충서가 되고, 그렇지 않으면 죽은 것이 된다는 말이다.

245 오치(五致) : 자식이 부모를 섬길 적에 다섯 가지를 지극히 하는 것으로, 《효경(孝經)》에 "효자가 어버이를 섬길 적에, 살아계시면 공경을 지극히 하고, 봉양하면 즐거움을 지극히 하고, 병들면 근심을 지극히 하고, 돌아가시면 슬픔을 지극히 하고, 제사하면 엄숙함을 지극히 하니, 이 다섯 가지가 갖추어진 뒤에 제대로 어버이를 섬기는 것이다.〔孝子之事親也, 居則致其敬, 養則致其樂, 病則致其憂, 喪則致其哀, 祭則致其

여러 방면으로 부지런히 봉양하여	服勤無方
어버이에게 죽음으로써 보답하였네	報生以死
원수를 갚기 위해 병기를 지니고 다님을[246]	鬬不反兵
나는 공자에게서 들었는데	聞諸孔子
아, 정공이여	嗟嗟鄭公
이 도리를 실천하였구나	踐迹斯理
때를 기다려 실행에 옮겨서	俟時而發
능히 그 뜻을 이루었네	克遂厥志
조아와 양렬[247]이	趙娥梁悅
세대는 달라도 도리는 똑같네	異世同揆
공이 또한 여기에 가까우니	其亦庶幾

嚴. 五者備矣, 然後能事親.〕"라고 한 공자의 말씀 가운데 다섯 개의 '치(致)' 자를 요약한 것이다.

246 원수를……다님을 : 이 내용은 《예기》 〈단궁 상(檀弓上)〉에 "자하(子夏)가 공자에게 '부모의 원수에 대처하려면 어떻게 해야 합니까?'라고 물으니, 공자가 말씀하였다. "거적을 깔고 방패를 베개 삼아서 자고 벼슬하지 않으며, 같은 하늘 아래에서 살지 않으며, 시장과 조정에서 만나면 바로 싸울 수 있도록 항상 병기를 지니고 다녀서 병기를 가지러 집에 돌아가는 일이 없어야 한다.'〔子夏問於孔子曰: 居父母之仇, 如之何? 夫子曰: 寢苫枕干, 不仕, 弗與共天下也. 遇諸市朝, 不反兵而鬬.〕"라고 보인다.

247 조아(趙娥)와 양열(梁悅) : 조아는 동한(東漢) 시대 주천(酒泉) 출신의 여인으로 아버지 조군안(趙君安)이 피살되자, 칼을 소매 속에 숨기고 있다가 도정(都亭) 앞에서 원수를 찔러 죽이고 관아에 가서 자수하였는데, 사면을 받았다. 방자하(龐子夏)의 아내였기 때문에 방아(龐娥) 또는 방아친(龐娥親)으로 불렸다. 《文章辨體彙選 卷528 龐娥親傳》 양열은 당(唐)나라 헌종(憲宗) 때 부평현(富平縣) 사람으로, 12세에 아버지의 원수를 갚으려고 사람을 죽인 뒤 관아에 나아가서 죄 받기를 청하였는데, 특별히 감형(減刑)을 받아 유배 보내졌다. 《舊唐書 卷50 志 刑法》

의와 인이 지극하였네	義盡仁至
집에서는 효자가 되고	在家孝子
나라에서는 어진 선비가 되니	爲國賢士
이는 학문에 근본하여	本之學問
시작과 종말이 있었네	有終有始
높이 솟은 저 대산에	節彼大嶽
묘소의 나무 크고 크네	宰木嶷嶷
내가 은미한 것을 밝혀서	我庸闡微
무덤에 명문을 넣으니	納銘玄隧
이름과 덕이 모두 온전하여	名德俱完
천년 동안 길이 전해지리라	永垂千禩

의암 민공 묘지명 병서

義菴閔公墓誌銘 幷序

우리 단종(端宗) 을해년(1455) 양구(陽九)의 운(運)[248]을 만났을 때에, 충신열사(忠臣烈士)들은 정의를 위해 목숨을 바친 분이 아니면 모두 다 형벌을 받거나 먼 곳으로 유배를 갔다. 온 세상을 불태우는 화(禍)의 불꽃에서 벗어난 자도 또한 세상을 피해 멀리 은둔하여 단종께 절개를 바쳤으니, 비록 처한 입장이 똑같지 않아서 죽은 분도 있고 생존한 분도 있으나, 절개를 지킨 의리는 동일하다. 그러나 당시의 일에 대해서 사관(史官)이 대부분 기록하지 않았기 때문에 이름이 드러나기도 하고 감추어지기도 하여 각기 차이가 있다. 의암(義菴) 민공(閔公) 같은 분은, 뜻을 수립한 것이 생육신(生六臣)이나 사육신(死六臣)과 차이가 없는데 세상에서 칭송되지 않으니, 내가 삼가 안타깝게 여기는 바이다.

공은 휘가 회참(懷參)이고, 관향이 여흥(驪興)이다. 고려조에 현달하였는데, 문경공(文景公) 휘 영모(令謨)와 문인공(文仁公) 휘 지(漬)가 가장 유명하다. 조선조에 들어와 판전교령(判典校令) 휘 중립(中立)과 삼척 부사(三陟府使) 휘 소생(紹生)과 동지중추(同知中樞) 휘

248 양구(陽九)의 운(運) : 큰 재액(災厄)이 닥침을 뜻하는바, 여기서는 세조(世祖)가 단종(端宗)을 폐위하고 성삼문(成三問) 등 사육신(死六臣)을 죽인 사건을 가리킨다. 양구에 대해서는 설이 분분한데, 《한서》 권21 상 〈율력지(律曆志)〉에 의하면, 4천6백 17년을 1원(元)이라 하는데 1원 가운데는 양액(陽厄)이 다섯, 음액(陰厄)이 넷이며, 양은 한해(旱害), 음은 수해(水害)라고 하였다.

효원(孝源)이 있으니, 바로 공의 3대 선조이시다. 동지중추공이 함양 박씨(咸陽朴氏) 봉례(奉禮) 분(苯)의 따님에게 장가들어 공을 낳았다.

공은 타고난 자품이 곧고 확고하였으며 독서를 좋아하였는데, 선철들의 살신성인(殺身成仁)하고 사생취의(捨生取義)한 내용을 읽게 되면 반드시 책을 덮고 눈물을 흘렸다. 경태(景泰) 임신년(1452)에 진사에 합격하고 유일(遺佚)로 천거되어 사헌부 집의(司憲府執義)에 제수되었다. 정순왕후(定順王后 단종의 비 송씨(宋氏))의 아버지인 여량부원군(礪良府院君) 현수(玹壽)는 바로 공의 고모부이시니, 공은 왕실의 인척이 되어 조야(朝野)에서 중한 신망을 받았다.

이때 단종이 어린 나이로 즉위하였는데, 여러 대군(大君)들이 강성(强盛)하니, 공은 나라의 형세가 위태로운 것을 보고 항상 근심하였다. 을해년(1455)에 단종이 내선(內禪)[249]을 하자, 공은 마침내 관직을 버리고 집에 거처하였다. 그러다가 사육신의 화가 일어나자 공은 은거하여 눈물을 삼키며 사육신과 함께 순절하지 못한 것을 한탄하였다.

정축년(1457)에 김정수(金正水)라는 자가 권력을 담당한 자의 뜻에 영합해서 송현수(宋玹壽 정순왕후의 부친)와 권완(權完 숙의(淑儀) 권씨의 부친)이 역모하였다고 고발하자, 상왕(上王 단종)을 강봉(降封)하여 '노산군(魯山君)'이라고 하여 영월(寧越)로 추방하였는데, 얼마 후 승하하셨다. 정인지(鄭麟趾) 등이 송현수를 교수형에 처할 것을 청하고, 공이 송공의 처족(妻族)이라고 하여 똑같은 형률을 내릴 것을 청하였는데, 세조는 특명으로 사형을 감하고 외직으로 대정 현감(大靜縣監)

249 내선(內禪) : 내부의 사람에게 지위를 물려준다는 뜻으로, 여기서는 단종이 수양대군에게 왕위를 물려줌을 이른다.

에 보임하였다. 이때 상왕의 옛 신하가 다 죽어서 남은 무리가 없었고, 권씨(權氏), 송씨(宋氏), 민씨(閔氏) 세 가문은 더욱 혹독한 화를 당하였다.

공의 형 회증(懷曾)과 아우 회석(懷晳)이 모두 귀양 가니, 공은 고을에 부임한 뒤에 날마다 독한 순주(醇酒)를 마시며 사무를 돌보지 않았다. 목사(牧使)가 보고하여 파직하자, 공은 서울의 본가로 가지 않고 능산(綾山 능주(綾州))의 월곡(月谷)에 터를 정하여 집을 짓고서 '의암(義菴)'이라 편액하고는, 출사하고 은둔하는 일체의 처신을 의리에 따라 다스렸다.

성종조(成宗朝)에 여러 번 부름을 받았으나 나아가지 않고 종신토록 깊은 산중에서 은둔하였다. 현감 문자수(文自修) 공과 승지에 추증된 양이하(梁以河) 공[250]과 더불어 친분이 매우 두터웠다. 또 이분들과 향약(鄕約)과 두레〔農社〕의 의절(儀節)을 만든 것이 한 주(州)의 장정

250 현감……공 : 문자수(文自修)는 자가 도숙(道叔), 호가 면수재(勉修齋), 본관이 남평(南平)이다. 세종조에 생원에 합격하였고, 독실한 학문과 순수한 효성이 조정에 알려져 문종(文宗) 원년 신미년(1451)에 함열 현감(咸悅縣監)에 제수되었다. 뒤에 곡성 현감(谷城縣監)으로 옮겨 선정을 베푸니, 임기를 채우고 돌아간 뒤에 백성들이 송덕비를 세웠다. 능주(綾州)의 향촌에서 노년을 보낼 적에, 사마재(司馬齋)를 건립하여 학업을 크게 진작시켰고, 향사당(鄕射堂)을 세우고 삼등로(三等路)를 만들어 존비(尊卑)를 구별하였으며, 봄가을로 향음주례(鄕飮酒禮)와 향사례(鄕射禮)를 행하여 읍양(揖讓)의 예(禮)를 익히게 하였다. 양이하(梁以河)는 호가 수월당(睡月堂), 본관이 제주(濟州)이다. 당시의 세태를 개탄하여 산림에서 독서하고 강학하였는데, 정도(正道)를 창명하고 이교(異敎)를 배척하며 학문을 일으키고 인재를 양성하는 것을 자신의 임무로 삼았다. 생도를 가르칠 적에 반드시 효제(孝悌)·충신(忠信)과 성리학을 우선으로 삼았으며, 읍규(邑規)를 재정(裁定)하여 향교, 민고(民庫), 향약, 두레〔農社〕 등의 많은 의절을 만들고 수리하였다. 훗날 좌승지에 추증되었다.《綾州邑誌 卷2 儒賢》

(章程)이 되니, 세상에서는 '삼인사(三人社)'라고 칭하였다. 자손이 대대로 여기에서 살았다. 순조(純祖) 무진년(1808)에 지방 인사들이 월곡(月谷)에 사당을 세우고 문공(文公), 양공(梁公) 두 분과 함께 배향하였다.

공의 배위인 함평 이씨(咸平李氏)는 생원 중하(仲河)가 선고이다. 3남 2녀를 두었으니, 아들 사점(思點)은 부사직(副司直)이고 희점(希點)은 충순위(忠順衛)이고 계점(繼點)은 현감이며, 딸은 충의위(忠義衛) 신우경(辛禹卿)과 동중추(同中樞) 이종인(李宗仁)에게 출가하였다. 공의 묘소는 능주(綾州)의 남일면(南一面) 만지산(蔓芝山) 해좌(亥坐)에 있으니, 부인과 세 아들을 함께 장례하였다.

아! 공은 임금의 지위가 경복(傾覆)되는 것을 보자, 망극한 한을 품고 마치 살고 싶지 않는 것처럼 하여 스스로 궁벽한 산중과 먼 바닷가에서 방랑하면서도 세상을 마치도록 근심함이 없었으니, 어찌 이른바 '멀리 있어도 임금의 뜻을 어기지 않고 죽어도 나라를 잊지 않는 분'[251]이 아니겠는가. 공은 스스로 은둔하여 몸을 감추었고 세상에서도 또한 천양(闡揚)하는 바가 없어서 아름다운 충절과 훌륭한 자취를 매몰되어 드러나지 못하게 하였으니, 이것이 애석하다. 그러나 공이 자신의 지조를 지킨 것은 하지 않을 수 없었던 것이니, 어찌 사후의 명예를 바라서였겠는가.

세대가 점점 멀어지고 문헌이 구비되지 못해서 공의 자세한 이력과 행실을 상고할 수 없으나, 간략하면 간략할수록 더욱 믿을 만하다. 공의 후손인 주현(胄顯)과 성호(成鎬)가 묘지문을 청하였는데, 내가

251 멀리……분 : 이 내용은 《한서(漢書)》 권85 〈곡영전(谷永傳)〉에 보인다.

누차 늙고 병들었다고 사양하였으나, 간청이 더욱 간절하였다. 남의 선(善)을 잘 기록하여 후세에 전하는 일은 훌륭한 문인이 할 일이니, 내가 어찌 적임자이겠는가. 그러나 공의 의리에 감복하고 두 민생(閔生)의 정성에 감동하여 마침내 병을 무릅쓰고 명을 짓는다. 명은 다음과 같다.

장릉의 시대의 일은	維莊陵世
지극히 말하기 어렵네	事至難言
말이 은미하고 자취가 없어져서	辭微跡泯
원통한 마음을 펼 수가 없었네	莫泄幽冤
공의 시종을 상고해보면	考公終始
군신의 의리를 다했으니	盡君臣義
생육신 사육신과	生死六臣
길은 다르나 절개는 똑같네	殊塗一致
지방에서 본받고	鄕邦所式
자손들이 계승하니	子孫所似
우뚝 솟은 만지산에	崔嵂芝岡
가을에도 측백이 푸르네	秋柏不死
내가 숨겨진 덕을 밝혀서	我闡潛德
깊은 무덤에 넣으니	納于玄隧
공의 절개를 밝히려는 것만 아니요	匪直昭公
천년 뒤의 사람들을 경계하려 하노라	用警千禩

지은이 **홍직필(洪直弼)**

1776년(영조52) 6월 13일 신시(申時)에 한성의 주자동(鑄字洞)에서 태어나 1852년(철종3) 7월 17일 유시(酉時)에 노호(鷺湖)의 노의정사(蘆漪精舍)에서 향년 77세로 세상을 떠났다. 초명은 긍필(兢弼), 자는 백응(伯應)·백림(伯臨), 호는 매산(梅山), 본관은 남양(南陽)이며, 시호는 문경(文敬)이다. 평생 출사하지 않고 학문 강학에 힘써 근재(近齋) 박윤원(朴胤源) 문하에서 그 학맥을 계승하고 이를 후대에 전한 노론(老論) 낙론(洛論)의 핵심 사상가이자 문인 교육자이다. 학문은 박윤원 외에도 노주(老洲) 오희상(吳熙常)의 영향을 많이 받았으며, 문하의 제자로 전재(全齋) 임헌회(任憲晦), 중암(重菴) 김평묵(金平默) 등이 있다.

옮긴이 **연석환(延錫煥)**

1977년 경북 봉화에서 태어났다. 계명대학교 한문교육과를 졸업하고 고려대학교 대학원 고전번역협동과정학과에서 석사학위와 박사학위를 취득하였다. 한국고전번역원 부설 고전번역교육원의 연수과정과 전문과정 제1과정을 마쳤다. 현재 해동경사연구소 연구원으로 재직하고 있다. 논문으로는 〈회은 남학명의 잡설 연구〉, 〈남학명의 회은집 역주〉가 있다.

권역별거점연구소협동번역사업 연구진

연구책임자 신영주(성신여자대학교 한문교육과 교수)
공동연구원 김여주(성신여자대학교 한문교육과 교수)
김용재(성신여자대학교 한문교육과 교수)
류준경(성신여자대학교 한문교육과 교수)
이종덕(한국고전번역원 부설 고전번역교육원 강사)
책임연구원 성백효
연 구 원 김창효 연석환
사경화 신상후
이영준 이정은
김성은 박희정
윤 문 윤은숙

매산집 14

홍직필 지음 | 연석환 옮김
2020년 12월 31일 초판 1쇄 발행
편집 · 발행 학자원
등록 2011.4.6 제2011-14호
주소 (05355) 서울시 강동구 천호대로 1121
전화 02-6403-1000 | 팩스 02-6338-1001 | 이메일 hakjaone@daum.net

값 30,000원
ISBN 979-11-6247-198-2 94810
979-11-87806-00-4 (세트)